"博学而笃志,切问而近思。"
（《论语》）

博晓古今,可立一家之说;
学贯中西,或成经国之才。

作者简介

程延园，中国人民大学劳动人事学院教授、博士生导师、劳动关系研究所副所长，兼任中国人力资源开发研究会劳动关系分会副会长。讲授员工关系管理、劳动关系与劳动法、薪酬管理等课程，在国内外学术刊物发表论文100多篇，出版各类著作40多部。先后获得中国人民大学"十大教学标兵"称号、中国人民大学宝钢优秀教师奖，入选教育部"新世纪优秀人才支持计划"。

王甫希，中国农业大学经济管理学院副教授，美国罗格斯大学劳动关系与人力资源管理博士，现任SSCI收录期刊 *Labor History* 编委。讲授员工关系与人事法规、战略人力资源管理、领导力发展等课程，在《中国人民大学学报》《国际人力资源管理杂志》等中外期刊发表论文多篇。

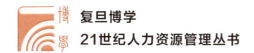

复旦博学
21世纪人力资源管理丛书

员工关系管理

（第三版）

程延园　王甫希　编　著

本丛书荣获
第六届高等教育
国家级教学成果奖

复旦大学出版社

内容提要

本书是高校人力资源管理、劳动经济、经济管理等专业的基础课教材。作者在第二版的基础上重新修订了教材内容，并根据新的环境和变化，做了大量修改和补充。对新时期企业员工关系协调机制从理论和实践方面进行了有益的探索和研究。本书系统地反映了当前市场经济国家员工关系的理论、制度、模式、价值判断以及实践模式，实现了国内研究与国际的接轨。本书按照"理论、雇佣关系的实践"脉络，借鉴了国际通行的雇佣关系理论分析框架，分析了员工关系制度理论和实践的问题以及企业员工关系管理的现实问题。通过对典型案例的分析，研究了我国员工关系的现状，并从技术和方法上提出了改进建议，在一定程度上较好地满足了当前员工关系管理的实际需要。本书适合高等院校经济类、管理类专业师生作为教材使用，同时也适合所有对人力资源管理有兴趣的人士阅读。

丛书编辑委员会

主　任　曾湘泉

委　员　（按姓氏笔画排序）

文跃然　孙健敏　刘子馨　刘尔铎　萧鸣政

苏荣刚　郑功成　徐惠平　彭剑锋

总策划

文跃然　苏荣刚

目 录

1	第一章　员工关系管理导论
3	第一节　员工关系的内涵
7	第二节　员工关系的实质：冲突与合作
16	第三节　变化中的员工关系环境
21	关键词
21	复习与思考

22	第二章　员工关系理论
24	第一节　员工关系理论：各学派的观点
32	第二节　员工关系的价值取向：一元论与多元论
35	第三节　员工关系调整模式
38	关键词
39	复习与思考

40	第三章　员工关系的历史和制度背景
42	第一节　早期工业化时代的员工关系
44	第二节　管理时代的员工关系
46	第三节　冲突的制度化
49	第四节　成熟的员工关系
52	第五节　新的矛盾和问题
55	关键词
55	复习与思考

56	**第四章 企业用工形式**
58	第一节 人事外包与劳务派遣
76	第二节 非全日制用工
79	关键词
79	复习与思考
80	**第五章 人员招聘管理**
82	第一节 录用审查
86	第二节 劳动合同订立
99	第三节 试用期管理
102	关键词
103	复习与思考
104	**第六章 培训和保密制度**
106	第一节 培训协议
109	第二节 保密和竞业限制
116	关键词
116	复习与思考
117	**第七章 雇员劳动权利保护**
119	第一节 就业保护
124	第二节 工资制度及工资支付
132	第三节 工作时间管理
138	第四节 健康与安全管理
142	关键词
142	复习与思考

143	**第八章 沟通政策和技能**
146	第一节 心理契约与员工关系
151	第二节 员工参与管理
159	第三节 沟通的策略和方法
168	第四节 员工满意度调查
174	第五节 员工援助计划
179	关键词
179	复习与思考
180	**第九章 纪律管理**
183	第一节 纪律管理的概念
187	第二节 奖惩
191	第三节 申诉
197	关键词
197	复习与思考
198	**第十章 通过集体谈判管理员工关系**
200	第一节 集体谈判的含义和功能
204	第二节 集体谈判的进程
211	第三节 集体合同
217	关键词
217	复习与思考
218	**第十一章 离职与人员退出**
220	第一节 离职问题的形成
224	第二节 离职的计量管理
233	关键词
233	复习与思考

234	第十二章　劳动合同解除和终止
237	第一节　劳动合同解除
245	第二节　劳动合同终止
247	关键词
247	复习与思考

248	第十三章　劳动争议的预防和处理
250	第一节　劳动争议处理概述
261	第二节　劳动争议的时效与期限
264	第三节　劳动争议证据的保护和运用
268	第四节　劳动争议处理程序
281	第五节　集体争议处理制度
286	关键词
286	复习与思考

287	参考文献
294	后记

第一章 员工关系管理导论

引导案例：东航飞行员"集体返航"事件

2008年3月31日，东航云南分公司从昆明飞往大理、丽江、西双版纳、芒市、思茅和临沧六地的18个航班在飞到目的地上空后，乘客被告知无法降落，航班又全部飞回昆明，这导致昆明机场更多航班延误。虽然东航官方解释是天气原因，但同一天飞往上述地区的其他航空公司航班则正常降落。之后，东航迫于压力，称集体返航事件有人为原因。集体折返的原因，据传是飞行员因为待遇低下而集体罢飞。3月份以来，民航业已发生多起类似事件：3月14日下午，由于认为受到了不公正的待遇，上海航空公司40余位机长同时报请病假；3月28日，东星航空11名机长因与公司发生劳资纠纷，集体告假，导致多数武汉始发的航班停飞。

追根溯源，飞行员罢飞事件源于快速放开的民航投资闸门。2004年，民营资本可以进入民航业筹建航空公司，但当时各航空公司飞行员总数仅1万多人，刚好能满足当时国内700多架飞机的配备需要。由于民用航空公司的快速发展，需要大量的飞行员，而自己培养飞行员时间不允许，培训费又很高，最简便的方法就是去国有航空公司高薪挖人，而国有航空公司则坚决抵制，各种诉讼不断，天价索赔也挡不住飞行员的跳槽。国有航空公司为了留住飞行员，与飞行员签署的都是长期合同，有的甚至是长达99年的终身合同。中国民航局联合五部委发文要求"飞行员辞职必须征得原单位的同意"，要赔偿原单位"70万~210万元不等的培训费"等。但即使飞行员支付了相关费用，也不容易跳槽。据说东航飞行员集体罢飞就是因为一些飞行员按规定支付了赔偿，但因原航空公司不放档案而难以到民营航空公司工作，在飞行员跳槽遇阻力，企业内部又没有有效的沟通渠道时，无奈之下，一些飞行员选择了集体罢飞这种极端手段。"返航"事件是飞行员和航空公司之间劳资矛盾的一次"井喷"，折射出企业与员工之间的矛盾和冲突。越来越多的飞行员因不满自己的劳动权益受侵犯以及自己的正当权利得不到保障，而选择以提出辞职的形式来维护自己的合法权益。从强行辞职到对薄公堂，再到罢飞事件，一系列的辞职案例表明，在市场经济体制下如何协调企业与员工的利益，建立劳动者正常、有效的利益诉求管道，避免采用极端手段来表达不满和诉求，已成为管理者、政府和劳动者需要共同面对的问题。

资料来源：https://www.daodoc.com/fanwen/qitafanwen/6746023.html.

引导案例中显示的是一个典型的员工关系问题,公司和劳动者在很多问题上有着不同的利益和看法,解决这一问题需要从正确认识员工关系的基本理念着手。员工关系是组织中由于雇佣行为而产生的关系,是人力资源管理的一个特定领域。通过本章学习,应理解员工关系的含义和实质,员工关系管理的目标、内容以及员工关系管理的外部环境。

第一节 员工关系的内涵

对于大多数员工来说,工作是最主要的收入来源之一,工作不仅是物质财产的主要来源,而且也是社会地位和个人心理获得满足的主要源泉,工作条件、工作性质和薪酬福利决定着他们的生活水平、发展机会、个人尊严、自我认同感和身心健康。对企业来说,员工的工作绩效、忠诚度、工资福利水平是影响生产效率、劳动力成本、产品质量的重要因素,甚至会影响企业的生存和发展。员工关系是组织中由于雇佣行为而产生的关系,是人力资源管理的一个特定领域,良好的员工关系管理是企业留住人力资源的法宝。

一、员工关系的含义

"员工关系"一词源自西方人力资源管理体系。在西方,最初由于劳资矛盾激烈、对抗严重,给企业正常发展带来了不稳定因素。在劳资双方的力量博弈中,管理方逐渐认识到缓和劳资冲突、让员工参与企业经营的正面作用。随着管理理论的发展,人们对人性本质认识的不断进步,以及国家劳动法律体系的完善,企业越来越注重改善员工关系,加强内部沟通,协调员工关系。

员工关系又称雇员关系,与劳动关系、劳资关系的含义相近,它以研究与雇佣行为管理有关的问题为特殊现象。员工关系的基本含义,是指管理方与员工及团体之间产生的,由双方利益引起的表现为合作、冲突、力量和权利关系的总和,并受到一定社会中经济、技术、政策、法律制度和社会文化背景的影响。在员工关系这一概念中,员工与管理方之间相互作用的行为,既包括双方间因为签订雇佣契约而产生的法律上的权利义务关系,也包括社会层面双方彼此间的人际、情感甚至道义等关系,即双方权利义务不成文的传统、习惯及默契等伦理关系。员工关系强调以员工为主体和出发点的企业内部关系,注重个体层次上的关系和交流,是从人力资源管理角度提出的一个取代劳资关系的概念,注重和谐与合作是这一概念所蕴含的精神。在西方发达国家的工业发展进程中,劳资关系的改善和劳资双方的相互妥协,经历了一个不断变革的过程,如今西方国家已不再讨论劳资之间的关系,而开始讨论管理层与员工之间的关系。"资方的责任"以及"资方的权利"等字眼已经从其词汇中消失,取而代之的是"管理层的责任"以及"管理层的特权"[①]。

  员工关系的本质是双方合作、冲突、力量和权利的相互交织。管理方与员工要共同合作,进行生产,遵守一套既定的制度规则。员工通过提供劳动获取一定的报酬和福利,在法律上可以通过劳动契约形式表现。然而,劳动者在获取经济利益的同时,还要从工作中获得作为人所拥有的体面、尊严、归属感、成就感和满足,员工关系的一些内容,比如对工作的预期和理解、工作保障、晋升机会等并不完全是用书面契约进行约定,有时它建立在一种心理契约的基础之上,即建立在双方对工资与努力程度之间的动态博弈结果之上。虽然心理契约不是有形的,但却发挥着有形契约的作用。企业清楚地了解每个员工的需求和发展愿望,并尽量予以满足;员工也为企业的发展全力奉献,因为他们相信企业能满足他们的需求与愿望。但由于这种理解和期望的复杂性和模糊性,在日常工作中经常会产生对于公平合理安排的不同看法。任何一方违反书面劳动合同可能导致冲突,任何一方违反彼此间形成的不成文的传统、习惯及默契,同样会引发冲突。与合作是不可避免的一样,在员工关系中,由于双方的利益、目标和期望常常会出现分歧,产生冲突,甚至背道而驰,因而冲突也在所难免。对员工来说,冲突的形式有罢工、旷工、怠工、抵制、辞职等;对管理方而言,冲突的形式有关闭工厂、惩罚或解雇等。双方选择合作还是冲突,取决于双方的力量对比。力量是影响员工关系结果的能力,是相互冲突的利益、目标和期望以何种形式表现出来的决定因素。力量分为劳动力市场的力量和双方对比关系的力量。劳动力市场的力量反映了工作的相对稀缺程度,是由员工在劳动力市场供求中的稀缺性决定的,一般而言,员工技能越高,其市场力量就越强。双方对比关系的力量是指员工进入组织后所具有的能够影响管理方的程度,其中尤以退出、罢工、岗位三种力量最为重要:退出是员工辞职给用人方带来的成本,如寻找和培训顶替辞职员工的费用;罢工是员工停止工作给管理方带来的损失;岗位主要是由于在岗员工不服从、不配合用人方的工作安排而带来的管理成本的增加。在员工关系中,管理方享有决策权力。权力是管理方拥有的决策和权威,即对员工进行指挥和安排,以及影响员工行为和表现的各种方式。拥有权力,使管理方在员工关系中处于主导优势地位,但这种优势地位也不是无可争议的,在某些时间和场合,可能会发生逆转。显然,由于航空市场飞行员人才稀缺,飞行员拥有强于航空公司的市场力量。在飞行员与航空公司的力量对比关系中,由于飞行员培训周期长、培训费用高,飞行员一旦辞职会给航空公司带来很大成本,使得飞行员在退出、罢工、岗位这三种力量上均具有优势地位。但同时,管理方享有

---

① [美]彼得·德鲁克.管理的实践.北京:机械工业出版社,2006.

决策权,承担着管理的责任,拥有对飞行员进行指挥和安排的权力,以及影响其行为和表现的权威。

二、员工关系的特点

员工关系具有以下四个特性。

(一) 个别性与集体性

就员工关系主体而言,可分为个别员工关系与集体员工关系。个别员工关系是个别员工与管理方之间的关系,其主要特点是个别员工在从属的地位上提供职业性劳动,而管理方给付报酬的关系。集体员工关系则是员工的团体(如工会)为维持或提高员工劳动条件与管理方之间的互动关系。

(二) 平等性与不平等性

员工以劳动换取报酬,提供职业性劳动是员工的主要义务,员工在劳动过程中有服从管理方指示的义务,从这一点讲,员工关系有其不平等的一面。但在员工签订劳动合同之前,与管理方就劳动条件协商时,并不存在从属地位关系,即使在劳动关系存续期间,就劳动条件的维持或提高与管理方协商时,也无服从的义务,这是员工关系平等性的一面。

(三) 对等性与非对等性

就员工关系双方相互间应履行的义务而言,具有对等性与非对等性之别。所谓对等性义务,是指一方没有履行某一义务时,他方可以免除另一相对义务的履行。所谓非对等性义务,则是指一方即使没有履行某一相对义务,他方仍不能免除履行另一义务。例如,员工提供劳动与管理方支付劳动报酬之间具有对等性;但员工提供劳动与管理方的照顾义务、员工的忠实义务与雇主的报酬给付、员工的忠实义务与雇主的照顾义务之间则均无对等性。对等性义务属于双方利益的相互交换,非对等性义务则属于伦理上的要求。

(四) 经济性、法律性与社会性

员工通过提供劳动获取一定的报酬和福利,体现了员工关系的经济性,在员工关系中含有经济性要素。同时,员工关系在法律上是通过劳动契约的形式表现,员工在获取经济利益的同时,还要从工作中获得作为人所拥有的体面、尊严、归属感、成就感和满足,其经济要素和身份要素同时并存于同一法律关系之中,在这些要素中,身份要素是员工关系中的主要部分。

三、员工关系管理的内容

员工关系管理是人力资源管理的一个特定领域,贯穿于人力资源管理的方方面面,从把员工招进来的第一天起,员工关系管理工作就开始了。今天,越来越多的企业把组织内的第一资源——员工当作客户对待,上升到理论,就是员工关系管理。它强调企业与员工之间的沟通和联系,这种沟通更多采用柔性、激励、非强制的手段,注重提高员工的满意度,追求企业与员工之间的和谐与合作。北京埃森哲咨询有限公司2007年对200多家财富500强在华企业员工关系管理实践调查显示:目前有接近40%的外资企业和上市公司设置了独立的员工关系管理组织,其典型的职能范围包括劳动关系管理、员工沟通、员工活动、激励、企业文化和员工关怀等。调研企业员工关系管理的五个首要目标为提高员工满意度(84.9%)、改善员工凝聚力和归属感(79.2%)、加强与员工的沟通(75.5%)、加强企业文化的贯彻和渗透(65.5%)和提高人才保留率(49%)。衡量员工关系管理的指标主要为员工流动率变化(52.8%)和员工满意度调查(49.1%)。78%的员工关系管理人员出身人力资源或行政工作背景,有关劳动法规、沟通、员工活动等领域的知识和技能亟待提升;员工关系管理人员需要从员工服务者的角色向专家角色和变革推动者的角色转变。

员工关系管理的最高目标,应该是做到让员工除了把所有精力放在工作上之外没有其他后顾之忧。在这一目标之下,有很多具体工作可以展开,涉及员工的衣、食、住、行、娱乐等,都可以有员工关系管理发挥的空间。同时,员工关系管理又是一种无形服务,包括沟通、冲突处理、职业发展顾问等内容,并以公平、信任为战略建立的基础。从人力资源部门的管理职能看,员工关系管理主要有如下内容:

(1)劳动关系管理,即员工入职、离职面谈及手续办理,员工申诉、纠纷和意外事件处理。

(2)员工关系诊断与员工满意度调查。引导员工建立良好的工作关系,创建利于员工建立正式人际关系的环境;关注员工心态、满意度调查,管理员工情绪。

(3)员工沟通与咨询服务,即保证沟通渠道的畅通,引导企业与员工之间进行及时双向沟通,完善员工建议制度。重视管理者与团队领导或主管之间、管理者与雇员之间持续的非正式和正式的互动过程。为员工提供有关国家法律、企业政策、个人身心等方面的咨询服务,协助员工平衡工作与生活的关系,实施员工援助计划(EAPS)。

(4)组织员工参与管理。制定员工参与和沟通政策,引导员工价值观,维护企业良好形象。

(5)纪律管理。制定雇佣行为规范的体系、准则和程序,如何决定奖励员工的努力,保护雇佣双方的合法利益,规范雇主对待雇员的方式以及工作期望。

(6) 冲突化解与谈判。制定组织的正式和非正式的雇佣政策,贯彻正式的集体谈判,融洽工会关系、危机处理、争端解决等。预防和处理谣言、怠工等问题,解决员工关心的问题。

员工关系管理替代传统的劳动关系管理,源于人力资源管理哲学的转变,其在雇员关系方面倡导的理念是:提倡奉献精神——以赢得员工的"全心全意",使员工认同组织,更努力地为组织服务,而不随便离职;强调相互关系——使员工了解"我们同舟共济,管理者和雇员有着共同的利益";组织各种有效的沟通,如团队简报,将传统的由员工代表进行的集体谈判变为直接与员工沟通;将集体谈判变为个体合同;强调员工参与,如质量研讨小组或质量提高小组;在工作安排上具有更多的灵活性,包括培训员工的多种技能、更有效地利用人力资源、为核心员工提供更安全的工作条件;强调团队工作;协调所有的雇佣条款。格斯特(1995)将传统劳动关系和人力资源管理的关键因素进行了对比,如表1-1所示。

表1-1 传统劳动关系和人力资源管理的关键因素对比

维 度	劳 动 关 系	人 力 资 源 管 理
心理契约	遵守	奉献精神
行为参照	标准、习惯和实践	价值观/使命
关 系	低信任、多元、集体主义	高信任、一元、以个人为中心
组织设计	正式角色,等级体系 劳动分工,管理控制	灵活角色、扁平组织结构 团队工作/自我管理 自我控制

由劳动关系转为员工关系的主旨,在于支持企业竞争优势的三个主要来源,即创新、质量和成本。创新和质量策略要求雇员的奉献精神,而成本策略的实现,许多管理者认为,只有在没有工会的情况下才有可能。"市场驱动的人力资源管理策略的逻辑就是,追求雇员对组织的高度奉献精神时,工会无关紧要。当目标是成本优势时,工会和劳动关系体系似乎成本更高。"即便是在组织承认工会存在时,人力资源管理的实施仍然是可能的。在这种情况下,可采取的策略是将工会边缘化或至少避开工会,通过员工的参与和沟通直接与雇员打交道。

第二节 员工关系的实质:冲突与合作

企业与员工之间的矛盾和问题是普遍存在的。虽然员工关系非常复杂,但最终都可以归结为冲突和合作两个根本方面。对员工关系深层次的理解，需要对冲突的根源以及阻碍这些冲突继续发展的合作的根源有全面的了解，弄清冲突与合作的根源的相互作用方式。

一、合作的根源

合作是指在组织中管理方与员工要共同生产产品和服务，并在很大程度上遵守一套既定制度和规则的行为。这些制度和规则是经过双方协商一致的，协议内容非常广泛，涵盖双方的行为规范、员工的薪酬福利体系、对员工努力程度的预期、对各种违反规定行为的惩罚，以及有关争议的解决、违纪处理和晋升提拔等程序性规定。

员工关系理论一般认为，合作的根源主要由两方面组成，即被迫和获得满足。

被迫是指员工迫于压力而不得不合作，即雇员如果要谋生，就得与雇主建立雇佣关系。而且如果他们与雇主利益和期望不符或作对，就会受到各种惩罚，甚至失去工作。即使雇员能够联合起来采取集体行动，但长期的罢工和其他形式的冲突也会使雇员收入受到损失，还会引起雇主撤资不再经营，或关闭工厂，或重新择地开张，最终使雇员失去工作。事实上，员工比雇主更依赖这种雇佣关系的延续。而且从长期而言，他们非常愿意加强工作的稳定性、获得提薪和增加福利的机会。从这个角度讲，利益造成的合作与冲突同样重要。

获得满足主要包括以下内容：

（1）获得满足建立在员工对雇主的信任基础之上，这种信任来自对立法公正的理解和对当前管理权力的限制措施。西方劳动关系领域对这种信任产生的原因有三种解释：一是认为工人在社会化的过程中处于一种接受社会的状态，雇主可以通过宣传媒体和教育体系向工人灌输其价值观和信仰，减少工人产生"阶级意识"的可能性，工人被塑造成团队成员，而非麻烦制造者；二是认为大多数工人都是很现实的，他们明白没有其他可行的选择可以替代当前的制度安排，并认为从整体上看，当前体系运行得还不错；三是认为工人的眼界有限，他们总是与那些具有相似资格的其他人比较，并且相信只要他们在这个圈子里过得不错，就没什么好抱怨的。因而那些从事"较差"工作的工人往往很乐于工作。

（2）大多数工作都有积极的一面，是员工从工作中获得满足的更重要的原因。员工认识到工作的价值，因而产生某种自我价值的满足。具有工作责任感的员工还认为，只要雇主没有破坏心理契约，他们就有必要遵守这些心理契约。

（3）管理方也努力使员工获得满足。管理主义学派提倡的进步的管理手段，以及雇主出于自身利益考虑向员工作出的让步，都在一定程度上提升了员工的满意度。

这些措施减少了冲突的根源的影响,加强了合作的根源的影响。

二、冲突的根源

劳资双方的利益、目标和期望不可能总是保持一致,相反,经常会出现分歧甚至背道而驰。冲突的根源可以分为根本根源和背景根源。前者是指由于员工关系的本质属性造成的冲突,后者是指由那些更加可变的、取决于组织、产业、地域、国家等因素的属性所造成的冲突。

(一) 冲突的根本根源

1. 异化的合法化

目前,私营经济在多数国家经济中占绝对优势地位,其理论基础源自1776年亚当·斯密的《国富论》。斯密将英国描绘成"业主的国家",认为这样的国家存在的主要规律是,当人们是为自己而不是为他人工作时,就会更加努力。以私有制为基础的自由市场经济就是在这一规律的基础之上繁荣发展起来的,但问题是大多数人并不是在为自己工作。在斯密的著作出版大约一个世纪以后,马克思指出,资本主义市场经济存在着资产阶级和无产阶级的分化,前者拥有并控制着生产工具,后者则一无所有,只能靠出卖劳动力谋生。这种阶级地位的差别,决定了现代资本主义社会的主要特征是大多数劳动力市场的参与者都在为他人工作,实际上这也是目前资本主义经济中劳动关系最主要的特征。因为工人并非为自己劳动,他们既不拥有生产资料、生产产品以及生产收益,也不能控制工作生产过程,从而在法律上造成了劳动者与这些生产特征的分离。工人为了保住工作,可能会认同这种工作安排并尽力工作。但在其他条件不变的情况下,工人缺乏努力工作的客观理由,因为生产的资料、过程、结果、收益在法律上都不归其所有,而归他人所有。这本身就是一个管理难题。

2. 客观的利益差异

市场经济更深层次的原则是企业利润最大化目标,这一目标有利于企业提高效率和不断创新,并最终实现"国民财富"的最大化。然而,效率和创新并非追求利润最大化的唯一途径,雇主还可以通过剥削工人以追求利润最大化。这一思想同样可以追溯到马克思的著作中。马克思认为,在任何一个经济体系中,所有的价值都是由生产性劳动创造的。如果说雇主是按照劳动的价值给付工人报酬,利润就成了空壳,投资方就没有任何投资的动机,最终就会导致经济崩溃。所以,资本主义存在的条件就是通过劳动力长期的过度供给(即失业)将工人置于不利地位,从而支付少于工人劳动创造价值的工资,实现对工人的剥削。西方研究劳动关系的学者认为,无论是否接受剥削的论点,对利润的追求都意味着雇主和工人之间的利益存在着根本的、本质上冲突。在其他条件不变的情况下,雇主的利益在于给付员工报酬的最小化,以及从员工那里获得收益的最大化。同样,在其他条件不变的情况下,雇员的利益在于工资福利的最大化,以及在保住工作的前提下尽量少工作。毋庸置疑,雇主与员工之间的利益是直接冲突的。从这个角度而言,冲突已经超出了工作设计本身所包括的工资福利问题,因为工作设计的目标,是使工作组织中非技术工人的比重加大(这样可以少付工资),并使工人的工作努力程度和产出最大化。在雇主来看,工作设计无疑是提高效率的有效手段,但从工人的角度来看,却意味着为保住工作不得不付出更加辛苦的劳动。

当然,冲突的存在取决于雇主实际追求利润最大化的程度和他们实际上采取的策略。在德国和日本,管理方追求利润最大化的压力相对较小。在德国,企业被大银行所控制,而银行将德国的长期社会福利最大化作为自己的目标。在日本,企业被看作企业集团的成员,企业集团内部交叉控股,所以,企业对企业集团内的其他企业负责而不是对投资者负责。因而在这两个国家,劳动者和管理方之间的本质冲突在一定程度上受到了削弱。20世纪四五十年代,北美洲也发生了类似变化,即企业所有权非常分散,散户股东不能对管理方施加任何实际的压力。但在过去的几十年,金融市场的变化使管理方不得不更加注重短期效益。这不但增加了管理方在利润最大化方面的压力,还使他们更加注重压低成本和增加工作强度等短期策略。劳动关系内部存在着深层次冲突,虽然这种冲突会随着具体条件不同表现出不同的形式,但这种深层次冲突本身是不会改变的。

3. 雇佣关系的性质

管理方的权力在组织中是以一种等级分层的形式逐级递减的。这种权力来源于所有者的产权,在没有法律特别规定的情况下,员工没有权利选举组织中直接的管理者或更高职位的人,而且管理者也无须对下属负责。虽然雇员拥有退出、工作和罢工的力量,并能够同管理方协商有关管理规则,但由于雇员难以真正行使参与管理的权利,所以工人力量的作用在很大程度上是负面的。在多数情况下,他们对抗管理权力的方法只有退出、罢工、投诉,或参加其他形式的冲突。很多西方发达国家有着比较广泛的产业民主观念和相当完善的市场体系,法律对管理者的权力规定了很多限制,但员工获得的权利与法理上应该具有的权利之间仍有很大的距离,只能采用集体协商等产业民主制度来弥补。这说明即使在西方发达国家,产业民主化仍是不充分的,雇佣关系的性质仍然是冲突产生的深层根源。

员工与管理方之间之所以存在冲突,更深层的原因是:在一个崇尚个人自由和民主的社会,劳动者不愿意处于从属地位;更重要的是,管理权力的分布不是雇员的利益所在,而是资本所有者的利益(利润)所在。例如,在现代企业中仍不断出现的信任危机就反映了这种管理者利益导向带来的冲突：管理方可能希望获得雇员的信任，但只要雇员认识到管理方的决定最终是倾向于企业所有者的利益而不是员工利益时，这种表面的雇佣关系之下就会潜藏着种种不信任。另外，如果雇主和员工个人之间签有详细的劳动合同，在合同中又明确规定了工人应当完成的工作任务、工作质量和数量、工作责任和范围以及相应的报酬，那么只有在任何一方没有履行合同时，冲突才会出现，需要重新协商变更或订立合同。但实际上，由于工作内容要求很难界定明晰，工作产出有时难以测量，因而劳动合同不可能订得非常详细周全、事无巨细，不产生任何歧义，且考虑到任何变化因素的发生。实际上，从全球劳动力市场看，劳动契约并不普遍，合同条款和内容不可能包罗万象，格式也不统一，甚至并没有书面的正式合同。劳动关系的一些内容，如对工作的预期和理解等并不完全是用书面形式进行约定，有时它是建立在一种心理契约的基础之上，即建立在双方对工资与努力程度之间的动态博弈结果之上。或者说，在心理契约形成之后，可以从薪酬水平推测出工人的努力程度。实际的心理契约很复杂，它包括组织的全部工作规则，如工人对工作保障、晋升机会、工作任务分配的预期以及雇主对工人忠诚和认同感的预期等。由于这种理解和期望的复杂性和模糊性，在日常工作中经常会产生对于公平合理安排的不同看法。即使在雇员个人与雇主签有正式书面合同的情况下，也会因对合同条款内涵的理解和解释不同产生冲突。在管理方单方引入新的管理规则，变更、破坏心理契约时，这种冲突更为明显。

(二) 冲突的背景根源

1. 广泛的社会不平等

经济剥削是 19 世纪工会和产业冲突增长的重要原因之一。在全球工人工作生活条件已有很大改善的情况下，虽然工资已经不再是维持工人再生产的必要成本，但劳动者相对于雇主而言仍然受到了剥削，尤其是广泛存在的收入不公更说明了剥削的加剧。世界银行发布的报告显示，自 20 世纪 80 年代以来，全球收入差距不是在缩小，而是在逐步拉大，各国的基尼系数总体呈上升趋势。以美国为代表的许多发达国家，经济增长的成果仅仅被少数人所有，多数人分享到的经济增长相对很少，在某一时期和某些国家甚至出现大多数人的实际生活状况并没有改变甚至变差的情况。一些西方经济学家和社会学家指出，资本主义市场经济的希望在于长期经济增长带来的利益能够惠及各阶层的大部分人口。但自从 20 世纪 70 年代后期，这种情况发生了改变，雇主变得越来越富，劳动者却越来越度日维艰，愤恨也就随之产生。但由于经济条件恶劣，工人害怕失业，因此，这种愤恨转化成产业冲突的可能比较小。

2. 劳动力市场状况

20 世纪上半叶，工人在劳动力市场上的地位有所上升，就业条件不断改善。除了收入增长之外,工时也在逐步缩短,管理方权威的强制性和独断性受到法律和制度的遏制。随着法律对工人结社权及集体谈判权的确认,民主权利逐步延伸到工作场所。工会作为工人代表,参与雇佣条件的谈判和决策。工会使工人获得了大量权利,在与管理方的斗争中保护工人利益免受管理方独断和不公平政策的损害。除了工会提供的保障外,国家还通过制定就业标准法、职业健康和安全法、公平就业法等相关劳动法律,保护工人权益不受侵害。社会保障政策也为工人提供了基本安全保障,使工人免受太大的生存压力,减少工人受剥削的程度。但同时工人在劳动力市场上仍要面临很多问题,失业率不断上升不仅对劳动者寻找工作带来更大难度,同时也使用人方因为有过多的选择机会而表现得更加挑剔。

3. 工作场所的不平等

工作场所的不平等问题,不仅表现在垄断与非垄断行业之间,还表现在不同地区、不同部门的工作场所之间。此外,工作场所中的性别不平等在全球仍十分显著,妇女要获得与男子平等的工资福利,往往要付出成倍的努力。

4. 工作本身的属性

激进派认为,雇主为了实现劳动成本的最小化和对工人控制程度的最大化,要不断压低对工人的技术需要,不断增加劳动强度以获得人均产出的最大化。雇主的这些政策,使工人的工作过度紧张和超负荷,工作范围过于狭隘。工人附属于机器,造成工作的高度分工和人性的异化。但也有学者认为,人性的异化和工作的艰苦,是由于大工业生产技术和大量的工业工厂岗位造成的,随着更先进和复杂的自动化技术的应用,以及高水平的、以解决问题和团队工作为特征的服务性岗位的增加,这些工作带来的难题将会弱化甚至消失。

这些冲突的根源,无论是内在的还是受环境因素影响的,都在不同程度上对员工的行为和劳动关系产生影响。需要注意的是,这些根源共同作用于劳动关系所产生的影响,比它们单独影响的简单相加要大得多。这些冲突的共同存在和相互加强,使冲突成为员工关系的本质属性之一。

虽然冲突的根源使劳动者不愿意工作,但是合作的根源又使更多的劳动者选择了从事工作。从总体上看,世界上大多数劳动者在从事工作,这就是合作的根源发挥作用的结果。

三、冲突与合作

尽管合作的根源的作用能够部分地抵消冲突的根源的影响,但却不能完全化解冲突本身。发达市场经济国家的劳动者对工作产生了一种复杂而矛盾的心理:一方面,由于合作的需要他们表现出对工作的高度认同感;另一方面,又因为冲突的必然存在而会产生不断的抱怨和忧虑，两者相互依存和对立。所以，很多西方劳动关系学家认为，即使员工实现了与管理方的信任与合作，但这种信任和合作也是脆弱的，一旦管理方撕毁了心理契约或在行动上危害了雇员利益，合作与信任就会崩溃。而且在某些情况下员工对管理方的信任和合作也许根本无法实现，这时冲突就会通过各种方式表现出来。

冲突按其表现方式，可以分为明显的冲突和潜在的冲突。明显的冲突形式的产生是复杂的，对它的分析有助于我们对劳动关系模式的全面理解。

(一) 罢工

罢工是冲突最为明显的表现形式。因为罢工使双方都要付出成本，因而单纯从经济学角度讲，罢工是非理性的行为。然而，仅仅从经济学角度考察罢工，难免失之于狭隘和片面。由冲突的根源所导致的潜在的矛盾逐渐积累，并在一定的条件下以罢工这种激烈的形式释放出来。罢工同样也呈现出一些规律，当雇主破坏了明确的规则和心理契约时，就可能引发工人罢工。换句话说，罢工不仅仅是工人为了获得更好的工资和工作条件而对付雇主的手段，它还是一种表达工人集体意愿的途径，工人通过这种方法来反映自己的不满，并以此对他们认为不公平或不合理的雇佣行为进行反击。也就是说，罢工从经济学角度而言虽然不经济，但从劳动者角度而言却非常理性。罢工看上去是经济问题，实际上却是工会代表提出经济利益的诉求渠道，是工人被压抑的敌视情绪的宣泄方式。员工对管理方行为的不满经常是罢工的导火索，若罢工渠道受阻，劳动者的敌视情绪就会继续被压抑；若冲突还缺乏其他的渠道，冲突最终就会以更为激烈的形式表现出来。劳动关系理论一般认为，罢工是表示集体不满的唯一有意义的形式。

罢工虽然是冲突最为明显的形式，但并不总是可行的方法，罢工行为要符合国家各项法律规定。当然，工人也可以无视这些法律规定组织非法罢工，但这么做会受到管理方很严厉的惩罚，因而这类罢工已经不多见。

(二) 不服从或辞职

除了罢工，冲突还有其他形式，其中最为明显的是各种不服从行为，如工作松懈或低效率工作、怠工以及主观原因造成的缺勤等。当员工采取这些不服从行为时，可能并没有意识到这些行为是潜在冲突的一种反映，甚至没有认识到潜在冲突的存在。而且这些冲突的形式往往表现为在员工群体中发生的相互独立的事件，这些事件不但会随着工作条件的变化而改变，而且也受雇员个人的个性特征的影响。这些冲突形式是雇员接受和适应其所在环境的行为，反映了雇员在工作环境中产生的既有合作又有冲突的矛盾心态。

其他的冲突表现形式还有退出行为,或称"辞职"。传统的经济学模型将工人当作理性的决策者,总是在寻找报酬最多的工作。在这种情况下,工人退出仅仅是因为他们可以在其他地方找到更好的工作。然而,实际上很多员工辞职并不是因为他们有更好的选择,而是因为他们不能忍受雇主的态度和行为以及雇主提供的工作条件。在这种情况下,辞职成为回敬雇主和恢复自尊的最终行为。

(三) 权利义务的协商

另一个不太明显的冲突形式产生于工人与其上级的日常交往中。由于员工关系冲突根源的存在,工人及其上司之间的关系是高度等级化的,管理者力图从工人那里获得更高的绩效水平,而员工的反应是,如果上司准备了更多回报,则会服从监督和管理,否则,会给予拒绝。例如,工人也许会因为赶订单而加快工作节奏,但作为回报,他们会要求在此之后工作的节奏相对松弛一些或有一段非正式的间歇。如果管理者没有准备这些回报或其他替代方法,就不可能实现这种合作。

员工关系正是通过这种"付出—获得"的方式形成了早期的心理契约。从这个角度而言,心理契约属于协商后的秩序,这种秩序反映了员工关系存续期间员工与管理方之间的"付出—给予"关系。当然,管理方可以用纪律惩处的办法单方面撕毁契约,这就会引发很多问题。在西方社会,这些问题以前面提到的冲突的各种形式表现出来,包括低效率、怠工、非法罢工、缺勤率增加以及辞职率不断增长等。在没有工会的地方可能会建立工会,在本来就存在工会的地方冲突会更加尖锐,甚至会出现"同意才工作"原则的协商新机制,即只有在管理方明确同意工人提出的要求后,工人才开始工作,否则,工人拒绝做任何工作。工会成员为了准备接下来的合同协商可能会举行罢工游行,甚至组织非法罢工。

四、冲突与合作的影响因素

前面介绍了冲突与合作的根源,以及由这些矛盾所引起的行为表现。但是我们并不能就此认为,所有员工所面对的合作和冲突的形式是相同的,因为冲突与合作的根源到底以何种形式表现出来(例如,冲突是采取罢工、怠工还是辞职的形式),或者冲突与合作的程度如何(例如,由冲突引起的辞职率的高低)等劳动关系的表现形式会随着个人的工作岗位、所在的就业组织、所在的行业部门和职位情况不同而有所不同。那么,是什么决定着这些变化呢?

(一) 文化因素的解释

从表面上看,劳动力市场状况的变化和工人的行为可以由文化因素来解释,它包括工人找到工作时的价值观和信仰,以及在工作期间对工作的态度和道德观的变化。换句话说,就是冲突是否出现,在很大程度上取决于工人对现实中自身所处地位的感受以及工人对自身可以接受的行为的理解。所以,如果工人在工作之前所处的文化氛围比较保守,提倡服从和尊重权威,并且如果工作岗位的文化氛围是员工对组织高度认同,敌视雇主和怠工遭到其他员工的反对,冲突的程度就会比较低,工作低效率的现象相对就比较少,大多数管理方的行为也会得到正面的解释。但如果工人来自一种对抗性的文化,将对管理方的敌视和挑战看作可以理解的,如果在工作岗位中的文化氛围是工人与雇主对立,并且对权威的服从和尊敬是被其他员工所藐视的,就容易引发冲突。

(二) 非文化因素的解释

文化因素不能完全解释冲突的变化。影响冲突的变化的其他因素很多,主要有以下三种。

(1) 工作环境。在文化因素相同的环境中,也或多或少地存在着差别。国外的研究发现,与其他类型企业相比,在大型机器工业企业中的工人更多地感受到来自管理方的异化压力,并更容易产生冲突的行为。这些研究还指出,工作的性质和条件会对冲突的程度产生很大影响。

(2) 管理政策和实践。正如管理主义学派所认为的那样,如果这些管理政策和实践是进步的,员工工作的满意度就会高些,工人的信任和认同感也会上升。

(3) 宏观经济环境和政府政策。宏观经济环境和政府政策,如失业率和失业保险制度,也会对冲突的产生有很重要的影响,因为它们能够影响工人"被迫合作"的程度,以及工人对工作的态度和预期。

一般认为,这些客观因素并不能直接影响合作和冲突的表现形式,而是通过影响工作环境的人际关系和文化氛围、雇佣双方的职业道德和心理契约,甚至全社会的发展进程,间接影响冲突与合作的具体表现形式。当然,除了这些文化的和非文化的解释因素之外,劳动关系双方具体的冲突或合作的表现形式还具有很大程度的不确定性,也可能要从更加复杂的经济和社会运行机制来解释。

(三) 冲突和合作的根源与影响因素之间的关系

任何文化的和客观因素都只能影响冲突和合作的程度与表现形式,而无法从根本上改变劳动关系的本质属性——冲突和合作的存在。冲突和合作的根源始终是劳动者与管理方关系的基础,这些根源对了解劳动关系有重要的意义。从根源与影响因素之间的比较,我们可以从以下两方面有所收获。

(1) 人力资源策略的局限性。很多管理者为保证工人的忠诚度和工作认同,采取了进步的人力资源策略，以此作为减少冲突、增加合作的根源的主要方法。这些策略有：工作程序的设计、使工人更加细心地工作、缩小工人和管理方之间的认识差别、提供安全和愉快的工作环境、建立协商和信息共享计划，以及设计大量的沟通方式来维持良好的人际关系。这些策略确实起到了一定的积极作用，但是这些策略本身并不能消除冲突的根源，所以，尽管管理方可以获得来自员工的高度的忠诚和认同，但这些信任和认同与管理主义学派的支持者所设想的还是有非常大的出入。这也是为什么这些策略没有像管理主义学派所期盼的那样被广泛地采纳，以及这些策略具有效率方面的局限性的原因所在。

（2）理解工会和集体谈判制度。新保守主义学派的支持者们认为，工会是劳动者与管理方之间的人为障碍，是冲突产生的不必要的原因。但无论工会建立与否，劳动者与管理方之间的冲突都存在。尽管工会加剧了双方的冲突，但工会更提供了一条解决冲突的渠道。正如正统多元观学派所认为的那样，工会参与的集体谈判和限制管理方专权的程序是冲突有序解决的方法之一，它在一定程度上防止了冲突向更为尖刻和更为隐蔽的形式转化。正因如此，工会既是问题的一部分，又是解决问题的方法的一部分。

第三节 变化中的员工关系环境

员工关系处于不断变化之中，影响员工关系的因素主要是就业组织内部因素和外部环境因素。员工关系不是发生在真空之中，而是一系列内外部因素相互作用的结果，如图1-1所示。这些因素包括：① 外部大环境，是指存在于企业之外的影响企业内部员工关系的环境，这些环境对处于同一竞争领域的企业来说往往是一致的，它主要包括政治环境、经济环境、技术环境和社会文化环境。例如，国家对最低工资的立法等政治行为就会限制用人单位的薪酬政策，进而影响企业与员工的关系。再如，信息和通信技术的引进可能改变工作地点、工作的组织方式和员工关系。② 就业组织内部因素，是指就业组织内部的工作组织，其中，工作任务、绩效控制、员工参与、工作安全性是影响员工关系和工作方式变化的四个关键领域，这些因素相互作用，影响工作的组织方式和员工关系。就业组织内部组织系统本身就是外部环境作用的结果，外部环境的各种因素刺激并作用于内部工作系统，进而影响员工关系。

员工关系及其影响因素是随着时间的变化而不断变化的。为强调时间这一因素，图1-1用双箭头表示过去和未来的联系。现实的员工关系是过去的延伸，也是未来的一部分。在宏观层面上，员工关系会随着政治、经济、技术和社会的发展而不断

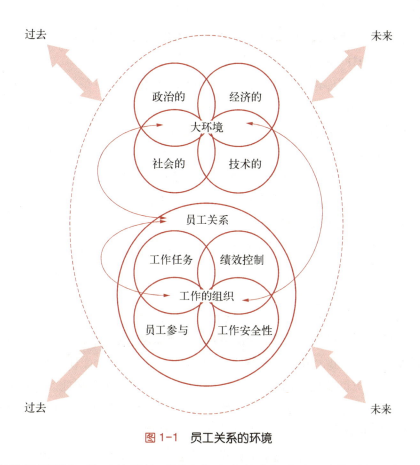

图 1-1 员工关系的环境

调整。在微观层面上,员工关系处于过去与未来的交汇点上,随着时间的推移而不断变化。例如,现实的员工关系问题是过去组织行为的产物,由于各种因素的变化,这些问题的解决方式也会变成未来的问题。

一、员工关系的外部环境

(一) 政治环境

政治环境是指规范员工关系双方行为的法律、政策和规则。这些规则明确了双方的权利义务,具有相对稳定性。政府通过制定一系列正式和非正式的规则,对涉及公平和公正、权力和职权、个人而非集体权利的主观价值判断设定基本标准,制约雇佣关系的运行规则。它包括国家的一些法律制度和各种政策方针。通过立法规范雇佣关系,是政府调整劳动关系的最基本形式。例如,《中华人民共和国劳动法》(以下简称"《劳动法》")规定了集体谈判中双方的权利义务、最低工资、健康和安全保护等。又如,《中华人民共和国劳动合同法》(以下简称"《劳动合同法》")对试用期期限、试用期次数、试用期报酬、试用期间解除劳动合同的条件等都作了规定,避免了企业通过设定较长时间的试用期来规避其法律责任和义务。

政策环境是指政府的各种政策方针,包括关于就业的政策、货币政策和财政政策、教育和培训政策以及其他政策。在诸多政策环境中,就业政策对于劳动力市场以及就业组织中的员工关系的影响最为直接。它往往通过供求状况的调整来改变双方劳动力市场的力量,以经济激励和惩罚措施来改变双方在就业组织内部的关系。再如,促进残疾人就业的政策,对残疾人的比例达到一定标准的就业组织给予税收、费率等方面的优惠,这些政策有利于促进企业雇佣更多的残疾人。货币政策和财政政策也会通过宏观经济环境来影响各营利组织的劳动关系,这两种政策还可以通过影响资本的价格,改变资本和劳动的价格比率来影响企业的雇佣决策和企业劳动关系。

(二) 经济环境

所谓经济环境,一般包括宏观经济状况,如全球化、经济增长速度和失业率;也包括更多的微观经济状况,如在某一特定产品市场上雇主所要面对的竞争程度。经济全球化使得资本有可能更容易流向工资、雇用条件较低的国家和地区,各国有可能竞相降低成本以至于达到一种员工不可接受的最低水平,从而影响雇佣关系的和谐。同时,全球化带来的直接投资也给东道国的管理程序和员工关系实践带来了新的理念和挑战。比如在英国,就出现了诸如单一工会、公司对所有员工一视同仁以及无工会主义等新的理念,企业也面临采用"最佳实践"的管理方式的压力。经济环境影响员工关系的例子很多。比如,作为经济外部环境因素的失业率如果很高,就会减少劳动者凭其技术和能力获得工作的力量,即减弱他们的劳动力市场力量,从而影响其对工作的预期。再如,在同行业工资普遍上升的情况下,企业就会面临更大的员工要求增加工资的压力。

经济环境能够改变员工关系主体双方的力量对比,一方面,经济环境可能来自劳动力市场的变化,直接影响双方的劳动力市场力量的消长;另一方面,经济环境也可能来自厂商所要面对的要素市场,那么,要素市场的变化通过影响雇主的生产函数和员工的消费函数来改变双方的成本收益,从而带来各种关系的力量的变化。同样,偶发的经济冲击以及有规律的经济周期都影响就业组织内部的劳动关系调整机制。经济冲击往往会造成产量的骤减,不同的企业会因为对未来预期的不同而制订不同的人力资源政策。在经济周期的影响下,就业组织内部的调整也会随着经济的起落而变化。一般来说,当经济处于繁荣阶段时,员工的力量就会强些,管理方会做更多的让步;当经济处于低谷阶段时,管理方让步的空间很小,员工的力量相对较弱,在谈判和冲突中处于更为不利的地位。经济环境往往会首先影响员工的工资福利水平、就业、工作转换以及工人运动和工会的发展,其次会影响到产品的生产、工作岗位的设计、工作程序等,最后可能会间接影响劳动关系的整体状况。

(三) 技术环境

技术环境的内容包括产品生产的工序和方式,以及采用这些工序和方式所必需的资本密度(人均资本投资量)的程度、产品和工序是否容易受到新技术的影响、工作是否复杂和需要高水平的知识和技能。如果企业的产品易受新技术影响(如 IT 产业)或者企业是资本密集型的(如轿车生产商),员工不服从管理就会给管理方带来更多的成本,因而员工岗位的力量就会增强。相反,那些不易受新技术影响(如民族手工编织业)或者低资本密集度的行业(如餐饮业),员工岗位的力量就弱些。技术环境的变化也会改变劳动力市场上不同技术种类工人的供求状况。例如,近年来随着我国 IT 产业的兴起,计算机、网络方面的人才需求量成倍增加,这类人才的劳动力市场的力量上升,因而在员工关系中的优势更大些。同样,技术对管理者的工作环境和工作性质也造成了冲击,调查显示,越来越多的管理者把电脑、电子邮件和移动电话作为工作必备物,而不需要在办公室有自己的个人工作空间。对于基层员工来说,新技术也改变了他们的工作性质,以前那些相互分离的任务,如起草一份文件然后再打印出来,现在变成了一项工作,传统的工作边界已经被打破。远程通信技术使组织增加了在任何地点进行工作的自由。新技术对各种工作和职位性质的影响是千差万别的,一些新职位出现了,而一些以前存在的职位消失了或者被合并了。新技术的应用使一些知识工作者(如大学教师)获得了更大的自我管理权。而对另外一些工作者来说,如客户服务中心的操作者,技术的发展使他们获得了更大的控制权。这些变化都直接或间接地影响着企业与员工之间的雇佣关系的发展。

(四) 社会文化环境

社会文化环境由各国、各地区甚至各工种的主流传统习惯、态度、价值观、信仰等组成。态度和价值观是构建社会的基石,通常是政治、经济和技术环境形成和变化的动力。如果社会环境表现为笃信工会的重要性和积极作用,政府和企业就会通过制定政策,提高工会的密度,扩大工会的影响力。社会文化环境对员工关系影响深远,例如,随着日本终身雇佣制的社会观念日益改变,日本企业中的灵活用工形式日益增多,对企业与员工之间的影响非常大。又如,随着妇女就业人口的增多,使得企业在处理员工关系时需要更多地考虑女性员工的具体需求。社会文化的影响虽然是潜在的、不易察觉的,但它通过社会舆论和媒介对企业和员工产生的影响却不可低估。

二、员工关系的内部环境

(一) 工作任务

工作任务的变化对员工关系会产生重大影响。由于社会分工进一步专业化,工作任务要求员工不断提升其技能水平,员工也因此获得了更多的工作自主权以及工作经验的改进,企业内部的决策权呈现分权化趋势。研究发现,职位任职资格的提高,员工为了有效达到职位所要求的绩效就不得不增加新的技能,这种情形在那些半技术型和非技术型的体力劳动者中特别明显,即使这些人没有更换工作岗位,他们也需要掌握更多的技能。员工在技能增加的同时,履行任务的自由度也大大增加。同时,技能的增加还伴随着员工工作责任、职务的多样性以及工作质量的变化。但也有学者认为,工作任务特征的变化使得员工失去了对工作的控制权,因而工作经验的积累减少,从而形成一个技能水平退化的长期趋势,这些都将改变员工与企业之间的力量对比关系。此外,工作压力的显著增加也是工作任务的特征影响员工关系的一个表现。

(二) 绩效控制方式

绩效控制的方式可以影响员工关系,不同的绩效控制方式可以导致截然不同的员工关系。对不同的员工,企业所采用的绩效控制方式也不同,例如,对管理者和专业人士大多采用松散的直接控制方式,对体力工作者则更多采用严格的直接控制方式。工作进度控制系统和基于工作进度的激励系统等技术化控制手段,正越来越多地应用到体力工作者的身上。相反,官僚层级制的控制(如绩效控制系统)则更多地应用在非体力型员工特别是专业人士身上,以此来取代直接监督。研究表明,雇主更愿意将技术化控制应用到诸如生产线上的员工等体力工作者身上;反之,雇主更愿意通过规定的管理步骤,将官僚层级化的控制应用到非体力劳动者的身上,特别是那些在组织层级中地位较高的人[①]。

(三) 决策中的员工参与

员工的参与形式和参与程度对员工关系的影响也至关重要。员工直接参与和通过工会代表参与企业决策是员工参与的两种最普遍方式。直接参与是由员工本人亲自参加超出其直接工作任务范围的决策。直接参与可以使员工更好地了解组织的活

---

① [英]菲利普·李维斯. 雇员关系——解析雇佣关系. 高嘉勇等译. 大连:东北财经大学出版社,2005.

动,支持技术或组织的变革。通过工会代表参与决策形式,则可能在影响雇佣条件方面的能力更强。

(四) 工作安全性

今天,企业所面对的是一个竞争更加激烈、市场变化日益增加、不确定性增多以及技术进步日新月异的大环境,与此相适应,企业在劳动力的使用上变得更加灵活,雇佣关系的本质也在发生变化,能够在传统或标准合同下受雇的人越来越少。研究显示,大多数工作场所都雇用了有固定期限合同的员工或临时员工,根据实际需求调整劳动力数量成为多数就业组织的选择。这些变化对雇员看待雇佣关系的方式产生了深远的影响。他们在一种不断变化的状态中工作,既可能经历就业期,也可能经历失业期。就业的稳定性、雇员为一个雇主的平均工作时间已经下降,年轻员工对职业的忠诚日益取代了对雇主的忠诚。组织精简和层级削减已经改变了员工看待雇佣关系的方式,他们所感觉到的工作的不安全性增加了。这种对工作不安全性的认识,既强化了雇员在更广泛的劳动力市场提高自己的就业能力的需要,又大大降低了他们对雇主的信任和忠诚。员工对工作安全性的期望与实际发生的雇佣关系上的变化之间存在非常明显的冲突。

关键词:冲突 合作 员工关系 员工关系管理 心理契约

复习与思考

1. 阐述员工关系的含义和实质。
2. 如何理解冲突与合作以及产生冲突与合作的各种根源?
3. 员工关系管理工作的主要内容包括哪些?
4. 谈谈心理契约在员工关系管理中的地位。

第二章

员工关系理论

引导案例：英国铁路爆发30多年来最大规模的罢工

当地时间2022年6月21日，英国铁路爆发了30多年来最大规模的罢工，随后英国大部分地区的公共交通都陷入停顿，乘客出行受阻的情况预计将持续整个星期。

据英国《金融时报》21日报道，英国铁路、海事和运输工会（RMT）的成员正式发起了这次罢工行动，他们没有去上原定午夜后开始的夜班，在罢工前的20日晚上，列车服务就已经开始比平时提前结束。报道指出，围绕薪酬、工作方式和可能的裁员的争议，大约4万名英国铁路网公司员工以及13家铁路运营公司的员工将参与罢工。此外，他们计划在23日（周四）和25日（周六）发起更多罢工行动。

英国各地的铁路乘客已被警告，除非必要，否则不要出行，预计只有五分之一的干线列车将运行，许多线路完全关闭。此外，伦敦地铁的员工也在当日罢工一天，使公共汽车成为唯一正常运营的常规公共交通工具。在正式罢工之前的日子里，这种中断很可能会持续下去，尤其是在早上，因为火车将无法按照时间表运行。商界领袖警告称，这些罢工行动将对刚从新冠疫情的经济影响中复苏的行业造成最严重的打击。

英国《卫报》报道称，英国首相约翰逊于当日称此次罢工是"错误的"，导致了各种"不必要的恶化"。此外，他还指责此次罢工行动使该国铁路网陷入停滞。此前，英国交通大臣格兰特·沙普斯称铁路工人的罢工行动是"巨大的错误"。但反对党工党领导人基尔·斯塔默指责英国政府称，部长们的言论是在"火上浇油"，罢工行动发展至此"不应发生"。

英国铁路网公司首席执行官安德鲁·海恩斯（Andrew Haines）称，与RMT的谈判将继续进行，希望避免计划在本周晚些时候举行的罢工。他表示，"我们继续与RMT工会谈判，敦促他们与我们合作，找到一个对铁路工人和纳税人都有利的解决方案，避免对我们的乘客造成进一步的影响。"据此前报道，英国铁路网公司曾与RMT工会谈判，但RMT工会也于18日强调，工人有关报酬、工作内容和工作条件的谈判并没有在最后一刻取得突破。

资料来源：https://baijiahao.baidu.com/s?id=1736298213078272619&wfr=spider&for=pc.

本章主要分析、介绍市场经济国家劳动关系的五种基本观点，强调从劳动者与管理方关系的角度,尤其从相互冲突和力量平衡以及工会和集体谈判影响的角度来描述和分析。概述了主要学派的观点和理论溯源,以及市场经济国家对员工关系问题的价值判断和调整员工关系的模式。

第一节　员工关系理论:各学派的观点

西方学者从不同立场、理念和对现象的认识出发,对员工关系进行研究,得出了互不相同的结论,形成了比较有代表性的五大理论学派,按照从政治趋向上的"右翼"(保守)到"左翼"(激进)的顺序排列为:新保守派、管理主义学派、正统多元论学派、自由改革主义学派、激进派。这些学派观点的相似之处在于,都承认劳动关系双方之间存在目标和利益差异。其主要区别体现在:① 对雇员和管理方之间的目标和利益差异的重要程度、认识各不相同;② 在市场经济中,对这些差异带来的问题提出了不同的解决方案;③ 对双方的力量分布和冲突的作用持不同看法,尤其是对冲突在劳动关系中的重要程度,以及雇员内在力量相对于管理方是否存在明显劣势这两个问题上存在明显分歧;④ 在工会的作用以及当前体系所需的改进等方面各执一词。

为便于研究,表 2-1 从七个方面比较、归纳了各学派的观点和看法:① 主要关注的问题;② 主要分析研究的领域;③ 对双方力量差异的重要程度的认识;④ 所设想的内部冲突的严重程度;⑤ 对工会在集体谈判中的影响的评价;⑥ 为改进雇员与管理方之间的关系所开的"处方";⑦ 从政治趋向上按照从"右翼"到"左翼"的排列①。

表2-1　各学派对员工关系的不同看法

特征	学派				
	新保守派	管理主义	正统多元论	自由改革主义	激进派
主要关注	效率最大化	雇员忠诚度的最大化	均衡效率和公平	减少不公平和不公正	减少体系内的力量不均衡
主要研究	劳动力市场	管理政策和实践	工会、劳动法和集体谈判	雇员的社会问题	冲突和控制
双方力量差异的重要性	不重要——由市场力量救济	若管理方接受进步的管理方法,就不很重要	一般重要	相当重要;不公平的主要来源	非常重要;体系内"劳动"和"资本"之间力量不均衡

---

① John Godard, *Industrial Relations, the Economy, and Society*, 2nd edition. Captus Press Inc., 2000:14.

续 表

特 征	学 派				
	新保守派	管理主义	正统多元论	自由改革主义	激进派
冲突的程度	根本没有——由市场力量弥补	若管理方接受进步的实践，就很少	一般；受到公众利益为中心的局限	依情况而定：在"核心"低；在"周边"高	尽管是依雇员力量而变化，却是基础性的
对集体谈判中的工会的评估	对经济和社会产生负面影响	矛盾心理；取决于双方合作的愿望	正向的"社会"效应，中性甚或正向的经济效应	在"周边"无效；在"核心"有有限效用	在资本主义社会，其效率具有内在局限性
解决的办法	减少工会和政府对市场的干预	推进进步的管理实践，增强劳资双方的合作	保护工人集体谈判的权利；最低劳动标准立法	增加政府干预和增强劳动法改革	激进的制度变化；雇员所有和员工自治
政治立场	←——"右翼"------------------------------"左翼"——→				

一、新保守派的主要观点

新保守派也称新自由派或新古典学派，基本上由保守主义经济学家组成。这一学派主要关注经济效率的最大化，主要研究、分析市场力量的作用，认为市场力量不仅能使企业追求效率最大化，而且能确保雇员得到公平合理的待遇。

新保守派一般认为，劳动关系是具有经济理性的劳资双方之间的自由、平等的交换关系，双方具有不同的目标和利益。从长期看，供求双方是趋于均衡的，供给和需求的力量保证了任何一方都不会相对处于劣势。雇员根据其技术、能力、努力程度，获得与其最终劳动成果相适应的工作条件和待遇，而且在某些企业，雇员还可能获得超过其他雇主所能提供的工资福利水平。雇主之所以提供高于市场水平的工资，是因为较高的工资能促使雇员更加努力地工作，提高了工作效率[①]。雇主也可以采取诸如激励性的奖金分配等方法，达到同样的结果。因此，假如市场运行和管理方的策略不受任何其他因素干扰，劳资双方都会各自履行自己的权利和义务，从而实现管理效率和生产效率的最大化。资方获得高利润，雇员获得高工资、福利和工作保障，形成"双赢"格局。

由于劳动力市场机制可以保证劳资双方利益的实现，所以，劳资双方的冲突就显得微不足道，研究双方的力量对比也就没有什么意义。若雇员不满，可以自由地辞职和寻找新工作；若资方不满，也可以自由地替换工人。所以，工会的作用就不大了，工

---

① Akerlof, G., and J. Yellon. Efficiency Wage Models of the Labor Market. Cambridge: Cambridge University Press, 1986.

会开展集体谈判只会对经济和社会起到负面作用,因为工会实际形成的垄断制度干扰了管理方与雇员个人之间的直接联系,阻碍了本来可以自由流动的劳动力市场关系,破坏了市场力量的平衡,也使管理方处于劣势地位。由于工会人为地抬高了工资,进而抬高了产品的价格,干涉了管理方的权力,最终会伤害雇主在市场上的竞争地位,也会削弱对雇员工作保障的能力。因此,要将市场"规律"引入工资和福利的决定过程,采用额外支付计划,使雇员的收入和绩效联系得更紧密。应该赋予管理方更大的管理弹性,减少限制管理权力的法律和法规,尤其是减少劳动法对管理方的限制。认为理想的劳动法应该使工人难以组织工会,或者即使有工会,其权力也很小。这样,劳动和资源的配置才会更加灵活,也才能提高劳动生产率。

在奉行新保守派思想的国家中,以美国模式最为典型,加拿大和爱尔兰的主流思想也是新保守主义。在发达国家中,美国的劳动法律体系虽然比较完整,但功能较弱。雇员也相信、遵从"意思自治、选择自由"的理念,只要雇主不违反国家制定的反歧视法或劳动法,就可以在任何时候、以任何理由合法地解雇工人,而无须提前通知,也无须支付解雇补偿费。因而许多人认为,美国正走向"后契约"式的就业模式。在这种模式下,雇主与雇员的利益一致性很少,雇主很少向雇员提供培训机会,工作保障程度较低。雇员对雇主也没有归属感,仅仅是对经济激励作出反应[①]。美国工会的组建率较低(2001年约为10%),工人享有的权利和工作保护较少。另外,美国的罢工发生率也低于加拿大等其他国家。一些学者认为,这反映了美国的低工会密度和低罢工力量,认为低罢工率反映的不是相互满意的关系,而是被压抑的劳动关系。事实上,美国雇佣关系是发达经济国家中最为对立的,其主要原因是美国劳动法体系作用较弱,雇主很容易隔离和瓦解一个已经成立的工会,因而造成雇主和雇员对立的环境。所以,即使罢工率并不高,但仍能说明美国雇佣关系的对立。

二、管理主义学派的主要观点

管理主义学派多由组织行为学者和人力资源管理专家组成。该学派更关注就业关系中员工的动机以及员工对企业的高度认同、忠诚度问题,主要研究企业对员工的管理政策、策略和实践。

该学派认为,员工与企业的利益基本上是一致的,劳资之间存在冲突的原因,在于雇员认为自己始终处于被管理的从属地位,管理与服从的关系是员工产生不满的根源。如果企业能够采用高绩效模式下的"进步的"或"高认同感的"管理策略,冲突

---

① Cappelli, Peter, et al. , Change at Work[M]. Oxford: Oxford University Press, 1997; Cappelli, Peter, The New Deal at Work. Boston, MA: Harvard Business School Press, 1999.

就可以避免,并且会使双方保持和谐的关系。这种高绩效管理模式的内容包括:高工资高福利、保证员工得到公平合理的待遇、各种岗位轮换制度和工作设计等。若这些管理政策得到切实实施,生产效率就会提高,员工辞职率和缺勤率就会降低,工作中存在的其他问题也会迎刃而解。

该学派对工会的态度是模糊的。由于工会的存在威胁到资方的管理权力,并给劳动关系带来不确定性,甚至是破坏性的影响,所以,应尽量避免建立工会。但另一方面,该学派也相信,在已经建立工会的企业,管理方应该将工会的存在当作既定的事实,同工会领导人建立合作关系。并不断强调,传统的、起"破坏作用的"工会主义已经过时,只有那些愿意与管理方合作的工会才有可能在未来生存。同样,该学派对集体谈判制度的态度也是灵活的。

与新保守派相比,管理主义学派对"纯市场"经济的局限性认识要更多一些。在劳动关系和人力资源管理方面,管理主义学派主张采用新的、更加弹性化的工作组织形式,更强调员工与管理方之间的相互信任和合作,尤其赞赏高绩效模式中的"高度认同"的内涵,包括工作设计改革、雇员参与改革以及积极的雇佣政策。该学派认为,工会只有以一种更为认同的"伙伴角色"来代替传统的"对立角色",才能更好地发挥作用。

20世纪70年代后期,日本劳动关系模式成为该学派主张的典范,直到90年代中期日本经济遇到困难,这一模式的影响力才开始转弱。近年来,英国劳动关系的改革也在向该学派方向发展。终身雇佣、年功序列、企业工会是日本劳动关系的突出特点。日本模式的产生,与它的社会文化传统和价值观念、信仰有关。在日本,企业更像"家族",雇员被当成企业终身的成员,雇主愿意对其进行投资,并提供长期的就业和工作保障。工会以企业为基础,具有明显的"企业工会主义"特征,在企业中发挥着高度合作的作用。在每年3月举行的"春季劳动攻势"中,谈判双方相互之间也没有那么直接对立,而且也不太容易引起罢工。管理主义学派认为,这种和谐劳动关系产生的原因,是管理者自身也处于与雇员同样的薪酬支付体系之中,相对而言,他们不那么容易压低员工工资。此外,因为雇员被认为是企业的"成员",更有义务维持企业的长期发展,因此,他们也愿意接受相对比较低的工资增长率。

与管理主义学派主张比较接近的还有英国模式。英国在20世纪80年代和90年代推行了强硬的新保守派政策,1997年,随着托尼·布莱尔领导的新工党的当选,政策开始发生变化,其中比较著名的改革是1999年对劳动法的修改。这一改革规定了工会要取得集体谈判资格,不仅要在谈判单位中获得多数支持,还要遵循法律上的"承认"程序。而且,新法律对集体谈判的内容也作了限制性规定,仅限于对工资、福利和休假进行谈判,在罢工持续8周以上时,雇主可以依法雇佣永久性替代工人。同时规定,雇员个人也可以在集体谈判协议的基础上同雇主进行个别协商,签订劳动合同。英国劳动法的改革,是建立在管理主义效率和公平完全和谐的假设基础之上的,其宗旨是在工作场所建立一种新型伙伴关系,鼓励劳资双方进行合作。新法律规定雇主必须在每6个月内至少同工会官员会见一次,商讨有关培训等事宜,如果雇主没有按期举行这样的会议,将被处以高额罚款。

三、正统多元论学派的观点

正统多元论学派由传统上采用制度主义方法的经济学家和劳动关系学者组成。该学派的观点是第二次世界大战以来发达市场经济国家一直奉行的传统理念的延续。该学派主要关注经济体系中对效率的需求与雇佣关系中对公平的需求之间的平衡,主要研究劳动法律、工会、集体谈判制度。

该学派认为,雇员对公平和公正待遇的关心,同管理方对经济效率和组织效率的关心是相互冲突的①。同时也认为,这种冲突仅仅限于诸如收入和工作保障等这些具体问题,而且"这些具体利益上的冲突,是可以通过双方之间存在的共同的根本利益加以解决的"②。相对于雇主,雇员个人往往要面对劳动力市场的机会稀缺——能够选择的工作种类少,如果辞职,很难再有选择机会——所以,在劳动力市场上雇员大多处于相对不利的地位。工会和集体谈判制度则有助于弥补这种不平衡,使雇员能够与雇主处于平等地位,并形成"工业民主"的氛围。这不仅可以维护雇员的利益,确保更广泛的公平,而且对于鼓舞员工士气、降低流动率、提高生产效率具有重要意义。这些制度产生的经济效益,足以抵消高工资、高福利给雇主带来的成本,所以,工会和集体谈判是有积极作用的。

正统多元论学派的核心假设是,通过劳动法和集体谈判确保公平与效率的和谐发展是建立最有效的劳动关系的途径。这是第二次世界大战后许多国家所奉行的劳动关系制度。该学派强调弱势群体的工会化,强调更为集中的、在产业层次上的集体谈判,反对因任何偏见替代罢工工人。提出用工人代表制度等形式来保证劳动标准的推行,如建立工人与管理方共同组成的委员会,在公司董事会中要有工人代表,建立工作委员会,工人代表可以分享企业信息、参与协商以及联合决策等。对该学派持批评态度者认为,这一模式的缺点是:工会的覆盖面具有局限性;工会与管理方过于对立;在存在工会的情况下工人仍缺乏参与权。

德国是实施正统多元论学派政策最典型的国家,德国模式也是该学派最为推崇

---

① Kochan, T., and H. Katz, Collective Bargaining and Industrial Relations, 2nd edition. Homewood, IL: Irwin. 1988: 6-7.

② Kochan, T., and H. Katz, Collective Bargaining and Industrial Relations, 2nd edition. Homewood, IL: Irwin. 1988: 7.

的现实模式。德国模式的特色是强势劳动法、雇员参与制度、工作委员会制度、政府为工会提供信息、咨询服务和共同决策权等制度。集体谈判主要在产业级别上进行，雇主可以自愿地通过雇主协会同工会在产业层面上谈判，冲突的协商也不在工作岗位层面上进行。工会在产业层面上的集体谈判和协商，要比工作委员会在企业层面上更能发挥作用。而且，通过谈判达成的协议即使在覆盖绝大多数工人的情况下，也不要求工人必须参加工会和缴纳会费，因而，德国工会在产业层面上具有相当大的调整劳动关系的能力。集体谈判的覆盖率很高，10个工人中有8个被集体谈判签订的协议所覆盖，德国罢工活动非常少，反映了德国的工会已经整合到德国的体制中，成为社会经济结构的一部分。集中化的集体谈判结构、工作委员会及工人代表参与管理委员会制度，为冲突的显性化提供了另外的道路，从而避免了冲突的加剧。所以，与罢工率同样很低的美国相比，德国的低罢工率非但不是一个不良表现，反而是一个制度运行良好的信号。

四、自由改革主义学派的观点

自由改革主义学派更具有批判精神，积极主张变革。该学派十分关注如何减少或消灭工人受到的不平等和不公正待遇[1]。该学派的观点在五个学派中内容最松散，它包括对歧视、不公平、裁员和关闭工厂、拖欠工资福利、危险工作环境以及劳动法和集体谈判体系中的缺陷等问题的分析。该学派认为，劳动关系是一种不均衡的关系，管理方凭借其特殊权力处于主导地位[2]。从双方地位差异这个角度看，该学派与正统多元学派、管理主义学派并没有很大的分歧。该学派还认为，现存的劳动法和就业法不能为工人提供足够的权利保护，因为公正、平等地对待工人，往往不符合管理方的利益，也不是管理方凭借其自身能力所能实现的。因此，为了确保工人获得公正、平等的待遇，必须要加大政府对经济的干预。

自由改革主义学派的最大特点是提出了"结构不公平"理论[3]。该理论将经济部门划分成核心和周边两个部门。核心部门是指规模较大、资本密集且在市场上居于主导地位的厂商；周边部门则是规模较小、劳动密集且处于竞争性更强的市场上的厂商。该学派认为，核心部门由于经济实力强，更能消化和转移附加成本，并且在核心部门工作的雇员具有更多的关系力量。所以，与周边部门相比，核心部门能够为雇员

---

[1] Drache, Daniel, and Harry Glasbeek. The Changing Workplace: Reshaping Canada's Industrial Relations System. Toronto: James Lorimer. 1992.

[2] Hill, S.. Competition and Control at Work. Cambridge, MA: MIT Press, 1981: 13.

[3] Averitt, R.. The Dual Economy: The Dynamics of American Industrial Structure. New York: Norton, 1968; Farkas, G.. and P. England (Eds.), Industries, Firms and Jobs. New York: Plenum Press, 1988.

提供更优厚的劳动条件,采用更进步的管理方式。周边部门的工作岗位相对不稳定,甚至是临时性的、非全日制的,容易受到裁员政策的影响①。近年来,该学派将核心和周边部门的划分进一步扩展到单个的雇主或产业的分析上。

对结构不公平的研究说明,工会的存在和集体谈判的开展是非常必要的。但自由改革主义学派同时又经常严厉地批判当前的劳动关系体系,甚至对工会也表示不满。该学派认为在当前体系下,那些在周边部门工作的雇员是最需要工会帮助的,但恰恰在周边部门,工会却又是最无效的。因为周边部门的工人,其罢工力量很小;管理方迫于市场竞争压力也不可能作出实质性让步。工会和管理方之间的尖锐对立,使工会无法为其成员争取更多的利益。另外,即使是规模较大、在市场上颇具影响力的企业,工会作用的发挥也是有限的。工会难以战胜拥有强大权力的资方,就无法为其成员提供切实有效的保护,甚至在工会受到严重影响时,也无法有效地保全自己。近年来,在经济全球化趋势的影响下,当雇主对工资福利的支出和绩效水平的提高不满时,相继采取了关闭工厂等手段,或者纷纷向人工成本较低的地区转移,这一现象引起了该学派的特别关注。自由改革主义学派支持强有力的劳动法和各种形式的工人代表制度,关注更广泛的经济社会政策,反对市场化,尤其是自由贸易协议,主张强势工会,认为工会应该比以往更加关心更为广泛的社会问题和事务。

瑞典模式是自由改革主义学派观点最具代表性的实例。瑞典是世界上最著名的社会福利国家之一,在传统上遵循积极的劳动力市场政策,临时解雇的工人享有不错的失业福利(相当于失业前收入的80%),主要用于再培训计划以及再培训之后寻找新工作的补助。瑞典工会在国家政策和管理方面的影响力很大,他们与福利社会有密切的联系,对失业保险体系的管理负有主要责任。在集体谈判方面,在20世纪90年代早期结束了传统的集中化的集体谈判模式。如今,集体谈判很大程度上是在产业层面上进行,允许有更大的变更,谈判在各部门之间显示出高度的协调性。另外,在瑞典任何工人团体都可以自由组成工会,其协议自动覆盖该工会所在的产业,工会的这些权利无须像北美那样要获得法定的"承认"程序或要求。

五、激进派的主要观点

激进派具有比其他学派更加深刻的思想内涵,主要由西方马克思主义者组成。激进派所关注的问题同自由改革主义学派有许多是相同的,但它更关注劳动关系中双方的冲突以及对冲突过程的控制。该学派认为,自由改革主义学派所指出的问题

---

① John Godard. Industrial Relations, the Economy, and Society, 2nd edition. North York: Captus Press Inc., 2000: 18.

是资本主义经济体系本身所固有的问题,因而其提出的政策主张的作用十分有限。激进派认为,在经济中代表工人的"劳动"的利益与代表企业所有者和管理者的"资本"的利益是完全对立的。"资本"希望用尽可能少的成本获得尽可能多的收益,工人由于机会有限而处于一种内在的劣势地位,由此,这种对立关系在劳动关系中比在其他地方都表现得更明显。冲突不仅表现为双方在工作场所的工资收入、工作保障等具体问题的分歧,而且还扩展到"劳动"和"资本"之间在宏观经济中的冲突。

激进派认为,其他学派提出的和谐的劳动关系只是一种假象。这是因为:① 管理方通过精心设计安排工作职位,减少对工人技术和判断力的要求,来实现降低劳动成本、增加产出的目的。这种剥削方法使企业在产品、服务内容和技术水平一定的情况下,可以获得更多的利润。② 管理方通过监督和强迫相结合的办法控制工人的行为,从这个角度讲,所谓的"进步"政策和方法,只是一种与传统的权威相比,更圆滑的策略而已。这些策略对于不可调和的冲突来说,从来也没有完全发挥过作用。③ 管理学派的策略和方法实际上是为管理方服务的,但媒体和教育体系却把它宣传为一种双赢的策略,而将冲突仅仅描述为就业组织内部的矛盾。通过舆论导向使工人相信既定的制度安排是合理的,以此制造资本主义劳动关系和谐的假象,防范那些威胁到现有体制的事情的恶化和传播。

激进派认为,只要资本主义经济体系不发生变化,工会的作用就非常有限。尽管工会可能使工人的待遇得到某些改善,但这些改善是微不足道的。在中小企业,工会所争取到的让步会受到更多的竞争约束的限制。大企业虽然受到的约束限制较少,但通常会采用诸如关闭工厂、重新进行组织设计等措施对付工会。在技术变革和国际竞争不断加剧的今天,工会显得越来越力不从心。国际竞争总是更多地依赖人均劳动成本的优势,而非人均劳动生产率的优势,所以,要使工会真正发挥作用,必须提高工人对自身劳动权和报酬索取权的认识,了解劳动关系对立的本质,进而开展广泛的与资本"斗争"的运动,向资本的主导权挑战。

在实践模式上,激进派面临的主要问题是,用何种社会制度来代替资本主义制度,以及如何完善这种新制度的问题,该学派的主要倾向是建立雇员集体所有制。前南斯拉夫建立的工人自治制度、瑞典的梅得尔计划(Meidner Plan),以及至今仍很成功的西班牙巴斯克地区的孟作根体系(Mondragon System),曾受到该学派的特别关注[①]。

西方劳动关系学派的理论和观点,反映了不同群体和个人对劳动关系和集体谈判的评判,以及其根深蒂固的价值观和理念。以建立雇员所有制为目标的激进派,其思想理念渊源于马克思的资本主义劳动关系理论。追求以市场代表的效率和以工

---

① John Godard. Industrial Relations, the Economy, and Society, 2nd edition. North York: Captus Press Inc., 2000: 464.

会、劳动法律制度代表的公平之间均衡的正统多元论，以及强调劳动关系和谐与员工忠诚的管理主义学派的观点，可以追溯到埃米尔·迪尔凯姆的工业主义劳动关系理论。强调产业民主和工人自治的自由改革主义学派的理论观点，可以从马克斯·韦伯的工业资本主义劳动关系理论中找到支持。而信奉市场效率的新保守派的理论渊源要更为久远，一般认为它始于现代西方经济学鼻祖亚当·斯密于1776年发表的《国富论》。

第二节　员工关系的价值取向：一元论与多元论

一、一元论与多元论

关于管理者和工会、管理者和雇员关系的基础，有两种基本观点：一元论和多元论。

一元论强调资方的管理权威，要求雇员忠诚于企业的价值观。一元论强调权威和忠诚的单一核心价值取向，认为每一个工作场所都是一个完整、和谐的整体，不同的员工为了共同目的走到一起，作为一个团队工作，以实现管理方制定的组织目标。无论是在劳动者、所有者还是管理者之间，也无论是在提供技术、知识还是经验的工人之间，都没有利益冲突。管理方和被管理方都是整个团队的一部分，管理者制定目标，其他人执行目标。在此环境下，企业将成功实现其目标，雇员也将成功地保留其工作和收入。就业组织被视为一个相互合作的利益共同体。一般而言，管理者普遍持一元论观点，他们将自己的作用视为指导并控制工人来达到经济增长的目的。他们相信自己拥有制定规章的权力，赞美团队精神，主张每个人都应竭尽全力地发挥其最大能力，并为共同目标而一起努力。人力资源管理哲学强调奉献和相互依存，其基础是雇员关系的一元论。

一元论面临的争论之一，在于组织内部利益群体间的任何形式的冲突或争议，都被看作会对组织产生本质性的危害，管理方的决策和意志绝不能受到挑战和质疑。如果确实产生了冲突，持这一价值观的管理者会发现很难理解冲突产生的原因。这时只能有两种解释：一是沟通失败，即组织没有清晰地向员工传达其目的，或者没有充分解释作出调整、变化的原因；二是因为某些人的煽动、蛊惑或者企业在招聘阶段选人不当。如果是沟通失败，则可以通过增进交流加以解决；如果是后者，则要通过解雇或终止其劳动关系来解决。偶尔组织也会把管理上的困境归于员工的不满。按照一元论的观点，工会的存在会分散雇员对企业的忠诚感，所以，应尽量消除或避免成立工会,以防止或制止任何冲突的产生①。

多元论则承认冲突,甚至认为在工作场所冲突的存在是不可避免的。认为在任何工作环境中都存在着不同利益和信念的群体,因此,组织必须要在不同利益群体之间寻求持续的妥协,组织面对的是"一个关系复杂、紧张,必须对不同要求和主张进行控制的联合体"②。多元论将工业组织视为一个多元社会,包含了许多相互关联但又相互独立的利益和目标,而这些利益和目标必须保持在某种均衡的状态。工会是法律承认的在工作场所有权代表劳动者利益的合法组织,工会不仅是劳资冲突的发起者,而且也被看作争议的调整者,对于调整雇员与雇主之间因确定工资产生的争议以及就业合同的谈判发挥着重要作用。通过共同确立的程序性规则可以使劳资冲突制度化,促使双方互相让步,达成协议,从而降低潜在冲突可能引发的破坏性。集体谈判被认为是规范和调整劳资之间利益关系的最好形式。正如福克斯(Fox)所说:"多元论体系框架的价值,在于它既关注了工会所起的决定性作用,又阐明了工会获得合法性的基础——它以代理制度为特征,代表工人参加到对日常事务的共同决定机制中来。它的价值主要体现为其方法论上的意义,而不在于具体结果如何。"③

雇员关系多元观意味着不同利益的团体必须有某种程度的妥协。在工会被承认或存在工会组织的企业内,利益的妥协可以通过正式的协议形成。没有正式协议,说明管理者采取的是一元论观点。但人们仍希望,即使在这样的组织内,管理者也可以通过采取员工持股的形式,以增进相互关系以及雇员的责任感,在如何最大限度地满足组织及其成员的共同利益上征求雇员意见。

二、价值观的适用范围和特点

一元论和多元论这两种截然不同的观点和价值观,在不同组织中得到了不同程度的认可,甚至在同一组织的不同场合、不同阶段,其适用也不同。珀塞尔(Purcell)和西森(Sisson)进一步阐明了两种价值观具体适用的范围和特点④。

(一) 传统型企业

这类组织将劳动者视为影响生产力的直接因素,认为雇佣和解雇应完全根据生

---

① Terry McIlwee, Collective Bargaining, in Gyorgy Szell (ed), *European Labor Relations*. Vol. 1. Routledge. 2001: 17.

② Fox, A, "Industrial Relations: A Social Critique of Pluralist Ideology", in J. Child(ed), *Man and Organization*, Allen and Unwin. 1973.

③ Fox, A., "Industrial Sociology and Industrial Relations", *in Royal Commission on Trade Unions and Employers' Associations Research Papers*, #3. HMSO, London. 1966.

④ Purcell, J. and Sisson, K., "Strategies and Practice in the Management of Industrial Relations", in J. S. Bain (Ed), *Industrial Relations in Britain*, Basil Blackwell, Oxford. 1983.

产需要,把劳动力看成是一种成本,因而应尽可能地将这一成本降低至最低程度。主张劳动者要服从资方的管理和指挥,剥削的存在是不可避免的,禁止雇员参加和组织工会,因为工会的存在会对管理权威构成潜在的挑战和威胁。这一传统型的劳动关系管理类型强调一元论,主张用强有力的管理反对工会。

(二) 精明的家长型企业

与同行业其他企业相比,这类组织能够给雇员提供优惠的就业条件和待遇。这样做的目的,是为了"购买"劳动者对组织的忠诚感,避免雇员转而加入企业之外的工会。为了给雇员提供抱怨、申诉渠道,主张在企业内部建立能够代替工会的相应机构(英国通常称为职工协会)。"精明的家长型"企业并不理所当然地认为雇员会自动忠诚于组织,因而他们也会投入大量的资源用于招募、甄选和培训,以确保尽可能地使招聘进来的员工有"正确的态度"(否则,将很快被解雇),并通过持续培训和不断调整使员工融入企业。"精明的家长型"企业劳动关系管理类型在本质上属于一元论,但它并不理所当然地认为雇员会接受企业的目标或自动地认为管理者的决策很正当,主张花费大量时间和资源以确保雇员采取正确的态度。

(三) 精明的现代型企业

就这类组织接受工会和集体谈判作为协商确定就业条件和待遇的方式而言,他们是坚定的多元论者。由工会代表雇员所签订的集体协议,确认了管理方的权威和特权。集体协议内容广泛,包括规范和调整劳动关系的实体规则和程序性规则,规定了雇主和工会所享有的合法权利和义务。这类组织通常会积极鼓励工人加入工会,从而使通过工会达成的协议能够覆盖所有雇员。管理方和工会都倾向于支持劳动关系得到长期的战略性发展。

(四) 标准现代型企业

这类组织承认工会,也接受集体谈判,但劳资关系的发展是建立在不断变化的机会主义基础之上,因而表现得更为实用。当劳动力市场或者产品市场状况显示雇员群体力量强大时,管理方会勉强与工会谈判;当工会处于弱势、低潮时,管理方又会试图恢复其管理控制特权。这一模式是目前最典型的一种劳动关系管理类型,其特征是实用主义或机会主义。

总之,不同层次的管理者,对于提高劳动条件和待遇的态度是不同的,随着时间的推移也会不断调整和改变。一般而言,高层管理者更倾向于一元论,职位较低的管理者由于更接近产品的生产和服务,可能更倾向于多元论。

第三节 员工关系调整模式

劳动条件的确定和劳动关系的调整,究竟是由劳资双方协约自治、国家主导干预还是由资方单独决定?这是整个劳动法制理念的大前提,这一前提决定着劳动法制的体系以及劳动关系调整的模式。世界各国由于历史、法律、文化的不同,所采用的处理劳动关系的制度模式也各不相同。有学者将劳动关系的主要调整模式归纳为下述四类。

一、斗争模式

斗争模式是以某种特定的意识形态为指导,认为劳资关系是建立在生产资料私有制基础上的具有阶级斗争性质的关系,其表现形式是雇佣劳动和剩余价值的生产,其本质是剥削与被剥削的关系。因而在劳资之间存在着不可调和的阶级矛盾,无产阶级夺取政权之后,要将工厂、土地及一切生产资料收归公有,同时要消灭资产阶级,以斗争模式解决劳动问题。随着社会的变迁和进步,工业革命以来曾经被认为是劳资间互动基础的阶级斗争正逐渐消失,以合作为本质的劳资关系体制则逐渐形成,因而以阶级斗争模式解决劳动问题的主张已成为历史。

二、多元放任模式

美国的劳资关系体制与大部分欧洲国家不同,美国欠缺中央级的工会组织,是全世界最大的移民国家,人种复杂,劳动者团结性欠缺,工会又倾向于以短期利益换取长期利益,政府对劳动关系的干预较小,因而可归为多元放任模式。这一模式秉承新古典学派劳动关系理论,认为市场是决定就业状况的至关重要的因素,工会或工会运动对市场机制的运行和发展具有副作用或负面影响,主张减少政府对劳动关系的干预。

三、协约自治模式

协约自治模式具体分为劳资抗衡和劳资制衡两种形式。

(一)劳资抗衡(Antagonistic)

这一模式以劳资对立抗衡为主轴,完全排除国家干预。劳资双方通过行使争议权,进行周期性的抗争,缔结集体协议,在抗争中取得均衡与和谐。这一模式以法国、意大利等西欧国家为代表。

这一模式认为雇主联盟与受雇人联盟之间订立的集体协议,对其成员均具有规范效力,主张以协约自治原则处理劳资事务。早期的协约效力只规定缔约双方负有义务令其成员遵守协议,但这种义务强制效力非常有限,因为单独的雇主或受雇人只要不参加联盟,则联盟间的集体协议对他无约束力。为使联盟间的协约发生广泛的概括拘束力,国家立法规定集体协议经国家认可后,在法源体系中由契约规范的地位上升为法律规范的地位,成为独立的法源。因而集体协议一经签订,对缔约双方成员具有法律约束力,使集体协议成为规范劳资关系的基础。

(二) 劳资制衡(Co-determination)

制衡模式是对抗衡模式的修正与超越,是劳动者以劳工的身份参与企业经营,其形式包括从参与决定到共同经营,也就是所谓的工业民主化,其基本思想是从消极保护劳工转为积极的由劳资双方共同参与决定企业经营活动,尤以德国、奥地利等国为代表。劳工代表参与企业内部经营的观念产生于19世纪,其形式最早为工厂会议,后发展为经营协议、经营参议制等。经营参议制的最大特色,是以法律形式将所有人在企业中的绝对主权转变为一种由劳工参与的体制,使劳动者除了工会组织之外,还拥有另一种形式的企业内的利益代表组织。这种工会与企业内利益代表并存的二元架构为德国、奥地利所特有。

四、统合模式

美国著名劳动关系学者邓洛普(Dunlop)最早以统合模式(Corporatism)对劳、资、政三者之间的关系加以说明,他在《产业关系体系》(1958)一书中对劳、资、政三者间的经济、政治关系进行了分析,但没有对彼此间的互动以及权力比例加以说明。随后学界对统合模式纷纷进行研究,并区分为国家统合和社会统合,20世纪90年代又增加了经营者统合。因此,统合模式具体分为国家统合、社会统合和经营者统合三类。

(一) 社会统合模式(Societal Corporatism)

社会统合模式的特征表现为:劳资双方的关系以整个社会为背景;工会在跨企业的团结权方面具有很强大的力量;集体意识与阶级认同存在于社会阶层;劳工对其他劳动阶层的忠诚高于本身的产业。著名的瑞典模式是社会统合模式的代表者,瑞典自20世纪30年代至90年代加入欧盟为止,其劳资事务处理的原则为社会统合模

式,内容包括:

(1) 工会联盟与雇主联盟的力量均十分庞大,并共同构成强大的劳动市场组织。在瑞典,劳动者参加工会的比率高达90%,为世界之冠,无论蓝领劳动者还是白领劳动者,都建立了强大的组织,而且彼此非常团结,几乎所有职工都分属于三个主要劳工组织。同时,瑞典资方联盟下属各组织的百分比也很高,工会组织与雇主组织的中央机构力量强大,行中央集权制。

(2) 劳资双方都愿意保持工业和平,都明确反对国家干预。认为劳资纠纷应以劳动市场上的供需情况为基础求得解决。劳资双方有能力面对社会制度产生的弊端采取预防措施,不需要国家立法干预。

(3) 设立争议处理机构。根据1938年瑞典劳资双方的基本协议,由工会联盟和雇主联合会的代表组成劳动力市场理事会,该理事会为全国性协商机构,任何劳资争端在提交法院审理之前,应先在理事会内部进行调解。

(4) 劳资双方组织的影响扩大。20世纪70年代之后,工会采取主动措施,促使生产过程规范化,并参加政府的各种调查委员会,参与咨询或决策活动。

(5) 成为集团利益组织,插足政界,发表政见左右舆论。总之,劳资双方已超出以协约自治处理劳资关系的范围,成为统合经济、政治活动的当事人。

(二) 经营者统合模式(Managerial Corporatism)

经营者统合模式的特征表现为:劳资关系主要发生在企业层级;工会在跨企业的团结权方面不具有强大的力量;集体意识与阶级认同只存在于产业阶层;劳动者对本产业的忠诚高于对其他劳动阶层。经营者统合模式以日本最为典型。第二次世界大战之后日本制定了劳动基准法保障劳动者权益,提升劳动力的品质。日本模式是建立在以劳动基准法为核心的三项"国粹"之上,即终身雇佣制、年功序列制和企业工会制。经营者在统合各方面力量之后,通过政府将其决策表达在劳动基准法中,要求各阶层予以服从。日本虽以经营者统合为原则,但对协约自治则仍维持某种程度的存在。

(三) 国家统合模式(State Corporatism)

国家统合模式是指企业与劳工组织在一个社会结构中所扮演的角色,由国家决定。国家通过立法对企业的功能与活动范围予以界定、限制,命令或禁止。国家统合模式的特点是:

(1) 国家对劳资双方采取强而有力的控制手段,对劳动契约采取干预态度,对集体劳动关系予以压缩。在工会方面,实行强制入会制、单一工会制,禁止或限制特定当事人组织工会,在实务上政党力量介入较深,工会的自主性非常有限。在雇主团体方面,政府也采取相应的干预手段,对产业的控制极深。政党与产业界的关系密切,产业界对政府的影响力量也很大,但劳资双方团体壁垒分明而互不相涉,没有固定的合作机制。

(2)以劳动基准法为核心,国家公权力对劳资双方的劳动契约直接介入、干预和管制。

(3)在劳动安全卫生与劳动监督检查方面,采取官僚本位主义,缺乏工会与劳动者的参与。

(4)劳动力市场政策主要是为配合国家经济发展计划,较少地从劳动者的立场进行规划并体现劳动者的利益。

总之,集体谈判作为现代工业社会调整劳动关系的主要机制,在第二次世界大战以后得到了广泛的普及与发展。在多数市场经济国家,集体谈判是为公众所接受的确认劳动条件的机制和稳定社会关系的手段。选择接受或拒绝集体谈判,主要取决于两种不同的价值判断体系:一元论和多元论。在实践中,市场经济国家处理劳动关系的制度模式大致分为斗争模式、多元放任模式、协约自治模式(包括劳资抗衡和劳资制衡)以及统合模式(包括国家统合、社会统合和经营者统合)。多元放任模式秉承新古典学派劳动关系理论,认为市场是决定就业状况的至关重要的因素,工会对市场机制的运行和发展具有副作用或负面影响,主张减少政府对劳动关系的干预,这一模式以美国最为典型。协约自治模式则以正统多元论学派理论为基础,主张劳资双方通过谈判取得均衡与和谐,以协约自治原则处理劳资事务,这一模式以法国、德国、意大利等西欧国家为代表。统合模式则以管理主义学派和自由改革主义学派理论为基础,其中,社会统合模式秉承自由改革主义理论,主张劳资双方要突破协约自治范围,以整个社会为背景处理劳资关系,瑞典是这一模式的代表者。经营者统合模式则秉承管理主义学派理论,主张由经营者在企业层面统合各方力量,再通过政府将其决策表达在劳动基准法之中,这一模式以日本最为典型。斗争模式则以激进派理论为基础,认为劳资双方之间存在不可调和的阶级矛盾,主张以斗争方式解决劳动问题。随着社会的变迁和发展,工业革命以来曾经被认为是劳资间互动基础的阶级斗争正逐渐消失,而以合作为本质的劳资关系体制则逐渐形成,以阶级斗争模式解决劳动问题的主张已成为历史。

关键词: 新保守派　管理主义学派　正统多元论学派　一元观　多元观　劳动关系模式

复习与思考

1. 试述现代西方劳动关系的主要学派及其观点。
2. 试述一元论和多元论观点的主要内容。
3. 结合实践,谈谈劳动关系的几种调整模式。

第三章

员工关系的历史和制度背景

引导案例：美国8小时工作日运动和秣市骚乱

19世纪初，许多雇员希望的最重要的改革之一是将普遍的每天10小时工作制减至8小时。塞缪尔·龚帕斯(Samuel Gompers)是美国劳工骑士团的成员，也是其他劳工组织(行业组织和工会联盟, Federation of Organized Trades and Labor Unions)、雪茄工人工会(the Cigar Makers' Union)的领导，他向劳工骑士团的领袖和主要发言人包德利施加压力，要他支持1886年5月1日为8小时工作制而举行的全国总罢工。包德利接受8小时工作制的想法，因为这会让雇员有更多的业余时间来参加理论学习。

8小时工作制的支持者相信，如果8小时工作制得以实施，它将带来更多的人就业，从而减轻失业问题。1886年5月3日，在芝加哥就此事而罢工的一些工人与警察发生了冲突，至少有4名罢工者死亡。进行抵抗的一位领袖印发了激动人心的传单，鼓动"报复"和"工人们武装起来"，传单还表示次日将在芝加哥的秣市广场举行群众集会。这些都为一个事件(后来被称为"秣市骚乱")做了铺垫。

1886年5月4日，约3 000人参加了计划的集会，开始时是平和的。监控集会的警察被上级警官召回警局。但是，副巡官Bonfield(事后，伊利诺伊州州长指责他对事故负责)命令警察回到集会地点。在一场演说中，一枚炸弹扔进了警察队伍中，导致死亡7人，受伤60人。《芝加哥论坛》(Chicago Tribune)报道说："在警察开始采取行动前，无政府主义者和暴民射出了枪林弹雨。"但该文中的另一则报道说在炸弹爆炸后，警察马上就向人群开枪了。不论事件发生的前后经过怎样，可以肯定的是警察确实向人群开了枪，杀死数人，伤了200人。

最后，被指控对该事件负责的8个人被逮捕，其中4人被吊死，1人在监狱中自杀，3人在服了一部分刑期后被伊利诺伊州州长赦免。对他们的审理至多是走个过场，随意挑选的陪审团中包括一名爆炸遇难者的亲属。审理从来就没能确定是谁扔的炸弹。至此，支持8小时工作制的罢工工人在芝加哥秣市广场上的群众集会，以和平开始，但以暴力和死亡结束。

资料来源：William H. Holley, Kenneth M. Jennings, Roger S. Wolters. The Labor Relations Process, 7th edition[M]. Chula Vista: South-Western College Pub. 2000：37-38.

早在19世纪上半叶,劳资矛盾就已经是发达资本主义国家非常重要的社会问题了。劳资问题在经历了数百年的发展之后,发生了很大变化。本章主要概述发达资本主义国家历史发展中所蕴含的劳动关系内涵,其意义在于:了解当前的劳动关系制度安排和发展状况并不是一成不变的,也不是劳动关系仅有的状态,而是复杂而漫长的历史演进过程中的一个片段。为更好地理解劳动关系的现在和未来,有必要以史为鉴,了解劳动关系的起源和发展历程。通过本章学习,重点了解劳动关系历史发展的阶段特点、发展规律,以及当前劳动关系面临的问题和挑战。

第一节 早期工业化时代的员工关系

劳动关系是管理方与劳动者之间的关系,表现为劳动者在管理方的安排和指导下劳动,管理方支付劳动报酬。这种关系是随着资本主义生产方式的产生而出现的。劳动关系的历史可以追溯到产业革命,从产业革命开始到19世纪中叶,是劳动关系发展历史的第一个阶段。

一、时代背景

18世纪中期,以蒸汽机的发明为标志的产业革命从英国开始,席卷欧洲、美洲,全球进入一个新的时代——资本主义工业化时代。在这个时代,经济制度发生了本质变化,机器生产取代了手工工具,机器工业取代了手工业作坊。由于新技术的采用,生产规模得以扩大,提高了劳动生产率,带来了生产的飞跃,推动了社会的发展和进步。工业社会带来的最大变化,就是工业生产逐渐取代农业生产而占据经济发展的主导地位,市场经济取代了小农经济,社会结构日益复杂化。

在资本主义早期,资本主义处于原始积累阶段,对内表现为对本国劳动者的剥削,对外表现为在殖民地的掠夺。大批劳动者被迫离开土地,不得不依靠出卖劳动力谋生。这些劳动者具备了成为工人阶级的两个基本条件:一是他们是自由的;二是他们除了自身以外一无所有。资本与劳动相结合,新型的雇佣关系就这样产生和发展起来。在这一时期,不但形成了现代意义上的雇佣关系,而且雇员人数逐渐增多,成为社会阶层结构中的主体。

二、斯密的管理思想

亚当·斯密是英国古典经济学家,他的管理思想也成为当时的主流管理思想。

斯密认为,劳动是国民财富的源泉,各国人民每年消费的一切用品来源于本国人民每年的劳动,劳动创造的价值是利润的源泉,工资越低,利润就越高;工资越高,利润就会越低。在斯密管理思想盛行的年代,企业将追求利润最大化作为唯一目标,雇主极力压低工人工资,延长工时,增加劳动强度,以获得更多的利润。

斯密主张以市场"看不见的手"来自动调整市场供求,政府仅仅作为看门人,不干涉市场的供求和经济的发展。在政府不干涉政策的影响下,雇主具有相当大的雇佣、使用和解雇员工的权力。

三、早期工业化时代的劳动关系

在早期工业化进程中,工人的生活状况没有随着经济的发展而改善。相反,雇主为了获得更多利润,花费更少的劳动成本,往往采用延长工时、增加劳动强度、压低工人工资、不改善工作条件和劳动保护设施以及完全控制工人工作等办法剥削工人。由于过度竞争、贫富分化、商品和货币对劳动者的异化,致使工人的劳动条件和生活状况都急剧恶化。在早期工业化时代,雇主对工人的剥削是残酷的。

各国政府普遍信奉古典主义自由竞争的理论,认为市场是最有效率的。政府不干预劳资关系,完全交由劳动力市场自动调节。资方在劳动关系中具有优势,劳动者在缺乏制度保证时处于绝对劣势。劳动保障方面的法规非常少,1802年英国通过的《学徒健康与道德法》被视为第一个具有现代意义的劳动法规。

18世纪末到19世纪初,西欧各国爆发了各种工人反抗斗争,他们通过破坏机器、烧毁厂房、停工怠工、罢工游行等形式,要求雇主改善劳动条件和提高工资。这些斗争往往是自发的和分散的行动,由于没有周密的组织和计划,往往以失败结局。正是在这些失败中,工人开始认识到,只有联合起来获得成倍的力量才有可能与雇主抗衡,达到运动的目的。所以,在一些行业中开始出现了最初的工人组织,即早期的工会。

在同一时期的美国,也产生了早期的工会。只是与欧洲相比,产生的原因有所不同。在美国,大部分工会是在技术工人和半技术工人内部发展起来的,工会的目的是以其意志来规范所从事的职业。所以,美国早期的工会具有中世纪同业互助会的性质,随后全国性工会在各行业中出现。19世纪70年代早期,全国性的工会发展到大约30个,工人总数大约30万人。

面对早期的工人组织,雇主进行了激烈的抵制,政府也采取了法律上的不承认或严格限制的态度。当时各国的立法都禁止工人结社、罢工和示威。英国1799年颁布的《结社法》和法国1791年颁布的《夏勃里埃法》就是这类法律的典型代表。政府甚至动用军队来对付工人罢工,例如在美国,1834年安德鲁总统在马里兰州镇压了爱尔兰裔工人的罢工。

四、该时期劳动关系的特点

早期工业化时代劳动关系的表现形式是激烈的对抗,劳动关系处于不稳定和直接对立之中。一方面,雇主或资方通过压低工资、延长工时、威胁压迫工人以及对恶劣工作条件漠不关心来获得更多的利润;另一方面,工人或劳动者在争取工资、工时、就业和劳动条件的改善上进行不懈的斗争,但工人运动总体上处于分散、个别和局部状态,这一时期的工会还很不完善。因此,在该时期的劳动关系中,资方占有绝对的优势地位。政府在表面上采取自由放任的态度,对于劳资纠纷采取不干预的方式,但实际上政府的立法和政策倾向于雇主一方。

第二节 管理时代的员工关系

一、时代背景

19世纪中期到20世纪初期,资本主义经济开始从自由竞争向垄断过渡。这一时期经济发展的基础,是从19世纪中期开始、在19世纪末和20世纪初达到高潮的第二次技术革命。科学技术的巨大进步,工业生产的迅速发展,使企业的规模越来越大,财富逐步聚集到少数资本家"精英"手中。生产和资本高度集中,为少数大资本家的联合和实行垄断创造了条件。垄断组织在各个部门陆续建立,并发展为工业资本与银行资本相融合的金融资本的统治。

新技术革命也带来了生产组织的变革。由于使用了电,原来以蒸汽机为基础的机器体系(包括工作机、发动机、传动机)现在联成一体,由此引起了生产工艺组织的变革。过去由于动力和传动装置限制而将同种机器并列的工艺组织,已由按产品加工工艺组成的流水线代替。在这个阶段,贫富差距不断扩大,社会矛盾日趋尖锐。从19世纪70年代到第一次世界大战爆发的40多年里,主要资本主义国家先后经历了五次世界经济危机的打击,每次经济危机都使资本主义国家的生产急剧下降,企业大批破产,资本贬值,工资削减,失业人数增加,生产力遭到破坏。同时,资本主义制度暴露出越来越多的问题,遭到社会有识之士的不断抨击。政府也认识到,为了稳固政权和巩固统治,就不得不要求雇主方作出某些让步,同时也要对劳动者的工作保障等问题加以管理。

二、科学管理理论

随着以技术革命和流水线作业为基础的生产的发展,产生了新的劳动组织和现代管理体系,这就是"泰勒制"。以弗雷德里克·泰勒为主要代表人物的科学管理理论以提高生产率为目标,以科学管理方法代替传统的经验管理,提出通过建立各种明确的规定、条例、标准,使一切科学化、制度化是提高管理效能的关键。科学管理理论的内容包括劳动定额原理、激励性的工资报酬制度等。

科学管理思想对这一时代产生了深刻的影响,各企业纷纷以此为依据制定新的管理方法。管理的改进不但提高了劳动生产率,也为工人创造了更加公平合理的竞争环境。著名的管理学家哈罗德·孔茨对泰勒作出的评价是:

"尽管看起来过分全神贯注于车间一级的生产率,然而恰恰相反,贯穿在泰勒著作中的主旋律却是强烈的人道主义。他认为,要精心选人、用人并加以培训,让他们做能够干得最好的工作。他还认为,工人、主管人员和工厂主的利益,是能够也应该能够协调一致的。此外,泰勒还强调主管人员精心制定先进计划的重要性以及主管人员有责任设计工作制度,以帮助工人把工作做得最好。但是,当他在谈到管理时,他从来没有忽略过这样的事实:'雇主与工人之间的关系无疑是形成这种艺术的重要部分。'"①

流水线式的生产和"泰勒制"也成为资本家提高劳动强度、加强剥削的重要手段。"泰勒制"加强了资本家对工人的实际的隶属,使工人进一步附着在工作岗位上。

三、该时期的劳动关系

在雇主改变管理方式、加强剥削的同时,工人运动有了进一步的发展。1886年12月,美国劳动工人联合会(简称"劳联",AFL)成立了,它是一个以熟练工人为主的在不同职业的基础上组织起来的全国性的总工会,目的是为工人谋取更多的利益。1905年,世界产业工会在美国芝加哥诞生了。欧洲各国政府相继废除了禁止结社的法律,各国工会组织获得了空前的发展。到19世纪末,工会在西欧各国已经相当普遍。

各国政府改变了早期工业化时期对工人运动和工会的或放任或压制的政策,采取了所谓的"建设性"干预政策,开始对改善工人状况进行国家干预,力图建立稳定的劳资关系。

---

① [美]哈罗德·孔茨,海因茨·韦里克.管理学(第9版).北京:经济科学出版社,1993:30.

"建设性"干预政策首先体现在立法上。各国相继通过了有关保护妇女和儿童就业、减少工时以及以社会援助的形式发放各种津贴和失业补助的一些法律和条例。到19世纪末20世纪初,各国的工厂立法、劳动保护立法、劳动保险立法、工会法、劳动争议处理法等法律大量出台,相应的劳动行政管理机构也开始出现。1871年,英国颁布了世界上第一部工会法,1875年又颁布了《企业主和工人法》,允许工人团体和企业主签订契约和合同。1904年,新西兰出现了较规范的集体合同法。从此,集体谈判制度得到了国家法律的承认和保护。

四、该时期劳动关系的特点

管理时代的劳动关系的特点主要表现在以下四个方面:

(1) 工人运动继续发展,工会组织广泛建立,队伍逐渐壮大并且形成层次,工人力量开始不断增强。

(2) 资方或雇主在不断加强的工人运动下,开始出现让步,从早期的对工人的直接剥削和压迫,变为通过改进管理增加在工作中科学的分析和对工人的激励,来追求利润最大化的目标。

(3) 劳资矛盾的目标没有变化,仍然是争取更好的工作和生活条件,但是其激烈程度有所弱化,表现形式出现多元化方向,集体谈判制度得到了确认。

(4) 政府的政策发生了变化,从不干预到出台大量的立法、建立相应的机构干预劳资关系,劳动关系向更加稳定、有序的方向发展。

第三节 冲突的制度化

一、背景

20世纪上半叶,世界经济经历了两次世界大战和历史上最严重的经济危机。战争期间,资本主义国家的经济与政治均陷于动荡之中,生产和贸易经受了严重的破坏。由于民族矛盾突出,劳资矛盾相对退居次要地位。20世纪二三十年代,西方资本主义国家发生了空前严重的经济危机,大量的企业破产和工人失业,使劳资关系重新紧张起来。受俄国社会主义革命和经济危机的影响,各主要资本主义国家相继都爆发了以政治要求为目标的较大规模的罢工。例如,英国的罢工在1919年达到1 352次;法国在1919年的罢工次数多达2 026次。1938年,美国产业工人联合会(简称"产联",CIO)成立,形成了与劳联竞争的局面。

面对劳资关系的再度紧张,政府不得不直接干预经济。这一方面表现在劳动部门就业管理职能得到扩大和加强,政府开始对劳动力市场的宏观干预。这种对经济的干预以美国的"罗斯福新政"为主要代表。为了减少大萧条所造成的失业,缓和劳资矛盾,罗斯福政府颁布了《产业复兴法》。该法律规定,工人有组织工会、参加自己选择的任何工会和通过自己的代表同资方签订集体合同的权利。该法律还规定了最低工资和最高工时等。政府还通过执行公共工程计划,吸收失业者就业。1935 年,美国通过《国家劳动关系法》(又名"《瓦格纳法》"),进一步确认了工会的权力。另一方面,各国都进一步发展了社会保障制度,提高了社会保障水平。1935 年,罗斯福当政的美国政府通过了《社会保障法》,标志着现代社会保障制度从社会保险制度向综合性社会保障制度的转变。

二、行为科学理论

行为科学理论的产生与科学管理理论的年代基本一致,但发展较后者更晚。直到 1949 年在美国芝加哥大学召开的会议上,该理论才被正式命名为人际关系学说,后来又被称为行为科学。与管理学派偏重对工作进行科学分析相对比,行为科学理论侧重对人的心理活动的研究,研究人们行为的规律,从中寻找管理员工的新方法和提高劳动效率的途径。

在行为科学发展中,与组织中劳动者有关的三个最为重要的方面是工业心理学的出现、霍桑试验和社会系统理论。

(一) 工业心理学的出现

"工业心理学之父"雨果·芒斯特博格在他的经典著作《心理学和工业效率》中提出,工业心理学研究的目标是:寻求如何使人们的智能同他们所从事的工作相匹配;在何种心理条件下,才能从个人的工作中获得最多并最令人满意的产出;企业如何去影响工人,以便从他们那里获得好的结果。同泰勒一样,他对劳资之间的共同利益感兴趣。但是,他强调他的方法更侧重于工人,他希望以此来缩短工作时间,增加工资和提高"生活水平"。

(二) 霍桑试验

霍桑试验是指在 1927—1932 年间由美国人埃尔顿·梅奥和罗特利斯伯格所进行的一系列分析改变照明和其他一些条件对工人和生产率的影响的试验。他们发现,照明强度和其他工作条件都无法解释生产率变化的原因。他们认为,在试验中生产率的提高是由于存在像士气、劳动集体成员之间的满意的相互关系(一种归属感)

以及有效的管理等一系列社会因素。因此，管理者要了解人的行为，特别是了解集体行为，并且通过激励、劝导、领导和信息交流来起作用。霍桑试验的重要之处在于，把人当作社会的人，从而要更多地考虑岗位上的人的情感、心理、期望等。

（三）社会系统理论

社会系统理论的代表人物是切斯特·巴纳德，他将管理工作纳入一个社会系统之中，并认为高级管理人员的任务就是在正式组织内尽力维护好一个协作系统。

三、劳动关系的制度化

在两次世界大战期间，劳动关系有了进一步发展，世界大战和经济危机影响了各国政治和经济的稳定，加快了各国政府干预的步伐，各国从初期的国家干预向制度化过渡。

由于战争和危机对生产和就业带来的震荡，劳资矛盾一度非常尖锐，同时也引发了很多社会问题。为了缓解劳资矛盾，促进经济的复苏，各国依据新的行为科学管理理念，开展了"产业合理化"运动。该运动是以工人参与企业管理为主要内容的产业民主化运动。

在该时期，三方性原则开始出现。最初的形式是，由政府的劳动部门安排雇主和工人代表或工会代表参加会议，共同讨论一些双方都关心的问题。经过逐步发展，已经演变成政府在制定产业政策时主动征求双方的意见，政府参与调整双方关系，使双方的矛盾能够控制在一定的范围内。三方合作的方式在当时主要有两种：一是在政府的主持和法律约束下，以集体方式处理劳资关系；二是雇主组织和工人（工会）组织共同参与劳动法的拟定和实施。第一种三方合作的方式——集体谈判和集体协议制度逐渐在各国兴起。在集体谈判制度中，由管理方与劳动者集体按照事先规定的程序通过讨价还价来共同决定工资和其他工作条件，政府在谈判过程中作为第三方除了帮助制定程序和规则之外，还担负着调解和仲裁双方纠纷以及提供其他服务的责任。这种方式逐渐地在各国广泛地传播开来。第二种三方合作的方式是，在政府制定劳动立法的过程中，政府也从原来只听取雇主方的意见转变为邀请雇主和工人代表共同参与协商。一些国家还为此成立了由三方共同参加的机构。当然，三方性原则这一时期在工业企业中还并不普遍和完善。

四、该时期劳动关系的特点

（1）该时期的劳动关系受重大历史事件的影响较其他时期更为明显。两次世界大战和大危机使劳资矛盾在缓解和激化之间反复振荡,从客观上促进了劳动关系的加速发展。

(2)政府进一步放弃了原来的不干预的政策,不但加强了劳动保障方面的立法,而且对产业发展和劳动力市场等诸多领域进行了宏观调控。

(3)企业管理方更加关注员工的社会性特征,如士气、满意度等,客观上缓和了劳动关系的紧张状态。

(4)该时期冲突逐步制度化,"产业民主化"和三方性原则首次被提出,集体谈判制度的范围进一步扩大,使调整劳动关系的渠道更宽,选择余地更大。

第四节 成熟的员工关系

一、背景

成熟的劳动关系时期是从第二次世界大战结束后直至20世纪八九十年代。在这一阶段,世界经济发展出现了很多新变化:科学知识技术蓬勃发展;计算机的发明和应用;自动化控制领域的突飞猛进。在科技快速发展的情况下,世界各国经历了一个经济快速增长的时期,企业的资本密度不断增加,对工人的技术水平要求也在提高。同时,企业的规模也由于规模收益的原因而不断扩大。所有这些都对企业管理提出了新要求。

随着第二次世界大战后全球经济的快速发展,出现了像英国、瑞典这样的福利国家。福利国家以社会保障制度完善、社会保障水平高而著称。在其他西方国家,社会保障制度也有了不同程度的增长。现代社会保障制度于20世纪四五十年代进入了成熟阶段。社会保障制度的发展对于改善劳动关系具有相当重要的意义。

二、现代管理学的发展——"管理理论的丛林"

在科技进步和企业组织变化的背景下,原有的管理理念已经不再适应企业的需要,许多新理论应运而生。这些理论思想庞杂、内容广泛,因而被著名管理学家哈罗德·孔茨命名为"管理理论的丛林"。

在"管理理论的丛林"中,各派不但观点各不相同,而且在分析方法、研究具体对象等方面也各有所长。这里仅举几个相对重要的学派,并简单介绍它们的观点中与劳动关系有关的内容。

(一) 经验主义学派

该学派的代表人物彼得·德鲁克认为,管理科学阶段侧重于以工作为中心,忽视人的一面;而行为科学又侧重于以人为中心,忽视同工作的结合。目标管理则是综合以工作为中心和以人为中心的方法,实现工作与人的完美结合。

(二) 经理角色学派

经理角色学派产生于20世纪70年代,主要代表人物是加拿大的亨利·明茨伯格、乔兰、科斯庭等。该学派因以对经理角色的职务和工作为研究对象而得名。

该学派认为,经理提高工作效率的方法是:与下属共享信息;有意识地克服工作的表面性;处理好对组织施加影响的各种力量的关系,这些力量包括股东、学者、政府、工会、公众、职工等。

(三) 权变理论学派

权变理论也称超Y理论,主要代表人物有约翰·莫尔斯和杰伊·洛西。该理论认为,在企业管理中要根据企业所处的内部和外部条件随机应变,没有一成不变的、普遍适用的"最好"的管理理论和方法。

权变理论认为,人们加入工作组织的目标和需要是互不相同的,他们对管理方式的要求也有差别,员工的培训和工作分配、工资报酬和对工人的控制程度等管理政策应该随着工作性质、工作目标等因素而变化;当一个目标达到后,可以继续激发员工的胜任感,使之为新的更高目标而努力。

这些新的学派的出现不仅反映了新的经济、技术环境下管理思想的变革,也反映了对原有的上一个比较特殊的历史时期的管理思想与传统的管理思想之间的某种整合。

三、成熟的劳动关系

劳动者重新返回劳动力市场和战后重建都为经济的复苏和在一个较长时期内发展提供了重要支持。经济发展的新要求和持续不断的工人运动,使政府采取了更多的"产业民主化"政策。

在这些"产业民主化"政策中,最重要的是工人参与企业管理,主要体现在三方原则的广泛推广上,即国家(政府)、企业和员工三方合作,共同制定产业政策和劳动政策。具体形式各国又有所不同。有的在全国一级的产业层次上由政府主持下的雇主协会与全国性的产业工会谈判;有的按照政府的法律规定,在企业层面上由雇主与企业工会谈判;还有一些国家成立了一些由三方参加的民主决策机构,劳资议会就属于这样的机构。国际劳工组织也是一个三方组成的组织,它积极倡导劳动关系领域的三方原则,在制定劳动法规、调整劳动关系、处理劳动争议等方面,政府、企业(雇主)和员工三方代表共同参与决策,相互影响、相互制衡。

另外,集体谈判制度也在进一步完善,并且被西方国家普遍采用。雇主与工会或工人代表通过相对公平的谈判来决定工资和工作条件等内容,所有员工——工会会员以及非工会会员,都可以享受谈判带来的福利的增加。集体谈判逐渐成为处理管理方与员工之间日常问题的主要手段。

政府对劳动关系影响的方式也从不干涉、直接干预到通过立法规范间接干预。在这一时期,西方国家形成了一整套规范化、制度化的法律体系和调整机制。

在美国,1947 年通过了《劳资关系法》(也称"《塔夫托-哈特利法》"),对工会的权力进行了规范和限制。1955 年,劳联和产联合二为一,结束了两大工会力量长期竞争的局面。合并之后的劳联-产联的运作更加具有效率,并对内部各工会之间的冲突进行调整,使之控制在非暴力合法化的范围以内。一方面,工会的数量不再像第二次世界大战期间那样迅速增加,而多是旧有工会组织的延续;另一方面,参加工会的会员人数不断增加。

各国公共部门的工会发展壮大起来。从 1972 年开始,美国的制造业和建筑业蓝领工人中的工会组织数量骤减,同时从 1960 年起,公共部门的工会组织,尤其是在州、地方和联邦政府雇员中的工会组织,则维持了较长时期的增长。其他国家也有相似的过程:1985 年,工会代表政府雇员的比重,在美国为 36%,德国为 58%,英国为 81%;在私营部门中,工会代表率在美国为 14%,德国为 28%,英国为 38%。

在欧美国家,虽然员工中工会会员的比例有所上升,但是冲突的形式却变得平和,劳动关系表现得更加成熟,因为双方找到了解决冲突的更有效的办法,这就是法律规范下的由劳资协议制度、集体谈判制度等所组成的制度体系。

四、该时期劳动关系的主要特征

成熟时期的劳动关系的特征主要表现为:

(1) 经过前几个时期劳动关系发展的基础,政府不但认识到调整劳动关系的重要意义,而且调整手段已经相当完备,立法体系完善、社会保障制度和保障水平随着经济的发展不断提高,为劳资双方有效沟通所提供的各种服务也比较完备。

(2) 在政府立法、服务体系干预下,管理方与员工双方都更愿意通过相对缓和的形式来解决冲突,使双方都得到好处,因此,从总体上看,冲突的激烈程度在不断下降,合作成为劳动关系的主流。

(3) 经过长期的发展,"三方格局"形成,员工参与管理的产业民主制度、集体谈判制度等已相当完善。解决劳资矛盾、劳资争端的途径趋于制度化和法律化。

第五节 新的矛盾和问题

一、经济和组织发展的背景

近年来,一些学者从社会学和人类学的角度对泰勒式的工作组织提出了挑战。他们认为,泰勒式组织具有成本高、制度僵化的弱点,不适应新时代高新技术和通信技术的发展。这些新技术在销售、生产、设计和生产重组等方面,要求更具柔性的专业特征,从而使工作组织和工作设计发生了根本性的变化。

互联网技术改变了企业的商业模式,也使传统的蓝领和白领的界限变得越来越模糊。工作组织的制度也从多等级的官僚制转变为由网络化供应、团队工作、多种技术支持,以及像组织扁平化和弹性工作制这类形式多样、富于变化和适应环境的制度。这种新的商业模式被称为"零工经济"或"线下众包"。众包工作是指将传统由一名员工完成的工作以公开邀约的形式外包给不确定的多数人。从理论上讲,这些新技术公司只是通过数字平台直接将客户与执行任务的个体劳动者进行匹配。在互联网时代到来之前,这种外包是很难实现的。这些公司致力于建立一个在线平台,如网络、App等,在这个平台上,客户可以直接找到一个或多个劳动者来完成任务。平台企业声称自己只是帮助服务提供方和服务需求方之间搭建联系的一个数字平台,因此,平台将从业者界定为"自我雇佣者"。在缺乏劳动法保护,特别是最低工资和集体谈判的情况下,客户可以获得比传统企业更加便宜的服务。

新商业模式对第三产业的影响范围更为广泛,如滴滴出行(城市交通)、管家帮(家政服务)、点匠(建筑服务)、美团(上门餐饮)、全国导游之家(导游服务)、货拉拉(搬家服务)、易教网(家教服务)等。高技能的灵活就业者如建筑师、软件工程师等,可以通过程序员客栈、开源众包等平台工作;低技能的灵活就业者如司机、送货员等,则可以通过美团、饿了么、滴滴出行等平台工作。这些工作都只是需要在本地线下进行,这些公司也都属于某个特定行业,客户可以通过平台寻找到特定的服务。这种新的商业模式的特点是:(1)对劳动者的依赖性更低。新型企业的特点是不需要实时管理和监督平台劳动者的工作。利用技术,公司可以根据客户的工作评估结果作出是否解雇的决策。同样,公司也没有动力为从业者提供培训,因为任何人想要从事这项工作,他们需要事先做好充分的工作准备。与传统工作相比,新的工作方式具有更少的从属性和更大的工作自由度。(2)具有规模经济或群聚效应需求。新型企业运作的基础是积累大量的平台从业者和客户。事实上,由于平台拥有大量从业者,企业也就不需要具体规定上下班时间,客户也总能在任何时间通过平台找到可以提供服务的人。(3)可以开展全球业务。平台和品牌一旦建立起来,其推广扩张至全球市场将变得相对容易和便宜。全球扩张使企业能够利用规模经济,让一个品牌获得世界各地用户的信任,这使得组织很容易获得所需的群聚效应。(4)业务范围超越提供数据库服务。关于这些新型平台企业的性质,它们到底只是提供供需数据的一个数据库,还是在某一特定领域提供服务的公司,仍是有争议的关键。

这种新的商业模式的出现在劳动力市场上引发了两个主要问题。第一个问题涉及劳动法的适用范围,即关于"雇员"的传统法律概念在这种新的工作方式中是否仍然有效;第二个问题涉及政策,即是否有必要扩大劳动法保护的范围,使从属性或控制性劳动与劳动法保护脱钩。另外,还必须考虑的是,新型劳动者所需要的保护与传统从属性或控制性劳动所需要的保护是否相同。在这个意义上,可能需要一种新的法律保护。

二、劳动关系的新变化

由于新技术的采用以及由此带来的新的组织制度的发展,以及全球经济一体化的影响,新时期劳动关系也在发生着日益明显的变化。

(一)全球经济一体化带来国际竞争的加剧和雇主策略的变化

由于全球经济一体化趋势的加强,国际竞争的激烈,组织面对的降低雇佣条件、压低人工成本的压力就会愈来愈重。这些压力减少了各国的雇主或管理方妥协的余地和工会及集体谈判发展的空间。到目前为止,世界各国,尤其是劳动关系发展成熟的各西方市场经济发达的国家,还在纷纷寻求降低成本的方法以及调整雇佣关系的新模式。

(二)跨国公司的兴起和经济全球化的趋势改变了资方、政府和工会的权力平衡

一方面,市场的范围已经从单一国家的国界扩展到多个国家和地区;另一方面,一国政府控制国际资本流动的能力是有限的。由于大型跨国公司的核心竞争力在于利用国际金融、国际科研和国际技术资源,所以,政府对这些大型跨国公司的影响力就越来越小,政府不再能够像以前那样,通过国家主要工业巨头联盟的帮助来制定该国的产业政策,而是只能控制部分国内市场。即使如此,对这部分市场能够产生影响的工会也会受到其他市场参与者的成本竞争的限制。正是在国际竞争压力和工作组织自身变化的情况下,各国工会力量在20世纪80年代后期都有

不同程度的削弱。

(三) 跨国工会和工会联盟发展相对滞后

国际竞争的加剧和跨国公司的兴起,为工会跨过国家劳动力市场界限、建立国际组织来协调其行动提出了客观要求。这是因为,从历史上看,工会从地区组织发展成全国性组织,集体谈判从地区水平发展到国家级产业谈判,都是由于工会受到了控制范围之外的劳动力成本的影响,因而要求结成统一的组织来协调各工会的发展。为了顺应这一要求,欧洲的工会组织已经启动,欧洲工会联合会已经与欧洲雇主联合会开始了谈判。例如,1991年关于将《社会政策协议》的内容添加于《马斯特里赫特条约》的谈判。再如,1994年关于《工厂委员会指南》的性质的谈判。但是,对于大多数地区和国家的工会,面对国际经济一体化还有很长的路要走。

(四) 非典型就业劳动者的处境日趋严峻

非典型就业劳动的发展趋势锐不可当,在全球化、弹性化和提升竞争力的诉求下,这些不安全雇佣的非典型劳动的情况令人担忧。非正式员工的使用数量在逐步增加,例如,在日本,短期工、派遣工、自由打工者等完全不同于传统终身雇佣制的雇佣形式迅速普及,近年来已占被雇佣者总人数的30%左右。正式员工与非正式员工的收入相差一倍左右,在保险福利、退休金以及年休假方面也不尽一致,而且企业可以在不需要时随时解聘,因此,雇佣非正式员工逐渐成为日本企业节约劳动力成本的重要手段。根据日本总务省统计局的官网数据,截至2020年9月,日本非正式用工占比37.1%(其中零工18.5%、临时工7.9%、劳务派遣2.5%、劳务合同工4.8%、特约顾问1.9%),其中,男性比例为22.0%,女性比例54.2%。这说明日本女性雇员过半数属于非正式用工。20世纪90年代后,在经济全球化和企业竞争日趋激烈的背景下,选择包括劳务派遣形式在内的新的雇佣形式,降低用人成本和风险,保证用工灵活性,成为包括日本在内的许多国家的企业用工制度的一种选择。大企业实行整齐划一的终身雇佣的局面已经过去,新型的雇佣体系将打破传统单一的终身雇佣制,向多元、灵活的方向转变。但如何在弹性与保障之间取得平衡,保护非典型就业劳动者的权益则是一个共同的问题。

(五) 发达市场经济国家的工会面临着知识经济的挑战

工会的产生与发展总是与制造业和建筑业的发展相联系。西方国家第三产业的比重大于第二产业的比重,工会的范围和力量有不断缩小的趋势。例如,在美国,工会会员的人数占工作人数的比重在不断缩小,而且代表未来经济发展趋势的美国高科技企业的工会的力量十分微弱。到20世纪末,工会会员在美国劳动力中所占的比例从第二次世界大战后的35%下降到10%左右,降至第二次世界大战后的最低水平。可以预见,在知识经济时代,具有知识的劳动者和具有资本的雇主之间的劳动关系会出现全新的变化。

综上,可以看出,劳动关系发展的历史与该时期的经济、技术、社会发展的背景有着非常密切的联系,从总体上讲,劳动关系的发展经历了从对立到对话、从冲突到合作、从无序到制度化、法治化方向逐渐推进的过程。

关键词: 泰勒制　成熟的劳动关系　产业民主　行为科学理论

复习与思考

1. 成熟劳动关系时期的劳动关系具有哪些特点?
2. 回顾劳动关系发展的历史,你能得出哪些规律?
3. 谈谈你对未来劳动关系发展方向的设想。

第四章

企业用工形式

引导案例：中央电视台劳务派遣用工形式

改革开放尤其是20世纪90年代以来，中国电视事业和电视产业获得了空前发展，作为全国电视行业龙头的中央电视台更是如此。但中央电视台是事业单位，在用人上受国家编制的严格控制，用人自主度受到限制，难以根据组织规模和事业发展的需要调整人力资源结构和数量。在中央电视台事业发展最为迅猛的15年间，事业编制仅仅增加了470人，就连《焦点访谈》等品牌栏目，也是在没有人员编制、没有经费的情况下开办的。事业发展需要人，编制又无法解决，怎么办？在当时的历史环境下，为了解决人力资源供求之间的矛盾，一些栏目、部门开始以编制外用工的方式从同行业其他单位或社会上引进人员。截至2003年5月，在台内工作的各类编外人员总数达到7 142人，是编制内人员的2.85倍。编制外用工是为了适应电视事业迅猛发展的需要而采取的权宜之计，这种用工方式在一定程度上解决了制约中央电视台发展的燃眉之急，但也给人员管理工作带来一系列问题和隐患，如进人随意性较大、用工不规范，编外人员游离于国家劳动政策法规之外，无法与事业体制的电视台确立劳动关系，而且对于编制外的临时人员，其报酬也无法通过这一渠道支付，导致编外人员报酬发放不规范、不透明。编外人员也不能按照编制内人员的待遇享受退休、医疗、养老保险、失业保险等福利，其党（团）关系既不能转入电视台，又不能长期搁置在原工作单位。

为了解决长期困扰电视事业发展的重大阻碍，规范人员管理，中央电视台决定引进一种新用工形式——劳务派遣制度，即由劳务派遣机构与被派遣员工签订劳动合同，之后再将员工派往用工单位提供劳务。劳务派遣机构与用工单位签订劳务派遣协议，派遣员工与派遣机构形成劳动关系，派遣员工与实际用工单位则构成劳务关系。2003年年底，中央电视台确定以公司化管理为基本方式，以劳务派遣制度为主渠道，进行编外人员管理改革。从2003年12月25日到2004年10月，全台15个中心（室）所使用的5 684名编外人员与北京中视汇才文化发展有限公司签订了劳动合同书，成为北京中视汇才文化发展有限公司的签约员工，再由该公司以劳务派遣的方式委派到中央电视台工作，他们在台内被称为派遣人员或企聘人员，中央电视台由此而成为目前国内使用劳务派遣人员规模最大、人员种类最多的组织。推行劳务派遣制度，基本上改变了困扰电视台十几年的用工制度上的无序、混乱状态，有效地整合了电视台的人力资源，提升了

> 人力资源管理的水平,实现了保障权益、理顺关系、调整结构的改革目标。截至2007年,全国企业、事业、机关单位的劳务派遣员工达到2 500万人,包括电力、电信、石油石化、银行、航空等多数行业都存在大量的劳务派遣用工形式。因劳务派遣而引发的员工关系问题,引起了社会的广泛关注。用人单位如何实施劳务派遣用工模式,如何规范用工形式,这些问题成为人力资源管理实践中的核心问题。
>
> 资料来源:http://www.normstar.com/newscenter/63.html.

第一节 人事外包与劳务派遣

一、劳务派遣的发展演变

劳务派遣又叫人才派遣、人才租赁,是指具备劳务派遣资质的派遣机构向用工单位派遣劳动者,劳务派遣机构与该劳动者签订劳动合同,用工单位与劳务派遣机构签订劳务派遣协议,并提供相应劳务费用的用工形式。劳务派遣的典型特征是将传统的雇主、雇员的双方劳动关系引入第三方主体,实行雇佣劳动者与使用劳动力相分离,从而形成劳务派遣单位、实际用人单位(即用工单位)、被派遣劳动者三方关系。在劳务派遣中,劳动者与劳务派遣机构存在劳动关系,与用工单位不存在劳动关系。劳务派遣是派遣机构与劳动者订立劳动合同后,依据与用工单位订立的劳务派遣协议,将劳动者派遣到用工单位工作。

对用工单位来说,劳务派遣是人力资源外包的一种重要形式,其最大特点是劳动力的法律雇用和使用相分离。劳动者与派遣单位之间签订劳动合同,形成劳动关系,但并不发生劳动力给付的事实;派遣单位与用工单位之间签订劳务派遣协议,形成劳务派遣关系;劳动力给付的事实发生在劳动者与用工单位之间,双方形成劳务关系。劳务派遣单位作为专门的人力资源服务机构,负责派遣劳动者的监督、管理,并按约定承办有关劳动和社会保障事务,为用工单位提供专业的人力资源服务,用工单位则按约定支付劳务报酬。这种灵活的用工方式使得用人单位减少了用工的管理成本。

劳务派遣起源于20世纪五六十年代的美国,成长于欧洲、日本,后被世界各国越来越多地采用。在经济全球化和企业竞争日趋激烈的背景下,选择包括劳务派遣形式在内的新的雇佣形式,降低用人成本和风险,保证用工灵活性,成为许多国家企业用工制度的一种选择。在中国,劳务派遣也是适应这一需要而产生的,并在20世纪90年代之后如雨后春笋般地发展起来,通过劳务派遣方式就业的劳动者数量以惊人的速度在增长。企业通过采用劳务派遣的方式，可以较灵活地调整用工形式，完善富余人力资源的退出机制，有效地降低人力成本，化解因体制、政策原因而产生的用人障碍，对企业提升自身管理能力，专注核心人力资源的管理发挥了重要作用。但由于缺乏明确的法律规范，劳务派遣员工与正式员工在劳动关系的归属、解雇保护、社会保险缴纳、福利待遇、同工同酬等方面存在差异，劳务派遣各方一旦出现纠纷，屡屡出现互相推诿和侵害劳动者权益的情形，因而规制劳务派遣关系成为一个令人关注的问题。

为规范劳务派遣人员的聘用和管理，一定要明确用工单位、劳务派遣机构和被派遣劳动者三方的权利和义务，保证劳务用工制度的规范执行。2008年通过的《劳动合同法》用专节对劳务派遣用工方式首次作出规定，明确规定了劳务派遣三方的权利义务，以保障劳务派遣的规范运行。2012年12月28日，十一届全国人大常委会第三十次会议表决通过了关于修改《劳动合同法》的决定，提高了经营劳务派遣的注册资本，对劳务派遣中的"同工同酬"、"三性"岗位以及派遣用工比例等规定进行了细化，自2013年7月1日施行。为确保《劳动合同法》修改案的有效实施，2013年6月20日，人力资源和社会保障部令第19号《劳务派遣行政许可实施办法》公布。该《办法》分总则、劳务派遣行政许可、监督检查、法律责任、附则5章35条，自2013年7月1日起施行。2013年12月20日，人力资源和社会保障部令第22号《劳务派遣暂行规定》公布，自2014年3月1日起施行。《劳动合同法》修改案及其配套行政规章明确了劳务派遣三方的权利义务，规定企业劳务派遣只能在临时性、辅助性和替代性岗位实施，且派遣用工比例不得超过10%。此后，企业劳务派遣用工范围和规模受到限制。

二、劳务派遣单位的义务

（一）劳务派遣单位须具有合法资质

《劳动合同法》第57条规定："经营劳务派遣业务应当具备下列条件：（一）注册资本不得少于人民币二百万元；（二）有与开展业务相适应的固定的经营场所和设施；（三）有符合法律、行政法规规定的劳务派遣管理制度；（四）法律、行政法规规定的其他条件。经营劳务派遣业务，应当向劳动行政部门依法申请行政许可；经许可的，依法办理相应的公司登记。未经许可，任何单位和个人不得经营劳务派遣业务。"

1. 劳务派遣单位注册资本不得少于人民币二百万元

《劳动合同法》提高了劳务派遣单位的成立与运营的准入门槛，对劳务派遣单位的注册资本作了下限规定，即不能少于二百万元。目前，劳务派遣机构比较复杂，有的是劳动行政机关下属的职业介绍中心、再就业服务中心转制而成，有的是一些机构、团体、事业单位、企业以及个人投资设立的私立劳务公司，还有的是街道办事处、职业学校、培训中心、工会或妇联等直接从事劳务派遣业务。劳务派遣主体比较混乱和复杂,经济实力良莠不齐,一些派遣机构无力承担劳务派遣过程中的各种风险。因此,通过规范注册资本金制度提高劳务派遣的入门门槛,规范劳务派遣从业资格,具有重要意义。用工单位在选择劳务派遣单位时,应严格审查劳务派遣机构的经营范围、资质和注册资金状况,防范因派遣机构资质不合法而引发的劳务派遣风险。

2. 有与开展业务相适应的固定的经营场所和设施

劳务派遣单位必须有固定的经营场所和设施,具有稳定的与开展业务相适应的服务场所和设施。劳务派遣单位服务场所办公面积应达到一定要求,应设有接洽会客室、档案室、工作人员办公室和必要的辅助用房等。劳务派遣单位具有为被派遣劳动者和劳务派遣用工单位服务的相关工具和设备,办公场所应配备必要的计算机、传真机、打印机、电话机、文档柜、网络设备和网络服务等基础设施。劳务派遣单位应配备与业务规模相适应的信息化管理系统,具备信息化管理和服务能力,可以对被派遣劳动者实行动态管理。

3. 有符合法律、行政法规规定的劳务派遣管理制度

劳务派遣单位必须制定符合劳务派遣法律法规规定的规章制度,包括劳动合同、劳动报酬、社会保险、工作时间、休息休假、劳动纪律等与劳动者切身利益相关的规章制度文本;劳务派遣协议样本。

4. 须具有《劳务派遣经营许可证》

经营劳务派遣业务,应当向劳动行政部门依法申请行政许可;经许可的,依法办理相应的公司登记。未经许可,任何单位和个人不得经营劳务派遣业务。申请经营劳务派遣业务的,申请人应当向许可机关提交下列材料:(一)劳务派遣经营许可申请书;(二)营业执照或者《企业名称预先核准通知书》;(三)公司章程以及验资机构出具的验资报告或者财务审计报告;(四)经营场所的使用证明以及与开展业务相适应的办公设施设备、信息管理系统等清单;(五)法定代表人的身份证明;(六)劳务派遣管理制度,包括劳动合同、劳动报酬、社会保险、工作时间、休息休假、劳动纪律等与劳动者切身利益相关的规章制度文本;拟与用工单位签订的劳务派遣协议样本。

《劳务派遣经营许可证》应当载明单位名称、住所、法定代表人、注册资本、许可经营事项、有效期限、编号、发证机关以及发证日期等事项。《劳务派遣经营许可证》有效期为3年。劳务派遣单位需要延续行政许可有效期的,应当在有效期届满60日前向许可机关提出延续行政许可的书面申请,并提交3年以来的基本经营情况;劳务派遣单位逾期提出延续行政许可的书面申请的,按照新申请经营劳务派遣行政许可办理。

5. 法律、行政法规规定的其他条件

例如,劳务派遣单位按照法律规定应当符合公司的设立条件。《中华人民共和国公司法》规定,设立公司,应当依法向公司登记机关申请设立登记。法律、行政法规规定必须报经批准的,应当在公司登记前依法办理批准手续。依法设立的公司,由公司登记机关发给公司营业执照,营业执照签发日期为公司成立日期。公司营业执照应当载明公司的名称、住所(主要办事机构所在地)、注册资本、实收资本、经营范围、法定代表人姓名等事项。公司营业执照记载的事项发生变更的,公司应当依法办理变更登记,由公司登记机关换发营业执照。设立公司必须依法制定公司章程。公司的经营范围由公司章程规定,并依法登记。公司的经营范围中属于法律、行政法规规定须经批准的项目,应当依法经过批准。公司可以修改章程,改变经营范围,但是应当办理变更登记。公司法定代表人依照公司章程的规定,由董事长、执行董事或者经理担任,并依法登记。法定代表人变更,应当办理变更登记。公司可以设立分公司。设立分公司,应当向公司登记机关申请登记,领取营业执照。分公司不具有法人资格,其民事责任由公司承担。公司也可以设立子公司,子公司具有法人资格,依法独立承担民事责任。劳务派遣单位的设立也要符合上述公司设立的条件,否则,不具备劳务派遣的合法资质。

(二)明确劳务派遣单位的地位和角色

《劳动合同法》第58条规定:"劳务派遣单位是本法所称用人单位,应当履行用人单位对劳动者的义务。劳务派遣单位与被派遣劳动者订立的劳动合同,除应当载明本法第17条规定的事项外,还应当载明被派遣劳动者的用工单位以及派遣期限、工作岗位等情况。"

"劳务派遣单位应当与被派遣劳动者订立二年以上的固定期限劳动合同,按月支付劳动报酬;被派遣劳动者在无工作期间,劳务派遣单位应当按照所在地人民政府规定的最低工资标准,向其按月支付报酬。"这一规定明确了劳务派遣单位在劳务派遣中的地位和角色。

(1)劳务派遣单位是"用人单位",应依法与被派遣劳动者订立劳动合同。

劳务派遣单位的角色属于劳动关系中的用人单位,应当与被派遣的劳动者之间签订劳动合同,履行所有用人单位应当履行的义务。劳务派遣单位虽然不实际、直接使用劳动者,但却直接招录劳动者,作为劳动合同的相对方。《劳动合同法》明确劳务派遣单位是劳动关系中所称的用人单位,应当履行用人单位对劳动者所应承担的义务,包括订立劳动合同、及时足额支付劳动报酬、缴纳社会保险费用、办理档案转移手续等义务。

劳务派遣单位作为用人单位,应当与被派遣的劳动者签订劳动合同,建立劳动关

系，并依法派遣到用工单位（即实际用人单位）工作。劳务派遣单位与劳动者签订的劳动合同的内容包括两部分：一是《劳动合同法》第17条规定的劳动合同的法定条款和约定条款；二是劳务派遣中的特殊内容，即被派遣劳动者的用工单位、派遣期限以及工作岗位等情况。派遣单位应当告知被派遣劳动者用工单位的上述情况。

（2）劳务派遣员工的劳动合同期限不低于二年，且非劳动者个人原因被退回的，被派遣劳动者在无工作期间，劳务派遣单位应当向其按月支付不低于最低工资标准的报酬。

为了保护被派遣劳动者的利益，《劳动合同法》规定劳务派遣单位与被派遣劳动者应当订立二年以上固定期限的劳动合同。劳务派遣单位应当按月向劳动者支付劳动报酬。非因劳动者个人原因被退回时，被派遣劳动者在无工作期间，劳务派遣单位应当向其按月支付不低于最低工资标准的劳动报酬。劳务派遣单位不得与被派遣劳动者之间签订非全日制劳动合同。《劳务派遣暂行规定》第6条进一步规定，劳务派遣单位与同一被派遣劳动者只能约定一次试用期。因此，被派遣劳动者更换用工单位时，劳务派遣单位不得再与劳动者另行约定试用期。用工单位不得以被派遣劳动者不符合用工条件为由解除劳动合同，只能作为退回被派遣劳动者的依据。用工单位在招用劳务派遣工时，一定要注意审查被派遣劳动者的劳动关系是否正当合法，如果因劳务派遣单位的违法行为给被派遣劳动者造成了损失，根据《劳动合同法》相关规定，用工单位要与劳务派遣公司承担连带责任。这些规定加大了派遣单位的法律责任，要求派遣单位与被派遣劳动者之间形成相对稳定的劳动关系，并保障劳动者在劳务派遣期间的最低报酬。它对规范劳务派遣用工形式，强化派遣单位的责任，严格控制劳务派遣的数量和质量具有重要意义。

（三）劳务派遣单位应履行如实告知义务，不得克扣被派遣劳动者的劳动报酬

《劳动合同法》第60条规定："劳务派遣单位应当将劳务派遣协议的内容告知被派遣劳动者。劳务派遣单位不得克扣用工单位按照劳务派遣协议支付给被派遣劳动者的劳动报酬。劳务派遣单位和用工单位不得向被派遣劳动者收取费用。"这一规定明确了劳务派遣单位在履行合同中的义务。

劳务派遣单位与劳动者签订了劳动合同之后，劳动者就与劳务派遣单位形成了正式的劳动关系。劳务派遣单位对劳动者应承担的义务包括：（1）告知义务。劳务派遣单位应当将派遣协议的相关内容告知被派遣劳动者。派遣协议的很多内容，涉及被派遣劳动者的劳动报酬、社会保险、劳动条件和劳动保护等。（2）不得克扣劳动报酬。被派遣劳动者有权按照自己提供劳动的数量和质量获得劳动报酬，有权获得最低工资保障、工资支付保障和实际工资保障。由于用工单位不直接支付劳动报酬给被派遣的劳动者，而是由劳务派遣单位支付，现实生活中被派遣的劳动者获取劳动

报酬的权利往往得不到切实的保障。因此,《劳动合同法》明确规定,劳务派遣单位不得克扣用工单位按照劳务派遣协议支付给被派遣劳动者的劳动报酬。(3)不得向劳动者收取费用。劳务派遣单位与被派遣劳动者订立劳动合同,劳务派遣单位与用工单位订立劳务派遣协议,劳动者通过自己的劳动取得合法的报酬,劳务派遣单位通过管理活动获取相应的报酬,劳务派遣单位和用工单位不得以介绍费、中介费等为名向劳动者收取任何费用,也不得按一定的比例扣除用工单位支付给劳动者的劳动报酬作为劳务费用的补充。用工单位支付给劳务派遣单位的管理费用应当单独列支,并明确约定。

三、用工单位在劳务派遣中的义务

(一) 用工单位应当严格执行劳动标准和条件

《劳动合同法》第62条规定:"用工单位应当履行下列义务:(一)执行国家劳动标准,提供相应的劳动条件和劳动保护;(二)告知被派遣劳动者的工作要求和劳动报酬;(三)支付加班费、绩效奖金,提供与工作岗位相关的福利待遇;(四)对在岗被派遣劳动者进行工作岗位所必需的培训;(五)连续用工的,实行正常的工资调整机制。用工单位不得将被派遣劳动者再派遣到其他用人单位。"

这一规定明确了用工单位对被派遣劳动者的法定义务。被派遣的劳动者直接为用工单位提供劳动,双方虽然没有签订劳动合同,但用工单位应当履行对被派遣劳动者的义务。派遣单位承担用人单位义务的基础是实际用工单位须承担法定的义务和责任。《劳动合同法》明确规定用工单位的义务,避免了当被派遣劳动者权益受到侵犯时,出现用工单位和派遣单位相互推诿的现象。

用工单位应当对被派遣劳动者履行的义务包括:

1. 执行国家劳动标准,提供相应的劳动条件和劳动保护

用工单位应当严格执行国家统一规定的劳动标准。劳动标准具体包括工作时间、最低工资、劳动条件、女职工和未成年工保护等各项国家劳动标准。劳动条件和劳动保护是指劳动者从事生产活动中的安全、卫生和健康条件。劳务派遣员工实际工作场所在用工单位,因而法律要求用工单位在使用劳务派遣员工时,要切实执行国家劳动条件和劳动保护标准。具体包括:向劳动者提供符合劳动安全卫生标准的劳动条件;对劳动者进行劳动保护教育和劳动保护技术培训;建立和实施劳动保护管理制度;保障职工休息权的实现;为女工和未成年工提供特殊劳动保护;接受政府有关部门、工会组织和职工的监督。劳动者有权获得符合国家劳动标准的劳动条件和接受劳动安全卫生知识的教育;有权拒绝用工单位提出的违章作业要求;在劳动过程中遇有严重危及生命安全的危险时采取紧急避险行为；有权要求进行定期健康检查；职业禁忌证患者有权要求不从事所禁忌的工作；职业病患者有权要求及时治疗并调离原岗位；此外，女工和未成年工在健康方面的特殊利益有权获得特殊保护。

2. 告知被派遣劳动者的工作要求和劳动报酬

劳动者在从事生产劳动的过程中享有知情权，用工单位有义务告知劳动者具体工作要求和岗位职责，以便劳动者能按照要求顺利地完成工作任务，实现用工单位的经营目标。同时有权按照自己提供劳动的数量和质量取得劳动报酬，有权要求同工同酬，用工单位有义务告知劳动者具体劳动报酬数额。

3. 支付加班费、绩效奖金，提供与工作岗位相关的福利待遇

劳动者在正常工作时间和应当完成的工作量之外提供额外劳动的，用工单位应当依法支付加班费。加班是劳动者在法定工作时间以外提供的额外劳动，有权依法享受加班报酬。用工单位不能因为劳动者是劳务派遣员工而随意增加其工作量。被派遣劳动者与用工单位劳动者一样，提供额外加班劳动时依法享受加班费，加班费由用工单位额外支付。此外，用工单位还应当依法支付被派遣劳动者的绩效奖金，提供与其工作岗位相关的福利待遇。奖金是用人单位对劳动者的超额劳动或增收节支实绩所支付的奖励性报酬。用工单位应向劳动者支付绩效奖金。福利待遇是用人单位为改善和提高劳动者的物质文化生活水平，通过举办集体福利设施、提供服务和发放补贴等形式，给予劳动者的一种生活保障和服务。

4. 对在岗被派遣劳动者进行工作岗位所必需的培训

用工单位在实际用工时，对被派遣劳动者要进行相关的岗位培训。对劳动者进行工作岗位所必需的培训，既有利于提高劳动者的技能和工作效率，又有利于安全生产和职业病预防，同时也是劳动者的一项权利。被派遣的劳动者有权要求用工单位提供必要的职业培训条件和参加用工单位组织的与工作岗位必需的培训。

5. 连续用工的，实行正常的工资调整机制

劳务派遣一般在临时性、辅助性或者替代性的工作岗位上实施，因此，劳动期限一般不会很长，约定的工资一般也较为固定。但如果用工单位连续用工，则须根据正常的工资调整机制，及时调整被派遣劳动者的工资、奖金和各项福利待遇，贯彻和落实同工同酬的基本原则。

6. 不得将被派遣劳动者再派遣到其他用人单位

根据劳务派遣协议的规定，被派遣劳动者在用工单位从事生产劳动，用工单位有权在本单位根据协议的规定合理配置劳动力资源，但无权再将劳动者派遣到其他用人单位。再派遣或"转派遣"将使得劳动法律关系处于不稳定的状态，不利于劳动者权益的保护。为了避免二次派遣引发的权责界定不清，规范劳务派遣关系，保护被派遣劳动者的合法权益，法律规定用工单位不得将被派遣劳动者再派遣到其他用人单

位,即用工单位只对被派遣员工享有直接使用管理权,而不得实施二次派遣。

此外,《劳务派遣暂行规定》第 8 条进一步明确了劳务派遣单位应当对被派遣劳动者履行下列义务:"(一)如实告知被派遣劳动者劳动合同法第八条规定的事项、应遵守的规章制度以及劳务派遣协议的内容;(二)建立培训制度,对被派遣劳动者进行上岗知识、安全教育培训;(三)按照国家规定和劳务派遣协议约定,依法支付被派遣劳动者的劳动报酬和相关待遇;(四)按照国家规定和劳务派遣协议约定,依法为被派遣劳动者缴纳社会保险费,并办理社会保险相关手续;(五)督促用工单位依法为被派遣劳动者提供劳动保护和劳动安全卫生条件;(六)依法出具解除或者终止劳动合同的证明;(七)协助处理被派遣劳动者与用工单位的纠纷;(八)法律、法规和规章规定的其他事项。"劳务派遣单位作为用人单位及派遣单位双重身份,需对被派遣劳动者承担比普通用人单位更多的义务。

(二)用人单位不得自设劳务派遣单位,进行自我派遣

《劳动合同法》第 67 条规定:"用人单位不得设立劳务派遣单位向本单位或者所属单位派遣劳动者。"明确规定禁止"自派遣"。

随着劳务派遣用工的迅速发展,有些企业利用劳务派遣这种用工形式,设立劳务派遣单位向本单位或者所属单位派遣劳动者,将原来的正式职工以改制名义,分流到本企业设立的劳务派遣公司,然后又以劳务派遣公司的名义派遣到原岗位。有的企业将内设的劳动管理机构又挂一个劳务派遣公司的牌子,将招用的员工以劳务派遣公司的名义派遣到所属企业,损害劳动者的利益。因此,为了规范劳务派遣,劳动合同法规定,用人单位不得设立劳务派遣单位向本单位或者所属单位派遣劳动者。《劳动合同法实施条例》第 28 条进一步明确了什么是"自派遣","用人单位或者其所属单位出资或者合伙设立的劳务派遣单位,向本单位或者所属单位派遣劳动者的,属于劳动合同法第六十七条规定的不得设立的劳务派遣单位"。用人单位与劳务派遣单位有资本关联的,如出资、参股、控股或者与他人合伙设立劳务派遣单位等,均属于自行设立劳务派遣单位。劳务派遣单位向用人单位、用人单位的所属单位派遣,均属于向本单位或者所属单位派遣劳动者。

(三)跨地区劳务派遣的劳动者的劳动报酬、劳动条件和社会保险的规定

《劳动合同法》第 61 条规定:"劳务派遣单位跨地区派遣劳动者的,被派遣劳动者享有的劳动报酬和劳动条件,按照用工单位所在地的标准执行。"明确了跨地区派遣的劳动者的劳动报酬和劳动条件标准的确定。

劳动报酬和劳动条件与劳动者的权益保护密切相关。由于各地的经济社会发展水平存在较大的差异,因而劳动条件和劳动报酬的标准也各不相同。目前,在劳务派

遣中，跨地区派遣劳动者的情形也越来越多，由于用人单位和用工单位的劳动条件和劳动报酬标准不同，对被派遣的劳动者的权益有很大的影响。一般而言，劳动者的工作地点（即用工单位）所在地是劳动者主要的生活、消费所在地，因此，《劳动合同法》规定，被派遣劳动者享有的劳动报酬和劳动条件，应当按照用工单位所在地的标准执行。但是，用人单位注册地的有关劳动标准高于劳动合同履行地的有关标准的，如果双方约定按照用人单位注册地的有关标准执行的，从其约定。这些规定，基本上解决了由于地区差异带来用工单位和用人单位劳动标准不同引发的争议。

对于实践中可能存在的从发达地区被派往不发达地区派遣员工的劳动标准和条件适用问题，原则上按照"就高不就低"，执行较高地区（即劳务派遣单位所在地）的劳动标准。《劳动合同法实施条例》第16条规定，如果劳务派遣单位的有关劳动标准高于用工单位所在地的有关标准，劳务派遣单位与劳动者约定按照劳务派遣单位有关标准执行的，从其约定。

《劳务派遣暂行规定》进一步规定了跨地区劳务派遣劳动者应该按用工单位所在地的规定缴纳社会保险费。劳务派遣单位跨地区派遣劳动者的，应当在用工单位所在地为被派遣劳动者参加社会保险，按照用工单位所在地的规定缴纳社会保险费，被派遣劳动者按照国家规定享受社会保险待遇。劳务派遣单位在用工单位所在地设立分支机构的，由分支机构为被派遣劳动者办理参保手续，缴纳社会保险费；劳务派遣单位未在用工单位所在地设立分支机构的，由用工单位代劳务派遣单位为被派遣劳动者办理参保手续，缴纳社会保险费。这一规定明确了跨地区劳务派遣的社保缴纳主体和标准。

四、被派遣劳动者在劳务派遣中的权利

（一）享有同工同酬的权利

《劳动合同法》第63条规定："被派遣劳动者享有与用工单位的劳动者同工同酬的权利。用工单位应当按照同工同酬原则，对被派遣劳动者与本单位同类岗位的劳动者实行相同的劳动报酬分配办法。用工单位无同类岗位劳动者的，参照用工单位所在地相同或者相近岗位劳动者的劳动报酬确定。劳务派遣单位与被派遣劳动者订立的劳动合同和与用工单位订立的劳务派遣协议，载明或者约定的向被派遣劳动者支付的劳动报酬应当符合前款规定。"这一规定确认了被派遣的劳动者与用工单位劳动者享有同工同酬的权利，具体体现了劳动合同法的公平原则。

同工同酬，是指相同岗位的劳动者不论性别、年龄、种族、用工形式等差异，在从事同等价值的工作，取得相同工作绩效的前提下，所获得的报酬也应当相同。被派遣

劳动者与用工单位同类岗位的其他劳动者,应当实行相同的劳动报酬分配办法。用工单位不能简单地因为其身份不同、用工形式不同而实行差别对待。实行同工同酬,是实现社会公平、构建和谐劳动关系的要求。在用工单位无同类岗位劳动者的情况下,被派遣劳动者的劳动报酬参照用工单位所在地相同或者相近岗位劳动者的劳动报酬确定。《劳务派遣暂行规定》第9条进一步明确,用工单位应当按照劳动合同法第62条规定,向被派遣劳动者提供与工作岗位相关的福利待遇,不得歧视被派遣劳动者。强调用工单位必须给被派遣劳动者提供与岗位相关的福利待遇,这样的规定具备公正、公平、合理性,同时可以防止用工单位借机压低被派遣劳动者的劳动报酬。

(二) 有权依法参加或者组织工会

《劳动合同法》第64条规定:"被派遣劳动者有权在劳务派遣单位或者用工单位依法参加或者组织工会,维护自身的合法权益。"《中华人民共和国工会法》(2022年修正案)第3条规定,在中国境内的企业、事业单位、机关、社会组织(以下统称用人单位)中以工资收入为主要生活来源的劳动者,不分民族、种族、性别、职业、宗教信仰、教育程度,都有依法参加和组织工会的权利。任何组织和个人不得阻挠和限制。工会适应企业组织形式、职工队伍结构、劳动关系、就业形态等方面的发展变化,依法维护劳动者参加和组织工会的权利。《劳动法》第7条规定,劳动者有权依法参加和组织工会。工会代表和维护劳动者的合法权益,依法独立自主地开展活动。

被派遣劳动者应享有同其他劳动者一样参加或者组织工会的权利。由于被派遣劳动者多被派往不同的用工单位,工作场所分散,劳动关系不稳定,多数劳务派遣单位未组建工会,或者即使组建工会也难以对会员进行直接管理,用工单位的工会也不愿吸纳派遣的劳动者。加之多数用人单位与劳务派遣单位之间没有就工会经费拨缴问题作出规定。被派遣劳动者与用工单位之间只是一种劳务关系,工资总额并没有涵盖被派遣劳动者,因此,职工工资总额2%的工会经费无法提取。针对劳务派遣员工组建和参加工会活动问题,劳动合同法第一次在法律层面明确规定了被派遣劳动者有加入劳务派遣单位或者用工单位工会的权利。依法参加或者组织工会是法律赋予劳动者的合法权利,用工方式的改变不影响劳动者行使这一权利,无论是被派遣劳动者还是正式员工,在组织和参加工会活动上是平等的。因而,法律赋予被派遣劳动者在两个单位参加或组织工会的选择权,可以是派遣单位,也可以是用工单位。这一规定不仅为劳动者权利提供了有力保障,也为工会下一步工作的开展提供了法律支持。

(三) 依法享有解除和终止合同的权利

《劳动合同法》第65条规定:"被派遣劳动者可以依照本法第三十六条、第三十八条的规定与劳务派遣单位解除劳动合同。"

"被派遣劳动者有本法第三十九条和第四十条第一项、第二项规定情形的,用工单位可以将劳动者退回劳务派遣单位,劳务派遣单位依照本法有关规定,可以与劳动者解除劳动合同。"明确了被派遣劳动者与劳务派遣单位解除劳动合同的规定。

1. 协商解除合同的权利

《劳动合同法》第36条规定,用人单位与劳动者协商一致,可以解除劳动合同。劳务派遣单位与劳动者之间建立的是劳动关系,劳动合同法规定的劳动者可解除劳动合同的情形同样适用于被派遣劳动者与劳务派遣单位。

2. 单方解除合同的权利

被派遣劳动者依法享有单方解除合同的权利。《劳动合同法》第38条规定了用人单位违法时劳动者可以解除合同的权利。比如,用人单位未按照合同约定提供劳动保护或者劳动条件,未及时足额支付劳动报酬,未依法缴纳社会保险费,规章制度违反法律、法规的规定,损害劳动者权益。用人单位以欺诈、胁迫的手段或者乘人之危,违背劳动者真实意思订立或者变更劳动合同;免除自己的法定责任、排除被派遣劳动者权利;违反法律、行政法规强制性规定。用人单位以暴力、威胁或者非法限制人身自由的手段强迫劳动者劳动,或者用人单位违章指挥、强令冒险作业危及劳动者人身安全。用人单位出现上述情形之一时,被派遣劳动者不仅享有单方解除劳动合同的权利,并有权要求劳务派遣单位向其支付经济赔偿金。《劳务派遣暂行规定》第14条进一步明确了派遣劳动者单方解除合同的权利。被派遣劳动者提前30日以书面形式通知劳务派遣单位,可以解除劳动合同。被派遣劳动者在试用期内提前3日通知劳务派遣单位,可以解除劳动合同。劳务派遣单位应当将被派遣劳动者通知解除劳动合同的情况及时告知用工单位。这些规定完善了被派遣劳动者的辞职权。

3. 对用工单位退回权的限制

劳务派遣单位依法享有单方解除合同的权利。在劳务派遣中,因为用工单位与被派遣劳动者不存在劳动关系,因而无权与其直接解除劳动合同,只能将劳动者退回劳务派遣单位,由劳务派遣单位依法解除。《劳动合同法》规定,只有被派遣劳动者有本法第39条和第40条第一项、第二项规定情形,用工单位方可将劳动者退回劳务派遣单位,劳务派遣单位有权依法行使单方解除权。第39条是劳动者有严重过失,用人单位有权单方解除合同的情形,第40条第一项是劳动者患病不能工作、第二项是劳动者不能胜任工作,用人单位可以单方解除合同的情形,其共同特点都是因为劳动者个人原因,而不是因为用人单位原因解除合同。在这里,《劳动合同法》明确了用人单位解除合同的法定情形,限制用人单位随意解除被派遣劳动者的劳动合同,限定了用工单位退回劳动者的情形。

除了法律规定可以将被派遣劳动者退回劳务派遣单位的情形外,《劳务派遣暂行规定》第12条进一步明确了非劳动者个人原因被用工单位退回时,劳务派遣单位解除合同的限制条件。非劳动者个人原因被退回的情形包括：《劳动合同法》第 40 条第 3 项规定的客观情况发生重大变化，第 41 条规定的经济性裁员，第 44 条规定的用工单位被依法宣告破产、被吊销营业执照、责令关闭、撤销、提前解散，以及劳务派遣协议期满终止。用工单位因上述原因将被派遣劳动者退回的，如劳务派遣单位重新派遣时维持或者提高劳动合同约定条件，劳动者不同意的，劳务派遣单位可以解除劳动合同。如劳务派遣单位重新派遣时降低劳动合同约定条件，劳动者不同意的，劳务派遣单位不得解除劳动合同。在被派遣劳动者退回后无工作期间，劳务派遣单位应按照不低于当地最低工资标准向其按月支付报酬。

《劳务派遣暂行规定》第 13 条进一步规定，符合《劳动合同法》第 42 条不得解除劳动合同情形的，用工单位不得将派遣期限未满的被派遣劳动者退回。派遣期限届满时，应当延续至相应情形消失时方可退回。这一规定是对退回被派遣劳动者情形的限制，保障了被派遣劳动者享有与用工单位直接雇佣的其他劳动者享有同等权利。

4. 经济补偿和经济赔偿

劳务派遣单位与被派遣劳动者依法解除或者终止劳动合同，应当依照劳动合同法规定的情形和标准支付经济补偿。劳务派遣单位违法解除或者终止被派遣劳动者的劳动合同的，应依照《劳动合同法》的规定向被派遣者支付经济赔偿金。也就是说，劳务派遣单位与被派遣劳动者之间依法解除或终止劳动合同的经济补偿，以及违法解除或终止劳动合同的经济赔偿，与用人单位和劳动者之间解除或终止合同的经济补偿和经济赔偿的规定完全一样，没有差别。

五、劳动派遣的一般性规定

（一）劳务派遣用工适用的范围

《劳动合同法》第 66 条规定："劳动合同用工是我国的企业基本用工形式。劳务派遣用工是补充形式，只能在临时性、辅助性或者替代性的工作岗位上实施。"

"前款规定的临时性工作岗位是指存续时间不超过六个月的岗位；辅助性工作岗位是指为主营业务岗位提供服务的非主营业务岗位；替代性工作岗位是指用工单位的劳动者因脱产学习、休假等原因无法工作的一定期间内，可以由其他劳动者替代工作的岗位。"

"用工单位应当严格控制劳务派遣用工数量，不得超过其用工总量的一定比例，具体比例由国务院劳动行政部门规定。"

这一规定明确了劳务派遣工作岗位的范围和用工比例。我国劳务派遣产生于 20 世纪 70 年代末，起源于北京外企人力资源服务公司向外国使领馆及外国公司驻华代表处派遣中方雇员。这种新型的用工方式对于用人单位来说,可以减少人员储备,有效避免招聘、培训、解雇等引发的人力资源管理成本。对于劳动者而言,利用劳务派遣机构在信息和联络上的优势,他们相对较容易地实现了就业,缩短了找工作的周期。因此,劳动派遣适用范围越来越宽,派遣人数急剧增长。为适应市场需要,劳务派遣公司应运而生,并得到迅速发展。实践中,大量的用人单位开始大量使用劳务派遣劳动者,在某些行业和地区,劳务派遣已成为一种常态、主流的用工形式,甚至一些长期性、固定性的工作岗位也开始使用被派遣劳动者,一些用人单位将原本劳动关系的劳动者改为劳务派遣制员工,实行"逆向派遣"。劳务派遣用工形式的无限制扩大,严重挑战了劳动关系的存在基础。如何防止、规范劳务派遣被滥用带来的负面效果,《劳动合同法》修正案对劳务派遣的适用范围和比例进行了明确限制。规定劳务派遣只能在"三性"岗位上使用,并对"三性"岗位作了明确界定。临时性岗位是存续时间不超过6个月的岗位;辅助性工作岗位是为主营业务岗位提供服务的非主营业务岗位;替代性工作岗位是正式工因脱产学习、休假临时不能上班需要他人顶替的岗位,且劳务派遣用工数量不得超过一定比例。《劳务派遣暂行规定》具体规定用工单位使用被派遣劳动者的数量不得超过其用工总量的10%,用工总量按照用工单位订立劳动合同人数与使用的被派遣劳动者人数之和进行计算。同时,明确规定了企业决定辅助性岗位的民主程序:应当经职工代表大会或者全体职工讨论,提出方案和意见,与工会或者职工代表平等协商地确定,并在用工单位内公示。

(二)派遣单位与用工单位应当订立劳务派遣协议

《劳动合同法》第59条规定:"劳务派遣单位派遣劳动者应当与接受以劳务派遣形式用工的单位(以下称用工单位)订立劳务派遣协议。劳务派遣协议应当约定派遣岗位和人员数量、派遣期限、劳动报酬和社会保险费的数额与支付方式以及违反协议的责任。用工单位应当根据工作岗位的实际需要与劳务派遣单位确定派遣期限,不得将连续用工期限分割订立数个短期劳务派遣协议。"明确了派遣单位与用工单位应当通过劳务派遣协议明确相互权利义务。

劳务派遣涉及劳务派遣单位、接受以劳务派遣形式的用工单位和被派遣的劳动者三方的劳动法律关系。劳务派遣机构不仅要与劳动者签订劳动合同,还要与用工单位订立劳务派遣协议,明确双方在劳务派遣中各自的权利义务,保护劳动者合法权益,避免发生争议时责任不清、互相推诿。

劳务派遣协议是劳务派遣单位与用工单位在平等自愿、协商一致的基础上订立的书面法律文件。《劳务派遣暂行规定》第7条进一步明确了劳务派遣协议的内容。具体包括:(1)派遣的工作岗位名称和岗位性质。派遣岗位名称即劳动者到用工单位从事被派遣工作的劳动岗位。岗位性质是指临时性、辅助性或替代性岗位。

(2)工作地点。(3)派遣人员数量和派遣期限。人员数量即用人单位派遣到用工单位从事派遣工作的劳动者的数量。派遣期限即用人单位和用工单位约定的劳动者在派遣岗位工作的期间。派遣期限的起算日期可以由用人单位和用工单位约定,一般应从劳动者实际开始在派遣岗位工作的时间起算。用工单位应当根据工作岗位的实际需要与劳务派遣单位确定派遣期限,不得将连续用工期限分割订立数个短期劳务派遣协议。(4)按照同工同酬原则确定的劳动报酬数额和支付方式。包括劳务派遣员工与直接用工实行相同的劳动报酬分配制度,劳动报酬的形式、构成、标准、支付方式等。(5)社会保险费的数额和支付方式。(6)工作时间和休息休假事项。(7)被派遣劳动者工伤、生育或者患病期间的相关待遇。(8)劳动安全卫生以及培训事项。(9)经济补偿等费用。(10)劳务派遣协议期限。(11)劳务派遣服务费的支付方式和标准。(12)违反劳务派遣协议的责任,即用人单位和用工单位违反劳务派遣协议各自应如何承担责任的条款。(13)法律、法规、规章规定应当纳入劳务派遣协议的其他事项。这些约定对于规范劳务派遣行为,明确各方权利义务,保障劳务派遣员工利益至关重要。签订派遣协议是劳务派遣中一个不可或缺的环节,应该引起重视。不少劳务派遣纠纷就是双方没有签订书面派遣协议,或者某些关键协议条款没有明确规定而引起的。

(三) 劳务派遣单位与用工单位承担连带赔偿责任

为了规范劳务派遣活动,保护劳动者的合法权益,明确劳务派遣单位与实际用工单位的权利义务,《劳动合同法》第92条规定:"违反本法规定,未经许可,擅自经营劳务派遣业务的,由劳动行政部门责令停止违法行为,没收违法所得,并处违法所得一倍以上五倍以下的罚款;没有违法所得的,可以处五万元以下的罚款。"

"劳务派遣单位、用工单位违反本法有关劳务派遣规定的,由劳动行政部门责令限期改正;逾期不改正的,以每人五千元以上一万元以下的标准处以罚款,对劳务派遣单位,吊销其劳务派遣业务经营许可证。用工单位给被派遣劳动者造成损害的,劳务派遣单位与用工单位承担连带赔偿责任。"

连带责任是我国立法中的一项重要民事责任制度,是一种加重责任。我国《民法典》规定,连带债务人都有义务向债权人清偿债务,债权人可同时或先后要求连带债务人全体或部分或一人履行全部或部分义务,被请求之债务人不得以超出自己应付份额为由,提出抗辩。只要债务没有全部清偿完毕,每个连带债务人不论他是否应债权人请求清偿过债务,对没有清偿的债务部分,都有清偿的义务。《劳动合同法》明确了劳务派遣单位与用工单位对被派遣的劳动者承担连带责任,当劳动者的合法权益受到侵害时,可将劳务派遣单位和用工单位作为共同被诉人,向劳动争议仲裁委员会申请劳动仲裁,要求其承担连带责任。劳务派遣单位与用工单位都负有赔偿责任。

六、如何处理与派遣员工的关系

劳务派遣作为一种灵活用工模式有着其得天独厚的优势。对用人单位来讲,利用劳务派遣用工可以减少人员储备,可以腾出更多的精力放到公司具有核心竞争力的岗位上。特别是对于那些具有低技能、可替代性强的工作,采取劳务派遣用工方式可以有效地避免招聘、培训、解聘等引发的人力资源管理成本。劳务派遣具有高灵活、低成本以及用工风险转移等特点,已经成为一种被广为接受的用工方式。如何处理与被派遣劳动者的关系?对劳务派遣用工怎样管理才能够使经营效益最大化?相对于对正式员工的管理,在派遣用工管理上用工单位的管理主体发生了变化,但管理派遣员工仍然是用工单位人力资源管理的一部分,这就需要从人力资源管理的角度进行思考。

(一)依法规范劳务派遣员工关系

正式员工的管理主体是直接上级和人力资源部门,劳务派遣人员的管理则涉及多个管理主体、面对多个外部市场关系。理解和处理好不同主体之间的相互关系,有助于提升用工单位的管理效果。劳务派遣管理模式要重点处理以下几种关系:对派遣员工的管理,重在强调以绩效产出为目的的管理关系;在与劳务派遣单位的关系中,重在明确双方权责关系为内容的法律关系;在处理劳务派遣单位与派遣员工的关系中,重在强调以保障双方权益实现为目的的劳动合同关系。通过规范用工单位与派遣单位的关系,以促进派遣单位与派遣员工的关系,增进和完善用工单位与派遣员工的关系,是建立劳务派遣员工管理机制的核心和目的。

(二)依法处理与派遣单位的关系

依法处理与派遣单位的关系,规范派遣单位对劳动者的管理,是促进绩效目标实现和建立派遣员工管理机制的重点。(1)建立完善派遣单位的考核筛选机制。为激励派遣单位不断提高自身的服务质量,发挥派遣模式的最大效用,应认真甄选合作的派遣单位,提高服务质量,建立明确的考核体系,对派遣单位进行有效筛选和考核。考核指标的设计应回答这些问题:派遣单位提供派遣人员的合格率如何?是否建立了比较完备的派遣人员信息库和备份资料以快速补充缺员职位?其社会信誉如何?能否宣传用人单位良好的工作环境、提高对派遣员工的影响力和控制力?是否与当地政府尤其是劳动保障和监察部门建立了良好的联系?能否及时地为劳动者提供法律服务、保障劳动者合法权益?能否及时地协调处理双方的矛盾和纠纷?能否为用工时的突发情况设计合理、合法的解决措施,进行危机管理,以减少用工单位的经济损失和责任风险?(2)设计更有效的派遣单位的激励回报机制。对派遣单位进行有效激励和控制,能够促使派遣单位对劳动者的激励和约束,从而有助于用工单位工作目标的实现和工作效率的提高。(3)建立和完善跟踪反馈机制。劳务派遣单位和用工单位对于劳务派遣过程中的各个环节要及时跟踪,比如派遣人员是否遵守用工单位的规章制度?工作绩效如何?是否按时、足额领到了劳动报酬?派遣单位是否按时、全额缴纳了社会保险?用工单位是否有侵犯派遣劳动者合法权益的行为?其安全生产设施是否齐全?安排劳动者额外加班是否有加班费或补助?及时沟通协调、发现并快速解决劳务派遣中的问题,不断修改完善劳务派遣流程和服务内容,是确保劳务派遣用工模式顺利进行的保障。

(三) 依法退回被派遣劳动者

用工单位与被派遣劳动者之间建立的是劳务关系,而非劳动合同关系。因此,在被派遣劳动者有法定可解除劳动合同的情形时,用工单位不能直接解除劳动合同,而只能将劳动者退回,由劳务派遣单位依照《劳动合同法》的有关规定,与劳动者解除劳动合同。《劳动合同法》第65条第2款规定,被派遣劳动者有本法第39条和第40条第1项、第2项规定情形的,用工单位可以将劳动者退回劳务派遣单位,劳务派遣单位依照本法有关规定,可以与劳动者解除劳动合同。用工单位可将被派遣劳动者退回的情形为:(1)被派遣劳动者在试用期内被证明不符合录用条件的;(2)被派遣劳动者严重违反用工单位的规章制度的;(3)被派遣劳动者严重失职,营私舞弊,给用工单位的利益造成重大损害的;(4)被派遣劳动者同时与其他用人单位建立劳动关系,对完成本单位的工作任务造成严重影响,或者经用工单位提出,拒不改正的;(5)被派遣劳动者以欺诈、胁迫的手段或者乘人之危,使对方在违背真实意思的情况下订立或者变更劳动合同,致使劳动合同无效的;(6)被派遣劳动者被依法追究刑事责任的;(7)被派遣劳动者患病或者非因工负伤,在规定的医疗期满后不能从事原工作,也不能从事由用工单位另行安排的工作的;(8)被派遣劳动者不能胜任工作,经过培训或者调整工作岗位,仍不能胜任工作的。被派遣劳动者由于上述情形被用工单位退回的,劳务派遣单位可以依照《劳动合同法》的有关规定,解除与被派遣劳动者的劳动合同。被派遣劳动者由于患病或者非因工负伤,在规定的医疗期满后不能从事原工作,也不能从事由用工单位另行安排的工作的,以及被派遣劳动者不能胜任工作,经过培训或者调整工作岗位,仍不能胜任工作被退回,劳务派遣单位解除劳动合同,向被派遣劳动者支付经济补偿金。

(四) 避免"假外包、真派遣"

《劳动合同法》(修正案)实施后,为了将劳务派遣用工比例控制在10%以内,越来越多的企业开始采用劳务外包、岗位外包等业务模式。外包与派遣的区别在于,外包是企业把内部业务的一部分承包给外部专门机构。在业务外包中,发包方和受托人的劳动者之间不产生直接的指挥命令关系。所谓"假外包、真派遣",是指虽形式上是外包,签订的是外包合同,但是实际上是派遣,劳动者仍然由发包人(用人单位)直接进行管理的情况。属于违法行为。《劳务派遣暂行规定》第27条规定,用人单位以承揽、外包等名义,按劳务派遣用工形式使用劳动者的,按照本规定处理。由此可知,用人单位以承揽、外包等名义按劳务派遣用工形式使用劳动者的,视为劳务派遣,适用《劳务派遣暂行规定》。

"假外包、真派遣"对作为发包方的用人单位而言,将面临以下风险:(1)给外包服务人员造成损害,用人单位与外包公司承担连带赔偿责任。(2)用人单位违反岗位的"三性"及程序限制的,由劳动行政部门责令改正,给予警告,给外包服务人员造成损害的,依法承担赔偿责任。(3)用人单位违法退回外包服务人员,与外包公司承担连带赔偿责任。(4)用人单位与外包服务人员形成事实劳动关系。如果外包公司与外包服务人员未签订劳动合同,或者劳动合同已经到期未续签,也没有缴纳社会保险,用人单位直接向外包服务人员支付奖金、津贴等劳动报酬,此时,如果外包服务人员与用人单位发生纠纷,用人单位对外包服务人员进行直接管理,则双方很可能形成事实上的劳动关系,用人单位将面临支付未签劳动合同的双倍工资、支付经济补偿金或赔偿金的风险。

快递小哥与哪家公司存在劳动关系?

2018年9月10日,宋某通过甲公司员工在微信群发布的招聘信息入职,岗位为配送员,自备车辆,未订立书面劳动合同。2018年9月20日,在该公司员工的安排下,通过试用考核正式上岗,工作地点为乙公司所属快递业务站点(非甲公司经营),接受站长M的管理,通过乙公司开发的叮咚传送App记录考勤,其工资由乙公司与快递业务站点承包人核对后,由乙公司将款项交给甲公司,再由甲公司向宋某等快递员进行发放,转账记录上的"支付摘要"显示为"代发叮咚薪酬"。乙公司按每人每月600元向甲公司支付服务费。2019年2月26日,甲公司将宋某辞退。宋某申请劳动仲裁,要求确认2018年9月10日至2019年2月26日期间与甲公司存在劳动关系。

乙公司主张,其与甲公司签订有劳务外包合同,约定甲公司接受乙公司的委托,承包乙公司干线司机岗位;甲公司需要向乙公司提供人员、签订相关合同,并进行人员管理、劳动风险管理、工伤管理等;宋某作为劳动者,与甲公司存在劳动关系。乙公司未就与甲公司签有劳务外包合同举证。甲公司则主张,没有与乙公司签订过劳务外包合同，其公司发布招聘信息、对宋某进行试用考核、向宋某发放薪酬均系接受乙公司委托，宋某的工作内容由乙公司安排，工资由乙公司承担，工作地点也是乙公司的经营网点，其公司仅为中介作用，与宋某不存在劳动关系，乙公司与宋某存在劳动关系。宋某所从事的快送业务属于乙公司的经营范围。

仲裁委和一审法院认为，依据《关于确认劳动关系有关事项的通知》（劳社部发〔2015〕12号），宋某与甲公司均符合法律规定的主体资格，甲公司招聘宋某、对其进行试用考核、安排其工作、发放其工资，宋某对甲公司具备人身、经济依附特征，且一方发布招聘信息，一方应聘入职，双方就建立劳动关系达成了合意，故均认定宋某与甲公司存在劳动关系。

二审法院则认为，宋某从事的快送业务非甲公司的经营范围，所在的快送业务站点非甲公司经营，宋某的劳动成果不是由甲公司承受，工作由站长M而非甲公司安排，甲公司发放宋某劳动报酬标注了"代发叮咚薪酬"，劳动报酬实际由乙公司承担，叮咚传送App的管理人为乙公司，由此可见，甲公司充当的是转手和中介作用，故认定宋某与甲公司不存在劳动关系。

本案例是在招聘入职、考核培训与安排工作、工资发放主体、工资支付主体等用工环节涉及多家单位甚至自然人的情况下发生的，如何确定是否存在劳动关系以及用人单位主体？从该案件的审理结果来看，至少有两种意见：一是认为宋某与甲公司存在劳动关系；二是认为宋某与乙公司存在劳动关系。2021年7月16日，人社部等八部门共同印发《关于维护新就业形态劳动者劳动保障权益的指导意见》（人社部发〔2021〕56号），进一步规范平台用工关系，对维护新就业形态劳动者的劳动报酬、合理休息、社会保险、劳动安全等权益都作出了明确要求。56号文件指出："符合确立劳动关系情形的，企业应当依法与劳动者订立劳动合同。不完全符合确立劳动关系情形但企业对劳动者进行劳动管理（以下简称"不完全符合确立劳动关系情形"）的，指导企业与劳动者订立书面协议，合理确定企业与劳动者的权利义务。个人依托平台自主开展经营活动、从事自由职业等，按照民事法律调整双方的权利义务"，从而将传统的劳动者由一分为二变为一分为三。就本案而言，宋某是否符合56号文件中"不完全符合确立劳动关系情形"可能也会存在争论。"符合确立劳动关系情形"和"不完全符合确立劳动关系情形"应如何区分界定，无疑将给裁判者带来巨大的考验。案例也表明，用人单位应当积极履行用工责任，对符合确立劳动关系情形、不完全符合确立劳动关系情形但企业对劳动者进行劳动管理的新就业形态劳动者权益保障承担相应责任。平台企业采取劳务派遣、外包等合作用工方式的，与合作企业依法承担各自的用工责任。

第二节　非全日制用工

非全日制用工是比全日制用工更为灵活的一种用工形式，根据其特点可以从计酬方式和工作时间两方面进行定义。从计酬方式看，非全日制用工以小时为单位，根据劳动者实际的工作时间支付其劳动报酬，单位时间的工资不得低于法律规定的小时最低工资标准；从工作时间看，非全日制用工的工作时间远低于全日制工作时间。

一、非全日制用工的含义

非全日制用工是灵活就业的一种重要形式。近年来，我国非全日制劳动用工形式呈现迅速发展的趋势，特别是在餐饮、超市、社区服务等领域，用人单位使用的非全日制用工形式越来越多。非全日制用工适应企业降低人工成本、推进灵活用工的客观需要。越来越多的企业根据生产经营的需要，采用包括非全日制用工在内的一些灵活用工形式。《劳动合同法》第68条规定，非全日制用工，是指以小时计酬为主，劳动者在同一用人单位一般平均每日工作时间不超过4小时，每周工作时间累计不超过24小时的用工形式。非全日制用工具有以下特征：① 以小时计酬为主，但不局限于以小时计酬；② 劳动者在同一用人单位一般平均每日工作时间不超过4小时；③ 每周工作时间累计不超过24小时。

《劳动合同法》对非全日制的用工工作时间作出了明确、严格的规定。用人单位对一些临时性、辅助性、替代性的岗位可以选择招用非全日制劳动者，采用这种较为灵活的用工形式。《劳动合同法》以基本法律的形式，确认了非全日制用工的形式。与全日制用工形式相比，非全日制劳动者与用人单位之间也是一种劳动关系，只不过非全日制用工机制较为灵活而已。

非全日制用工属于劳动关系。根据《劳动合同法》第2条规定的适用范围，非全日制用工只限于用人单位用工，而不包括个人用工形式。个人用工属于民事雇佣关系，应受民事法律关系调整。

二、非全日制用工的特点

（一）可以订立口头协议

根据《劳动合同法》第10条之规定，建立劳动关系，应当订立书面劳动合同。

已建立劳动关系,未同时订立书面劳动合同的,应当自用工之日起一个月内订立书面劳动合同。非全日制用工是否也应当这样执行呢?《劳动合同法》第69条规定,非全日制用工双方当事人可以订立口头协议。为了更好地保持非全日制用工形式的灵活性,以促进就业,《劳动合同法》对非全日制用工方式作了非常宽松的规定,规定了非全日制用工双方当事人可以订立口头协议,当然,也可以采用书面形式,不管采用口头形式还是书面形式,都是合法行为。之所以这样规定,主要是非全日制用工具有较大的灵活性,合同履行具有即时性,因而法律规定非全日制劳动合同的形式可以较为灵活。双方当事人既可以采用口头协议形式,也可以采用书面形式。

(二) 可以形成两个以上的劳动关系

《劳动合同法》第69条第二款规定:"从事非全日制用工的劳动者可以与一个或者一个以上用人单位订立劳动合同;但是,后订立的劳动合同不得影响先订立的劳动合同的履行。"

由于非全日制用工形式的特殊性、灵活性,非全日制就业的人员在一家用人单位往往工作时间短,获得的劳动报酬也非常有限,所以,法律允许他们可以在多个用人单位任职,比较灵活。同时规定从事非全日制用工的劳动者可以与一个或者一个以上的用人单位签订劳动合同;但是,后签订的劳动合同不得影响或者损害先签订劳动合同的权利和义务。非全日制用工可不签订书面合同,可建立双重或者多重劳动关系,这就是非全日制用工灵活的典型体现。

(三) 不得约定试用期

《劳动合同法》第19条规定:"劳动合同期限三个月以上不满一年的,试用期不得超过一个月;劳动合同期限一年以上不满三年的,试用期不得超过二个月;三年以上固定期限和无固定期限的劳动合同,试用期不得超过六个月。"2003年5月30日,劳动保障部颁发的《关于非全日制用工若干问题的意见》明确规定,非全日制劳动合同不得约定试用期。《劳动合同法》第70条也作出了同样的规定,以法律的形式首次明确提出非全日制劳动不得约定试用期,在非全日制用工的试用期问题上最大限度地维护了劳动者的权益。非全日制劳动合同由于工作时间短,一般对劳动技能要求不是很高,不需要通过试用来考察员工是否能胜任工作。同时,非全日制劳动关系相对灵活松散,双方当事人任何一方都可以随时通知对方终止用工,是否约定试用期对非全日制用工没有意义。所以,用人单位对非全日制用工的规定不得约定试用期条款,对不合格的非全日制员工可以随时终止合同,但对劳动者已经付出的劳动,同样需要支付足额的劳动报酬。

（四）用人单位可以随时终止合同，且无须向劳动者支付经济补偿

《劳动合同法》第71条规定，非全日制用工双方当事人任何一方都可以随时通知对方终止用工。终止用工，用人单位不向劳动者支付经济补偿。这里的"随时通知"法律并未规定书面形式还是口头形式，从举证角度出发，建议采用书面形式。本条针对非全日制劳动，对劳动合同的解除和终止作出了突破性的规定。因为非全日制用工的突出特点就是它的灵活性，规定过多会限制这一用工形式的发展。为了更好地利用非全日制用工的灵活性，从而促进就业，促进劳动力资源的优化配置，劳动合同法对非全日制用工的终止作出了比全日制用工更为宽松的规定。非全日制合同是否继续履行，双方都具有完全自由的决定权利。用人单位终止非全日制劳动合同，无须向劳动者支付经济补偿金。另外，需要注意的是，本条所指的"终止用工"既包括因劳动合同期届满而导致的终止，也包括劳动合同期没有届满而解除劳动合同的情形。

（五）工资最长支付周期不超过15天

《劳动合同法》第72条规定："非全日制用工小时计酬标准不得低于用人单位所在地人民政府规定的最低小时工资标准。非全日制用工劳动报酬结算支付周期最长不得超过15日。"

由于非全日制劳动用工是一种更为灵活便捷的用工形式，用人单位和劳动者之间的劳动关系也远远不如全日制劳动用工稳定，因此，法律规定非全日制劳动用工报酬的结算周期比较短，这是对劳动者权益的保护。我国法律规定，非全日制劳动合同的最长支付周期不得超过15天，支付周期较短。而且非全日制用工小时计酬标准不得低于最低小时工资标准。

三、使用非全日制用工应注意的问题

使用非全日制用工，企业与劳动者可以订立口头协议；从事非全日制用工的劳动者可以与一个或者一个以上的用人单位订立劳动合同，但是后订立的劳动合同不得影响先订立劳动合同的履行；非全日制用工双方当事人任何一方均可随时通知对方终止用工；终止用工不支付经济补偿。这些法律规定，保证了非全日制这种灵活就业形式的发展。

用人单位在采用非全日制进行具体用工安排时，应当严格按照法律的相关规定，避免用工不规范、未履行法定义务、损害劳动者合法权益的情况。例如，违反非全日制用工工作时间的限制，以非全日制用工之名行全日制用工之实。一些用人单位为了省事，对非全日制员工每月发一次工资，看似很合理，其实已经违反了《劳动合同

法》的规定,是一种违法行为。另外,非全日制用工的劳动关系相对而言灵活松散,法律规定用人单位可以随时通知对方终止用工,并且不需要支付经济补偿。因此,对非全日制工而言就无须约定试用期。

在明确了法律规定的情形以后,用人单位应自觉规避这些法律风险,使这些用工形式能够让企业发挥更大的用工自主性,节省人力成本,为企业的发展提供更广阔的平台。

关键词: 劳务派遣　非全日用工　同工同酬

复习与思考

1. 试述劳务派遣单位在劳务派遣中的义务。
2. 试述用工单位在劳务派遣中的义务。
3. 试述被派遣劳动者在劳务派遣中的权利。
4. 试述非全日制用工的含义和特点。

第五章

人员招聘管理

引导案例：劳动者提供虚假学历证书是否导致劳动合同无效

2018年6月，某网络公司发布招聘启事，招聘计算机工程专业大学本科以上学历的网络技术人员1名。赵某为销售专业大专学历，但其向该网络公司提交了计算机工程专业大学本科学历的学历证书、个人履历等材料。后赵某与网络公司签订了劳动合同，进入网络公司从事网络技术工作。2018年9月初，网络公司偶然获悉赵某的实际学历为大专，并向赵某询问。赵某承认自己为应聘而提供虚假学历证书、个人履历的事实。网络公司认为，赵某提供虚假学历证书、个人履历属欺诈行为，严重违背诚实信用原则，根据《劳动合同法》第26条、第39条规定，解除了与赵某的劳动合同。赵某不服，向劳动人事争议仲裁委员会（以下简称"仲裁委员会"）申请仲裁，要求裁决网络公司继续履行劳动合同。仲裁委员会裁决驳回赵某的仲裁请求。

本案的争议焦点是赵某提供虚假学历证书、个人履历是否导致劳动合同无效。

《劳动合同法》第8条规定："用人单位招用劳动者时，应当如实告知劳动者工作内容、工作条件、工作地点、职业危害、安全生产状况、劳动报酬，以及劳动者要求了解的其他情况；用人单位有权了解劳动者与劳动合同直接相关的基本情况，劳动者应当如实说明。"第26条第一款规定："下列劳动合同无效或者部分无效：（一）以欺诈、胁迫的手段或者乘人之危，使对方在违背真实意思的情况下订立或者变更劳动合同的……"第39条规定："劳动者有下列情形之一的，用人单位可以解除劳动合同……（五）因本法第26条第1款第1项规定的情形致使劳动合同无效的……"从上述条款可知，劳动合同是用人单位与劳动者双方协商一致达成的协议，相关信息对于是否签订劳动合同、建立劳动关系的真实意思表示具有重要影响。《劳动合同法》第八条既规定了用人单位的告知义务，也规定了劳动者的告知义务。如果劳动者违反诚实信用原则，隐瞒或者虚构与劳动合同直接相关的基本情况，根据《劳动合同法》第26条第1款规定属于劳动合同无效或部分无效的情形。用人单位可以根据《劳动合同法》第39条规定解除劳动合同并不支付经济补偿。此外，应当注意的是，《劳动合同法》第8条"劳动者应当如实说明"应仅限于"与劳动合同直接相关的基本情况"，如履行劳动合同所必需的知识技能、学历、学位、职业资格、工作经历等，用人单位无权要求劳动者提供婚姻状况、生育情况等涉及个人隐私的信息，也即不能任意扩大用人单位知情权及劳动者告知义务的外延。

本案中,"计算机工程专业""大学本科学历"等情况与网络公司招聘的网络技术人员岗位职责、工作完成效果有密切关联性,属于"与劳动合同直接相关的基本情况"。赵某在应聘时故意提供虚假学历证书、个人履历,致使网络公司在违背真实意思的情况下与其签订了劳动合同。因此,根据《劳动合同法》第26条第1款规定,双方签订的劳动合同无效。网络公司根据《劳动合同法》第39条第5项规定,解除与赵某的劳动合同符合法律规定,故依法驳回赵某的仲裁请求。

《劳动合同法》第3条规定:"订立劳动合同,应当遵循合法、公平、平等自愿、协商一致、诚实信用的原则。"第26条规定:"以欺诈、胁迫的手段或者乘人之危,使对方在违背真实意思的情况下订立或者变更劳动合同的劳动合同无效或部分无效。"第39条有关以欺诈手段订立的劳动合同无效、可以单方解除的规定,进一步体现了诚实信用原则。诚实信用既是《劳动合同法》的基本原则之一,也是社会基本道德之一。用人单位与劳动者订立劳动合同时都必须遵循诚实信用原则,建立合法、诚信、和谐的劳动关系。

资料来源:人社部、最高法院联合发布的劳动争议典型案例(2020)。https://www.163.com/dy/article/HF32NRAE05343PDF.html。

第一节 录用审查

人员招聘是企业为了发展,寻找、吸引那些有能力又有兴趣到本企业任职的人员,并从中选出适宜的人才予以录用的过程,主要包括招募、选择、录用等阶段。招聘到合适的人才是保证员工素质、增强企业竞争力的关键。招聘录用看似容易,却隐藏着巨大的法律风险。实践中,一些用人单位由于没有合法履行告知义务,签订合同不规范等问题普遍存在,往往导致劳动争议的发生,给企业带来损失。有效、合法地规避招聘录用中的风险是对企业人力资源管理者的巨大挑战。

一、劳动关系从何时建立

《劳动合同法》第7条规定:"用人单位自用工之日起即与劳动者建立劳动关系。用人单位应当建立职工名册备查。"这一规定明确了用人单位与劳动者劳动关系成立的时间,以及单位在录用员工时要承担的义务。

(一) 劳动关系自用工之日起建立

劳动关系是指劳动者与用人单位在劳动过程中发生的,以劳动和劳动报酬给付为主要内容的社会关系。劳动关系建立的时间直接决定着劳动者与用人单位权利义务的时间界限,对双方都非常重要。法律规定用人单位自用工之日起即与劳动者建立劳动关系,即从劳动者到用人单位工作的第一天起,或者说从用人单位开始使用劳动者劳动的第一天起,不论双方是否订立书面劳动合同,劳动关系就成立了。《劳动合同法》规定劳动关系自用工之日成立,而不是自签订书面劳动合同时成立。如果用人单位不签书面劳动合同,则构成事实劳动关系,劳动者同样享有法律规定的权利。这一规定突破了劳动关系必须以书面劳动合同为有效要件的规定,确认只要有用工行为就存在劳动关系。这一规定对用人单位用工行为作了严格规范,避免一些企业不签订书面劳动合同而否认劳动关系存在,进而规避法律义务。

劳动关系成立的时间,决定了用人单位与劳动者劳动权利义务开始履行的时间。如果用人单位先签合同后用人,从劳动合同订立之日至用工之日期间,用人单位与劳动者尚未建立劳动关系,双方可以依法解除劳动合同并承担双方约定的违约责任,用人单位无须承担劳动者的医疗费用等责任,也无须向劳动者支付经济补偿。如果用人单位先用人后签合同,即用人单位未在开始用工时订立书面劳动合同,之后补订劳动合同的,劳动合同期限自用工之日起计算。

(二) 企业用工应当建立职工名册备查

职工名册是用人单位制作的用于记录本单位记载劳动者基本情况及劳动关系运行情况的书面材料,其内容应当包括劳动者姓名、性别、身份证号码、户籍地址及现在住址、就业方式、劳动合同期限等内容。建立职工名册的对象包括与用人单位建立劳动关系的劳动者,即用人单位以各种形式招用的劳动者(合同工、非全日制工等)。建立职工名册是用人单位的法定义务,用人单位应当建立职工名册备查。职工名册制度对于规范用工、防止和解决劳动争议具有重要意义。职工名册可以提供证明、记载劳动关系存续和履行记录,在双方发生争议时也可以作为重要证据,它有利于督促用人单位及时与劳动者签订劳动合同,减少不规范用工带来的风险和成本。同时,也便于劳动行政部门行使劳动监察职责,统计就业率和失业率。

二、用人单位的告知义务和知情权

《劳动合同法》第 8 条规定:"用人单位招用劳动者时,应当如实告知劳动者工作内容、工作条件、工作地点、职业危害、安全生产状况、劳动报酬,以及劳动者要求了解的其他情况;用人单位有权了解劳动者与劳动合同直接相关的基本情况,劳动者应当如实说明。"这一规定明确了用人单位在招聘员工时的告知义务和知情权。

(一) 用人单位的告知义务

用人单位的告知义务即为劳动者的知情权。用人单位的告知义务,是指用人单位在招用劳动者时,应当如实告知劳动者工作内容、工作条件、工作地点、职业危害、安全生产状况、劳动报酬,以及劳动者要求了解的其他情况。这些内容是法定的并且无条件的,无论劳动者是否提出知悉要求,用人单位都应当主动将上述情况如实向劳动者说明。法定告知内容都是与劳动者的工作紧密相连的基本情况,也是劳动者进行就业选择的主要因素之一。选择一份适合自己的工作,对于劳动者而言相当重要。劳动者只有详细了解了用人单位的基本情况,才能结合自身特点作出选择。此外,对于劳动者要求了解的其他情况,如用人单位相关的规章制度,包括内部劳动纪律、规定、考勤制度、休假制度、请假制度、处罚制度以及企业内部已经签订的集体合同等情况,用人单位都应当进行详细说明。

(二) 用人单位的知情权

用人单位的知情权即为劳动者的告知义务。用人单位在履行告知义务的同时,也享有一定的知情权,《劳动合同法》将用人单位的知情权限制在与缔结劳动合同有关的信息范围之内。知情权是指用人单位对劳动者与劳动合同直接相关的基本情况有真实、适当知晓的权利。与用人单位知情权对应,劳动者负有如实告知义务,这种义务限于劳动者与劳动合同直接相关的基本情况时,劳动者有如实说明的义务。与劳动合同直接相关的基本情况,是指与劳动合同的订立、履行以及实现劳动权利和履行劳动义务直接相关的情况,如劳动者的年龄、知识技能、身体状况、学历、工作经历以及就业现状等情况。用人单位无权了解劳动者与劳动合同无关的个人情况,如家庭情况、血型、婚姻状况、有无异性朋友、女性是否怀孕等,以尊重和保护劳动者的个人隐私权。

三、不得要求劳动者提供担保

《劳动合同法》第 9 条规定:"用人单位招用劳动者,不得扣押劳动者的居民身份证和其他证件,不得要求劳动者提供担保或者以其他名义向劳动者收取财物。"

这一规定明确了在订立劳动合同时禁止劳动者提供担保,用人单位招用劳动者,不得扣押劳动者的居民身份证和其他证件。居民身份证是证明居住在中华人民共和国境内的公民的身份,保障公民合法权益,便利公民进行社会活动的法律证件。不经法定程序,任何部门和个人不得扣押公民的居民身份证。其他证件是指除了居民身份证之外的能够证明劳动者身份的合法证件,如毕业证、学位证、专业技能证书、职称评定证书等证件。不得要求劳动者提供担保,包括人保和物保。担保是保证合同正常履行的方式,具体包括保证、抵押、质押、留置、定金等。用人单位招用劳动者时,不得向劳动者收取保证金、抵押金或者要求劳动者提供担保人,也不得以其他名义向劳动者收取财物,不得以报名费、招聘费、培训费、集资费、服装费、违约金等名义向劳动者收取各种财物。用人单位招用劳动者,不得要求劳动者提供担保或以其他名义向劳动者收取财物。《劳动合同法》第 84 条规定:"用人单位违反法律规定,扣押劳动者居民身份证等证件的,由劳动行政部门责令限期退还劳动者本人,并依照有关法律规定给予处罚。用人单位违反法律规定,以担保或者其他名义向劳动者收取财物的,由劳动行政部门责令限期退还劳动者本人,并以每人五百元以上二千元以下的标准处以罚款;给劳动者造成损害的,应当承担赔偿责任。劳动者依法解除或者终止劳动合同,用人单位扣押劳动者档案或者其他物品的,依照前款规定处罚。"因此,用人单位要避免劳动者给单位造成损失,不承担赔偿责任就离职或者跳槽的风险,应通过加强内部管理来解决,而不是简单地采用收取抵押金(物)的方式。

四、如何招聘外籍人才

目前,持外国人就业证在中国工作的外国人日益增多。从上海市科委获悉,目前在沪工作的外国人达 21.5 万,占全国的 23.7%,居全国第一。2017 年 4 月,全国全面实施外国人来华工作许可制度以来,截至 2021 年 2 月底,上海共核发《外国人工作许可证》27 万余份,其中,外国高端人才(A 类)近 5 万份,占比约 18%,上海引进外国人才的数量居全国第一。[①] 哪些单位可以聘用外国人,国家并未作出特别要求,可以说,只要依法登记注册的用人单位都可以。但是,用人单位聘用外国人,必须符合相应的要求并按照规定的程序来操作。首先,用人单位聘用外国人从事的岗位应是有特殊需要,国内暂缺适当人选,且不违反国家有关规定的岗位。其次,我国规定外国人在中国就业实行就业许可制度。用人单位聘用外国人须为该外国人申请就业许可,经获准并取得《中华人民共和国外国人就业许可证书》后方可聘用。外国人在中国就业许可制度分为申领《中华人民共和国外国人就业许可证书》、申办职业签证和办理《中华人民共和国外国人就业证》、外国人居留证件三个方面。经就业许可同意在中

---

① https://www.guancha.cn/politics/2021_03_01_582628.shtml.

国就业的外国人,应持职业签证入境(有免签证协议的,按协议处理),凭入境后申领的《外国人就业证》和外国人居留证件,方可在中国境内就业。这样做,可以有效地抑制非法就业。

用人单位招聘一些外籍技术人员的途径,一般是通过猎头公司,如果对外籍人员的国籍有要求,也可以通过该国驻华大使馆以及国外人才机构。外籍人士在中国工作主要有两个渠道:一是持《外国专家来华工作许可证》,以专家身份就业;一是持劳动保障部门发的《外国人就业许可证》,进入人才市场。目前,在我国就业的外籍人员主要有两种:一是该外国人在国外时,从我国找到一份工作,来我国就业,其途径主要是网上招聘信息、朋友介绍;二是现在在我国学习的留学生,毕业后准备留在中国工作的,其途径主要是通过网上招聘信息、参加招聘会、朋友介绍。但不论哪种,都必须要有就业许可证。就业许可证由受聘单位根据我国相关规定办理。

第二节　劳动合同订立

一、建立劳动关系,应当订立书面劳动合同

《劳动合同法》第10条规定:"建立劳动关系,应当订立书面劳动合同。已建立劳动关系,未同时订立书面劳动合同的,应当自用工之日起一个月内订立书面劳动合同。用人单位与劳动者在用工前订立劳动合同的,劳动关系自用工之日起建立。"

(一)劳动合同的形式

劳动合同的形式是指劳动合同的表示方式,劳动合同有书面形式和口头形式之分。建立劳动关系,应当订立书面劳动合同。劳动者在与用人单位建立劳动关系时,要直接用书面形式表达和记载当事人经过协商而达成的协议。法律要求劳动合同采用书面形式,是因为劳动合同内容比较复杂,在一定时间内持续存在,且关系到劳动者各方的权益,口头形式的劳动合同难以保持劳动合同特有的严肃性。书面劳动合同记载着用人单位与劳动者协商一致确定的劳动合同内容,是双方履行劳动合同的依据,是劳动关系的书面凭证。书面劳动合同清晰地分配了双方的权利义务,可以预防劳动争议的发生。同时,当劳动争议发生时,书面劳动合同是极为重要的证据,有利于快速解决争议。作为例外,非全日制用工劳动者和用人单位可以订立口头协议。《民法典》第469条规定,书面形式是合同书、信件、电报、电传、传真等可以有形地表现所载内容的形式。以电子数据交换、电子邮件等方式能够有形地表现所载内容,并可以随时调取查用的数据电文,视为书面形式。《最高人民法院关于审理劳动争议案

件适用法律问题的解释(一)》第 43 条规定,用人单位与劳动者协商一致变更劳动合同,虽未采用书面形式,但已经实际履行了口头变更的劳动合同超过一个月,变更后的劳动合同内容不违反法律、行政法规且不违背公序良俗,当事人以未采用书面形式为由主张劳动合同变更无效的,人民法院不予支持。明确了劳动合同口头变更超过一个月,且内容不违法,这一变更即具有约束力。

订立书面劳动合同,是用人单位的法定义务。《劳动合同法》第 82 条规定:"用人单位自用工之日起超过一个月不满一年未与劳动者订立书面劳动合同的,应当向劳动者每月支付二倍的工资。"《劳动合同法》第 14 条规定,用人单位自用工之日起满一年不与劳动者订立书面劳动合同的,视为用人单位与劳动者已订立无固定期限劳动合同。这一规定要求用人单位用工时,应当及时签订书面合同,超过一个月即视为违法,用人单位应当支付劳动者双倍的工资。超过一年尚未签订书面劳动合同的,法律直接推定双方之间为无固定期限劳动合同。《劳动合同法》第 11 条规定还规定了不签订书面合同的劳动报酬的确定问题,即用人单位未在用工的同时订立书面劳动合同,与劳动者约定的劳动报酬不明确的,新招用的劳动者的劳动报酬按照集体合同规定的标准执行;没有集体合同或者集体合同未规定的,实行同工同酬。

(二) 劳动关系的建立时间

《劳动合同法》第 10 条规定:"用人单位与劳动者在用工前订立劳动合同的,劳动关系自用工之日起建立。"这一规定明确了劳动关系的建立时间,即以用工之日为劳动关系成立的时间,而不是以签订劳动合同的时间。劳动关系建立的时间与劳动合同生效的时间未必一致。用人单位与劳动者在用工之前签订劳动合同的,自用工之日起劳动合同生效。在用工之前签订劳动合同,实际上是附期限的劳动合同,所附期限为用工之日,附期限的劳动合同在期限到来时发生法律效力。确定建立劳动关系的时间起点意义重大,从双方建立劳动关系之时起,双方才开始履行各自的义务,享有各自的权利。建立劳动关系之时,是劳动者开始在用人单位的指挥、监督、管理下提供劳动的时间,是计算劳动者工资的起始时间。劳动者在该用人单位的工作年限也自建立劳动关系之时开始计算。

二、劳动合同的期限

劳动合同的期限是指劳动合同的有效时间,是双方当事人所订立的劳动合同起始和终止的时间,也是劳动关系具有法律约束力的时间。劳动合同期限是劳动合同的必备条款,劳动者与用人单位在劳动关系存续期间享有权利和履行义务。劳动合同的期限是判定劳动合同是否有效以及生效时间的依据,也是判定劳动合同终止时间的依据。《劳动合同法》第 12 条规定:"劳动合同分为固定期限劳动合同、无固定期限劳动合同和以完成一定工作任务为期限的劳动合同。"

(一) 固定期限劳动合同

《劳动合同法》第 13 条规定:"固定期限劳动合同,是指用人单位与劳动者约定合同终止时间的劳动合同。用人单位与劳动者协商一致,可以订立固定期限劳动合同。"

固定期限劳动合同必须对劳动合同履行的起始和终止日期有具体明确的规定。期限届满,双方的劳动关系即行终止。如果双方协商一致,还可以续订合同。固定期限劳动合同的适用范围广泛,比较灵活。用人单位可以根据生产需要和工作岗位的不同要求来确定劳动合同的期限,有利于合理使用人才,促进人力资源合理流动。《劳动合同法》对固定期限劳动合同的期限没有限制,没有最长期限的限制,也没有最短期限的限制。用人单位与劳动者协商一致可以选择签订半年、一年的合同,也可以选择签订 5 年、10 年期限的劳动合同。

(二) 无固定期限劳动合同

《劳动合同法》第 14 条第 1 款规定:"无固定期限劳动合同,是指用人单位与劳动者约定无确定终止时间的劳动合同。"无固定期限劳动合同是指用人单位和劳动者签订的无确定终止时间的劳动合同,没有确定终止时间并不等于就是"终身",而是指只要符合法律、法规的规定,任何一方均可解除或终止无固定期限劳动合同。对劳动者来说,一般只要提前 30 天通知就可以解除劳动合同;对用人单位而言,只有符合法定的解除和终止条件,才能终结无固定期限劳动合同。用人单位要解除无固定期限合同,必须具备法定的理由,没有法定解除理由,不能随便解除无固定期限的劳动合同。所以,无固定期限劳动合同并不是"铁饭碗""终身制""保险箱",而是要求用人单位解除和终止合同必须符合法律规定。与固定期限劳动合同相比,无固定期限劳动合同更有利于保护劳动者的权益,更有利于保护劳动者就业稳定。对用人单位而言,有利于建立稳定的人力资源队伍,对于提高劳动生产率、促进企业生产经营具有积极作用。

《劳动合同法》为鼓励劳动关系双方建立长期、稳定的劳动关系,明确规定用人单位与劳动者协商一致,可以订立无固定期限劳动合同。有下列情形之一,劳动者提出或者同意续订、订立劳动合同的,除劳动者提出订立固定期限劳动合同外,应当订立无固定期限劳动合同:(1) 劳动者在该用人单位连续工作满 10 年的;(2) 用人单位初次实行劳动合同制度或者国有企业改制重新订立劳动合同时,劳动者在该用人单位连续工作满 10 年且距法定退休年龄不足 10 年的;(3) 连续订立两次固定期限劳动合同,且劳动者无本法第 39 条和第 40 条第一项、第二项规定的情形,续订劳动合同的。"连续两次",从《劳动合同法》实施以后开始计算,施行前签订劳动合同的次数不计算在内,即在 2008 年之后,用人单位与劳动者签订两次固定期限劳动合同后,除非劳动者具有重大过失、患病不能工作、经考核不能胜任工作,否则,用人单位有义务与劳动者签订无固定期限劳动合同。

同时,《劳动合同法》规定,用人单位自用工之日起满一年不与劳动者订立书面劳动合同的,视为用人单位与劳动者已订立无固定期限劳动合同。在法律责任中规定:"用人单位违反本法规定不与劳动者订立无固定期限劳动合同的,自应当订立无固定期限劳动合同之日起向劳动者每月支付二倍的工资。"可以预见,随着《劳动合同法》的实施,无固定期限劳动合同将逐步成为我国劳动合同制度的常态。法律的这些规定主要是为了解决我国现阶段劳动合同短期化的普遍现象,促进劳动者的就业稳定。

案例:视为订立无固定期限劳动合同后用人单位仍未与劳动者签订劳动合同的是否应当支付第二倍工资

2016 年 8 月 1 日,万某入职某食品公司,从事检验工作,双方口头约定万某的月工资为 3 000 元。万某入职时,公司负责人告知其 3 个月试用期后签订书面劳动合同,但是双方一直未签订书面劳动合同。2018 年 7 月 31 日,万某与食品公司解除劳动关系。万某要求食品公司支付 2017 年 8 月至 2018 年 7 月期间未与其签订无固定期限劳动合同的两倍工资,该公司拒绝支付。万某遂申请仲裁。仲裁机构驳回了万某的仲裁请求。

本案的争议焦点是 2017 年 8 月至 2018 年 7 月期间,万某与食品公司之间未签订书面劳动合同的情形是否属于《劳动合同法》第 82 条规定情形。

《劳动合同法》第 82 条规定:"用人单位自用工之日起超过一个月不满一年未与劳动者订立书面劳动合同的,应当向劳动者每月支付二倍的工资。用人单位违反本法规定不与劳动者订立无固定期限劳动合同的,自应当订立无固定期限劳动合同之日起向劳动者每月支付二倍的工资。"从上述条款可知,用人单位支付未依法签订劳动合同第二倍工资的情形包括两种:一种是用人单位自用工之日起超过一个月不满一年未与劳动者订立书面劳动合同的;第二种是用人单位应当与劳动者订立无固定期限劳动合同,但违反本法规定不与劳动者订立无固定期限劳动合同的。第二种情形中的"本法规定",是指《劳动合同法》第 14 条第 2 款规定的"除劳动者提出订立固定期限劳动合同外,应当订立无固定期限劳动合同"的三种情形。而《劳动合同法》第 14 条第 3 款规定的"用人单位自用工之日起满一年不与劳动者订立书面劳动合同的,视为用人单位与劳动者已订立无固定期限劳动合同"是对用人单位不签订书面劳动合同满一年的法律后果的拟制规定,并非有关应当订立无固定期限劳动合同的情形规定。《劳动合同法实施条例》第 7 条对于此种情形的法律后果也作了相同的分类规定。

本案中,万某于 2016 年 8 月 1 日入职,食品公司一直未与其签订书面劳动合同,自 2017 年 8 月 1 日起,根据上述法律法规的规定,双方之间视为已订立了无固定期限劳动合同,而非《劳动合同法》第 82 条规定的用人单位违反本法规定不与劳动者订立无固定期限劳动合同的情形。因此,食品公司无须向万某支付未依法签订无固定期限劳动合同的第二倍工资,故依法驳回万某的仲裁请求。

无固定期限劳动合同是为了保障劳动关系的稳定性,《劳动合同法》第 14 条规定了"可以""应当""视为"三类订立无固定期限劳动合同的情形,其中,"视为"签订无固定期限劳动合同的规定,主要目的是为解决一些用人单位不愿与劳动者签订劳动合同,造成劳动者合法权益无法得到保障的问题。未依法签订劳动合同所应承担的第二倍工资责任在法律性质上是惩罚性赔偿,该责任设定与拟制无固定期限劳动合同的签订相结合,既保障了劳动者的合法权益,又限制了用人单位赔偿责任的无限扩大,有效地平衡了各方利益。

资料来源:2020 年最高人民法院、人力资源和社会保障部联合发布的第一批劳动人事争议典型案例。

(三) 以完成一定工作任务为期限的劳动合同

《劳动合同法》第 15 条规定:"以完成一定工作任务为期限的劳动合同,是指用人单位与劳动者约定以某项工作的完成为合同期限的劳动合同。用人单位与劳动者协商一致,可以订立以完成一定工作任务为期限的劳动合同。"在以完成一定工作任务为期限劳动合同中,用人单位与劳动者双方把完成某项工作或工程作为确定劳动合同的起始和终止时间。该项工作或者工程开始的时间,就是劳动合同履行的起始时间;该项工作或者工程完成时,劳动合同即终止。这类劳动合同实际上也是一种定期的劳动合同,只是与固定期限劳动合同相比,其终止时间的表现形式不同而已。例如,为修建某些工程项目而招用的人员,就可以签订以完成某项工程为期限的劳动合同,工程结束的时间就是劳动合同的终止时间。签订以完成一定任务为期限的劳动合同,双方必须经过协商一致来决定,在了解工作基本信息的基础上,最终达成合意,不得强迫一方接受这种劳动合同期限的形式。

科学合理地确定劳动合同的期限,对于用人单位和劳动者都至关重要。用人单位可以根据生产经营的长期规划和目标任务,对人力资源的使用进行科学预测,合理规划,使劳动合同的期限能够长短并用,梯次配备,形成灵活多样的格局。劳动者可以根据自身的年龄、身体状况、专业技术水平、自身发展计划等因素,合理地选择适合自己的劳动合同期限。

三、劳动合同的必备条款和约定条款

劳动合同的条款分为必备条款和约定条款,约定条款只要不违反法律和行政法规,具有与必备条款同样的约束力。

(一) 必备条款

必备条款是指根据劳动合同法律双方当事人签订劳动合同必须具备的内容。《劳动合同法》第17条规定:"劳动合同应当具备以下条款:(一)用人单位的名称、住所和法定代表人或者主要负责人;(二)劳动者的姓名、住址和居民身份证或者其他有效身份证件号码;(三)劳动合同期限;(四)工作内容和工作地点;(五)工作时间和休息休假;(六)劳动报酬;(七)社会保险;(八)劳动保护、劳动条件和职业危害防护;(九)法律、法规规定应当纳入劳动合同的其他事项。"

1. 用人单位的名称、住所和法定代表人或者主要负责人

名称是代表用人单位的符号,即注册登记时所登记的名称,相当于自然人的姓名。住所是用人单位进行业务活动的地方,一般以其主要办事机构所在地为住所。劳动合同文本中要记载用人单位住所的具体地址。法定代表人是代表用人单位行使职权的主要负责人。法定代表人在注册登记时必须注明。不具有法人资格的用人单位,必须在劳动合同中写明单位的负责人。

2. 劳动者的姓名、住址和居民身份证或者其他有效身份证件号码

姓名是自然人区别于其他自然人的符号。劳动者的姓名以户籍登记也即身份证上的姓名为准。劳动者住所以其户籍所在地为住所,其经常居住地住所不一致的,经常居住地视为住所。身份证号码是居民身份证上记载的号码。

3. 劳动合同期限

用人方与劳动者根据法律法规规定以及实际情况,协商约定合同的期限。劳动合同可分为有固定期限的劳动合同、无固定期限的劳动合同和以完成一定工作为期限的劳动合同。劳动合同期限是劳动合同的主要内容之一,既是劳动合同法律制度的外在表现形式,又是劳动合同制度发挥作用的内在条件。如何科学地确定劳动合同期限,对双方都至关重要。

4. 工作内容和工作地点

工作内容是劳动者具体从事什么种类或者内容的劳动以及在什么地方从事劳动,是劳动合同的核心条款之一。根据劳动者的技能和企业的需要,可以规定劳动者从事某一项或者几项具体工作,也可以是某一类或者几类工作,但都要明确而具体。工作内容是用人方对劳动者劳动的具体要求,也是劳动者获得劳动报酬的依据。工作地点是劳动者履行劳动合同义务的具体场所。工作地点的具体位置和环境状况直接影响着劳动者的身心健康和劳动权利的实现,应在合同中明确规定。

5. 工作时间和休息休假

工作时间是指劳动者在法定工作时间内履行劳动合同义务从事生产和工作的时间。我国法定工作时间为每周不超过 40 小时,每日不超过 8 小时,根据实际情况还可以实行不定时工作制和综合计算工时工作制。休息是劳动者无须履行劳动义务,自行支配的时间。休假是指劳动者无须履行劳动义务且一般有工资保障的法定休息时间。用人单位在制定劳动合同时,应依法明确劳动者的工作时间以及休息休假权利。

6. 劳动报酬

劳动报酬是指用人单位根据劳动者的数量和质量,以货币形式支付给劳动者的工资。劳动报酬是劳动者提供劳动的直接目的,是劳动者的生活来源。协商约定劳动者的工资额、工资调整的权限、发放时间、报酬的构成和变更,对劳动关系双方具有重要意义。

7. 社会保险

社会保险是指国家通过强制征集专门资金用于保障劳动者在丧失劳动机会或劳动能力时的基本生活需求的一种物质帮助制度。社会保险属于国家强制性规范,凡是法律法规规定范围内的劳动者和用人单位都应当依法参加,并办理社会保险登记,履行缴纳社会保险费的义务,享有相应的权利。参加保险和缴纳社会保险费是用人单位和劳动者的法定义务,双方都必须履行。为突出、强调社会保险的强制性,《劳动合同法》将社会保险规定为劳动合同的必备条款,旨在将双方的法定义务在劳动合同中说明,强调双方必须履行缴纳社会保险费的义务。

8. 劳动保护、劳动条件和职业危害防护

劳动保护是指为防止劳动过程中的事故,减少职业危害,保障劳动者的生命安全和健康而采取的各种措施。劳动条件是指用人单位为劳动者提供的正常工作所必需的条件,包括劳动场所和劳动工具。职业危害防护是指对工作可能产生的危害所采取的防护措施。

9. 法律、法规规定应当纳入劳动合同的其他事项

法律、法规规定应当纳入劳动合同的其他事项,是指按照《劳动合同法》以外的其

他法律和行政法规的规定,应当在劳动合同中载明的内容。

(二) 约定条款

约定条款是指双方当事人在必备条款之外,根据具体情况,经协商可以自主约定的内容。《劳动合同法》第 17 条规定:"劳动合同除规定的必备条款外,用人单位与劳动者可以约定试用期、培训、保守秘密、补充保险和福利待遇等其他事项。"

1. 试用期

试用期是指劳动合同双方当事人在合同中约定的互相考察了解以确定是否继续履行劳动合同的期间。

2. 培训

培训是指用人单位向劳动者提供了专项培训费用,对其进行的专业训练。针对实践中劳动者在用人单位出资培训后违约现象比较突出,用人单位可以在劳动合同中约定培训条款或签订培训协议,就用人单位为劳动者支付的培训费用、培训后的服务期以及劳动者违约解除劳动合同时赔偿培训费的计算方法等事项进行约定。

3. 保守商业秘密

商业秘密是指不为公众所熟悉、能给用人单位带来经济利益、被用人单位采取保密措施的技术、经济和管理信息。保守商业秘密是指保持商业秘密的原状,不使之泄露出去。对负有保守用人单位商业秘密义务的劳动者,用人单位可以在劳动合同或者保密协议中与劳动者约定竞业限制条款,并约定在解除或者终止劳动合同后,在竞业限制期限内按月给予劳动者经济补偿。劳动者违反竞业限制约定的,应当按照约定向用人单位支付违约金。

4. 补充保险

补充保险是指用人单位与劳动者在基本社会保险之外为劳动者参加的保险,如补充医疗保险、企业年金等。参加了补充保险,劳动者可以在基本社会保险待遇的基础上再享受补充保险的待遇。

5. 福利待遇

福利待遇是指用人单位在法定义务之外为员工的生活提供的便利和优惠等。

四、无效劳动合同的确认和处理

(一) 无效劳动合同的确认

无效劳动合同是指劳动者与用人方订立的违反劳动法律、法规的协议。无效劳动合同从订立时起就不具有法律效力,不能继续履行,不受法律保护。劳动合同符合法律、法规的要求,是合同受法律保护的前提。无效劳动合同分为部分无效合同和全部无效合同。部分无效的劳动合同是指由于法定的理由自订立之日起,部分条款就没有法律效力的劳动合同。

劳动合同的无效或者部分无效是自订立的时候起就全部无效或者部分无效。劳动合同虽然无效或者部分无效,但劳动者已经按照劳动合同的约定履行,在用人单位的管理、指挥、监督下提供了劳动。劳动者提供的劳动无法返回,劳动报酬不能撤销,用人单位应当支付相应的报酬。

《劳动合同法》第26条规定:"下列劳动合同无效或者部分无效:① 以欺诈、胁迫的手段或者乘人之危,使对方在违背真实意思的情况下订立或者变更劳动合同的;② 用人单位免除自己的法定责任、排除劳动者权利的;③ 违反法律、行政法规强制性规定的。"这些规定明确了劳动合同无效或者部分无效的确认条件。

1. 以欺诈、胁迫的手段或者乘人之危,使对方在违背真实意思的情况下订立或者变更劳动合同

所谓欺诈,是指一方故意捏造虚假情况,或歪曲、掩盖事实真相,致使另一方陷于错误而签订的合同。虚构事实是捏造并不存在的情况,隐瞒真相是必须说明的情况隐瞒不说,如劳动者故意隐瞒其真实健康状况、技术水平。所谓胁迫,是指以现实或者将来的危害威胁对方当事人人身或财产安全,迫使对方屈服,违背其真实意志签订的合同,如用人方胁迫劳动者从事劳动条件很差的工作。所谓乘人之危,是指一方当事人在对方处于危难之时,使其作出违背真实意思的行为。以欺诈、胁迫的手段或者乘人之危,其共同特点是都违反了平等自愿的原则,不是双方当事人的真实意思表示,属于无效劳动合同。劳动合同必须是双方当事人在平等自愿的基础上意思表示一致而达成的协议。任何一方采用欺诈、胁迫的手段或者乘人之危达到订立劳动合同的目的,都违背了平等自愿、协商一致、诚实信用的合同订立原则,因而在这些情况下订立的劳动合同是没有法律效力的。

2. 用人单位免除自己的法定责任、排除劳动者权利

用人单位免除自己的法定责任,是指用人单位通过合同的约定不承担按照有关法律规定应当承担的义务,比如对劳动者人身健康与安全进行保护、为劳动者缴纳社会保险费等义务。用人单位排除劳动者权利,是指用人单位在劳动合同中限制或剥夺劳动者依法应当享受的法律权利,比如休息休假权、社会保险权等。用人单位通过劳动合同免除自己的法定责任,或者排除劳动者权利的一些约定,因为违反公平原则而无效。公平原则要求当事人通过合同确定的权利义务应该对等,不能出现权利和义务严重失衡的状况。

3. 违反法律、行政法规强制性规定

违反法律、行政法规强制性规定包括:劳动合同的主体、内容、形式和订立程序

与法律、法规的强制性或禁止性规定相抵触;滥用法律、法规的授权性或任意性规定。依法调整劳动关系,建立和维护适应社会主义市场经济的劳动制度,是签订劳动合同的准绳。因此,要求劳动合同必须合法,否则无效。

(二) 无效劳动合同的处理

《劳动合同法》第 26 条规定:"对劳动合同的无效或者部分无效有争议的,由劳动争议仲裁机构或者人民法院确认。"劳动争议仲裁机构和人民法院是劳动合同无效或者部分无效的确认机构。按照目前我国的劳动争议处理机制,只有当劳动合同当事人对合同是否有效产生争议时,才涉及劳动合同是否有效的审查和确认。劳动合同双方当事人对劳动合同法律效力发生争议时,应向劳动争议仲裁委员会申请仲裁或向人民法院起诉确认。劳动合同被确认为无效后,应及时处理。

《劳动合同法》第 27 条规定:"劳动合同部分无效,不影响其他部分效力的,其他部分仍然有效。"无效的劳动合同从订立的时候起就没有法律约束力。确认劳动合同部分无效的,如果不影响其余部分的效力,其余部分仍然有效。这就是说,部分无效的劳动合同内容,如果是独立于其他合同内容的,就不影响其他部分的效力。例如,劳动合同中有关保守商业秘密的条款无效,对劳动合同的其他条款的效力并不产生影响,其他条款仍然有效。对劳动合同部分无效的处理,如违反法律、行政法规规定而无效的条款,应当根据有关法律、行政法规作相应的修改。对用人单位免除自己责任、排除劳动者权利的条款,应当予以删除。

劳动合同被确认无效后,对劳动者的劳动报酬如何处理?《劳动合同法》第 28 条对此作了规定:"劳动合同被确认无效,劳动者已付出劳动的,用人单位应当向劳动者支付劳动报酬。劳动报酬的数额,参照本单位相同或者相近岗位劳动者的劳动报酬确定。"劳动合同被确认无效时,如果劳动者并未提供劳动,无论劳动合同的效力如何,都不能获得劳动报酬。如果劳动者已提供劳动,用人单位应当支付相应的劳动报酬,提供相应的待遇,一般可参照本单位同时期、同工种、同岗位的工资标准支付劳动报酬。由于一方当事人的原因导致劳动合同无效,给另一方造成不同程度损害的,《劳动合同法》第 86 条规定,有过错的一方应当承担赔偿责任。

《最高人民法院关于审理劳动争议案件适用法律问题的解释(一)》第 41 进一步明确,劳动合同被确认为无效,劳动者已付出劳动的,用人单位应当按照《劳动合同法》第 28 条、第 46 条、第 47 条的规定向劳动者支付劳动报酬和经济补偿。由于用人单位的原因订立无效劳动合同,给劳动者造成损害的,用人单位应当赔偿劳动者因合同无效所造成的经济损失。这一规定增加了无效劳动合同解除的经济补偿,以及因用人单位原因订立无效合同给劳动者造成损失的赔偿规定。

五、订立劳动合同的风险防范

(一) 劳动合同文本应由当事人双方各执一份

《劳动合同法》第16条规定:"劳动合同文本应当由用人单位和劳动者各执一份。"经双方当事人签字的劳动合同一式两份,用人单位和劳动者应当各执一份,以利于劳动合同的履行。如果发生争议,书面的劳动合同可以作为双方权利义务的有效证据。《劳动合同法》第81条确认了签订劳动合同不规范的相应法律责任,用人单位提供的劳动合同文本未载明法律规定的劳动合同必备条款,或者用人单位未将劳动合同文本交付劳动者的,由劳动行政部门责令改正;给劳动者造成损害的,应当承担赔偿责任。

(二) 三方协议不是劳动合同

三方协议也称就业协议,是明确毕业生、用人单位和学校在毕业生就业择业过程中权利和义务的书面协议。就业协议一经签订,对三方都具有约束力。就业协议书一般由教育部或各省(区、市)就业主管部门统一制定。就业协议是学校进行毕业生派遣的根据,是确认就业意向和劳动需求的凭证。就业协议对于学校管理毕业生就业工作,规范用人单位和毕业生在用人、择业过程中的行为,维护各方的合法权益发挥了一定的积极作用。但就业协议并不是劳动合同,而是一种特殊的民事合同,并不直接受劳动法的调整。毕业生到用人单位报到视为用工开始,用人单位应及时签订劳动合同,并将劳动合同条款与就业协议衔接,防止因事实劳动关系或者就业协议与劳动合同相矛盾给企业带来用工风险。

(三) 及时签订书面劳动合同,杜绝事实劳动关系

《劳动合同法》实施后,用人单位急需转变过去的一些错误观念和认识,例如,很多企业认为,临时工不需要签订书面劳动合同,试用期不用签订书面劳动合同。事实上,只要与用人单位建立劳动关系,就应当及时签订劳动合同。迟延或未与劳动者及时签订劳动合同的,不仅要承担两倍的工资责任,而且在预防员工解除劳动合同以及有效控制用工成本上同样陷于被动。按照法律规定,劳动者可以随时终止事实劳动关系,而无须提前30天通知用人单位。终止事实劳动关系,无论何种原因,也无论是何方终止,用人单位均需按照劳动者工作年限支付经济补偿金。对于存在劳动合同的劳动关系而言,合同到期如果是员工不续签而终止,则企业不需要支付经济补偿金。对于因员工不愿意签订合同的情形,用人单位可以在员工入职时,明确要求员工

同时签订书面劳动合同,不签订书面劳动合同的不予录用,从源头上预防争议发生。在入职须知中明确,入职后一个月内无特殊理由不签订书面劳动合同的,视为不符合录用条件。在规章制度中明确,入职后一个月内无特殊理由不签订书面劳动合同的,致使公司造成重大损失的,视为严重违纪,可予以解除劳动合同。

(四) 做好入职调查,避免形成双重劳动关系

劳动者在订立劳动合同时应遵循诚实信用原则。用人单位和劳动者都需要秉承公平和诚实守信的基本理念来订立和履行劳动合同,在诚实信用的基础上建立劳动关系。任何一方违反诚实信用原则,向对方提供了虚假信息,就侵害了对方的知情权。用人单位应当充分使用好法律赋予的知情权,充分有效地了解员工,将法律风险控制在劳动合同订立之前。企业在招聘新员工时,应全面了解员工的身体健康状况、工作经历、知识技能水平、职业资格证书等重要信息,并认真审核,有权解除提供虚假材料的入职员工。对一些涉密重要岗位员工的招聘,要了解劳动者当前劳动关系的状况,避免形成双重劳动关系。根据我国法律规定,用人单位招用尚未解除劳动关系的劳动者给原用人单位造成经济损失的,依法承担连带赔偿责任。双重劳动关系对商业和技术秘密的保护的弊端是明显的,用人单位应予以特别注意。

案例:员工借出企业无法继续履行协议,"共享用工"如何处理

张某为某餐饮公司的服务员,双方签订有劳动合同。2020年春节期间,因疫情的影响,餐饮公司停止营业,多名员工滞留当地。某电商公司的业务量则持续暴发增长,送货、拣货等岗位人员紧缺。电商公司遂与餐饮公司签订了"共享用工"协议,约定张某自2020年2月3日至5月4日借用到电商公司从事拣货员岗位工作,每月电商公司将工资交由餐饮公司后,由餐饮公司支付张某。张某同意临时到电商公司工作,并经该公司培训后上岗。然而,餐饮公司于3月20日依法宣告破产,并通知张某双方劳动合同终止,同时告知电商公司将无法履行"共享用工"协议。电商公司仍安排张某工作并支付工资。4月16日,张某申请仲裁。

裁决确认与电商公司自2020年2月3日至4月16日存在劳动关系。经仲裁委员会庭前调解,电商公司认可与张某自2020年3月20日起存在劳动关系,

双方签订了2020年3月20日至2021年3月19日的劳动合同，张某撤回了仲裁申请。

本案的争议焦点是员工借出企业无法继续履行"共享用工"协议，借入企业继续用工的，双方是否建立劳动关系。"共享用工"是指员工富余企业将与之建立劳动关系的员工借调至缺工企业工作，员工与借出企业的劳动关系不发生改变，借入企业与借出企业签订协议明确双方的权利义务关系。《关于贯彻执行〈中华人民共和国劳动法〉若干问题的意见》（劳部发〔1995〕309号）第1条规定："用人单位应与其长期被外单位借用的人员、带薪上学人员以及其他非在岗但仍保持劳动关系的人员签订劳动合同，但在外借和上学期间，劳动合同中的某些相关条款经双方协商可以变更。"因此，我国劳动法并不禁止用人单位之间对劳动者的借用。

《中华人民共和国劳动合同法》第44条规定："有下列情形之一的，劳动合同终止……（四）用人单位依法宣告破产的"。因"共享用工"协议的履行以劳动者与借出企业劳动关系的存在为前提，"共享用工"的用工模式自借出企业宣告破产时被打破。借入企业明知劳动者与借出企业劳动关系终止的情况下继续用工，应根据有关法律和政策规定建立劳动关系。

本案中，餐饮公司与电商公司签订并履行了"共享用工"协议，张某同意被借用到电商公司工作，应认定餐饮公司与张某口头变更了劳动合同中工作地点、工作内容等事项。因餐饮公司于2020年3月20日宣告破产，张某与餐饮公司的劳动合同终止，电商公司与餐饮公司原有的权利义务不再存在。而电商公司明知餐饮公司宣告破产，双方共享协议无法履行，仍然安排张某从事业务工作，对其进行劳动管理并发放劳动报酬，符合原劳动和社会保障部《关于确立劳动关系有关事项的通知》（劳社部发〔2005〕12号）的规定，张某与电商公司自2020年3月20日确立劳动关系。

庭前调解阶段，电商公司表示因张某工作表现良好，公司正在研究是否正式聘用，希望暂缓开庭。仲裁委员会告知张某后，张某考虑工作机会难得，且工作地点等条件十分便利，同意暂不开庭，愿意等待电商公司的决议。最终，双方庭前和解，并签订了自2020年3月20日至2021年3月19日的劳动合同，张某撤回了仲裁申请。

"共享用工"是借出企业与借入企业之间自行调配人力资源、解决特殊时期用工问题的应急措施。其本质是企业在不同行业之间短期调配人力资源，以应对各行业因淡旺季或特殊事件带来的人力资源需求差异，从而实现各方受益。借出和借入员工是企业之间行为，可以通过签订民事协议明确双方的权利义务关系。"共享用工"属于特殊情况下的灵活用工方式,在法律主体认定、劳动报酬支付、社会保险缴纳等方面还存在制度盲点,但需要明确的是,借出企业不得以营利为目的借出员工,也不得以"共享用工"之名,进行违法劳务派遣,或诱导劳动者注册个体工商户以规避用工责任。此外,劳动者在企业停工停产等特殊情况下,自主选择为其他企业提供劳动,不属于"共享用工",应根据相关法律和政策认定是否建立双重劳动关系。

资料来源:2020年最高人民法院、人力资源和社会保障部联合发布的第一批劳动人事争议典型案例。

第三节 试用期管理

一、试用期的约定规则

试用期是用人单位与新录用的劳动者在劳动合同中约定的相互考察和了解的特定时间。约定试用期,属于劳动合同中双方自主约定的范畴。试用期的意义包括:(1)试用期是双方约定的相互考察以决定是否建立正式劳动关系的期限。双方可以在法律允许的范围内约定试用期的长短以及是否延长或缩短试用期。(2)在试用期内,双方解除劳动合同的要件不尽一致。用人单位解除合同,须提前30天通知且需证明劳动者不符合录用条件,劳动者解除合同只需提前3天通知。(3)试用期解除合同须履行相应的法律程序,如要有录用条件的制度规定、有劳动者不符合录用条件的考核报告以及其他证据,应在试用期届满前作出且送达劳动者。试用期作为劳动关系双方考察试用并据以决定是否继续保持劳动关系的重要阶段,双方当事人特别是用人单位需要在此期间通过各种方式考察员工。如果在试用期间,双方发现对方不符合录用条件或主观预期,均可以按照法定程序来解除劳动合同。

《劳动合同法》第19条规定:"劳动合同期限三个月以上不满一年的,试用期不得超过一个月;劳动合同期限一年以上不满三年的,试用期不得超过二个月;三年以上固定期限和无固定期限的劳动合同,试用期不得超过六个月。同一用人单位与同一劳动者只能约定一次试用期。以完成一定工作任务为期限的劳动合同或者劳动合同期限不满三个月的,不得约定试用期。试用期包含在劳动合同期限内。劳动合同仅约定试用期的,试用期不成立,该期限为劳动合同期限。"这一规定明确了试用期的约定规则。

（一）试用期长短与合同期限挂钩

《劳动合同法》将试用期的长短与劳动合同的期限挂钩，合同期限越长，相应的试用期越长。具体讲，劳动合同期三个月以上不满一年，试用期不得超过一个月；劳动合同期限一年以上三年以下，试用期不得超过两个月；三年以上固定期限和无固定期限的劳动合同，试用期不得超过六个月。上述"一年以上"包括一年，"三年以下"不包括三年；"三年以上"包括三年。《劳动合同法》进一步规定，以完成一定工作任务为期限的劳动合同或者劳动合同期限不满三个月的，不得约定试用期。

（二）规定试用期的次数

《劳动合同法》规定，同一用人单位与同一劳动者只能约定一次试用期。劳动者在同一用人单位的试用考察期只能约定一次，用人单位不得以任何理由再次与劳动者约定试用期。具体包括：在试用期内解除劳动合同，无论是用人单位解除还是劳动者解除，用人单位再次招用该劳动者时，不得再约定试用期。劳动者试用期结束后，不管是在合同期限内还是劳动合同续订，用人单位不得再约定试用期。在试用期结束解除劳动合同后又招用劳动者的，用人单位不得再约定试用期。劳动合同续订或者劳动合同终止后一段时间又招用劳动者的，用人单位不得对该劳动者再约定试用期。《劳动合同法》规定，同一用人单位与同一劳动者可以也只能约定一次试用期，这就意味着在具体企业和具体员工个体之间，无论劳动关系建立或存续期间工作岗位调动，甚至是离开原企业后又重新回来工作的，企业只能约定一次试用期。

（三）不得单独约定试用期合同

《劳动合同法》规定，试用期包含在劳动合同期限内。劳动合同中仅约定试用期的，试用期不成立，该期限为劳动合同期限。试用期属于劳动合同期限的组成部分，包含在劳动合同期限之中。用人单位与劳动者单独约定的试用期合同，试用期合同不成立，该期限就是劳动合同的期限。在这种情形下，法律视为用人单位放弃试用期。

（四）违反试用期规定的法律责任

根据《劳动合同法》的规定，违法约定的试用期无效，已经履行的，由用人单位按照劳动者的月工资为标准，按违法约定的试用期的期限向劳动者支付赔偿金。

二、试用期工资

《劳动合同法》第20条规定："劳动者在试用期的工资不得低于本单位相同岗位

最低档工资或者劳动合同约定工资的80%，并不得低于用人单位所在地的最低工资标准。"《劳动合同法实施条例》第15条进一步明确规定："劳动者在试用期的工资不得低于本单位相同岗位最低档工资的80%或者不得低于劳动合同约定工资的80%，并不得低于企业所在地的最低工资标准。"

劳动者在试用期的工资，可以由双方自主约定。约定的试用期工资可以高于试用期满后的工资，可以与该工资相等，也可以低于试用期满后的工资，但不得低于法定的标准，即首先不得低于当地的最低工资标准，其次不得低于同岗位最低档工资的80%或者劳动合同约定工资的80%。其中，劳动合同约定工资是指该劳动者与用人单位订立的劳动合同中约定的试用期满后的工资。

三、试用期劳动合同的解除

《劳动合同法》第21条规定："在试用期中，除劳动者有本法第39条和第40条第一项、第二项规定的情形外，用人单位不得解除劳动合同。用人单位在试用期解除劳动合同的，应当向劳动者说明理由。"

这一规定旨在规范用人单位在试用期内解除劳动合同的条件。实践中，一些用人单位往往滥用试用期，在试用期内无理由地解除劳动合同；某些用人单位更是利用试用期内劳动者工资偏低以降低用工成本，在试用期将满时即解除劳动合同。《劳动合同法》仍然保持了试用期解除劳动合同的灵活性，但禁止用人单位任意解除劳动合同。在试用期内解除劳动合同，必须符合法定条件，且须向劳动者说明理由。这就要求用人单位将录用条件、劳动者不符合录用条件的证据以及法定原因向劳动者解释，说明解除劳动合同的原因。

四、试用期管理风险防范

（一）试用期条款的约定与试用期考核

许多企业在实践中对试用期存在错误认识，认为试用期是"解除劳动合同的万能法宝"，任意约定试用期、任意延长或缩短试用期，在试用期内任意解除劳动合同。这些错误做法往往会给企业带来不利后果。招聘新员工时，一些企业往往不与试用期内的员工签订正式劳动合同或只签订试用期合同，试用期过后再与劳动者签订正式劳动合同。其实，这种做法是违反法律规定的。劳动者与用人单位建立劳动关系，就应当签订劳动合同。试用期是劳动者和用人单位劳动关系的一种表现形式，所以也应当签订劳动合同。试用期过后再与劳动者签订劳动合同，不仅违法，而且不签合同形成事实劳动关系,企业要终止这种关系须提前30天通知并应依法补偿。试用期不签合同或者只签试用期合同,都是违法的。正确做法是与新员工签订劳动合同,劳动合同中包含试用期的内容。此外,一些企业认为试用期内双方的劳动关系尚未最终确定,所以也不为试用期内员工缴纳社会保险。试用期内双方的劳动关系虽未最终稳定,但却已形成,因此,法律明确规定企业应为试用期内的员工缴纳社会保险费。

试用期是劳动关系双方进行相互考核、增进了解的特殊阶段,是企业用以考核员工是否符合工作要求的重要依据。企业在与员工约定试用期条款后,对于试用期的员工往往要进行试用期考核,以决定是否继续录用。试用期考核,企业应当注意要将试用期考核不合格与录用条件联系起来,在员工手册或劳动合同中特别约定试用期考核不合格属于不符合录用条件的情形,这样解除劳动合同时就能占据主动。

(二) 设定具体录用条件

企业在试用期解除劳动合同时,一定要有关于录用条件的前置性约定或说明,这种约定或说明,或者在劳动合同中,或者在入职须知、员工手册中体现。录用条件往往因人、因岗而异,总体上讲,可以从四方面确定录用条件:① 能力因素,如学历、经历、资质、绩效等;② 态度因素,如职业道德、遵章守纪等;③ 身体因素,如健康、疾病等;④ 法律因素,如有无原单位的解除劳动合同的证明、员工手册等。具体可以规定下列情形属于不符合录用条件:伪造学历、证书和工作经历的;个人简历、求职登记表所列内容与自然情况不符的;经体检发现患有传染病、不可治愈以及严重疾病的;器官残缺或肢体残缺,以及填写虚假体检信息的;不能按时按量完成工作任务的或者经试用期考核成绩不合格的;拒绝接受领导交办的临时任务;非因工无法在工作时间内提供劳动的;有任何违反公司规章制度行为的;其他不符合录用条件的情形。录用条件应当以书面形式告知劳动者,如招聘广告、岗位说明或描述、入职登记表、劳动合同、规章制度、特别约定等。

用人单位在招聘时必须有明确的录用条件,而且必须能证明劳动者不符合这一录用条件,才能与其解除劳动合同。制订录用条件要具体、明确,具有可操作性。以不符合录用条件解除劳动合同时,一定要在试用期内。如果劳动者在试用期内被证明不符合录用条件,但用人单位过了试用期才与其解除劳动合同,用人单位就需要按解除未到期的劳动合同的情形支付劳动者相应的经济补偿。

关键词:劳动合同　有固定期限劳动合同　无固定期限劳动合同　无效劳动合同　法定条款　试用期

复习与思考

1. 试述劳动合同的概念、特点和种类。
2. 如何确认无效劳动合同？无效劳动合同怎样处理？
3. 劳动合同包括哪些内容？签订劳动合同应注意哪些问题？
4. 用人单位如何与员工约定试用期？
5. 劳动关系何时建立？
6. 试述签订无固定期限劳动合同的条件。

第六章

培训和保密制度

引导案例：飞行员跳槽遭 800 万元索赔，法院终审判赔 203 万元

被告高某曾是空军的一名战斗机飞行员，退伍后于 1993 年 6 月到南方航空公司河南分公司中原航空公司从事飞行工作，并与中原航空公司签订了无固定期限的劳动合同。合同约定，如果被告高某未满服务年限离开公司，必须支付公司相关培训费用、违约金及其他损失。2006 年 3 月 31 日，被告高某突然向中原航空公司提交辞职申请，该公司于 2006 年 4 月 4 日复函，不同意其辞职的申请。然而，被告高某在提出辞职申请 30 天后的 2006 年 5 月 1 日，不再为中原航空公司提供正常的劳动。该公司告到法院，要求被告高某赔偿人民币 813.4 万元。一审法院审理后认为，被告高某要求解除劳动合同，在没有与原告中原航空公司协商一致的情况下离职已构成违约。据此，一审法院判令被告高某赔偿原告中原航空公司违约金、培训费共计 2 035 997.87 元。原告航空公司当即表示不服，遂上诉到郑州市中级人民法院。2007 年 5 月 18 日，郑州中院开庭审理了此案。经二审法院审理后认为，一审判决事实清楚，证据确凿，适用法律正确，维持原审判决。航空公司不服向郑州市中级人民法院提出再审，2007 年 6 月 25 日上午，郑州市中级人民法院对此案作出再审判决，认为终审法院作出的判决证据确凿、认定事实清楚，对被上诉人提出的其他赔偿要求不予支持，维持终审判决。①

因航空公司飞行员跳槽引发的索要巨额赔偿案，近几年各地时有发生。劳动自由原则是劳动立法的一项基本原则，劳动者有权依法定程序提出辞职而不受限制。当然，如果劳动者在与用人单位的劳动合同中有特殊约定，劳动者提前辞职则虽属合法却是违约，因此就要依据劳动合同的约定承担违约责任。就本案来讲，法院的判决是合理的。根据权利义务对等的原则，飞行员有权辞职，但同时也要承担违约责任，需要赔偿航空公司相应的违约金。作为用人单位，航空公司既有要求辞职员工支付赔偿金的权利，也有为其办理离职手续的义务。航空业和飞行员的岗位有其特殊性，但航空公司与飞行员之间仍是一种劳动关系，需要遵守劳动法律。本案的重要意义在于，它为目前民航界飞行员因流动而引发的种种纠纷提供了又一例可资借鉴的案例。《劳动合同法》已对违约金问题进

---

① 2007 年十大劳动争议案件：《飞行员跳槽遭 800 万索赔，法院终审判赔 203 万》，《法治日报》，2008 年 1 月 20 日。

行了统一规范调整。根据新法的规定,只有两种情况才可以约定违约金:用人单位利用专项培训费用、提供专业技术培训并约定服务期的;用人单位约定竞业限制的。同时,《劳动合同法》对于违约金的数额也规定了上限,即不能超过用人单位为员工的培训所支付的实际培训费用。因此,可以预见,将来此类天价违约金的索赔案将越来越少。在新法背景下,用人单位也应将留人的策略从"法律契约留人"向"心理契约留人"转变。

《劳动合同法》第22条规定:"用人单位为劳动者提供专项培训费用,对其进行专业技术培训的,可以与该劳动者订立协议,约定服务期。劳动者违反服务期约定的,应当按照约定向用人单位支付违约金。违约金的数额不得超过用人单位提供的培训费用。用人单位要求劳动者支付的违约金不得超过服务期尚未履行部分所应分摊的培训费用。用人单位与劳动者约定服务期的,不影响按照正常的工资调整机制提高劳动者在服务期期间的劳动报酬。"这一规定明确了培训协议的签订条件以及双方的权利义务。

随着经济社会的迅速发展,企业的竞争更多地体现在人才的竞争上。企业核心人力资源的产生和吸纳主要有两个渠道:一是内部培养,着重从内部选拔;二是从外部寻找优秀人才。企业通过内部培训和外部培训等人力资本投入,提升员工的素质和能力,以满足企业持续发展的需求。为规范企业人力资本投入与员工离职之间的权利义务,法律规定双方可以签订培训协议,约定服务期。企业从外部引进人才,常常会涉及商业秘密和竞业限制问题。培训和保密制度是规范企业与核心人力资源之间权利义务关系的制度。如何防范和规避核心员工的流动,对核心员工进行合法、有效的管理,是对人力资源管理的一大挑战。

第一节 培训协议

一、培训协议的签订条件

用人单位对劳动者的培训可以分为常规培训和非常规培训。常规培训主要指入职培训、上岗培训以及国家规定的、用人单位按照职工工资总额的一定比例提取职工教育培训经费、对职工特别是一线职工的教育和培训。这些培训是用人单位的义务,也就意味着培训费用由单位承担,通常不涉及签订培训协议的问题。非常规培训则是用人单位对劳动者的技术业务进步进行了特别的人力资本投入,通常需要签订培训协议,明确双方的权利义务关系。培训协议是指用人单位为劳动者提供专项培训费用,对其进行专业技术培训时,双方约定的有关培训费用、服务期限、违约金以及违约金的支付等内容的合同。

这一规定明确了签订培训协议的条件为,用人单位给劳动者提供专项培训费用,进行专业技术培训。企业在向员工提供培训时,应当事先订立培训计划,并对培训的性质明确界定为专业技术培训。专业技术培训即专业性、技术性的培训,其目的在于提高劳动者在所从事专业方面的技术能力。尤其是对于资格认证、项目课程等性质相对模糊的培训类别,要通过协议条款的方式予以明确化。专项培训费用包括用人单位直接承担的学费,还包括住宿费、差旅费、培训补贴、参观考察费、观摩费等间接支出的费用。企业应当在培训协议中明确约定培训费的范围、培训费的构成及计算方式。在实践中,当企业与员工就培训协议发生争议时,常常就是否提供了培训发生争议。企业认为提供了培训,员工则认为没有。根据《劳动合同法》的规定,签订培训协议通常要满足以下条件:① 企业为培训支付了培训费用,并且有支付凭证证明;② 企业支付的培训费是专项培训费用,而非安全、环保等非专项培训;③ 企业为员工提供的培训必须是专业技术培训。

二、培训协议确认的权利义务

通常,企业出资对劳动者进行专业技术培训,是希望通过对人力资源进行开发,提升劳动者的工作能力,从而能继续为企业服务,带来持续的高绩效,所以,事先明确约定服务期以及劳动者违反服务期约定的责任非常关键。

(一) 服务期

服务期是指用人单位提供专项培训费用,对劳动者进行专业技术培训,而由用人单位与劳动者双方在劳动合同或者培训协议中约定劳动者需为该用人单位提供劳动的限期。服务期是劳动者因享有用人单位给予的特殊待遇而承诺必须为用人单位工作的期限,一般主要针对核心员工,其目的是防止员工接受出资培训后随意跳槽,给企业带来损失。培训协议是合理保护企业利益、规范员工流动的一种法律手段和人力资源管理措施。服务期与劳动合同期限可能并不一致,可能短于劳动合同期限,也可能长于劳动合同期限。当服务期长于劳动合同期限时,应当优先适用服务期约定,因为服务期是劳动合同双方当事人之间的特别约定,是用人单位给员工提供了特别义务时的一种特别约定,应当优先于劳动合同期限这一一般规定。《劳动合同法实施条例》第17条明确规定:"劳动合同期满,但是用人单位与劳动者依照《劳动合同法》第22条的规定约定的服务期尚未到期的,劳动合同应当续延至服务期满;双方另有约定的,从其约定。"此外,劳动合同双方当事人可以变更劳动合同中的期限条款或者续订劳动合同,或者重新订立劳动合同,以与服务期的约定相一致。

至于企业到底应该与受训员工约定多长的服务期,主要根据企业的实际情况和员工特点来定,员工流动率低的企业,可以约定得长些;反之,则可设置短一些。根据对跳槽周期的合理预估,服务期通常以3—5年为宜。

(二) 违约金及其支付

按照《劳动合同法》的规定,劳动者在服务期内解除劳动合同,不再履行劳动合同义务,要向用人单位支付违约金。违约金的数额按照双方在服务期协议中的约定履行,但不得超过用人单位提供的培训费用这一法定的最高数额。劳动者违约时支付的违约金,不得超过服务期尚未履行部分所应分摊的培训费用。例如,培训费用10万元,服务期5年,则每年分摊2万元。如果已经履行3年,则违约金不得超过尚未履行的2年服务期所应分摊的4万元培训费用。《劳动合同法》对违约金的数额作了封顶,对违约金的支付也进行了封顶,即不能超过尚未履行的服务期所应分摊的培训费用。这样规定的目的,在于适度保护用人单位的权益。用人单位为劳动者提供了专项培训费用用于专业技术培训,相应地,用人单位可以与劳动者约定服务期及违反服务期约定的违约金。用人单位提供的专项培训费用与约定的服务期是相对应的,违反服务期约定的违约金最高限额即为用人单位提供的专项培训费用。如果服务期已经履行了一部分,则应当依法扣减违约金。

(三) 服务期工资

根据《劳动合同法》的规定,用人单位与劳动者约定服务期的,不影响按照正常的工资调整机制提高劳动者在服务期间的劳动报酬,即不能因约定了服务期而不再调整劳动者的工资。工资调整机制,是指用人单位根据经营利润状况、自身发展需要、绩效考核结果以及物价上涨等因素,对劳动者的工资级别进行调整的机制。由于工资的刚性特点,工资总体上呈现不断增长的趋势。该条规定是为了保护处于服务期的劳动者可以正常享受用人单位的工资调整待遇,保护劳动者的合法权益。这样规定的目的在于,防止用人单位由于与劳动者约定了服务期而长期不提高劳动者的工资。因为培训协议中约定的工资待遇通常比较固定,在服务期较长的情况下,将缺乏灵活性和动态性,不能完全反映劳动者的工作表现和能力提升。

第二节 保密和竞业限制

案例：约定的经济补偿低于法定标准，不必然影响竞业限制效力

2018年1月3日，史某与某电子公司签订劳动合同，合同约定：史某在销售部门热水供暖系统工作，其须遵守职业行为约束，自电子公司离职起二年内，不能再从事本行业或与本公司利益密切关联的工作，以保证公司利益得到维护，月补偿金额标准为7 208元；史某若违反保守竞业限制义务，应当向电子公司支付违约金，数额相当于史某12个月的全额工资，并赔偿电子公司因此遭受的损失。

2021年1月31日，史某辞职。2021年2月10日，该电子公司向史某发出《履行竞业限制义务通知书》，告知其竞业限制义务自2021年2月10日起生效，离职后两年内不得从事竞业行为，即不得自营或为他人或公司从事与电子公司产品有竞争性的业务。同时，该电子公司按约向史某支付了竞业限制经济补偿金，共计支付了17个月的补偿金122 536元，而史某从该电子公司离职后不久即秘密进入竞争性公司工作。该电子公司遂以史某违反竞业限制义务为由申请仲裁。后史某不服仲裁裁决起诉至法院。

法院查明，史某在该电子公司离职前12个月应发工资总计为350 034元，认为竞业限制协议约定的月补偿标准7 208元虽低于法定标准，但不必然影响协议的法律效力，判决按竞业限制协议的约定作出调整。

史某在某电子公司从事销售工作，其在工作过程中掌握的客户信息等均属商业秘密，且双方在劳动合同中已将销售岗位明确约定为"掌握公司实质性内部资料"的岗位，故史某应属《劳动合同法》规定的"其他负有保密义务的人员"，是竞业限制义务的适格主体。该电子公司与史某约定的竞业限制补偿金标准虽低于其离职前12个月的月平均工资的30%，但根据最高人民法院劳动争议司法解释的精神，即使竞业限制补偿数额约定缺失的，仍可依法填补，而不宜径行认定竞业限制协议无效。竞业限制权利义务调整，一方面可以通过史某在自身履行竞业限制义务前提下请求用人单位补足来弥补，另一方面不宜支持史某以履行抗辩权为由拒绝履行竞业限制义务或免除其违约责任。

为了规范保密和竞业限制中用人单位和劳动者的权利和义务，《劳动合同法》第

23条规定:"用人单位与劳动者可以在劳动合同中约定保守用人单位的商业秘密和与知识产权相关的保密事项。对负有保密义务的劳动者,用人单位可以在劳动合同或者保密协议中与劳动者约定竞业限制条款,并约定在解除或者终止劳动合同后,在竞业限制期限内按月给予劳动者经济补偿。劳动者违反竞业限制约定的,应当按照约定向用人单位支付违约金。"第24条规定:"竞业限制的人员限于用人单位的高级管理人员、高级技术人员和其他负有保密义务的人员。竞业限制的范围、地域、期限由用人单位与劳动者约定,竞业限制的约定不得违反法律、法规的规定。在解除或者终止劳动合同后,前款规定的人员到与本单位生产或者经营同类产品、从事同类业务的有竞争关系的其他用人单位,或者自己开业生产或者经营同类产品、从事同类业务的竞业限制期限,不得超过二年。"2021年1月1日施行的《最高人民法院关于审理劳动争议案件适用法律问题的解释(一)》也对竞业限制履行中的相关问题做了进一步规定。

一、关于商业秘密保护和知识产权

《劳动合同法》规定,用人单位与劳动者可以在劳动合同中约定保守用人单位的商业秘密和与知识产权相关的保密事项。商业秘密是指不为公众所知悉,能为权利人带来经济利益,具有实用性并经权利人采取保密措施的技术信息和经营信息。技术信息和经营信息,包括设计、程序、产品配方、制作工艺、制作方法、管理诀窍、客户名单、货源情报、产销策略、招投标中的标底及标书内容等信息。商业秘密具有三个特点:其一,不为公众所知悉。指该有关信息不为其信息所属领域的相关人员普遍知悉;该信息在通常情形下不容易从公开或半公开的场合获得。不能从公开渠道直接获取,凡是公众所知晓的信息都不属商业信息的范围。其二,能为权利人带来经济利益,具有实用性。商业秘密必须具有商业价值,可以是现实的商业价值,也可以是潜在的商业价值,这些商业价值可以给权利人带来竞争优势。其三,经权利人采取保密措施。此种措施包括限定秘密公开范围、对于涉密信息载体采取加锁等防范措施,在涉密信息的载体上标有保密标记或者采取保密码、签有保密协议、对于涉密的场所限制来访者等。

与知识产权相关的事项,是《劳动合同法》新提出的一项保密内容,是指尚未依法取得知识产权但与知识产权相关的需要保密的事项。知识产权的原意是指知识财产或知识所有权。知识产权是一种无形财产权,是从事智力创造性活动取得成果后依法享有的权利。根据1967年在斯德哥尔摩签订的《建立世界知识产权组织公约》的规定,知识产权包括下列各项知识财产的权利:文学、艺术和科学作品;表演艺术家的表演及唱片和广播节目;人类一切活动领域的发明;科学发现;工业品外观设计;商标、服务标记以及商业名称和标志;制止不正当竞争以及在工业、科学、文学或艺术领域内由于智力活动而产生的一切其他权利。总之,知识产权涉及人类一切智力创造的成果。从法律上看,知识产权具有三个特征:① 地域性,即除签有国际公约或双边协定外,依一国法律取得的权利只能在该国境内有效,受该国法律保护;② 独占性或专有性,即只有权利人才能享有,他人不经权利人许可不得行使其权利;③ 时间性,各国法律对知识产权保护分别规定了一定期限,期满后则权利自动终止。

保守用人单位的商业秘密和与知识产权相关的保密事项,是劳动者的法定义务,是劳动者对用人单位忠诚义务的要求和具体体现。用人单位与劳动者可以在劳动合同中约定保守用人单位商业秘密和与知识产权相关的保密事项是劳动者的义务,并确定具体的违反这一义务应承担的责任。实践中,劳动者泄漏用人单位秘密的最常见的方式,就是在解除或者终止劳动合同后,到与本单位生产或者经营同类产品、从事同类业务的有竞争关系的其他用人单位工作,或者自己开业生产或者经营与本单位有竞争关系的同类产品、从事同类业务,在这一过程中利用原用人单位的商业秘密。在一个市场竞争的时代,技术、经营信息作为企业的核心机密,具有极高的价值。商业秘密和与知识产权相关的保密事项是企业参与市场竞争的秘密武器,伴随着巨大而核心的经济利益,也存在相当大的因泄密产生的道德风险和法律风险。员工作为企业的内部成员,最有可能接触到企业的商业秘密,因此,如何让自己的员工保密无疑是企业商业秘密保护的最重要的手段之一。除了《中华人民共和国反不正当竞争法》《中华人民共和国刑法》等法律对商业秘密进行保护之外,劳动立法也对企业商业秘密保护作出了相关规定。

二、保密义务和竞业限制

《劳动合同法》对商业秘密保护的规定主要是从合同的角度予以规定,主要包括保密义务和竞业限制两个方面。竞业限制是指用人单位与本单位的高级管理人员、高级技术人员和其他知悉其商业秘密的劳动者,在劳动合同或者专项协议中约定的,劳动者在劳动合同终止或者解除后的一定期限内,不得到生产与本单位同类产品或者经营同类业务的有竞争关系的其他用人单位工作,也不得自己开业生产或者经营与用人单位有竞争关系的同类产品或者业务的规定。竞业限制的实质是对劳动者择业权的限制,其目的在于保护用人单位的商业秘密。竞业限制是解决劳动者劳动权、择业自由与公平竞争市场规则冲突的有效途径。劳动合同解除或者终止后,劳动者重新择业,通过劳动换取报酬,这是法律赋予劳动者的基本权利,但劳动者行使这一基本权利可能造成不正当竞争。劳动者离开原单位后,如果将从原单位获得的商业秘密应用于新用人单位的经营中,就与原单位形成了不正当竞争,给原单位造成了损失。因而,如何平衡保护劳动者的择业自由权与维护平等竞争的市场法则之间的关系,就成为一个重要问题。竞业限制制度,既要在一定程度上限制劳动者的择业自由,防止其重新就业后造成与原单位的不正当竞争,又要通过竞业限制经济补偿,补偿劳动者因择业自由受到一定限制而遭受的损失。

竞业限制往往与商业秘密的保护密切联系,竞业限制是保护用人单位商业秘密的手段之一。通过签订竞业限制协议,减少劳动者泄漏、非法使用用人单位商业秘密的机会。竞业限制与商业秘密保护既有联系又有区别。竞业限制协议的存在是保护商业秘密的一个手段,但竞业限制本身并不等同于商业秘密保护;竞业限制的内容也不仅仅是保护商业秘密,反之,商业秘密的保护并不只有竞业限制一个途径。具体讲,商业秘密保护与竞业限制的区别在于:(1)功能不尽相同。保密义务主要限于保护企业商业秘密,竞业限制既可能是保护商业秘密,也可能只是约束劳动者就业机会或应对竞争对手挖人。(2)义务产生的基础不同。保密义务的产生是基于法律规定,或者基于劳动合同的附随义务,不管双方是否有明示的约定,员工在职期间和离职以后均须承担保守单位商业秘密的义务;竞业限制义务则是基于双方之间约定而产生的,无约定则无义务。(3)约束期限不同。保密义务的存在是没有期限的,只要商业秘密存在,义务人的保密义务就存在;而竞业限制的期限由当事人具体约定,这个期限包括劳动关系存续期间和双方约定的劳动合同终止或解除后一段的时间,而且在劳动合同终止或解除后的期限不能超过两年。(4)补偿对价关系不同。员工承担保密义务不需要权利人支付保密费;对于离职后履行竞业限制的劳动者,用人单位则需支付合理的补偿费。(5)法律责任形式不同。违反保密义务的员工,应当承担相应的民事责任,构成犯罪的,要承担刑事责任;而违反竞业限制义务的责任人通常只需要依据约定承担民事责任。

三、竞业限制协议确认的权利义务

(一)竞业限制的人员范围

竞业限制制度立法目的是保护用人单位的商业秘密与竞争优势,对商业秘密和竞业限制主体的准确界定是正确适用竞业限制规则的前提。竞业限制义务主体,是负有保密义务的劳动者。劳动者知悉了用人单位的商业秘密和与知识产权相关的保密事项,即负有保密义务。对于不知悉或不可能知悉企业商业秘密的员工,企业不需要也不可以与之签订竞业限制协议。企业在选择签订竞业限制员工时,要把握好尺度,企业并不是与所有员工都订立竞业限制协议,而是只与负有保密义务的员工订立协议,限制其从事有竞争关系的工作。根据《劳动合同法》的规定,竞业限制的人员限于用人单位的高级管理人员、高级技术人员和其他负有保密义务的人员,如公司的经理、副经理、财务负责人、上市公司董事会秘书和公司章程规定的其他人员。确认竞业限制的人员范围,应当限定在有机会接触、掌握企业商业秘密,且承担保护商业秘密义务的核心员工,一般指有机会接触到公司商业秘密的决策人员、高级技术人员及其他接触公司商业秘密岗位的人员。

(二) 竞业限制经济补偿

竞业限制经济补偿,是指用人单位与劳动者约定劳动者接受竞业限制,而由用人单位在劳动合同解除或者终止后的竞业限制期限内按月支付劳动者的货币。支付经济补偿与劳动者接受竞业限制相对应,接受竞业限制,对劳动者来说是义务,对用人单位来说则是权利。支付经济补偿,对用人单位来说是义务,对劳动者来说则是权利。

用人单位与劳动者约定竞业限制条款的,必须同时约定在解除或者终止劳动合同后,在竞业限制期限内按月给予劳动者经济补偿。因为竞业限制对劳动者离职后的就业范围和职业进行了规定,在一定程度上对劳动者的利益造成了减损。竞业限制经济补偿就是对劳动者接受限制和造成利益减损的补偿。所以,约定竞业限制,必须同时约定竞业限制经济补偿。《最高人民法院关于审理劳动争议案件适用法律问题的解释(一)》第37条规定:"当事人在劳动合同或者保密协议中约定了竞业限制和经济补偿,当事人解除劳动合同时,除另有约定外,用人单位要求劳动者履行竞业限制义务,或者劳动者履行了竞业限制义务后要求用人单位支付经济补偿的,人民法院应予支持。"

竞业限制经济补偿的标准应根据保护商业秘密给企业带来的效益、竞业限制的区域、期限等因素制定,具体数额由双方协商约定。《最高人民法院关于审理劳动争议案件适用法律问题的解释(一)》第36条规定:"当事人在劳动合同或者保密协议中约定了竞业限制,但未约定解除或者终止劳动合同后给予劳动者经济补偿,劳动者履行了竞业限制义务,要求用人单位按照劳动者在劳动合同解除或者终止前十二个月平均工资的30%按月支付经济补偿的,人民法院应予支持。前款规定的月平均工资的30%低于劳动合同履行地最低工资标准的,按照劳动合同履行地最低工资标准支付。"这一规定明确了竞业限制经济补偿的最低标准为前12个月平均工资的30%。竞业限制经济补偿支付的时间必须是在劳动合同终止或者解除之后,支付方式是按月支付。

(三) 竞业限制违约责任

竞业限制条款是基于双方当事人约定而产生,竞业限制约定是一种合同关系,以当事人的意思自治为原则,劳动者和用人单位违反竞业限制义务,要受到劳动合同约定的拘束。

劳动者违反竞业限制约定,不履行相应义务,用人单位可以要求劳动者按照约定向用人单位支付违约金。劳动者是否违反竞业限制约定,应当根据用人单位与劳动者之间约定的范围、地域、时间、行为来判断。竞业限制违约金的具体数额、支付方式由双方当事人自主约定,违约金的约定应当公平、合理,过高或过低地设置违约金都可能导致违约金的约定无效。竞业限制违约金数额的确定既要考虑双方的具体约定、劳动者违约严重程度以及给用人单位带来的实际损失,还应适度体现对劳动者不诚信行为的法律惩戒。用人单位和劳动者在竞业限制协议中约定的违约金过分高于或低于实际损失,当事人请求调整违约金数额的,法院可参照民事合同的相关规定处理。《最高人民法院关于审理劳动争议案件适用法律问题的解释(一)》第40条规定:"劳动者违反竞业限制约定,向用人单位支付违约金后,用人单位要求劳动者按照约定继续履行竞业限制义务的,人民法院应予支持。"这意味着,劳动者即使支付了违约金,也需要继续履行竞业限制义务。因为用人单位设置竞业限制的初衷和最终目的是保护用人单位的商业秘密,保护其竞争优势,违约金只不过是对劳动者违约行为的一种惩罚手段,支付违约金并不能免除竞业限制义务。

用人单位违反竞业限制约定,没有按照约定支付竞业限制补偿金,劳动者有权不受竞业限制条款的限制。《最高人民法院关于审理劳动争议案件适用法律问题的解释(一)》第38条规定:"当事人在劳动合同或者保密协议中约定了竞业限制和经济补偿,劳动合同解除或者终止后,因用人单位的原因导致三个月未支付经济补偿,劳动者请求解除竞业限制约定的,人民法院应予支持"。这一规定明确:在三个月期间内,如用人单位未支付补偿,劳动者可以主张补偿,但无权主张解除竞业限制;超过三个月未支付经济补偿,劳动者有权主张解除竞业限制义务。《最高人民法院关于审理劳动争议案件适用法律问题的解释(一)》第39条规定:"在竞业限制期限内,用人单位请求解除竞业限制协议的,人民法院应予支持。在解除竞业限制协议时,劳动者请求用人单位额外支付劳动者三个月的竞业限制经济补偿的,人民法院应予支持"。明确规定了用人单位在竞业限制期内可以提前解除竞业限制协议,但应额外支付劳动者3个月的竞业限制经济补偿,为劳动者重新寻找工作岗位提供一定的时间。

(四) 竞业限制的范围、地域和期限

竞业限制的范围、地域和期限,在不违反法律的前提下,由用人单位与劳动者约定。负有竞业限制义务的人员不能到与本单位生产或者经营同类产品、业务的有竞争关系的其他用人单位,或者自己开业生产或者经营同类产品和业务。竞业范围既包括自己生产经营,也包括到与本单位有竞争关系其他用人单位。双方应尽可能地约定能够预计到的、在法律规定的范围内的所有可能区间。竞业限制期限是劳动者接受竞业限制的时间,从劳动合同解除或者终止之日起,到竞业限制期限届满结束。

竞业限制期限最长不得超过两年。也就是说,劳动合同解除或者终止最长两年后,劳动者不再受竞业限制的约束。

四、如何完善保密和竞业限制制度

(一)设计合法完备、权责清晰的保密协议

保密协议虽然不能设置违约金,但可以就保密范围、泄密行为等相关事项予以明确,预防和控制员工泄密的风险。合法完备、权责清晰的保密协议应注意以下四点。

1. 明确界定商业秘密的范围

商业秘密的范围是保密合同的基础性条款。如果商业秘密范围约定不当,或过于笼统,员工不清楚哪些是商业秘密,就谈不上保密的问题。用人单位应根据自身实际对商业秘密进行细化约定。① 尽可能地扩大商业秘密的范围。商业秘密的范围不仅局限于本企业的秘密,有时企业在生产运营过程中获得的其他企业的商业秘密(如客户信息),也属于商业秘密的范围。否则,一旦员工将其泄漏,企业可能遭到客户索赔等重大损失。② 约定商业秘密和知识产权的归属。商业秘密归属主体是签订保密合同应当明确的重要内容。员工在职期限的技术革新,分为职务技术成果和非职务技术成果。职务技术成果的使用权、转让权属于企业,员工只享有技术成果的署名权。非职务技术成果的使用权、转让权属于完成技术成果的个人。对员工在工作期间形成的商业秘密,一般根据其与企业业务、员工工作的相关性确定权力归属。企业可以通过在保密合同中约定权利归属来保护自己的技术秘密和知识产权。

2. 规范保密行为和泄密行为

保密协议可以从保密义务和泄密行为两个角度对员工在商业秘密保护中应履行的义务进行约定。员工的保密行为主要包括遵守保密制度、不泄漏单位秘密以及不利用单位秘密牟利。泄密行为主要包括擅自把单位或第三人的秘密泄露给他人,引诱他们窃取单位秘密、违法使用单位秘密等。

3. 保密是一项法定义务

负有保密义务的员工保守单位商业秘密,是一项附随义务,也是一项法定义务。企业不是必须要支付保密费、保密津贴等。

4. 违约责任

违约责任的形式包括违约金和赔偿损失。由于《劳动合同法》只允许就竞业限制约定违约金,所以,保密协议在损失赔偿责任约定上应当主要约定赔偿计算方法。如企业可以与签订保密协议的劳动者约定违反保密义务可能涉及的公司利益、当前可以预见的这种泄密行为所带来的损失、以后可能会发生的损失等。这种提前约定损

失赔偿的计算方法可以解决发生争议以后企业举证困难的问题,目前在实践中已经被广泛采用。

(二)完善保密和竞业限制制度

通过制度设计和妥善管理方式,尽可能地防范商业秘密外泄,是保障企业商业秘密的根本措施。制定规章制度是企业管理的有效手段,企业可以通过制定保护本单位商业秘密方面的规章制度对员工进行约束,其形式可以是员工手册中的一部分,也可以是专项规章制度。应当注意的是,该规章制度的规定必须合法,并应按照法定程序征求工会意见并公示。

关键词: 培训协议　商业秘密保护　竞业限制

复习与思考

1. 试述培训协议的签订条件和主要内容。
2. 试述商业秘密保护与竞业限制的联系和区别。
3. 企业应当如何约定保密和竞业限制制度?

第七章

雇员劳动权利保护

引导案例：闫佳琳诉浙江喜来登度假村有限公司平等就业权纠纷案

2019年7月，浙江喜来登度假村有限公司（以下简称"喜来登公司"）通过智联招聘平台向社会发布了一批公司人员招聘信息，其中包含法务专员、董事长助理两个岗位。2019年7月3日，闫佳琳通过智联招聘手机App针对喜来登公司发布的前述两个岗位分别投递了求职简历。闫佳琳投递的求职简历中，包含有姓名、性别、出生年月、户口所在地、现居住城市等个人基本信息，其中户口所在地填写为"河南南阳"，现居住城市填写为"浙江杭州西湖区"。据杭州市互联网公证处出具的公证书记载，公证人员使用闫佳琳的账户、密码登录智联招聘App客户端，显示闫佳琳投递的前述"董事长助理"岗位在2019年7月4日14点28分被查看，28分时给出岗位不合适的结论，"不合适原因：河南人"；"法务专员"岗位在同日14点28分被查看，29分时给出岗位不合适的结论，"不合适原因：河南人"。闫佳琳因案涉公证事宜，支出公证费用1 000元。闫佳琳向杭州互联网法院提起诉讼，请求判令喜来登公司赔礼道歉、支付精神抚慰金以及承担诉讼相关费用。

杭州互联网法院于2019年11月26日作出判决：一、喜来登公司于本判决生效之日起十日内赔偿闫佳琳精神抚慰金及合理维权费用损失共计10 000元。二、喜来登公司于本判决生效之日起十日内，向闫佳琳进行口头道歉并在《法治日报》公开登报赔礼道歉；逾期不履行，本院将在国家级媒体刊登判决书主要内容，所需费用由被告喜来登公司承担。

法院生效裁判认为：平等就业权是劳动者依法享有的一项基本权利，劳动者享有平等就业权是其人格独立和意志自由的表现，侵害平等就业权在民法领域侵害的是一般人格权的核心内容——人格尊严，人格尊严重要的方面就是要求平等对待，就业歧视往往会使人产生一种严重的受侮辱感，对人的精神健康甚至身体健康造成损害。据此，劳动者可以在其平等就业权受到侵害时向人民法院提起民事诉讼，寻求民事侵权救济。

闫佳琳向喜来登公司两次投递求职简历，均被喜来登公司以"河南人"不合适为由予以拒绝，显然在针对闫佳琳的案涉招聘过程中，喜来登公司使用了主体来源的地域空间这一标准对人群进行归类，并根据这一归类标准而给予闫佳琳低于正常情况下应当给予其他人的待遇，即拒绝录用，可以认定喜来登公司因"河南人"这一地域事由要素对闫佳琳进行了差别对待。用人单位在招用人员时，基于地域、性别等与工作内在要求无必然联系的因素，对劳动者进行无正当理由的差别对待的，构成就业歧视，劳动者以平等就业权受到侵害，请求用人单位承担相应法律责任的，人民法院应予支持。

资料来源：最高人民法院指导案例185号，闫佳琳诉浙江喜来登度假村有限公司平等就业权纠纷案，2022-07-06。

第一节 就业保护

一、劳动就业标准

（一）禁止歧视

国际劳工组织于1958年通过《就业和职业歧视公约》（第111号），其目标是促进就业和职业方面的机会与待遇平等。实效性条款共6条，主要是要求消除在就业和职业方面因种族、肤色、性别、政治见解、民族血统或社会出身等原因造成的歧视，并要求为此制定和执行专门的国家政策。目前，国际劳工组织强调的重点，是防止和消除对妇女的性别歧视和劳动者因政治见解不同而受到的歧视。我国《劳动法》第12条明确规定："劳动者就业，不因民族、种族、性别、宗教信仰不同而受歧视"，除政治见解未提及外，与公约的规定是一致的。2007年8月30日，十届全国人大常委会第二十九次会议通过的《就业促进法》，要求各级政府调整就业政策，创造公平的就业环境，消除就业歧视。用人单位违反规定，存在就业歧视的，劳动者可以向人民法院提出诉讼，新法规于2008年1月1日正式生效。《就业促进法》第3条规定："劳动者依法享有平等就业和自主择业的权利。劳动者就业，不因民族、种族、性别、宗教信仰等不同而受歧视。"第25条规定："各级人民政府创造公平就业的环境，消除就业歧视，制定政策并采取措施对就业困难人员给予扶持和援助。"第26条规定："用人单位招用人员、职业中介机构从事职业中介活动，应当向劳动者提供平等的就业机会和公平的就业条件，不得实施就业歧视。"《就业促进法》明确规定：（1）国家保障妇女享有与男子平等的劳动权利。（2）各民族劳动者享有平等的劳动权利。用人单位招用人员，应当依法对少数民族劳动者给予适当照顾。（3）国家保障残疾人的劳动权利，各级人民政府应当对残疾人就业统筹规划，为残疾人创造就业条件。用人单位招用人员，不得歧视残疾人。（4）用人单位招用人员，不得以是传染病病原携带者为由拒绝录用。但是，经医学鉴定传染病病原携带者在治愈前或者排除传染嫌疑前，不得从事法律、行政法规和国务院卫生行政部门规定禁止从事的易使传染病扩散的工作。（5）农村劳动者进城就业享有与城镇劳动者平等的劳动权利，不得对农村劳动者进城就业设置歧视性限制。

（二）禁止性骚扰

性骚扰是指以言语、文字、图像、肢体行为等方式，违背他人意愿而实施的以性为取向的、有辱他人尊严的性暗示、性挑逗、性暴力等行为。我国《民法典》第1010条对于性骚扰界定的认定条件主要有四方面。

第一，性骚扰是行为人针对特定受害人的以性为内容的骚扰行为。性骚扰必须和性有关，且该行为必须针对特定人。性骚扰必须和性有关，如果难以判断某行为是否与性相关，通常就难以认定其构成性骚扰。性骚扰行为的表现方式多种多样，包括口头方式、书面形式或肢体举动等。从实践情况来看，应特别注意以下几类性骚扰：一是职场性骚扰，即在工作场所中一方对他方实施的、不受欢迎的、具有性本质的侵犯他人人格权及其他权益达到一定严重程度的行为。二是利用从属关系的性骚扰。所谓从属关系，是指基于工作、学习、生活等社会关系而使一方在一定程度上隶属于另一方。在此种情形下，由于从属关系给受害人带来了心理压力，即便其对骚扰行为没有明确拒绝，但只要事后有反对、厌恶等表现，均应认定该行为构成性骚扰。利用从属关系的性骚扰与职场性骚扰存在交叉关系。三是在公共场所实施的性骚扰。如在人群拥挤的公共汽车、地铁上实施的性骚扰。行为人实施性骚扰的动机是多元的，但不论其动机为何，只要其行为符合性骚扰的要件，均应当认定构成性骚扰。

性骚扰必须针对特定的受害人，如果骚扰行为没有明确的指向对象，即使该行为会使人感到不悦，也不应当将其认定为性骚扰。性骚扰既可以发生在异性之间，也可以发生在同性之间；性骚扰的受害人既可以是女性，也可以是男性。

第二，性骚扰是违背受害人意愿的骚扰行为。如果受害人是完全民事行为能力人，是否构成违背其意愿需要根据具体情况判断。受害人在性骚扰行为发生时明确表示反对或事后表示厌恶、反感、不满等情绪的，均可认定该行为违反受害人的意愿。判断骚扰行为是否违背受害人的意愿，不能以受害人明确表示反对为标准，只要能证明受害人对骚扰行为不赞成、不接受，就可以认定该行为违背了其意愿。至于受害人是否因该行为产生愤怒、焦虑等不良情绪，不必就此证明。如果行为人主张不构成性骚扰，则应当证明受害人明确同意或者自愿接受。如果受害人是限制民事行为能力人或者无民事行为能力人，由于其辨识能力有限，对其实施的性骚扰行为，均应被认定为违反其意愿。

第三，性骚扰是侵害人格权益的骚扰行为。性骚扰侵害的人格权益可能包括身体权、健康权、隐私权、名誉权、肖像权等多种类型，但并不仅限于某种具体人格权，而更多地与受害人的人格尊严相关联。它是性犯罪以外的骚扰行为。

第四,机关、企业、学校等单位的预防性骚扰的义务。《民法典》第1010条第2款规定,机关、企业、学校等单位负有预防性骚扰的义务,有助于从源头上预防和减少性骚扰的发生。之所以列举这些单位,主要是因为其中人员交往密集,是容易发生性骚扰的场所,且可能发生行为人利用职权和从属关系实施性骚扰行为的情况,容易造成较大的社会影响。同时,在学校等特殊场所,需要强化对学生等特定人员的保护。虽然机关、企业、学校等单位有预防义务,但不意味着在发生性骚扰后这些单位必须承担严格的责任。用人单位对员工实施性骚扰承担的责任应当是过错责任,即仅当用人单位在防范性骚扰方面存在过错,导致性骚扰行为发生且造成较大损害时,才应当承担相应的责任。机关、企业、学校等单位承担的预防性骚扰的义务要求其采取以下措施:一是预防措施。这主要应当通过完善的制度建设实现,如发布禁止性骚扰的书面声明,提倡健康向上的企业文化等。二是投诉、调查机制。用人单位应当确保投诉渠道的畅通,在接到性骚扰投诉之后,应当积极展开调查;同时做好保密工作,并建立措施防止投诉可能引起的报复行为。三是处置机制。经过调查发现确有性骚扰的,用人单位应当给予警告、降低、调离、停职停薪或开除等处分;但对于诬告行为,也应当考虑给予一定的处罚。

应对职场性骚扰　最高法发布指导性案例

2018年8月30日,郑某因认为下属女职工任某与郑某上级邓某(已婚)之间的关系有点僵,为"疏解"二人关系而找任某谈话。任某提及其在刚入职时,曾向郑某出示过间接上级邓某发送的性骚扰微信记录截屏。谈话中,任某强调邓某是在对其进行性骚扰,邓某要求与其发展男女关系,并在其拒绝后继续不停地骚扰。郑某则表示"你如果这样干工作的话,让我很难过"。

2018年11月,郑某以任某不合群等为由向霍尼韦尔公司人事部提出与任某解除劳动合同,但未能说明解除任某劳动合同的合理依据。公司人事部为此找任某了解情况。任某告知人事部其被间接上级邓某骚扰,郑某有意无意地撮合其和邓某,其因拒绝骚扰行为而受到打击报复。霍尼韦尔公司为此展开调查。

两周后,霍尼韦尔公司出具《单方面解除函》,指明郑某未尽经理职责,在下属反映遭受间接上级骚扰后没有采取任何措施帮助下属不再继续遭受骚扰,反而对下属进行打击报复,在调查过程中就上述事实做虚假陈述,以此为由与郑某解除劳动合同。

> 2019年7月22日,郑某向上海市劳动争议仲裁委员会申请仲裁,要求霍尼韦尔公司支付违法解除劳动合同赔偿金368 130元。该请求未得到仲裁裁决支持。郑某不服,以相同请求诉至上海市浦东新区人民法院。2020年11月30日,上海市浦东新区人民法院作出判决:驳回郑某的诉讼请求。郑某不服一审判决,提起上诉。二审裁定维持原判。
>
> 《民法典》第1010条规定:"违背他人意愿,以言语、文字、图像、肢体行为等方式对他人实施性骚扰的,受害人有权依法请求行为人承担民事责任。"机关、企业、学校等单位应当采取合理的预防、受理投诉、调查处置等措施,防止和制止利用职权、从属关系等实施性骚扰。这一规定明确规定了企业应当采取合理的预防、受理投诉、调查处置等措施,防止和制止利用职权、从属关系等实施性骚扰。用人单位的管理人员对被性骚扰员工的投诉,应采取合理措施进行处置。管理人员未采取合理措施或者存在纵容性骚扰行为、干扰对性骚扰行为调查等情形,用人单位以管理人员未尽岗位职责、严重违反规章制度为由解除劳动合同,管理人员主张解除劳动合同违法的,人民法院不予支持。这一案例对民法典实施后用人单位合理构建性骚扰防范处置机制,有效防范职场性骚扰行为,具有指导意义。
>
> 资料来源:王亦君.应对职场性骚扰 最高法发布指导性案例,中国青年报2022年07月7日。

(三)禁止强迫劳动

1930年的《强迫劳动公约》(第29号),1957年的《废除强迫劳动公约》(第105号),其目的都是禁止强迫劳动。两个公约具体、明确地规定了因兵役、公益事业、自然灾害、法院判决等形成的非自愿的劳动或服务不属强迫劳动;不得因政治见解、发展经济、劳动纪律、惩罚罢工、种族、民族、宗教歧视等原因使用强迫劳动。我国《劳动合同法》第38条规定,用人单位以暴力、威胁或者非法限制人身自由的手段强迫劳动者劳动的,劳动者可以立即解除劳动合同,无须事先告知用人单位。《劳动合同法》第88条规定:"用人单位有下列情形之一的,依法给予行政处罚;构成犯罪的,依法追究刑事责任;给劳动者造成损害的,应当承担赔偿责任:(一)以暴力、威胁或者非法限制人身自由的手段强迫劳动的;(二)违章指挥或者强令冒险作业危及劳动者人身安全的;(三)侮辱、体罚、殴打、非法搜查或者拘禁劳动者的;(四)劳动条件恶劣、环境污染严重,给劳动者身心健康造成严重损害的。"

(四)禁止使用童工

《禁止和立即行动消除最恶劣形式的童工劳动公约》(第182号)于1999年6月

经国际劳工大会通过,其目的是突出国际反对童工劳动的重点,先解决最急需解决的问题,将禁止和消除最恶劣形式的童工劳动作为一项紧迫任务加以贯彻执行。所谓最恶劣形式的童工劳动,主要是指强迫和奴役童工劳动、童妓和儿童制毒贩毒等利用童工的违法犯罪行为,以及在特别危险和恶劣条件下的童工劳动。我国《劳动法》规定的最低就业年龄为16周岁。

二、女职工就业保护

根据妇女的生理特点,对妇女劳动者在劳动过程和劳动市场中实施特殊保护,是保证人类健康繁衍生存和劳动力再生产质量的大事。国际劳工组织先后制定了对女职工进行特殊保护的公约和建议书。我国也制定了一系列关于女职工就业保护的法律规定。

(一) 就业权利的保障

我国劳动法律规定,妇女享有同男子平等的就业权利。《就业促进法》第 27 条规定,用人单位招用人员,除国家规定的不适合妇女的工种或者岗位外,不得以性别为由拒绝录用妇女或者提高对妇女的录用标准。用人单位录用女职工,不得在劳动合同中规定限制女职工结婚、生育的内容。法律的主要规定有:① 凡适合妇女从事劳动的工作,不得以性别为由拒绝录用妇女或者提高对妇女的录用标准;② 不得以结婚、怀孕、生育、哺乳等为由辞退女职工或者单方面解除劳动合同;③ 男女同工同酬,同等劳动应领取同等报酬,不得因女工怀孕、生育、哺乳而降低其基本工资。女职工生育期间,享受法律规定的产假和医疗待遇,产假期间应由所在单位按法律规定支付工资。

(二) 女职工禁忌从事的劳动范围

禁止女职工从事不利于身体健康的工作。《劳动法》第 59 条规定:"禁止安排女职工从事矿山井下、国家规定的第四级体力劳动强度的劳动和其他禁忌从事的劳动。"《女职工禁忌劳动范围的规定》明确了女职工禁忌从事以下范围的劳动:① 矿山井下作业;② 森林业伐木、归楞及流放作业;③《体力劳动强度分级》标准中第四级体力劳动强度的作业;④ 建筑业脚手架的组装和拆除作业,以及电力、电信行业的高处架线作业;⑤ 连续负重每次超过 20 公斤,间断负重每次超过 25 公斤的作业。

三、未成年工就业保护

未成年工指年满 16 周岁未满 18 周岁的劳动者。对未成年工,国际劳工公约最早是根据不同行业的就业年龄分别制定不同的标准,涉及的公约有近 20 个。1984年,中国政府批准了国际劳工组织《确定准许使用儿童从事工业劳动的最低年龄公约》。我国劳动法律对未成年工的特殊保护做了专门规定,主要内容包括:① 最低就业年龄的规定。禁止用人单位招用未满 16 周岁的未成年人,文艺、体育部门需招收未满 16 周岁的未成年人的,必须严格依据法律规定办理。禁止任何单位使用童工或为未满 16 周岁的少年、儿童介绍职业。② 禁止未成年从事有害健康的工作。不得安排未成年工从事矿山井下、有毒有害、国家规定的第四级体力劳动强度的劳动和其他禁忌从事的劳动。③ 定期体检。用人单位应当对未成年工定期进行健康检查。④ 实行登记制度。用人单位招收使用未成年工,除符合一般用工要求外,还须向所在地的县以上劳动行政部门办理登记。

第二节　工资制度及工资支付

一、工资的法律含义

工资是雇员生活的主要来源,支付工资是雇主与雇员劳动义务相对应的一项重要义务。劳动法中,工资是雇主依据国家有关规定或劳动合同约定,以货币形式直接支付给劳动者的劳动报酬。我国法律法规规定,工资是用人单位依据劳动合同的规定,以货币形式支付给劳动者的工资报酬。工资包括计时工资、计件工资、奖金、津贴和补贴、加班加点工资、特殊情况下支付的工资。工资的种类可以是货币工资、实物工资和混合工资,其形式包括计时工资、计件工资、奖励工资、津贴、佣金和分红等。工资的给付水平直接决定了劳动力的成本,它是由劳动生产率、通货膨胀率和市场竞争强度决定的。在市场经济条件下,工资作为劳动合同的重要条款,是由雇员和雇主定期协商决定的。

二、工资支付的原则

(一) 协商同意原则

工资的给付标准和数额由劳动力市场最终决定。工资应当由雇员和雇主平等地决定。当事人协商确定工资标准,是工资支付的一般原则。工资集体协商是与市场经济相适应的工资决定和制衡机制,在工资问题上实行平等协商,可以使最敏感的问题由"模糊"变为公开,员工的意见通过工会与企业协商,及时得到沟通,矛盾得以化解;协商可以集思广益,使工资分配更加合理,从源头上避免矛盾和争议的产生;经协商确定的工资集体协议具有法律效力,双方都要依法履行。一旦发生争议,也能依法调解。实行工资集体协商制度,带来的是双赢,是企业的发展和员工权益的保障。

(二) 平等付酬原则

在许多国家,因职业、产业、种族、性别、年龄、受教育程度的不同,工资高低差距很大,其中,男女同工不同酬和种族歧视问题表现得最为突出。第二次世界大战后,世界多数国家确立了平等付酬原则。美国在1963年修改《公平劳动标准法》时,增加了男女同工同酬的规定。英国在1970年制定了专门的《同工同酬法》,在1975年制定了《性别歧视禁止法》,日本《劳动标准法》第3条和第4条规定:"雇主不得以工人的国籍、信仰和社会地位为理由,而在工资、工作时间和其他劳动条件方面规定不同的待遇。""雇主不得以受雇者是女工为理由,而在工资方面规定与男工不同的待遇。"中国政府已批准加入的第100号国际劳工公约规定:"对男女工人同等价值的工作给予同等报酬。"男女同工同酬是我国《劳动法》始终坚持的原则,该法第46条规定:"工资分配应当遵循按劳分配原则,实行同工同酬。工资水平在经济发展的基础上逐步提高。国家对工资总量实行宏观调控。"

(三) 紧急支付原则

当劳动者遇有生育、疾病、灾难等非常情况急需用钱时,雇主应当提前支付劳动者应得的工资。日本《劳动标准法》第25条规定:"当工人遇有生育、疾病、灾难及法律所规定的其他情况急需用款时,雇主应当提前发放即将给付的工资。"

(四) 依法支付原则

依法支付原则是指要按照法律规定或合同约定的标准、时间、地点、形式和方式发放工资。根据我国《劳动法》《劳动合同法》和《工资支付暂行规定》,工资支付应符合如下规定:

(1) 工资应当以法定货币支付,不得以实物及有价证券替代货币支付。

(2) 工资应当按时支付。我国劳动法规定工资按月支付,即按照企业规定的每月发放工资的日期支付工资。工资必须在用人单位与劳动者约定的日期支付。如遇节假日或休息日,则应提前在最近的工作日支付。工资至少每月支付一次,实行周、日、小时工资制的,可按周、日、小时支付。《劳动合同法》第72条规定,非全日制用工劳动报酬结算支付周期最长不得超过15日。对完成一次性临时性或某些具体工作的劳动者,用人单位应按有关协议或合同规定在其完成劳动任务后支付工资。劳动者与用人单位在依法解除或终止劳动合同时,用人单位应同时一次付清劳动者工资。

用人单位依法破产时,应将劳动者的工资列入清偿顺序,优先支付。

(3)工资须直接支付。工资应当直接支付给劳动者本人,劳动者因故不能领取工资时,可由亲属或委托他人代领。用人单位可委托银行代发工资。支付工资时,用人单位必须书面记录支付劳动者工资的数额、时间、领取者的姓名以及签字,并保存两年以上备查。应向劳动者提供一份其个人的工资清单。

三、工资的法律保障

世界多数国家的劳动法对工资的保障都作了具体规定,主要包括下述内容。

(一)工资处理不受干涉

工资处理不受干涉,指任何人不得限制和干涉雇员处理其工资的自由。雇主不得以任何方法要求甚至强迫雇员到雇主或其他任何人的商店购买商品,也不得强迫工人接受雇主提供的劳务服务。任何限定工资使用地点和方式的协议都是非法的、无效的。

(二)禁止克扣和无故拖欠劳动者工资

1. 工资不得扣除

任何组织和个人无正当理由不得克扣和拖欠劳动者的工资。克扣和拖欠劳动者工资,是一种侵权行为。我国《劳动法》第50条规定,不得克扣或者无故拖欠劳动者工资。所谓克扣劳动者工资,是指在正常情况下,劳动者依法律或者合同规定完成了生产工作任务,用人单位未能足额支付规定的报酬,或借故不全部支付劳动者工资。所谓拖欠劳动者工资,是指用人单位在规定时间内未支付劳动者工资。通常,劳动者和用人单位在一个工资支付周期内会事先商量具体付薪时间,并形成制度,超过商定付薪时间未能支付工资,即为拖欠工资。拖欠的原因,有的是用人单位生产经营困难,资金周转受到影响,暂时不能支付;有的则是故意延期支付。

任何人不得直接或间接用武力、偷窃、恐吓、威胁、开除或其他任何办法,不经雇员同意,扣除其任何数量的工资,或引诱其放弃部分工资。雇员赊贷雇主的财物一般不得在工资项目中扣除,但以原价供给的生活品、房屋租金或取暖费等,及为雇员利益而设立的储蓄互助金、统筹金等除外。

2. 扣除工资的限制

为保证雇员的最低生活水平,各国法律多规定对工资的扣除要有一定比例,或者规定工资的扣除要保持在一定限度内,低于一定限度的工资不得扣除。我国《工资支付暂行规定》指出,因劳动者本人原因给用人单位造成经济损失的,用人单位可按照劳动合同的约定要求其赔偿经济损失。经济损失的赔偿,可从劳动者本人的工资中扣除,但每月扣除部分不得超过劳动者当月工资的20%。若扣除后的剩余工资部分低于当月最低工资标准,则按最低工资标准支付。

3. 对代扣工资的限制

我国《工资支付暂行规定》对代扣工资也作了具体规定。有下列情况之一的,用人单位可以代扣劳动者工资:用人单位代扣代缴个人所得税;用人单位代扣代缴应由劳动者个人负担的各项社会保险费用;法院判决、裁定中要求代扣的抚养费、赡养费;法律、法规规定从劳动者工资中扣除的其他费用。

(三) 特殊情况下的工资支付

特殊情况下的工资,是指依法或按协议在非正常情况下,由用人单位支付给劳动者的工资。这主要包括:

(1) 履行国家和社会义务期间的工资。我国法律规定,劳动者在法定工作时间内依法参加社会活动期间,用人单位应视其提供了正常劳动而支付工资。社会活动包括:依法行使选举权或被选举权;当选代表出席乡(镇)、区以上政府、党派、工会、共青团、妇女联合会等组织召开的会议;出任人民法庭证明人;出席劳动模范、先进工作者大会;不脱产工会基层委员会因工会活动占用的生产或工作时间;其他依法参加的社会活动。

(2) 年休假、探亲假、婚假、丧假工资。根据我国《劳动法》及相关规定,劳动者依法享受年休假、探亲假、婚丧假期间,用人单位应当按劳动合同规定的标准支付工资。

(3) 延长工作时间的工资支付。根据我国《劳动法》的规定,劳动者加班加点的,用人单位应当按照下列标准支付高于劳动者正常工作时间工资的工资报酬:安排劳动者延长工作时间的,支付不低于工资的150%的工资报酬;休息日安排劳动者工作又不能安排补休的,支付不低于工资的200%的工资报酬;法定休假日安排劳动者工作的,支付不低于工资的300%的工资报酬。上述三种情形中,法律规定,在休息日安排劳动者工作的,首先是安排劳动者补休,在不能安排补休的情况下,支付不低于工资的200%的工资报酬。而在第一种、第三种情形下,只能依法支付加班工资,不能只安排补休而不支付高于正常工作时间的工资报酬。在实践中要正确适用加班工资的规定。

(4) 停工期间的工资。根据《工资支付暂行规定》,非因劳动者原因造成单位停工、停产在一个工资支付周期内的,用人单位应当按劳动合同规定的标准支付劳动者工资。超过一个工资支付周期的,若劳动者提供了正常劳动,则支付给劳动者的劳动报酬不得低于当地最低工资标准;若劳动者没有提供正常劳动,应按国家有关规定办理。

案例：受疫情影响，用人单位部分停工停产的，能否按照停工停产规定支付工资待遇

张某为某汽车公司客户俱乐部员工，该公司业务涉及汽车零部件生产、汽车组装和车辆销售等工作。双方签订的劳动合同约定张某的月工资为8 000元，汽车公司每月10日发放上月4日至本月3日的工资。2月3日以后，汽车公司零部件生产、汽车组装、车辆销售部门陆续复工，但因新冠肺炎疫情防控要求，客户俱乐部暂时无法对外开放，导致客户俱乐部未能同步复工复产，张某所在客户俱乐部中的10余名劳动者均处于停工状态。3月10日，汽车公司按照劳动合同约定支付了张某2月份的工资；4月10日，按照生活费标准支付了张某3月份的工资待遇。张某认为汽车公司恶意以停工为由降低其工资待遇，遂申请仲裁。请求裁决汽车公司支付3月4日至4月3日工资差额6 460元。仲裁委员会裁决驳回张某的仲裁请求。

本案的争议焦点是受疫情影响，汽车公司部分停工停产，能否按照停工停产规定支付张某的工资待遇。

《关于妥善处理新型冠状病毒感染的肺炎疫情防控期间劳动关系问题的通知》（人社厅明电〔2020〕5号，以下简称"5号文件"）规定："企业停工停产在一个工资支付周期内的，企业应按劳动合同规定的标准支付职工工资。超过一个工资支付周期的，若职工提供了正常劳动，企业支付给职工的工资不得低于当地最低工资标准。职工没有提供正常劳动的，企业应当发放生活费，生活费标准按各省、自治区、直辖市规定的办法执行。"上述政策的制定参照了《工资支付暂行规定》（劳部发〔1994〕489号）第十二条，即"非因劳动者原因造成单位停工、停产在一个工资支付周期内的，用人单位应按劳动合同规定的标准支付劳动者工资。超过一个工资支付周期的，若劳动者提供了正常劳动，则支付给劳动者的劳动报酬不得低于当地的最低工资标准；若劳动者没有提供正常劳动，应按国家有关规定办理。"可见，上述规定只对用人单位停工停产期间劳动者能够提供正常劳动和无法提供正常劳动分别予以明确，但并未将适用条件限于用人单位的全部停工停产。本案中，尽管汽车公司的零部件制造等部门均已复工，但因各部门工作具有相对独立性，其所依赖的复工条件并不相同，张某认为汽车公司恶意以客户俱乐部停工为由降低其工资待遇，事实依据不足。

经查,汽车公司部分停工的安排并非针对张某一人,而是无差别地适用于客户俱乐部的 10 余名劳动者。因此,仲裁委员会对张某关于汽车公司安排部分停工存在主观恶意的主张不予采信,该公司安排张某所在部门停工,并适用 5 号文件规定支付张某工资待遇,并无不当,故依法驳回张某的仲裁请求。

疫情影响了用人单位的生产经营和劳动者的正常劳动。在这种情况下,用人单位通过短期停工停产发放生活费的方式,较因客观情况与劳动者解除劳动合同并支付补偿的处理方式,既降低了成本,维护了劳动关系稳定,也为下一步复工复产提供了人力资源保障,因此,是一种择优选择;从劳动者的角度看,虽然收入在一定时期内有所下降,但减轻了用人单位的压力,让其能够渡过难关,稳定了自身的就业岗位,双方各得其利。这种利益的平衡和兼顾,正是疫情影响下构建和谐劳动关系的内在要求,也是仲裁和司法实务中,维护停工停产劳动者合法权益,尊重和保障用人单位用工自主权的依据。

资料来源:2020 年最高人民法院、人力资源和社会保障部关于联合发布的第一批劳动人事争议典型案例。

(四) 破产时的工资清偿权

2007 年 6 月 1 日实施的《中华人民共和国企业破产法》(以下简称"《企业破产法》")重新界定了企业破产清偿的顺序,法律的公布时间 2006 年 8 月 27 日是界定劳动债权和担保债权清偿顺序的分水岭。该法公布前出现的破产,破产人应优先清偿职工工资和其他福利;破产人无担保财产不足清偿职工工资的,要从有担保的财产中清偿。该法公布后,破产人将优先清偿企业担保人,职工工资和其他福利仅能从未担保财产中清偿。《企业破产法》第 113 条规定,破产财产在优先清偿破产费用和共益债务后,依照下列顺序清偿:① 破产人所欠职工的工资和医疗、伤残补助、抚恤费用,所欠的应当划入职工个人账户的基本养老保险、基本医疗保险费用,以及法律、行政法规规定应当支付给职工的补偿金。② 破产人欠缴的除前项规定以外的社会保险费用和破产人所欠税款。③ 普通破产债权。破产财产不足以清偿同一顺序的清偿要求的,按照比例分配。破产企业的董事、监事和高级管理人员的工资按照该企业职工的平均工资计算。

(五) 工资的诉讼保护

《劳动合同法》第 30 条规定:"用人单位应当按照劳动合同约定和国家规定,向劳动者及时足额支付劳动报酬。用人单位拖欠或者未足额支付劳动报酬的,劳动者可以依法向当地人民法院申请支付令,人民法院应当依法发出支付令。"支付令是人民法院依照民事诉讼法规定的督促程序,根据债权人的申请,向债务人发出的限期履行给付金钱或有价证券的法律文书。对拒不履行义务的债务人,债权人可以直接向有管辖权的基层人民法院申请发布支付令,通知债务人履行债务。债务人在收到支付令之日起15日内不提出异议又不履行支付令的,债权人可直接申请人民法院强制执行。支付令是《劳动合同法》为劳动者及时足额获得劳动报酬提供的一条快捷的"绿色通道",加大了对劳动者报酬权的保护力度。对用人单位非法扣除劳动者工资或拖延支付应发工资的,法律规定了严格的责任。《劳动合同法》第85条规定:"用人单位有下列情形之一的,由劳动行政部门责令限期支付劳动报酬、加班费或者经济补偿;劳动报酬低于当地最低工资标准的,应当支付其差额部分;逾期不支付的,责令用人单位按应付金额50%以上100%以下的标准向劳动者加付赔偿金:① 未按照劳动合同的约定或者国家规定及时足额支付劳动者劳动报酬的;② 低于当地最低工资标准支付劳动者工资的;③ 安排加班不支付加班费的;④ 解除或者终止劳动合同,未依照本法规定向劳动者支付经济补偿的。"劳动行政部门有权监察用人单位工资支付情况。劳动者与用人单位因工资支付发生劳动争议的,当事人可依法向劳动争议仲裁机关申请仲裁。对仲裁裁决不服的,可以向人民法院提起诉讼。

四、最低工资法律制度

(一) 最低工资的法律含义

最低工资是指劳动者在法定工作时间内提供了正常劳动的前提下,其所在企业应支付的最低劳动报酬。法定工作时间是指国家规定的工作时间;正常劳动指劳动者按照劳动合同的有关规定,在法定工作时间内从事的劳动。根据我国有关规定,下列各项不得作为最低工资的组成部分:(1)加班加点工资;(2)中班、夜班、高温、低温、井下、有毒有害等特殊工作环境、条件下的津贴;(3)国家法律、法规、政策规定的社会保险、福利待遇等。

最低工资法是国家制定的最低工资标准的法律。国家通过立法制定最低工资标准,确保用人单位支付劳动者的工资不得低于最低工资标准。最低工资法的目的在于保证工资劳动者的最低收入,使其得以维持生活、改善劳动条件,有利于安定工人生活,提高劳动力素质,确保企业公平竞争,同时有助于社会经济发展。最低工资法本身具有救济、援助最低工资收入者的重要作用,对确保社会公正也十分必要。维持最低工资制与社会性成本的平衡将是一个重要的课题。我国《劳动法》第48条明确规定:"国家实行最低工资保障制度,用人单位支付劳动者的工资不得低于当地最低工资标准。"《劳动合同法》第72条规定,非全日制用工小时计酬标准不得低于用人单位所在地人民政府规定的最低小时工资标准。这从法律上保证了劳动者享有的最低工资保障权。国际劳工组织先后于1928年、1951年和1970年以国际劳动立法的形式分别制定了关于最低工资的第26号、第99号和第131号三个公约和第30号、第89号、第135号三个建议书,其中,第131号公约和第135号建议书是专为发展中国家制定的。最低工资立法已成为世界通行的做法。

(二) 最低工资的确定和发布

1. 最低工资的确定

最低工资标准是指单位劳动时间的最低工资数额。我国《劳动法》第48条规定:"最低工资的具体标准由省、自治区、直辖市人民政府规定,报国务院备案。"也就是说,我国不实行全国统一的最低工资标准,由各地根据具体情况确定最低工资标准。最低工资标准一般按月确定,也可以按周、日、小时确定。各种单位时间的最低工资标准可以互相转换。《劳动法》第49条规定:"确定和调整最低工资标准应当综合参考下列因素:(一)劳动者本人及平均赡养人口的最低生活费用;(二)社会平均工资水平;(三)劳动生产率;(四)就业状况;(五)地区之间经济发展水平的差异。"一般来说,最低工资标准应高于社会救济金和失业保险金的标准,低于当地平均工资水平。

2. 最低工资标准的发布

省、自治区、直辖市人民政府劳动行政主管部门将确定的最低工资标准及其依据、详细说明和最低工资范围报国务院劳动行政主管部门备案。国务院劳动行政主管部门在收到备案后,应召集全国总工会、全国企业家协会共同研究。如其报送的最低工资率及其适用范围不妥的,有权提出变更意见,并在15天之内以书面形式给予回复。省、自治区、直辖市人民政府劳动行政主管部门在25天之内未收到国务院劳动行政主管部门提出变更意见的,或接到变更意见对原确定的最低工资率及其适用范围作出修订后,应当将本地区最低工资率及其适用范围报省、自治区、直辖市人民政府批准,并且在批准后7日内发布。省、自治区、直辖市最低工资率及其适用范围应当在当地政府公报上和至少一种全地区性的报纸上发布。

3. 最低工资标准的调整

最低工资标准发布实施后,当最低工资标准制定时参考的各种因素如当地最低生活费用、职工平均工资、劳动生产率、城镇就业状况和经济发展水平等发生变化,或本地区职工生活费用价格指数累计变动较大时,应当适时调整。

(三) 最低工资的效力

最低工资是法定的最低报酬。企业支付给劳动者的工资不得低于其适用的最低工资率。实行计件工资或提成工资等工资形式的企业，必须进行合理的折算，其相应的折算额不得低于按时、日、周、月确定的相应的最低工资率。当事人在劳动合同中约定的劳动报酬低于最低工资额时，其工资部分应视为无效。其无效部分应改按法定的最低工资执行。

第三节 工作时间管理

一、工作时间立法

工作时间是法律规定的，劳动者在工作场所为履行劳动义务而消耗的时间，即劳动者每天工作的时数或每周工作的天数。作为法律范畴，工作时间既包括劳动者实际完成工作的时间，也包括劳动者从事生产或工作所必需的准备和结束的时间、从事连续性有害健康的间歇时间、工艺中断时间、女职工哺乳未满一周岁婴儿的哺乳时间以及因公外出等法律规定限度内消耗的其他时间。工作时间可以依小时、日、周、月、季和年来计算，用人单位必须按规定支付劳动者的劳动报酬。

工作时间的规定是工作场所的重要规则，也是现代劳动立法率先规范的领域。1919年国际劳工组织大会通过了第1号国际劳工公约《工业工作时间每日限为八小时及每周限为四十八小时公约》，1921年通过了第14号国际劳工公约《工业企业中实行每周休息公约》，1935年又通过了第47号国际劳工公约《每周工作时间减至四十小时公约》。我国《劳动法》及有关法规规定，劳动者每日工作8小时，每周工作40小时，实行国际统一标准。

工作时间是最重要的劳动条件之一，工作时间制度是否优良，不仅影响劳动者工作权益的保障，也高度影响着企业的日常经营活动，甚至企业的竞争力。全球化时代的来临，高新技术的普遍应用，以及知识经济的发展，对落实劳动者权益的保障提出了新的要求，工时制度弹性化的调整是国际发展潮流，也是主要发达国家工时制度的发展趋势。

二、工作时间法规

（一）标准工作日

标准工作日是国家统一规定的，在一般情况下，是劳动者从事工作或劳动的时间。我国的标准工作日为每日工作8小时，每周工作40小时。标准工作日是计算其他工作日种类的依据,如实行综合计算工作时间的用人单位,其平均日工作时间和平均周工作时间应与法定标准工作时间基本相同。对实行计件工作的劳动者,用人单位应当根据标准工作日制度,合理地确定其劳动定额和计件报酬标准。

国际劳工组织2018年劳工市场指标显示,韩国是发达国家中工作时间最长的国家,韩国工作人员平均每人一年工作2 069小时。虽然日本职员平均每年工作1 713小时并不是最高的,但是日本并没有相关法律规定每周最高工作小时以及加班的限制。加班是日本白领的家常便饭。来自国际劳工组织的数据显示,亚洲是工作时间最长的大陆。亚洲许多国家(32%)对每周最高工作小时没有法律限制;即使有限制的国家(29%),门槛也比较高(60小时或更高)。只有4%的国家遵守国际劳工组织的建议,实行48小时工作制或更少。在美洲和加勒比海,34%的国家没有统一的每周工作小时时限。其中,美国更加糟糕。与此同时,在中东国家每周工作60小时以上很常见。但是在欧洲,除了比利时和土耳其之外,所有国家都规定每周法定工作小时不能超过48小时。在非洲国家中,三分之一的雇员每周工作超过48小时,在坦桑尼亚更是超过了60个小时。2016年,瑞士银行瑞银集团还分析了全球71个城市雇员的平均工作小时。结果显示,香港位居榜首,香港人平均每人每周工作50.1小时。其次是孟买(43.7小时)、墨西哥城(43.5小时)、新德里(42.6小时)和曼谷(42,1小时)。

(二) 缩短工作日

缩短工作时间是指法律规定的少于标准工作日时数的工作日,即每天工作时数少于8小时或者每周工作时数少于40小时。我国实行缩短工作日的情况主要有:从事矿山井下、高山、有毒有害、特别繁重体力劳动的劳动者;夜班工作;哺乳期工作的女职工。

(三) 不定时工作日

不定时工作日是指没有固定工作时间限制的工作日,主要适用于因工作性质和工作职责限制,不能实行标准工作日的劳动者。主要包括:企业的高级管理人员、外勤人员、推销人员、部分值班人员和其他工作无法按标准工作时间衡量的职工;企业中的长途运输人员、出租汽车司机和铁路、港口、仓库的部分装卸人员以及因工作性质特殊,需机动作业的职工;其他因生产特点、工作特殊需要或职责范围的关系,适合实行不定时工作制的职工。

实行不定时工作制,应履行审批手续。经批准实行不定时工作制的职工,不受劳动法规定的日延长工作时间和月延长工作时间标准的限制,其工作日长度超过标准工作日的,不算作延长工作时间,也不享受超时劳动的加班报酬,但企业可以安排适当补休。对于实行不定时工作制的职工,企业应根据《劳动法》的有关规定,在保障职工身体健康并充分听取职工意见的基础上，采取集中工作、集中休息、轮休调休、弹性工作时间等适当方式，确保职工的休息休假权利和生产、工作任务的完成。

（四）综合计算工作日

综合计算工作日是指用人单位根据生产和工作特点，分别采取以周、月、季、年等为周期综合计算劳动者工作时间的一种工时形式。一般适用于从事受自然条件或技术条件限制的劳动，主要包括：交通、铁路、邮电、水运、航空、渔业等行业中因工作性质特殊，需连续作业的职工；地质及资源勘探、建筑、制盐、制糖、旅游等受季节和自然条件限制的行业的部分职工；其他适合实际综合计算工时工作制的职工。

实行综合计算工时工作制，应履行审批手续。经劳动行政部门批准执行综合计算工时工作制的，其工作时间可分别以月、季、年为周期，综合计算工作时间，但其平均日工作时间和平均周工作时间应与法定标准工作时间基本相同，超过法定标准工作日部分，应作为延长工作时间计算，并应按规定支付职工延长工作时间的工资报酬。在法定节日工作的，用人单位应按规定支付法定节日工作的工资报酬。实行综合计算工时制，企业要按劳动行政部门审批的、相应的周期时间安排劳动者工作和休息，无权随意安排劳动者的工作时间。无论实行何种工时制度，都要做到保护劳动者的身心健康，不能以实行综合计算工时制或其他工时制为借口侵犯劳动者的休息权。

案例：夜班的工作是否属于值班

2014年11月，李某入职某服务公司，担任安全管理部中控员。双方一致认可该岗位执行综合工时制。李某入职时，该部门有4名工作人员，工作上实行四班倒。到了2017年9月，因有1名员工辞职，自此该部门改为实行三班倒。李某每上班24小时休息48小时。李某主张在工作日其需要连续工作24小时。单位则主张其在夜班只能算是值班，不能算是正常上班，中控室有沙发可供休息。对于工作内容，李某主张白天和夜间工作内容是一样的，包括消防报警信息的管理、报警电话的接听和处理、查岗等。单位则主张其白天工作内容是盘点消防器材，夜间是电话查岗，跟门岗联系在岗情况。但对李某白天的工作内容未举证。单位还主张，《员工手册》中规定，员工在休息时间内开展工作连续达2小时以上的，才能视为加班，因此，即使实际工作时间超过法定标准的工作时间，也不意味着必然存在加班。单位提交的夜班值班签字记录显示，从22点30分开始到次日7点30分，李某每小时都要记录一次小区大门岗、北门岗和巡逻岗这三处是否正常。

李某认为,2017年9月至2019年3月,按照综合工时制计算,其总加班时长达1 000多个小时,因单位拒绝向其支付加班费,遂向劳动人事争议仲裁委员会申请仲裁。仲裁委和一审法院驳回了李某的全部请求。认为,用人单位因安全、消防、节假日等需要,安排劳动者从事与本职工作无关的值班任务;用人单位安排劳动者从事与其本职工作有关的值班任务,但值班期间可以休息的,劳动者要求用人单位支付加班工资的,一般不予支持。另外,单位《员工手册》明确规定,加班是指员工因处理突发事件或超额临时任务的需要,经审批,在休息时间内开展工作连续达2小时以上者,视为加班。经查,李某每次值班后休息48小时,认可值班室配有沙发,但否认可以休息。李某未能证明存在加班的事实,也未经加班流程审批。故其主张没有事实和法律依据。李某不服一审法院的判决,提起上诉。二审判决单位向李某支付延时加班费31 884.56元。

本案争议的焦点是李某夜间工作是否属于值班。相比于正常工作,值班具有临时性和非生产性,即使与本职工作相关,在值班期间也是可以休息的。一般认为,值班的劳动强度远较正常工作为小,因此,劳动法律并没有对值班报酬作出明确规定,实践中,部分用人单位会支付值班津贴,但金额一般也比加班费要少。本案中,服务公司安排李某在长达17个月的时间里,持续执行上24小时休48小时的工时制,这显然不符合值班的临时性特点。其次,作为管理方,单位并未就李某白天的工作内容进行举证,未能展示李某夜间工作与白天正常上班时有何区别。最后,从单位提交的夜班值班签字记录来看,李某每小时都要记录三处岗是否正常。如此频繁地夜间做记录,无法保证充足的夜间休息时间。综上,李某从事的夜间工作是长期持续的、不是临时性的,且无法保证正常的夜间休息,应认定李某在此期间的持续夜间工作不同于值班。至于单位《员工手册》虽然规定在休息时间内开展工作连续达2小时以上者,才能视为加班,但在《劳动法》对加班时长和加班费支付标准已经作了明确规定的情况下,用人单位无权另行制定标准。故认定李某实际工作时间超过法定标准工作时间,单位应当支付延时加班费。

资料来源:改编自2022年京津冀第23届劳动人事争议案例研讨会。

(五) 弹性工作时间

弹性工作时间是指在标准工作时间的基础上,每周的总工作时间不变,每天的工作时间在保证核心时间的前提下可以调节。弹性工作时间制度是20世纪60年代末在德国率先发展起来的,目前发达国家已普遍实行,我国在个别地区和行业开始试行。

(六) 计件工作时间

计件工作时间是指以劳动者完成一定劳动定额为标准的工作时间。《劳动法》规定,对实行计件工作的劳动者,用人单位应当根据标准工时制度合理地确定其劳动定额和计件报酬标准。实行计件工作的用人单位,必须以劳动者在一个标准工作日或一个标准工作周的工作时间内能够完成的计件数量为标准,合理地确定劳动者每日或每周的劳动定额。

三、加班加点

(一) 加班加点的概念

加班加点即延长劳动时间,是指劳动者的工作时数超过法律规定的标准工作时间。加班是指劳动者在法定节日或公休假日从事生产或工作。加点是指劳动者在标准工作日以外继续从事劳动或工作。为维护劳动者的身体健康和合法权益,国家法律、法规严格限制加班加点。我国《劳动法》第43条规定:"用人单位不得违反本法规定延长劳动者的工作时间。"《劳动法》严格限制加班加点,规定了企业在生产需要的情况下,实施加班加点的条件、时间限度和补偿方式。

(二) 加班加点的条件和限制

1. 一般条件

用人单位由于生产经营需要,可以延长工作时间。《劳动法》第41条规定:"用人单位由于生产经营需要,经与工会和劳动者协商后可以延长工作时间,一般每日不得超过1小时;因特殊原因需要延长工作时间的,在保障劳动者身体健康的条件下延长工作时间每日不得超过3小时,但是每月不得超过36小时。"这一规定明确了加班加点的条件:① 符合法定条件。加班加点必须是生产经营需要,必须与工会协商,必须与劳动者协商,征得劳动者同意,不得强迫劳动。② 不得超过法定时数。每日不得超过1小时,特殊原因需要延长工作时间的,每日不得超过3小时,但每月不得超过36小时。《劳动法》第90条规定:"用人单位违反本法规定,延长劳动者工作时间的,由劳动行政部门给予警告,责令改正,并可以处以罚款。"

2. 特殊条件

当出现特殊情况或紧急事件时,如救灾、抢险或威胁公共利益时,用人单位延长工作时间不受《劳动法》第 41 条的限制，即不受一般情况下延长工作时间的条件和法定时数的限制，既不需要审批，也不必与工会和劳动者协商。《劳动法》第 42 条规定："有下列情形之一的，延长工作时间不受本法第四十一条的限制：（一）发生自然灾害、事故或者因其他原因，威胁劳动者生命健康和财产安全，需要紧急处理的；（二）生产设备、交通运输线路、公共设施发生故障，影响生产和公众利益，必须及时抢修的；（三）法律、行政法规规定的其他情形。"所谓的"其他情形"是指，在法定节日和公休假日内工作不能间断，必须连续生产、运输或者营业的；必须利用法定节日和公休假日的停产期间进行设备检修、保养的；为完成国防紧急任务的；为完成国家下达的其他紧急生产任务的。

(三) 加班加点的工资支付

无论哪一种情况安排劳动者延长工作时间，用人单位都应当支付高于劳动者正常工作时间的工资报酬。因为加班加点，劳动者增加了额外的工作量，付出了更多的劳动和消耗，这样规定能够补偿劳动者的额外消耗，同时也能有效地抑制用人单位随意延长工作时间。我国《劳动法》的相关规定前面已有介绍。

四、休息休假法规

(一) 休息休假的概念

休息休假是指劳动者在国家规定的法定工作时间以外自行支配的时间。休息休假的规定是劳动者休息权的体现。世界各国普遍在宪法或劳动法中明文规定了休息权。我国《宪法》第 43 条规定："中华人民共和国劳动者有休息的权利。国家发展劳动者休息和休养的设施，规定职工的工作时间和休假制度。"

(二) 休息休假的种类

根据《劳动法》及相关法规规定，劳动者的休息时间主要有：

(1) 工作日内的间歇时间，即一个工作日内给予劳动者休息和用膳的时间。

(2) 两个工作日之间的休息时间，即一个工作日结束后至下一个工作日开始前的休息时间。

(3) 公休假日，即工作满一个工作周以后的休息时间。我国劳动者的公休假日为两天，一般安排在周六和周日。

(4) 法定休假日，即国家法律统一规定的用于开展庆祝、纪念活动的休息时间。根据 2007 施行的《国务院关于修改〈全国年节及纪念日放假办法〉的决定》，全体公民放假的节日共有 11 天,包括新年(1 月 1 日)1 天、春节(农历除夕、正月初一、初二)3 天、清明节(农历清明当日)1 天、劳动节(5 月 1 日)1 天、端午节(农历端午当日)1 天、中秋节(农历中秋当日)1 天、国庆节(10 月 1 日、2 日、3 日)3 天。

（5）年休假,即法律规定的劳动者工作满一定年限后,每年享有的保留工作带薪休假。根据 2008 施行的《职工带薪年休假条例》,职工累计工作已满 1 年不满 10 年的,年休假 5 天;已满 10 年不满 20 年的,年休假 10 天;已满 20 年的,年休假 15 天。职工有下列情形之一的,不享受当年的年休假:职工依法享受寒暑假,其休假天数多于年休假天数的;职工请事假累计 20 天以上且单位按照规定不扣工资的;累计工作满 1 年不满 10 年的职工,请病假累计 2 个月以上的;累计工作满 10 年不满 20 年的职工,请病假累计 3 个月以上的;累计工作满 20 年以上的职工,请病假累计 4 个月以上的。单位确因工作需要不能安排职工休年休假的,经职工本人同意,可以不安排职工休年休假。对职工应休未休的年休假天数,单位应当按照该职工日工资收入的 300% 支付年休假工资报酬。

（6）探亲假,即劳动者享有的探望与自己分居两地的配偶和父母的休息时间。探望配偶的,每年给予一方探亲假一次,假期 30 天。未婚职工探望父母的,原则上每年给假一次,假期 20 天;两年探亲一次的,假期 45 天。已婚职工探望父母的,每四年给假一次,假期 20 天。

第四节　健康与安全管理

针对劳动过程中的不安全和不卫生因素,劳动法规定了劳动者有获得劳动安全卫生保护的权利,以保障劳动者在劳动过程中的安全和健康。国际劳工公约和建议书中涉及劳动安全卫生内容的约占一半。我国《劳动法》对劳动安全卫生做了专章规定。此外,还有一系列与《劳动法》相配套的劳动安全卫生法规和安全卫生的国家标准,如国务院 2007 年 6 月 1 日施行的《生产安全事故报告和调查处理条例》,1992 年全国人大通过、2009 年修正的《中华人民共和国矿山安全法》,2002 年全国人大通过的《中华人民共和国安全生产法》(以下简称《安全生产法》)等。

一、劳动安全卫生管理法规

为保障劳动者在劳动过程中的安全和健康,用人单位应根据国家有关规定,结合本单位实际制定有关安全卫生管理的制度。《劳动法》第 52 条规定:"用人单位必须建立、健全劳动安全卫生制度,严格执行国家劳动安全卫生规程和标准,对劳动者进行劳动安全卫生教育,防止劳动过程中的事故,减少职业危害。"《安全生产法》第 4 条规定:"生产经营单位必须遵守本法和其他有关安全生产的法律、法规,加强安全生产管理,建立、健全安全生产责任制度,完善安全生产条件,确保安全生产。"相关法规的内容包括:① 企业管理者、职能部门、技术人员和职工的安全生产责任制,如规定单位主要负责人对安全生产工作全面负责,应当建立、健全本单位安全生产责任制;组织制定本单位安全生产规章制度和操作规程;保证安全生产投入的有效实施;督促、检查安全生产工作,及时消除生产安全事故隐患;组织制定并实施生产安全事故应急救援预案;及时、如实报告生产安全事故等。② 安全技术措施计划制度,如规定用人单位应当保证安全生产条件所必需的资金投入,对由于安全生产所必需的资金投入不足导致的后果承担责任;建设项目安全设施的设计人、设计单位应当对安全设施设计负责。③ 安全生产教育制度,如规定用人单位应当对从业人员进行安全生产教育和培训,保证从业人员具备必要的安全生产知识,熟悉有关的安全生产规章制度和安全操作规程,掌握本岗位的安全操作技能;未经安全生产教育和培训合格的从业人员,不得上岗作业;特种作业人员必须按照国家有关规定经专门的安全作业培训,取得特种作业操作资格证书,方可上岗作业。④ 安全生产检查制度,如规定工会对用人单位违反安全生产法律、法规,侵犯从业人员合法权益的行为,有权要求纠正;发现单位违章指挥、强令冒险作业或者发现事故隐患时,有权提出解决的建议;发现危及从业人员生命安全的情况时,有权向单位建议组织从业人员撤离危险场所等。⑤ 安全卫生监察制度,如工会有权对建设项目的安全设施与主体工程同时设计、同时施工、同时投入生产和使用进行监督,提出意见。⑥ 伤亡事故报告和处理制度。

二、劳动安全技术规程

劳动安全技术规程,是防止和消除生产过程中的伤亡事故,保障劳动者生命安全和减轻繁重体力劳动强度,维护生产设备安全运行的法律规范。《劳动法》第53条规定,劳动安全卫生设施必须符合国家规定的标准。《安全生产法》第24条规定,生产经营单位新建、改建、扩建工程项目的安全设施,必须与主体工程同时设计、同时施工、同时投入生产和使用。安全设施投资应当纳入建设项目概算。劳动安全技术规程的内容主要包括:① 技术措施,如机器设备、电气设备、动力锅炉的装置,厂房、矿山和道路建筑的安全技术措施;② 组织措施,即安全技术管理机构的设置、人员的配置和训练,以及工作计划和制度。

三、劳动卫生规程

劳动卫生规程,是防止有毒有害物质的危害和防止职业病发生所采取的各种防护措施的规章制度,包括各种行业生产卫生、医疗预防、健康检查等技术和组织管理措施的规定。职业危害主要有:① 生产过程中的危害,如高温、噪声、粉尘、不正常的气压等;② 生产管理中的危害,如过长的工作时间和过强的体力劳动等;③ 生产场所的危害,如通风、取暖和照明等。

四、伤亡事故报告和处理制度

伤亡事故报告和处理制度是对劳动者在劳动过程中发生的伤亡事故进行统计、报告、调查、分析和处理的制度。《劳动法》第57条规定:"国家建立伤亡事故和职业病统计报告和处理制度。县级以上各级人民政府劳动行政部门、有关部门和用人单位应当依法对劳动者在劳动过程中发生的伤亡事故和劳动者的职业病状况,进行统计、报告和处理。"2007年3月28日国务院第172次常务会议通过,2007年6月1日起施行的《生产安全事故报告和调查处理条例》具体规定如下:

(1) 伤亡事故的种类。伤亡事故是指职工在劳动过程中发生的人身伤害和急性中毒事故。伤亡事故按人员伤亡或者直接经济损失,一般可分为特别重大事故、重大事故、较大事故、一般事故。特别重大事故是指造成30人以上死亡,或者100人以上重伤,或者1亿元以上直接经济损失的事故;重大事故是指造成10人以上30人以下死亡,或者50人以上100人以下重伤,或者5 000万元以上1亿元以下直接经济损失的事故;较大事故是指造成3人以上10人以下死亡,或者10人以上50人以下重伤,或者1 000万元以上5 000万元以下直接经济损失的事故;一般事故是指造成3人以下死亡,或者10人以下重伤,或者1 000万元以下直接经济损失的事故。

(2) 伤亡事故的报告。伤亡事故发生后,事故现场有关人员应立即报告本单位负责人;单位负责人接到报告后,应当于1小时内向当地安全生产监督管理部门和负有安全生产监督管理职责的有关部门报告。安监部门接到事故报告后,应当立即按系统逐级上报。特别重大事故、重大事故逐级上报至国务院安监部门;较大事故逐级上报至省一级安监部门;一般事故上报至设区的市级政府安监部门。

(3) 伤亡事故的调查和处理。《安全生产法》第13条规定:"国家实行生产安全事故责任追究制度,依照本法和有关法律、法规的规定,追究生产安全事故责任人员的法律责任。"伤亡事故发生后,必须进行调查,查明事故发生的性质、原因、过程、人员伤亡和经济损失情况;确定事故责任者;提出事故处理意见和防范措施的建议;总结事故教训,提出防范和整改措施;提交事故调查报告。事故发生单位应当认真吸取事故教训,落实防范和整改措施,防止事故再次发生。防范和整改措施的落实情况应当接受工会和职工的监督。事故调查组应当自事故发生之日起60日内提交事故调查报告;特殊情况下经批准,延长期限最长不超过60日。事故处理情况应向社会公布,但依法应当保密的除外。

伤亡事故由发生事故的单位及其主管部门负责处理。对于伤亡事故发生后不立即组织抢救,迟报或者漏报事故,在事故调查处理期间擅离职守,未依法履行安全生产管理职责导致事故发生的,由主管部门按照国家有关规定处以罚款,构成犯罪的,依法追究刑事责任。

在伤亡事故发生之后谎报或者瞒报,伪造或者故意破坏事故现场,转移、隐匿资金、财产,或者销毁有关证据、资料,拒绝接受调查或者拒绝提供有关情况和资料,在事故调查中作伪证或者指使他人作伪证,事故发生后逃匿的,由有关部门按照国家有关规定,对事故发生单位处以罚款。对主要负责人、直接负责的主管人员和其他直接责任人员处以罚款;属于国家工作人员的,依法给予行政处分;构成违反治安管理行为的,由公安机关依法给予治安管理处罚;构成犯罪的,依法追究刑事责任。

事故发生单位对事故发生负有责任的,处以罚款;由有关部门依法暂扣或者吊销其有关证照。

在调查、处理伤亡事故中,对事故调查工作不负责任,致使事故调查工作有重大疏漏的;包庇、袒护负有事故责任的人员或者借机打击报复的,由其所在单位按照国家有关规定给予行政处分;构成犯罪的,由司法部门追究刑事责任。

五、劳动者的权利和义务

劳动者在劳动过程中必须遵守安全生产规章制度和操作规程,服从管理,正确佩戴和使用劳动防护用品,接受安全生产教育和培训,掌握本职工作所需的安全生产知识,提高安全生产技能,增强事故预防和应急处理能力,发现事故隐患或者其他不安全因素,应当立即向现场安全生产管理人员或者本单位负责人报告。

用人单位与劳动者订立的劳动合同,应当载明有关保障劳动安全、防止职业危害的事项、依法为劳动者办理工伤社会保险的事项。用人单位不得以任何形式与劳动者订立协议,免除或者减轻其对劳动者因生产安全事故伤亡依法应承担的责任。

劳动者有权了解其作业场所和工作岗位存在的危险因素、防范措施及事故应急措施,有权对用人单位的安全生产工作提出建议,有权对安全生产工作中存在的问题提出批评、检举、控告,有权拒绝违章指挥和强令冒险作业。用人单位不得因此而降低其工资、福利等待遇或者解除与其订立的劳动合同。《劳动合同法》第 32 条规定:"劳动者拒绝用人单位管理人员违章指挥、强令冒险作业的,不视为违反劳动合同。劳动者对危害生命安全和身体健康的劳动条件,有权对用人单位提出批评、检举和控告。"劳动者发现直接危及人身安全的紧急情况时,有权停止作业或者在采取可能的应急措施后撤离作业场所。单位不得因此而降低其工资、福利等待遇或者解除与其订立的劳动合同。因生产安全事故受到损害的劳动者,除依法享有工伤社会保险外,依照有关民事法律尚有获得赔偿的权利的,有权向所在单位提出赔偿要求。保障劳动者在工作过程中的安全与健康是用人单位的重要义务,法律赋予劳动者相应的权利,以达到平衡双方权利义务、保障劳动者安全与健康的目的。

关键词: 最低工资　工资保障　工作时间　休息休假　标准工作日　缩短工作日　不定时工作日　延长工作时间　综合计算工作时间

复习与思考

1. 工资支付的原则是什么?
2. 试述工资保障制度的主要内容。
3. 试述最低工资立法的主要内容。
4. 工作时间的种类有哪些?
5. 我国《劳动法》对延长工作时间有哪些主要规定?
6. 伤亡事故处理和报告制度有哪些内容?

第八章

沟通政策和技能

引导案例：职代会"云上线" 民主管理"不掉线"

铁四院工会认真贯彻落实习近平新时代中国特色社会主义思想，坚持以职工为中心，落实"依靠"方针，广泛实施以职代会为基本形式的厂务公开民主管理，尤其是主动应对疫情带来的不利影响，创新形式、开辟载体、丰富手段，探索形成了线上民主管理的新模式，为促进企业高质量发展发挥了重要作用。

"云上"职代会搭建起企业与职工的"连心桥"

2020年年初，新冠疫情突如其来，铁四院身处疫情风暴的最中心，绝大部分职工处于居家隔离、各地分散的状况。面对疫情带来的不利影响，铁四院工会拓宽思路、创新形式、积极筹划。当时，铁四院职代会在疫情前刚刚召开完毕，如何将职代会精神及时地传达至基层，让民主管理工作不掉线；如何继续发挥职代会的群策群力作用，在疫情期间能够逆势而上，布置并完成好年度生产经营各项工作，成为铁四院工会的"心头事"。基于"人人都有手机、家家都有电脑"的实际，依托企业自动信息化系统平台，铁四院工会充分利用信息化手段，通过远程视频、企业"云"端、微信会议平台等，将分散在全国各地的职工代表聚集起来，实现了"云上"召开职代会。截至2020年3月27日，28个应召开职代会（职工大会）的单位，全部召开了会议，圆满地完成了职代会各项议程。

"云上"职代会严格按照规定程序进行。各单位的每个报告人均通过视频向全体代表做报告，会议所有材料均传达到代表手中。报告审议、分团讨论、投票表决、提案征集、民主测评等程序均在"云上"得以实现。特别是各单位的领导干部测评，事关企业生产经营和职工切身利益的重要事项，工会采用二维码或宏景云平台，实现了无记名线上投票表决，确保职工依法履行职权，保障了职工的民主管理权利。

2020年疫情期间，铁四院先后召开三次职代会联席会议，线上通过了全国劳动模范推荐人选、《铁四院新型冠状病毒感染肺炎疫情防控期间项目现场人员激励保障暂行办法》《铁四院职工工服定制方案》等重大事项。各级职代会的及时召开，不仅按规定履行了民主程序，更提高了工作效率，也将职代会开成了明任务、定方向、听真言、纳良策，聚力量的胜利大会。

"会议直播开、提案线上传、报告网上审、建议群内提、表决分组投"的新模式，实现了职代会"标准不降、程序不减、内容不少"，也使职代会更加"接地气"，打破了传统会议会场大小、职工代表人数等的限制，吸引了众多职工"云听会"，进一步实现了对职代会规范、高效、有序的"云监督"和"云管理"。

"云端"厂务公开,铺就民主管理的"齐心路"

铁四院工会充分发挥互联网、大数据等新兴技术,找准互联网和公开工作的结合点,努力打造厂务公开工作在观念、流程、载体的更新再造,不断增强民主管理工作在网络空间的影响力。

铁四院结合疫情实际,将防疫工作及生产任务同步部署,通过"云端"及时传达上级关于疫情防控工作的要求,研究部署应对疫情的措施,在特殊时期体现了企业的人文关怀。各单位坚持各类会议报告制度,通过稿件、微信等及时总结和反馈会议情况,广大职工在"云端"联系在一起,孤立的个体与国家、企业的发展联系在一起。为了不影响全国各地重点工程项目的推进,在省委省政府的大力支持下,2020年3月30日之前,铁四院共组织30余批、1000多名职工奔赴全国各重点工程返岗工作,确保了国家重点项目建设按期推进,为实现"六保""六稳"作出积极贡献。

复工复产后,针对人员长驻现场、高度分散的现实,工会组织积极呼吁,主动争取,开辟了"职工服务"线上模块,将职工权益维护、厂务公开、绩效考核、教育培训等事关员工切身利益的内容上网,建立起网络信息库和沟通平台,做到"维权到网、公开在网、考核于网、教育上网"。以手机短信、QQ群、微信群消息等形式,把重要事项及时告知驻外职工;将工作报告、领导讲话制成多媒体网上播放;利用局域网转播职代会,让职工代表和全体职工网上阅读文件,行使职权;建立职工建议库,运用大数据技术,掌握并回应职工关注的热点。

2020年,铁四院利用网站、电子报刊、办公自动化系统发布公文、公告、公示1000多个,千里之外的现场职工点开电脑、拿出手机就可以阅读企业的所有信息。"互联网+公开"有效地解决了职工难以集中、时间难以统一、日程难以安排等短板,扩大了职工参与率,推动了民主管理工作再创新。

"线上"建言献策,构筑共建共享的"同心圆"

铁四院工会积极动员职工代表在网上提交提案,通过"我为企业发展献一计""合理化建议和技术改进成果征集"等活动搭建平台,广纳群言、广集民智,引导职工为企业转型升级献计献策,提升企业民主管理的质量。

为进一步密切联系职工,充分了解民意,铁四院工会制定出台《关于进一步听取处理职工意见和群众诉求的暂行办法》。在所有二级单位室、所、队建立的民主管理委员会制度,依靠职工民主决策、民主监督,提升了职工的主人翁精神和责任意识,激发了职工参政议政的积极性。2020年以来,仅集团公司层面累计征集职工提案、意见218件,合理化建议97条,组织职工代表巡视2次,深入基层现场一线调研 28 次。各部门认真对待职工的提案、建议，积极抓好整改落实及答复反馈，评选表彰优秀提案 26 件，优秀合理化建议 23 条，优秀提案处理部门（单位）14 个，所有整改答复情况及时向全体职工予以公布。很多职工提案和建议成为企业决策的重要依据，对加强产业布局、明确科研攻关方向、完善企业管理起到了积极作用。有 1 项职工技术创新成果荣获全国职工技术创新成果二等奖。在每年厂务公开民主管理工作检查中，职工的满意度持续保持在 95% 以上。

公开凝聚人心，民主促进发展。铁四院将积极探索线上+线下的民主管理工作新模式，充分发挥民主管理在企业和谐发展中的积极作用，充分发挥职工的聪明才智，努力实现好、维护好、发展好职工的根本利益，团结和带领广大职工，为实现交通强国目标，全面打造"品质四院，百年强院、世界一流"作出贡献。

资料来源：中铁第四勘察设计院集团有限公司工会：职代会"云上线"民主管理"不掉线"，2021-11-24。

良好的沟通、员工参与制度能够有效地消除管理者和员工之间的意见分歧和误解，降低员工对劳资双方隐含契约的违背感，也是提高管理效率的有效手段。通过本章学习，需要掌握心理契约的特点及对员工关系的影响、员工参与管理的运用和形式、沟通的目标、策略和方法以及员工满意度调查的目的和常用方法，了解如何实施员工援助计划。

第一节　心理契约与员工关系

一、心理契约的含义

"心理契约"一词在 20 世纪 60 年代被引入管理领域，由 Argiris（1960）首先使用。它是指员工与企业在正式的雇佣合同规定的内容之外存在的隐含的、非正式的、未公开说明的相互期望和理解。心理契约与劳动合同是员工关系的两种基本契约，劳动合同是员工入职后与用人单位签订的经济契约，用于规范双方的劳动权利和义务，其核心内容是"工作与报酬"的交换，员工关注"金钱"，而组织关注"工作"。除了这些明确的条款规定之外，员工与企业之间还存在着难以明确规定，但又确实存在的彼此对对方的期望与主观感觉，其核心内容是"体谅与品德"的交换，员工关注的是组织的"体谅"，而组织关注的是员工的"品德"。心理契约是根据劳动合同、企业通行惯例以及双方许诺而形成的一种内隐的、不成文的相互责任，其内容相当广泛。

心理契约是与劳动合同相对应的一种隐性契约,是决定员工行为的重要因素。员工和企业对心理契约内容的形成,存在着一个持续的平衡和或明或暗的讨价还价的过程,虽然双方可能没有意识到心理契约的"条款",但这些"条款"却实实在在地影响了双方的关系和行为。这些"条款"一般包括公平对待,对薪酬、晋升和工作负荷的交付承诺以及对未来这些交付承诺的信任。心理契约在组织建设中具有重要地位,它在雇佣双方形成的权利义务关系中起到核心作用,心理契约一旦被破坏,将导致员工不再信任组织并为其服务,并最终危及组织的正常运转。

研究显示,心理契约的内涵正在发生重大变化。随着竞争环境和工作组织的变化,那种传统的认为企业应该保证给员工提供一份终生的工作,而员工则应当报之以忠诚和承诺的意识正在发生改变。传统的依赖于信任、忠诚以及工作稳定性的关系型心理契约正在被新的交易型心理契约所取代,这种新的交易型心理契约强调基于工作任务——工作执行——工作回报的讨价还价为共同媒介。这种心理契约增加了雇佣关系的不稳定感,同时也提升了员工在更广阔的劳动力市场上获得认可的技能和素质。正如 Hiltrop(1995)指出,不会有工作的安定性。只有雇员能够为组织增加价值时他才可能被雇用,而且寻找为组织增加价值的新方法是雇员个人的责任。反之,雇员有权去挑选有意义的、重要的工作,拥有做好工作的权限和资源,并且有权索取能反映自己贡献的额外报酬,以及获得能提高自己就业能力的工作经验和培训[①]。

二、劳动合同与心理契约

(一) 劳动合同与心理契约功效差异

劳动合同是员工加入一个组织时必须签订的经济契约,通过劳动合同,明确双方在就业关系中的权利义务,任何一方违反劳动合同规定,都要承担相应的法律责任。心理契约则是员工和企业对雇佣关系中彼此对对方的付出和回报的一种主观心理约定,是双方内隐的、不成文的相互责任,其内容相当广泛。与正式劳动契约一样,如果不履行心理契约的内容,也要付出代价。心理契约的破裂和违背会产生许多不利影响,比如,员工对组织失去信任,工作满意度下降,责任感和忠诚度下降,出现消极怠工、偷窃和攻击行为甚至离职。这对员工关系的有效管理、组织绩效的提高产生了严重的阻碍作用[②]。

---

① [英]菲利普·李维斯.雇员关系——解析雇佣关系[M].高嘉勇等译.大连:东北财经大学出版社,2005:11.
② 李原.企业员工的心理契约——概念、理论及实证研究[M].上海:复旦大学出版社,2006.

（二）劳动合同是外显的，心理契约则是内隐的

劳动合同是企业与员工之间订立的共同遵守的具有法律意义的条文化文本，要求符合法定的必备条款，用语措辞须仔细斟酌，力求准确、简洁，不产生歧义。它明确规定员工可以做什么，不可以做什么，具有外显性特点。心理契约则是内隐的，是一种隐含的交易，其核心内容是组织承担的责任义务与员工承担的责任义务之间的交换关系，交换内容不仅限于物质财富，还包括心理财富和社会情感等方面的交换。这种双方的心理承诺、期望或允诺一般不见诸文字，没有记录，甚至口头上都未曾表示过。"不见其形、不闻其声"，一切尽在不言中，微妙而含蓄，深藏于心，只可意会，难于言说。

（三）劳动合同是客观的，心理契约则是主观的

劳动合同清晰地写明了合同期限、工作内容、劳动保护和劳动条件、劳动报酬等劳动标准，这些约定具有客观性，是否违反具有客观标准。心理契约则是主观的，员工对工作与报酬之间的相互交换关系的认识，受到个体差异、对企业文化的感知、员工与组织关系的历史以及整个社会背景的影响，而且员工对心理契约的理解解释也是主观的。心理契约因为主观，其内容因人而异、因时而异、因地而异。不同员工或同一员工在不同时期、对企业会有不同的期望。

（四）劳动合同简单枯燥，心理契约则复杂丰富

劳动合同的条款是枯燥的，它对双方权利义务的约定是明确、具体、相对稳定的。心理契约则是丰富复杂的，处于不断变化之中。心理契约除了报酬之外，还包括组织认同、归属感、人格尊重与信任、工作认可、获得荣誉赞扬、个人成长、自我价值与理想实现等。这些内容一般处于动态、渐进的变化之中，但在员工职业生涯的关键选择上，也可能有跳跃式变化。例如，当员工被外派到海外工作时或者组织发生重大变革时，员工心理契约会有大幅变化。

三、心理契约是员工关系管理的核心内容

虽然心理契约是隐含的，内容因人而异，却是影响员工态度和行为的重要因素，是员工关系管理的核心内容。心理契约对员工关系管理的作用体现在三个方面。

（一）心理契约的目标是追求员工满意度

虽然心理契约不是有形的，但发挥着有形契约的作用。企业清楚地了解每个员

工的需求和发展愿望,并尽量予以满足;员工也为企业的发展全力奉献,因为他们相信企业能满足他们的需求与愿望。心理契约的破坏会影响员工的满意度,期望落空会产生失望的感觉,甚至产生愤怒情绪,并使员工不得不重新评价个人与组织的关系。研究表明,心理契约的不满足将直接导致员工满意度降低,对雇主的信任减少,认同感和主人翁意识减弱,离职率增加。因此,在员工关系管理中应有意识地对员工的心理契约加以引导和管理。心理契约的内涵与意义在于员工心理状态与其相应行为之间的决定关系,而员工的行为质量直接决定了其工作绩效。

心理契约的主体是员工在企业中的心理状态,其基本衡量指标是工作满意度、工作参与和组织承诺。由于员工之间的差异性,其心理契约的要求也有所不同。其中,工作满意度最为基本和重要,在一定程度上对工作参与和组织承诺具有决定作用,特别是在以经济活动为主的组织中,心理契约管理的目的就是通过人力资源管理实现员工的工作满意度,进而实现员工对组织的强烈归属感和对工作的高度投入。

(二) 心理契约是组织承诺的基础

心理契约的内容,既包括了员工与企业之间的利益承诺契合关系,也包含了双方情感上的契合关系,表现为员工对组织的依赖感和忠诚度,即员工的组织承诺。可见,员工心理契约的内容构成了组织承诺的深层基础,心理契约是作为组织承诺的内在根源而存在的。企业关注员工对组织的心理期望,并与这种心理期望达成默契,在企业和员工之间建立信任与承诺关系,以实现企业与员工双赢的战略合作伙伴关系,个人与组织共同成长和发展。例如,当员工认为他已被组织许诺将获得有吸引力的工资、提升机会、职业培训时,作为心理交换,员工将为组织贡献自己的精力、时间、技术和真诚。心理契约作为一种无形契约,能有效地激发员工不断开发其潜能,将个人的发展充分整合到企业发展之中,激发员工对企业的义务和责任。

(三) 心理契约影响组织公民行为

组织公民行为(Organizational Citizenship Behavior, OCB)指的是这样一些行为,它们不是雇佣契约中规定员工必须去做的角色内行为,它们也不一定会在组织的奖励机制中得到明确的体现和认可,但是,这种行为无疑有利于组织绩效。通过对员工心理契约中相互责任的认知,在员工内心中都有一本账记载着相互之间的责任,如果员工相信或者感觉到组织对他们的工作给予相应的回报,则会表现出更为积极的组织公民行为。因而,心理契约能够更好地改进员工关系,最终留住人力资源,提高组织绩效,实现企业和员工双赢。

四、如何管理心理契约

（一）招聘阶段：正确构建心理契约

心理契约始于招聘环节。在招聘过程中，员工与组织初次发生接触，这一过程中发生的事情将影响到其心理契约的逐渐形成。招聘过程中提供的不真实信息（如作出过多承诺）会造成员工不切实际的期望，当他们感到组织的承诺与实际情况相差甚远时，会产生强烈的心理契约破裂和违背的感受，并进一步影响到他们对企业承担的责任和在工作中的积极态度。因此，招聘阶段对构建心理契约非常关键。具体来说，在招聘过程中要清晰真实地描述工作情况，准确传递信息。同时，正确把握应聘者的真实期望，以及组织能为新员工所提供的待遇和机会。如实介绍组织现行的体制、制度以及劳动合同的主要内容、员工权益和职责以及工作要求等，使新员工对企业形成较为全面、真实的总体印象。企业不应为吸引求职者而过分吹嘘工作价值，否则，会使新员工产生低水平的道德感和导致较高的离职率。

（二）适应阶段：修正巩固心理契约

新员工刚加入组织的这一时期是一个很特殊的时期，对员工工作方式和绩效具有很大影响。新员工内心深处建立的心理契约，很大程度上是依据招聘人员的承诺或暗示而作出的。但由于招聘人员往往是专门的招聘专员，而新员工的直接上司可能对这些心理契约一无所知。如果员工应聘时企业的承诺与实际的工作环境或发展机会相差悬殊，新员工的心理契约就会被破坏，对组织产生不满，甚至选择离开。研究表明，员工初到企业阶段是离职率最高的阶段，重视员工在适应时期的心理契约修正与巩固就非常重要。因此，企业应重视并切实履行招聘时的承诺，做好招聘专员与新员工直接上司之间的信息交流，重视岗前培训，传递公司的文化、价值观和处事风格，使员工熟悉公司的规章制度、政策和程序，明确员工与组织间的权利义务关系。

（三）工作阶段：注重权变策略，全程管理心理契约

进入正常工作状态后，员工心理会经历由初期的热情逐渐趋于平淡的调整过程，员工也会对其心理契约进行重新认识和评估。针对员工适应过程可能产生的心理契约"危机"，企业应根据环境变化，及时采取措施对员工的心理契约进行全程管理，使员工更深刻地了解组织的意图和动机，降低组织与员工在心理契约上的认知差距。由于双方所处的位置和角色不同，或者由于组织客观上给员工提供一些条件却没有被员工所感知到，双方对心理契约内容的理解可能存在明显的差距。这种认知差距

对员工的责任和积极的工作态度有显著的负面影响。因而,管理层与员工之间应该增加开诚布公地沟通和交流的机会。例如,可以在日常工作之外组织交流、讲座、外出参观、旅游等活动,让员工有交流、表达的机会,及时了解员工的想法、抱怨或困难,选择恰当的时机进行引导、控制和化解,随时与员工保持沟通和采取相应措施,调整和维持心理契约,预防危机。

(四)违背心理契约时:引导员工做出正确合理的归因

心理契约的变化、破坏或者违背,都会导致员工情绪和行为的变化,其中起重要作用的是员工对违背心理契约所做的归因。如果员工归因于企业故意违背心理契约,就会产生负面情绪,对管理者的行为进行谴责,从而降低自己的工作表现以及对组织的归属感,甚至离职。研究发现,如果员工感觉受到明显的不公平对待,就会严重影响他们的归因结论,并会扩大破坏心理契约的程度,对组织造成恶劣影响。因此,管理人员应恰当地运用管理技巧,关心员工,及时针对员工的意见和不满采取有效行动,引导员工产生合理的归因。

第二节 员工参与管理

一、员工参与和员工参加

员工参与(employee participation)和员工参加(employee involvement,也称员工卷入、员工介入)有时被当成同义词,可以互换使用,其含义都包括了个体和集体信息的传达和磋商,都可以指管理者向雇员传达有关经营活动、决策和绩效等方面信息的企业机制。随着时间的推移,越来越多的学者认为员工参与和员工参加不应被看作同一概念,两者追求的目标和结果是不同的。

员工参与主要关注于雇员群体或雇员代表在多大程度上分享权利,以及组织规章所规定的雇员群体影响企业决策的能力。如 Donovan(1968)认为,工人参与是指工人或其代表参与集体谈判中的事项和管理事务的决策。Brannen(1983)认为,工人参与是企业所有者、管理者和他们所雇佣的工人之间权力的分配和运用,它涉及工人对其目前所在工作组织的直接介入,以及通过代表对企业的社会、技术和政治结构中的决策制定的间接介入。员工参与既可以在国家层次上进行,更多的则是通过工会和工人组织的活动在企业层次上开展。雇员影响决策的程度或雇员控制决策制订的水平,称之为参与程度。参与程度由弱增强的排列为:有权利获得信息、提出反对意见、提出建议、提供咨询、暂时或长期拒绝一个提议、与管理层共同制订决策、对某一决策进行单独的控制。总之,雇员参与通常更显著地体现为一种在企业决策过程中选派正式代表的方式,如董事会层次的参与,或其他为特殊目的而组成的团体(如工作委员会),或为集体谈判而建立的机构。因此,在这些机构代表雇员的利益时,员工个人参与就很间接了。它强调以"集体"而非"个人"的参与过程,如集体谈判、协商和工作委员会等制度,注重雇员通过集体谈判和讨价还价来对企业、工作表现、雇佣条款等许多方面施加的影响,是对决策权的一定程度的分享。

员工参加是管理层推行的以自愿为基础的活动,用以影响雇员态度和工作场所的行为。它主要由管理者发起的,用来增加员工对企业了解和对企业责任心的活动,含有雇主掌握主动权的含义。它是由管理者发起的,用来传达信息并提高员工对企业责任心的一个过程。它将雇员视为不同的个体,强调管理者要直接面对面地与员工打交道,而非通过雇员代表。员工参加的理念是自由的市场和政府不干预的立场,认为管理者知道怎么做是最好的,应该允许企业自由地建立符合其实际情况的劳动关系体系。员工参加是基于个体的人力资源策略的一部分,主要在企业层次上鼓励员工参加与其工作相关的事务,一般限于向员工直接传递信息而不涉及任何权力分享,其形式包括信息的传播、交流、提出建议或协商等。

员工参与是一个以权力为中心的概念,由工会发动,通过政府立法实施。而员工参加是一元主义的、以事务为中心的概念,由雇主和管理层的利益驱动,目的在于使员工产生责任感和作出贡献。其区别如表8-1所示。

表8-1 员工参与和员工参加的区别

	员 工 参 与	员 工 参 加
参与主体	由工会推动,通过政府干预和立法进行	由雇主/管理方利益推动,基于自愿,受自由市场型政府支持
形式内容	多元主义,以权利为中心	一元主义,以事务为中心
本质特点	本质上是集体主义	本质上是个人主义
预期目的	试图通过雇员代表获得代表权,代表可能是工会会员	试图使雇员对组织产生责任感和作出贡献
参与形式	对大多数雇员来说是间接参与方式	直接关注员工,在很多情况下避免间接的员工讨论会
参与层次	权力集中,目的是达到业务和战略上的影响	以任务为中心,也关注沟通和/或财务上的介入

市场经济国家的员工参与管理,最早起源于19世纪末英国的集体谈判制度,内容包括参与所有、参与管理和参与分配,并在第二次世界大战后的工业民主化运动中逐步得到法律承认。员工参与是依据企业管理过程中的分享管理和机会均等原则发

展而来的,其核心是员工有权参与涉及他们自身利益问题的决策和管理。员工参与管理是工业化运动的核心和结果,1951年,国际劳工大会第34届会议通过一项工业民主决议,敦促会员国在企业中设立员工和雇主共同参加的组织。参与管理强调通过员工参与组织的管理决策,改善人际关系,发挥员工的聪明才智,充分实现自我价值,同时达到提高组织效率、增加组织效益的目标。西方国家员工参与的主要形式是集体谈判、协商和工作委员会,它是实现企业劳资双方合作的主要手段或形式。20世纪80年代后,这种集体的、代表的、间接的和以工会为基础的员工参与形式,逐渐转为直接的、非工会形式的员工参加(介入),而且这种基于个体的、自愿的、灵活的员工参加方式一直处于发展之中。

这一变化与工会的重要性降低密不可分,工会密度下降意味着越来越多的企业更重视与员工的直接沟通,而非集体谈判。同时,企业组织结构发生的实质性变化也促进了员工参加形式的发展。过去,企业组织结构是金字塔式的,层层垂直命令是其主要特点。企业组织结构的扁平化发展,意味着管理方式由权力型向参与型转变。权力型管理方式的基本特征是上级管下级,一级管一级,排斥员工参加。参与型管理方式的基本特征是将所有能下放到基层的管理权限都下放到基层,使管理者在遇到困难时得到员工的广泛支持,上情很快下达,下情迅速上报,反应灵敏且效益高。这种分权、授权式的管理本身就是一种员工参加的激励手段,它赋予员工以权利和义务,其回报是管理者获得更多支持与帮助。

二、参与和参加的目的

员工参与和参加管理最直接或最有效的结果,是增强员工对企业的忠诚度,提高工作热情。研究表明,对企业忠诚而且富有工作热情的员工,他们的工作绩效通常比较高。对企业的忠诚意味着员工对企业目标和发展方向的认同,以及对外在诱惑的拒绝。工作热情高的员工,通常会以任务为导向,喜欢承担繁重工作。通过员工参与和参加管理员工关系,有利于确保员工对企业忠诚和对工作充满热情,有利于员工融入企业,提高工作绩效。具体来看,员工参与和参加的目的主要有:

(1)增进员工的独立创造性和思考能力,使所有雇员对企业及其成功有强烈的责任心;

(2)提供员工自我训练的机会,为所有雇员提供参与可能影响他们利益的决策的机会;

(3)协助管理者集思广益,作出明智决策,帮助企业提高绩效和生产力,采纳新的工作方法来适应新技术的发展,利用所有雇员的知识和实际技能;

(4)促进劳资关系的沟通,使企业更好地满足顾客的需要,更好地适应市场的需

求,并使企业前景以及为之工作的人获得最好的发展;

(5) 提高员工忠诚度,提高雇员对工作的满意度。

员工参与和参加管理制度是现代组织管理的必然要求。企业的发展与成功离不开全方位地让员工参与,企业的决策、经营方略要得到员工的支持也离不开员工参与,员工参与满意度决定着企业的兴衰。通过员工参与管理,可以使员工增强对企业的责任感,感受到自己是企业的一员,自己的努力能够为企业的发展作出贡献,同时,企业的发展也能为自己带来益处。

三、参与管理的有效运用

(一) 实施条件

员工参与管理要达到预期效果,须符合下列先决条件:

在参与者方面,参与讨论的主题须与工作或生活有关;参与讨论的有关问题对事不对人;事前有充分的时间准备;须有参与讨论的知识与能力;对讨论的事项或内容负有保密义务。

在管理者方面,参与的机会不要被少数人所独占;遵守合理的经济原则;不影响员工权益,不损害管理者威信;有效沟通;在权责范围内实施;事前对参与者进行训练。

(二) 实施方法

就参与的成员而言,分为团体参与和个别参与。团体参与是指主管与所有部属相互讨论,每一个成员都可以传达其意见,从事整体性、创造性的决策;个别参与是指主管就有关问题分别与有关人员沟通讨论,并由部属提出建议。

就实施方式而言,分为咨询监督、民主监督、劳资会议和提案制度。咨询监督又称咨询管理,主管就有关问题征询员工意见,集思广益;民主监督是指任何决策均须交由团体讨论,主管居于协调、指导的立场;劳资会议即由劳资双方各以同等代表参与,以定期集会的方式共同研讨有关产业发展及员工福利等问题;提案制度与意见箱制度类似,企业公开征求员工对工作的改进或革新建议,并予以适当激励。

四、员工参与和参加的形式

(一) 集体谈判

集体谈判曾是最盛行的员工参与形式。通过谈判达成的集体协议,是由工会与雇主或雇主团体之间缔结的用以作为双方行为的准则,或员工个人与企业间劳动合同的标准。从员工方面来看,集体协议为员工的团结自助提供了保护手段,从雇主方面看,也可以通过集体协议避免劳资间的纠纷和同业间的竞争。总之,集体协议是劳资合作的规范,也是企业和平的基石。劳资双方在集体协议的规范与努力之下,工会要求劳动条件的改善,雇主则追求工作效率的提高,从而使企业发展与薪酬增加互为因果。企业越发展,薪酬越为合理,社会的购买力也就越高;购买力越高,企业便紧随着社会的需要更加发展。所以,集体协议不仅保护了员工的利益,也开拓了资方的利益范围。因而美国通用公司的前董事长韦尔奇说:"集体协议的缔结与长期化,不仅促使劳资关系的稳定,生产企业繁荣,对于整个经济也是一种安定力量。"集体协议的内容,包括工资、工作时间、请假、休息、雇佣与解雇、福利措施与工作条件等项目。

但自20世纪80年代后,集体谈判的覆盖率急剧下降。1984年,英国超过25人的有工会的工作场所中,有86%的雇员通过集体谈判决定工资和雇佣条件;在所有规模超过25人的工作场所中,有70%的员工参与集体谈判。到1998年,这两个数据分别降到67%和40%。工会力量减弱和工会密度减少,表明集体性员工参与形式和范围受到了限制。工作场所中工会的地位和力量受到了限制,使得员工参与决策制订的可能性和工会影响会员事务的范围大大缩小。

(二) 共同磋商

共同磋商是最常见的一种参与方式,是管理者和员工集聚在磋商委员会讨论并决定影响他们共同或各自利益事务的一种形式。共同磋商的目的是为双方共同研究的问题提供解决手段。通过观点和信息的交流,达成一个双方同意的解决办法。共同磋商提供了一种机制,使管理者能将影响员工利益的提议传达给员工,并使员工能够表达他们对这些改变的想法,对工作的组织方式(如弹性安排)、工作条件、人事政策、各种程序、卫生和安全的运作方式提出自己的意见。所谓共同磋商,是指资方为协调与员工的关系而在制定决策之前,先征求员工的意见或态度,但不需要征得员工或其代表同意的决策程序。共同磋商并非权力分享,员工并不会参与策略性政策的制定,如投资、产品市场开发、合并或接管等。共同磋商的组织是协商委员会,由员工和管理方代表组成,主席往往由委员会成员每年选举产生。共同磋商的作用主要体现在以下四个方面:

(1) 共同磋商使双方在思想上和行动上寻求更大的一致。

虽然双方的利益不可能完全一致,但在某种程度上,协商可以增加员工对管理方制定的生产经营战略的理解和支持。管理方通过反复宣传其管理策略,使员工获得一种知情权的满足;通过对组织内部的状况和变革的不断解释和讨论,可以部分地改变员工对组织和变革的态度。这样有利于组织策略的推行和劳动生产率的提高。

(2) 共同磋商既是合作的表现形式,也是冲突的转化渠道。

共同磋商是劳资双方合作的产业民主形式,它表现为:一方面,雇主比较尊重员工意见,或至少采取愿意听取员工声音的态度;另一方面,员工会主动关心组织的生存和发展,而不是态度冷漠或听之任之。同样,共同磋商又是员工表达不满的论坛,也是管理方了解潜在冲突的一个途径。

(3) 共同磋商能够部分地协调员工关系。

共同磋商虽然无法改变冲突的根源,但在一定范围内能够有效地协调员工关系,其作用大小取决于双方利益一致性的多少。若双方共同利益比较少,共同磋商调整员工关系的回旋余地就比较小,反之亦然。

(4) 共同磋商具体作用的多样性。

由于组织制度和产业民主化程度不同,共同磋商的具体作用相互间也有很大差异。在没有工会的情况下,共同磋商的目的就是减少员工的不满;在工会比较强大,共同磋商仅仅是工会制度的一部分时,它的作用更像是一种非正式的谈判预演;在工会比较强大,共同磋商制度独立于工会制度之外时,它的作用不大,仅是雇主表达民主姿态的一种手段;在工会与共同磋商制度相互独立且力量相当时,两种制度互相取长补短。共同磋商具有的特点是信息传输量大,并且以双方共同关注组织发展的视角讨论问题,因此,与管理方同工会之间进行的集体谈判制度相比,共同磋商更容易形成合作。

(三) 工厂委员会

在欧洲国家,工厂委员会也是雇员参与的一种重要形式。企业的工厂委员会与公司级别的磋商委员会的职能大致相同,只是名字不一样。但一些企业的工厂委员会成员的身份更为广泛,包括管理者、团队领导、专业技术和办公室职员,可以覆盖企业内部的每个人。欧洲国家工厂委员会讨论的话题,包括企业总体的经济和财政状况,对员工有影响的具体事项,如迁址、关闭、合并、集体解雇以及新技术的推行等。拥有1 000名以上员工的企业必须建立委员会,而且该委员会必须是一个只包含员工的团体,有3至30名员工代表选举。

(四) 工人董事

20世纪70年代,西方国家的董事会制度中开始出现工人董事的概念。工人董事是指由员工民主选举一定数量的员工代表进入公司董事会,代表员工参与决策、监督的制度。董事会中的员工代表称工人董事。工人董事制度使员工代表对公司决策进行监督,及时反映员工的意愿和要求;平衡与投资者、管理者的关系;能够把员工利益和公司利益结合在一起,共同承担风险、承担责任、共享利益;在促进公司发展、协调劳资关系方面起到重要作用。工人董事是产业民主运动的一部分,其初衷是通过工人董事制度,使雇员代表能够更接近策略性政策的制定。但事实上,在私有企业内很少有工人董事存在,即使有,也只是"为了加强或者重新维护管理者的控制权而非分配控制权"①。在公营组织内部虽然有任命的工人董事,但一些学者研究发现,管理者代表事实上倾向于在董事会之外处理一些敏感或机密的事务,工会成员会发现他们处于两难境地:一方面,得尽量维护工会成员的利益;另一方面,得帮助作出对工人有害的管理决策。基于这些原因,加之管理者对工人董事的不间断的敌视,工人董事制度难以成为雇员关系状况的一个常见特征。在我国,工人董事是一个新制度,是职工代表大会制度的延伸,是完善公司法人治理结构的重要内容,是公司实行民主管理的重要形式。

(五) 职工代表大会制度

职工代表大会即企业民主管理制度,是我国国有企业实行企业民主的最基本形式,是员工行使民主管理权力的机构,它由民主选举的员工代表组成。我国《全民所有制工业企业职工代表大会条例》规定,企业在实行厂长负责制的同时,建立和健全职工代表大会制度和其他民主管理制度,保障工会组织和员工代表在审议企业重大决策、监督行政领导、维护员工合法权益等方面的权利,发挥其应有的作用。职工代表大会制度对保障员工权益,充分发挥员工的积极性和主动性,提高劳动生产率,建立和谐的劳动关系,稳定社会秩序具有重大意义。职工代表大会制度,是建立以职代会制度为主体的员工参与民主选举、民主决策、民主管理、民主监督,维护员工权益,协调企业内部劳动关系的维权机制。职工代表大会的工作机构是企业工会,具有审议权、同意或否决权、决定权、监督权、选举权等职权,具体包括:审议企业生产经营重大决策;审议通过企业重大改革方案;参与决定职工集体福利重大事项以及民主评议和推荐、选举企业领导干部等。职代会建制率是企业民主管理推选情况的重要标志。职工代表大会是组织员工参加企业管理、树立员工主人翁精神、发挥员工工作积极性的有效形式。建立现代企业制度,必须进一步坚持和完善以职工代表大会为基本形式的员工民主管理制度,突出工会职能,加快民主化建设的进程,密切与员工的联系,维护员工的合法权益,保护和调动员工的积极性,增强企业凝聚力、创造力和经济效益。

(六) 质量圈

质量圈也叫质量改善小组,是指从事相关工作的志愿人员组成的小组,在训练有素的领导下定时聚会讨论和提出改善工作方法或安排。实施质量圈计划的目的,是给予工人更多运用他们经验和知识的空间,给雇员提供发挥他们智慧的机会,提高生

---

① 〔英〕迈克尔·阿姆斯特朗:《战略化人力资源方法》,华夏出版社,2004年1月,第278页。

产力和质量,改善雇员关系,赢得雇员对企业的责任心。雇员对管理者和团队领导不了解的工作问题了解更多,通过参加质量圈计划,员工能够在提供建议与解决问题的过程中获得心理满足,这有助于增进劳资双方的沟通,因而它是员工参与管理、提高企业生产率的一个重要手段。质量圈是一种典型的"问题—解决"式的、自下而上的、双方沟通形式,其表现形式包括质量行动小组、质量改善小组、雇员调查、员工反馈和管理层回应的剪报等,其管理原则是明确地借鉴雇员的经验和技能、获得合作和意见。

质量圈的本质特征是:他们由志愿者组成,通常拥有5—10个成员,定期举行会议,选择要解决的问题,探讨问题成因,运用系统的分析技术或集体讨论方法来解决问题,提出解决建议,实施纠正措施,共同承担解决问题的责任。会议通常限制在1小时左右,由管理该团队的直线管理人员或该团队自我选举的一位成员作为协调人主持会议。质量圈讨论的问题包括工作设计、任务分配、工作进度、产品质量、生产成本、生产率、安全卫生、员工士气等各种生产问题。一般而言,管理层对建议方案的实施与否保留最终决定权。质量圈成功的先决条件是,高层管理者相信质量研究小组的价值并支持他们的研究成果,中层管理者和团队领导也必须加入到他们的研究成果的推行当中。同时,由于员工可能并不一定具有分析和解决质量问题的能力,因而质量圈的思想也包含对参与员工进行培训、鼓励和指导,向他们讲授群体沟通技巧、各种质量测量和分析问题的技术,确保他们获得所需的资源。质量圈最早是由美国管理学家设计,但在美国长期遭到忽视,20世纪50年代传到日本,被日本企业深入地予以实施,从而生产出低成本高质量的产品,并在与美国企业的竞争中获胜。20世纪80年代以来,欧洲、北美、亚洲等企业都大力实施质量圈活动,倡导员工参与企业管理,激发员工的工作积极性。

(七) 建议方案

建议方案是企业自上而下提供的雇员参与提高效益的一种方式。在企业内部,有时员工的好点子因为没有良好的沟通渠道而无法提出来,员工因此会感到相当沮丧,成功的建议方案有助于减少这种沮丧情绪。最常见的方式是意见箱、意见表格,或者有专门的人员或机构来具体负责。管理者和团队领导也必须鼓励下属提供建议,并以海报、小册子和公司杂志上的文章等方式来宣传该方案,突出陈述成功的建议和贯彻这些建议的方式。企业应有专门的人员负责处理建议方案,将雇员的建议提交到有关部门或个人进行评审,及时处理所有沟通事宜,必要时,应向提建议的雇员了解更多细节。

(八) 员工持股计划

员工持股计划是经济民主的一种形式。在现代大型股份制企业,员工持股已经非常普遍,员工持股计划(Employee Stock Ownership Plans,ESOP)是20世纪60年代初由路易斯·凯尔索(Louis Kelso)最先在美国提出,其主要内容是:企业成立一个专门的员工持股信托基金会,基金会由企业全面担保,贷款认购企业的股票。企业每年按一定比例提取出工资总额的一部分,投入到员工持股信托基金会,偿还贷款。当贷款还清后,该基金会根据员工相应的工资水平或劳动贡献大小,把股票分配到每个员工的持股计划账户上。员工离开企业或退休,可将股票出卖还给员工持股信托基金会。

20世纪80年代以来,越来越多的企业开始拟订并实施员工持股计划。ESOP在西方被看作一项员工福利计划,员工获得的股票是福利的一部分。从资本意义上说,ESOP使员工成为企业的所有者,实践证明,ESOP的实施能够激励员工更努力、更主动地工作。如今,以ESOP为代表的员工持股计划的发展已越来越趋于国际化。ESOP对企业业绩的提升作用十分明显,这是ESOP迅速得以推广的重要动因。美国学者对1400家实施了ESOP的公司业绩进行详细调查,结果表明,实施了ESOP的企业的生产效率比未实施ESOP的企业要高,而且员工参与企业管理的程度越高,企业业绩提高得越快。在实践中,员工持股计划还可使公司减少被敌意收购的可能,这也是员工持股计划快速发展的动力。员工持股制度的普遍推行,使员工与企业利益融为一体,员工与企业间的经济利益是水涨船高,一荣皆荣,一损皆损,风雨同舟。员工对企业前途充满信心,企业获得超常发展,员工也从持股中得到巨大利益。目前,我国也有许多企业实施了员工持股计划。员工入股参与是员工物质参与满意的前提和保证,也是管理参与的物质基础。

总之,不同国家、不同企业员工参与和参加的形式也不尽相同,要依据企业的具体情况选择最适合于实际的参与形式。一般而言,适合某一企业的参与形式,取决于管理者和工会的态度和相对力量、该企业过去的谈判和磋商经验以及当前员工关系的氛围。要对雇员参与管理进行规划,分析评估当前的参与、磋商、沟通和其他正式及非正式的参加方法,找出影响员工关系的企业内部和外部的影响因素,实施适合企业的参与形式和参与计划。

第三节　沟通的策略和方法

一、沟通的含义和作用

沟通是指在组织内部,管理者通过发出信息到接受信息再到反馈的行动过程,来完成计划、组织、领导等目标性工作。沟通是双向的,包括自上而下的沟通和自下而上的沟通。

自上而下的沟通,是指从管理者向员工的单方的沟通,它是管理方向员工传达信息的过程,其目的是向员工提供组织信息,加深员工及其代表对组织的问题和管理层地位的理解,也就是说,通过"教育"员工,使他们接受管理者的计划。

自下而上的沟通,是指员工向上级(管理层)提供信息反馈,汇报工作进度,并告知当前存在的问题,其目的是使管理者能经常了解到员工对他们的工作、同事和组织的总体感觉,另外,管理者也能通过这种沟通来了解那些需要改进的工作。

组织的目标和功能是通过人的集体行动来实现的,但在一个组织中,由于个体的人可能采取与组织政策或指示不符的独立行动,或者其独立行动没有及时报告给应该知道的人,因而就需要有良好的沟通加以协调。沟通是组织的润滑剂,是工作动力,它可以理顺员工之间、部门之间、员工与部门之间的工作关系。沟通如同一个组织中的血液一样,贯穿每一个部位、每一个环节,提供各种养分,形成生命有机体。组织通过有效的沟通,能够快捷而准确地将信息传递到各部门及管理者,在全面而有效的信息支持下,制订出正确的计划。正如松下幸之助所说:"企业管理的过去是沟通,现在是沟通,未来还是沟通。"具体来说,沟通的作用是:

(1)沟通可以引发员工的意见、力量和奋发心,改善管理方与员工之间的关系,减少冲突。通过与员工面对面的交流,可以了解他们的真实想法,了解员工对工作的意见和期望,无论是抱怨还是一些不成熟的设想和建议,都是很有用的信息。通过有效的沟通,可以营造令人满意的员工关系,建立良好的人际关系和组织氛围,减少冲突,保持员工的忠诚。

(2)沟通是体现和实现员工参与的重要形式,有助于发挥员工的主动性和创造性。员工参与建立在有效沟通的基础之上,沟通有利于管理者准确而迅速地搜集、处理、传递信息,使决策更加合理有效。没有信息沟通,企业的共同目标就难以为员工所了解,也不能使协作的愿望变成协作的行动。如果管理者不懂得与员工如何沟通,不懂或忽视员工的意见和建议,就会挫伤他们的积极性和工作责任感。沟通体现并实现了员工对管理的充分参与,有助于发挥员工的主动性、创造性,提高工作质量和员工的工作满意度,达到自我实现的目的。

(3)沟通能够激励员工,提高员工士气。员工工作的动力包括外在的奖励体系和来自工作本身的内在奖励。但工作动力的大小则取决于责任的多少和从工作中取得成就的大小,以及对员工期望的满足程度。对工作的想法和相关的奖励很大程度上取决于管理者或团队领导者以及企业内部的沟通效率。建立一套成熟完善的沟通系统,把企业的构想、使命、期望与绩效等信息准确地传递给员工,并指引和带领他们完成目标,有助于改善企业员工关系,提高工作效率。

案例：M集团的"无界限沟通"

M集团一直推行"沟通无界限"的开放式沟通文化，开拓了多种畅通的渠道，以构建"快乐工作"的和谐氛围，让各部门之间、子公司之间、员工与领导之间、同事之间达成"政令畅通、沟通畅通"的目标。

公司在厂区设立了十多个总裁信箱，员工的意见和建议可以通过总裁信箱转交到总裁手里，并会得到及时的答复。每月20日（节假日顺延）是员工接待日，届时公司经营管理决策委员会成员将与员工进行一对一的沟通、交流、对话等活动，员工可以就有关问题直接与公司高层领导沟通。每季度举办一次新老员工座谈会，增强了部门间的横向交流，增加了新员工向老员工学习的机会。每季度举办一次部门全体员工参加的聚餐例会，以促进基层员工与领导层之间的沟通与交流。另外，公司所有人员的邮箱地址、手机号码等联系方式都是公开的，员工可以直接通过邮件、电话、短信等方式就工作或其他事项相互沟通。

通过多种形式的沟通，最终达成"解决问题+快乐心态"的目标。为确保沟通不流于形式，沟通事项最终将形成决议。确定的决议经人力资源中心公布后，送执行部门办理，列入执行高效计划表并进行追踪及考核。各责任部门须于规定的时间内制订解决方案并执行。人力资源中心于相关事宜规定完成时间的次日，对责任部门或人员进行检查，凡未及时完成或进行改善的，依公司相关规定对责任人进行处理并提报经营决策管理会议。M集团人力资源中心通过一系列的方式和手段，建立了畅通无阻、无界限的沟通关系，不断提高员工的满意度，增加了员工以企业为家的归属感，创建和维持一种源于工作而又高于工作的和谐员工关系，推动了企业的长期发展。

资料来源：杨威，"离职管理从留人做起"，中华英才网《人力资源》（HR经理人版），2007-12-3。

二、沟通的目标

员工关系主要受到管理者和内部沟通的影响。不同的沟通领域所对应的目标也不尽一致。

(一)管理者的沟通领域和目标

(1)将企业目标、政策计划和预算向下或横向传达给部门经理,其目标是确保部门经理清晰、确切而及时地了解企业的期望。

(2)部门经理向下给员工传达工作指示,其目标是确保指示清晰而精确,并提供行动的必要动机。

(3)员工向上或横向传达对有关公司目标、政策和预算决策的提议、建议和评价,其目标是确保经理在涉及其特殊技能和知识的领域有施加影响的空间。

(4)部门经理向上或横向传达有关绩效和成果的管理信息,其目标是使上级管理者能够监控雇员的表现,必要时迅速采取校正措施。

(二)内部关系的沟通领域和目标

(1)企业向员工传达有关企业计划、政策或绩效的信息,其目标是确保雇员了解事关他们的事务,特别是工作条件变化和影响他们成功和安全的因素变化;鼓励雇员加深对企业的归属感。

(2)员工向企业传达事关他们利益事务的变化,或对实际发生的变化进行评价和反应,其目标是确保雇员有机会说出他们的建议和担心,并使企业能够根据这些评价修正其计划。

三、沟通的策略

沟通策略应建立在对以下因素的分析基础之上:管理者想说什么;雇员想听什么;在传达或接收信息中遇到的难题。

通过对这些因素进行分析,可以明确企业需要发展哪些沟通体系,需要通过哪些教育培训项目来推行这些体系。同时,这些分析也有利于指导如何管理沟通以及安排沟通时间。管理不善和时间安排不妥经常是低效沟通的根本原因。

(一)管理者想说什么

管理者想沟通的内容,取决于他们对雇员需要知道的事务的估计,而这种估计又受到雇员想听些什么的影响。

通常,管理者将沟通内容定位在三件事情上:如何使雇员了解并接受管理者在影响雇员方面所作出的提议;如何赢得雇员对企业目标、计划和价值观的认同和忠诚;如何帮助雇员更清楚地了解他们对企业的贡献以及所获得的利益。

管理者应通过与雇员讨论,获得员工关于企业价值观、计划、意图和提议的反馈以及相关信息,避免采用训诫员工的方式。沟通应集中在具体而不是抽象的问题上,比如如何提高产品质量或生产力等。管理者在进行此类沟通时,应强调所有相关人员怎样在一起工作以及合作的利益。

(二)雇员想听什么

通常,雇员想就与其切身利益相关的事务进行沟通,如工作方法和条件的变化、加班和轮班安排的变化、影响薪酬或安全的计划、雇佣条款的变化等。管理者必须理解雇员想听什么,并据此制订沟通策略才能达到沟通效果。要做到这一点,管理者应将不同的雇员群体聚集到一起进行讨论,聚焦影响其切身利益的一些问题。还可以通过进行员工态度调查、向雇员代表咨询以及非正式地倾听雇员意见的方式,分析员工不满的原因,确保通过改善沟通可以减轻雇员的不满。

(三)分析沟通问题

如果是沟通不畅造成的员工关系问题,或者沟通不畅成为造成员工关系问题的一个因素时,就必须具体分析沟通不良的原因以及相应的纠正方法。常见的沟通障碍包括沟通渠道不适当、人们不理解沟通的必要性、缺乏克服沟通障碍的技巧等。如果是沟通渠道的问题,可以通过推行新的或改善已有的沟通系统来克服;如果是缺乏沟通技巧,则可以通过教育和培训加以解决。

四、沟通管理

沟通意味着信息交流,这种信息交流并不是发发电子邮件或在网站上发布消息。有效的沟通与有效的薪酬方案一样,需要对沟通对象进行分类,针对不同的对象群体定制相关的信息,然后通过各种媒介加以传递和强化。沟通的内容主要围绕薪酬、绩效反馈、职业目标与发展、业务运作及个人努力程度、对企业成功作出的贡献等进行交流。

管理者为了实现沟通目标,可以从以下六方面考虑如何与员工沟通。

(一)建立全方位的沟通机制

良好的沟通机制应该是多角度的、双向的、多级的。全方位的沟通机制,可以形成管理层与部门领导、部门领导与普通员工、管理层与普通员工、普通员工之间的多层次交流对话机制,保持沟通渠道的畅通,并让员工意识到管理层乐于倾听他们的意见;他们所做的一切都在被关注;使每个员工都有参与和发展的机会,从而增强管理者和员工之间的理解、相互尊重和感情交流。常用的沟通形式有:利用企业内部互联网;利用书面文字,如杂志、业务通讯稿、公告和布告栏等;利用口头方式,如会议、简报小组和公共发言体系等。

(二) 确定沟通时间

针对不同时期、不同员工的情况,合理确定沟通的时间和次数。比如,对试用期为3个月的员工,正式沟通的次数应以3次为好。一方面可以对管理者起到"随时提醒"的作用,另一方面及时沟通能给新员工"改正的机会"。员工受到关注和无人理睬,产生的效果是截然不同的。管理者在与员工约谈时,要尊重员工已有的日程安排,切忌强令指定和破坏,因为彼此尊重是有效沟通的基础。

(三) 确定沟通地点

沟通要选择合适的地点,避免在公共区域,单位的会议室是最佳的选择。有的管理者愿意选择自己的办公室谈话,觉得自己方便,但这势必给新员工一定的压迫感,因为那里毕竟是管理者的"势力范围"。会议室处于中间地带,双方都会觉得公平。会议室应事先订好,免得谈话被不必要的干扰和中断。

(四) 确定沟通主体

直接上级与员工直接对话,具有时效性和针对性。人力资源主管作为第三方,也可以参加沟通。

(五) 确定沟通内容

管理者应根据不同员工在不同时期面临的问题,有针对性地确定沟通内容。比如对试用期新员工的沟通,可以从知识、技能、态度、需提高四个角度考虑,最好用考核表(也可以称为试用期员工考核表)来做备忘录。新员工来的时候都应知道自己的职责和工作目标,用打分的方式就很容易看出需提高的部分。打分和评语应本着公平、公正的原则,对需提高的部分,管理者一定要明确指出,不能含糊。在双方认为暂时没有需要沟通的情况时,可以在试用期员工考核表上签字、认可,同时各留一份保存,以备后用。通常,沟通的内容及管理者需要做的工作如表8-2所示。

表8-2 沟通内容

员工需要回答的问题	管理者需要做的工作
你是否觉得工作富有意义并热爱企业?	鼓励士气、强调团队精神、宣传企业文化
你对企业和部门的总体目标是否清楚?	确认企业总体目标,确认部门阶段目标
你对本人的职责分工是否清楚?	重申岗位和责任

续 表

员工需要回答的问题	管理者需要做的工作
你对上一阶段的工作绩效是否满意？	共同回顾和小结，并对工作予以评价和反馈
你对企业、部门及主管的领导是否满意？	征询建议、意见、期望
你对培训和个人职业生涯发展是否清楚？	共同探讨下一步的培训和个人发展目标
你对下一阶段的工作目标是否清楚？	共同设定目标、完成的数量、时间及方法
你是否清楚自己的不足和如何改进工作？	帮助员工认识不足之处，明确改进方法

（六）注重非正式沟通

企业内部的沟通方式主要有正式沟通和非正式沟通。正式沟通是通过固有的组织结构，按照规定的信息传递渠道进行的信息交流和传达，如公文的传递、通知及相关信息的传达、例会和谈话等。其优点是沟通效果好、易于保密、具有较强的约束力，缺点是方式刻板、沟通速度较慢、缺乏相应的反馈和互动交流。非正式沟通是指通过正式沟通渠道以外的信息交流和传达方式。由于企业内部非正式组织的存在，作为社会人的企业员工往往会通过非正式渠道获取和反馈大量信息，如果能够对企业内部非正式的沟通渠道加以合理利用和引导，也可以帮助企业管理者获得许多无法从正式渠道获取的信息，在达成理解的同时解决潜在的问题，从而最大限度地提升企业内部的凝聚力，发挥整体优势。

五、有效沟通的行为法则

管理者运用沟通方式和技巧，有效地与员工接触，是获得成功的重要方式。有效沟通应遵循如下四条行为法则。

（一）自信的态度

有自信的人常常是最会沟通的人。管理者在与员工沟通时，可以有不同的风格和作风，但要注意态度和情绪控制，避免吼叫、谩骂或争辩，过度兴奋和过度悲伤的情绪都会影响信息的传递与接受，应尽可能地在平静的情绪状态下与员工沟通，才能保证良好的沟通效果。

（二）尊重、体谅他人的行为

沟通是心灵的参与，是实现真诚、信任和尊重的桥梁。管理者在沟通中不仅要善于表达自我，更要注意体谅对方。体谅就是要设身处地为对方着想，并且体会对方的感受与需要。由于你的了解和尊重,对方也会体谅你的立场与好意,并会作出积极而合适的回应;反之,则会出现相反的情况,尊重、体谅是信任的基础。另外,身体语言在沟通过程中也非常重要,有50%以上的信息可能是通过身体语言传递的。管理者的眼神、表情、手势、坐姿等都可能影响沟通。管理者专注凝视对方还是低着头或是左顾右盼,都会造成不同的沟通效果,例如,坐姿过于后仰,会给员工造成高高在上的感觉;坐姿过于前倾,又会对员工形成一种压力。因此,管理者要把握好身体语言的尺度,尽可能不让员工感到紧张和不舒服。只有让员工尽可能地放松,才能让他说出真实的感受。

(三) 善于询问与倾听

优秀的沟通者,应善于询问并积极倾听他人的意见与感受。尤其是在员工行为退缩、默不作声或欲言又止时,可用询问引出对方真正的想法,了解对方的立场以及需求、愿望、意见与感受,例如,可以用聊天的方式开头,"最近工作如何?""公司最近比较忙,累不累?"等。这样一方面为要说的话铺路,另一方面可以营造比较自然的谈话气氛。运用积极倾听的方式,来诱导对方发表意见,进而加以引导激励。好的沟通应注重聆听技巧,避免听而不闻、先说再听、一心二用。为避免产生误解,在沟通交流中,如果双方或至少一方能适时复述、提问,以确认关键信息,并予以适当的反馈,沟通的有效性(准确、省时、较少冲突)就能大大提高。

(四) 直接有效地表达观点

为保持沟通的简洁性和准确性,在沟通交流中,时常以"我觉得"(说出自己的感受)、"我希望"(说出自己的要求或期望)为开端,结果常会令人极为满意。这种行为是直言不讳地告诉对方自己的要求与感受,若能直接有效地表达观点,将会有效地建立良好的人际关系,但要注意时间、气氛、对象是否合适。

六、加强企业内部沟通交流的具体方法

(1) 及时公布公司政策、通知。通过新闻组、内部网、员工电子信箱等方式,解释公司规定;对某些误解或不正确的言谈,及时进行解释或纠正;及时回答员工的问题;及早宣布节假日安排。

(2) 积极组织各类推广企业文化的活动。通过员工手册或各类文章宣传企业文化;通过内部网络树立企业形象;通过举办培训班、研讨会等形式,宣传企业的价值观,真正建立一个"大家庭";通过组织每周体育活动、例会、各类文体活动等,加强员工关系;通过各种渠道收集员工的反映和建议;及时对员工关注的"热点问题"进行研究;组织各类社会公益活动。

（3）及时反馈和处理员工的投诉或建议、电话、邮件。各级部门经理应努力做到每封信必回、及时回复；及时处理当日投诉的事件，及时调查投诉原因和提供解决问题的办法；收集员工对公司各部门的意见和建议，及时反映到有关部门或高层；部门经理应随时随地保持手机的对外联系。

（4）加强对企业内部网的管理。加强内部网管理、资料输入和日常管理的规范化，创建一个高质量的内部网；努力做到专业化，使之真正成为企业内部的沟通桥梁；及时对企业所取得的业绩予以宣传，使之成为员工的知心朋友和企业政策宣传的好渠道；及时撰写、发布稿件和简讯；及时更新版面和内容；努力实现内容的多样化，丰富充实现有栏目；设立奖励措施，鼓励员工积极写稿和参与内部网和企业的建设。

（5）定期组织沟通会听取员工意见。争取每月全体经理人员沟通一次；争取每季度召开沟通大会一次；邀请各部门员工代表参加专题的座谈会；定期对企业的各项服务举行调查讨论会；午餐时公司部门经理们在一起吃饭；每周定期召开相关级别的经理工作汇报会。

（6）切实做好员工辞职、离职时的面谈。了解员工离开的情况、原因；属于企业原因造成员工流失的，务必限期改进工作，稳定优秀人才；如实向企业高层反映离职的原因和情况；加强防范措施，采取积极政策防止和避免其他企业挖走人才。

（7）定期计划和组织员工调查。随时针对某项专题、"热点问题"等进行（如班车问题、餐饮问题）调查；针对企业所组织的活动进行调查，以了解活动的效果；适时开展员工满意度调查。

（8）定期组织员工与高层的见面畅谈会。选出一些员工或一个部门的员工与高层沟通，帮助公司高层了解部门情况；凡是新员工，公司总裁都要会见10~15分钟；每周总裁安排出一两个小时与员工谈话、征求意见；实施"开门政策"，鼓励员工随时可进入总经理办公室与总经理沟通；设置"建议奖"，鼓励员工通过与高层沟通为企业的发展积极出谋献策。

（9）为员工提供咨询服务。及时更新公司电话簿，让员工在需要时能找到企业相关的人；规定凡是企业报销的手机必须24小时开机；为员工提供各类工作和个人发展、生活方面的咨询；通过内部网等方式对员工所提出的热点问题进行及时解答；帮助员工处理好感情、生活、工作上的苦恼、压力，解决员工的后顾之忧等个人问题；通过专业公司提供心理咨询、精神咨询。

（10）加强管理人员的培训。组织开办有关沟通的课程，特别是培训外地办事处或业务部门的员工，以提高沟通质量；提高部门经理的沟通素质，加强员工关系，拓宽沟通渠道；开展案例分析，宣传好的典型，介绍著名企业的成功经验；行政、人事、财务等后勤部门应全力为各个业务部门和外地分公司提供人力资源管理和员工沟通管理的支持；在新员工职前培训中特别突出强调沟通问题；训练管理人员如何处理危机。

（11）及时表彰优秀员工。表彰安心在企业工作和长期服务的员工；大力宣扬和表彰本年度/季度在沟通方面有突出表现的员工和部门；设立专项奖，鼓励沟通。

（12）适时组织公司的大会。组织年庆或对企业具有重要里程碑意义的庆祝会、庆功会；组织年餐会；组织团队建设活动（如拓展训练）。

（13）开展丰富多彩的员工文化、体育、娱乐活动。举办各种文娱活动及社交活动；组织春游、团体旅游活动；举办各种联谊会、英语沙龙或俱乐部；适时组织各类文体活动；组织文学创作、各类棋牌、书法、绘画、摄影等比赛；将员工优秀作品印刷成台历、挂历；成立各种小型的文体俱乐部（音乐俱乐部、足球队），举办小型运动会；完善工会/员工代表大会/员工服务委员会的职能，定期召开会议讨论与员工密切相关的问题；组织内部和外单位的友谊比赛、爬山、游泳、球赛、保龄球等。

（14）组织和开展好企业的各项福利活动。定期组织年度体检；帮助新员工提供和寻找住宅信息；开办卫生知识和妇女保健的讲座；在员工特殊时期或发生较大事件时给予员工爱心和关怀（婚丧嫁娶、小孩出生、员工生病住院、亲属事变等）；在员工生日、春节、三八妇女节、公司年庆活动等特殊日子里为员工赠语祝贺、购送贺卡或小礼物。

（15）加强与外地分公司的联系。通过各种形式讨论管理问题、分享好的案例和经验；凡是外地分公司的信件和电话必须当日处理、有反馈。

（16）加强与员工家属的联系。鼓励员工家属或朋友到企业参观，了解企业；组织员工和家属都参加的团聚活动、联欢活动等，让每个员工和家属都成为企业的宣传员。

（17）加强与外部供货商的联系和业务协作单位的联系。树立企业形象，尽一切努力扩大企业的业务和客户群；强调"让顾客满意"的服务态度；不定期地举办友谊比赛；相互尊重，文明礼貌，言行举止和一举一动都代表企业的对外形象。

第四节　员工满意度调查

一、员工满意度调查的含义和作用

所谓员工满意度，是指员工对在组织中所扮演的角色的感受或情感体验，是员工对其工作或工作经历评估的一种态度的反映，它与工作卷入程度、组织承诺和工作动机等有密切关系。员工满意度调查（Employee Satisfaction Survey，简称"ESS"）是指运用专业方法，向员工收集意见并与员工就有关观点、想法、评价等进行交流，适时了解员工工作状态和企业管理上的成绩和不足，以改善企业管理，提高员工满意度和工作绩效的一种活动。

员工对工作是否满意,是否认为在组织内部有发展机会,这种心理感受会直接影响到员工工作时的情绪。研究表明,人的情绪与工作效率有很大关系,低水平的员工满意度会导致员工情绪的低落或过分紧张,不利于工作效率的提高。提高员工满意度,可以提高员工的工作热情,降低人才流失率,因而员工满意度调查和测量已成为许多大企业管理诊断的评价标准。更为重要的是,员工满意度是面向未来的指标,关系到企业未来员工队伍的稳定和发展,对于企业提前了解存在的问题,发现隐患,及早准备解决问题的方法具有重要意义。具体讲,员工满意度调查至少具有以下作用:

(1) 预防和监控的手段。通过员工满意度调查,可以捕捉员工思想动态和心理需求,从而采取针对性的应对措施,如通过调查发现了人员流动的意向和原因,如果改进及时,措施得法,就能预防一些人才的流失。

(2) 管理诊断和改进的工具。了解企业在哪些方面亟待改进,企业变革的成效及其改革对员工的影响,为企业人力资源管理决策提供重要依据。

(3) 广泛听取员工意见和激发员工参与的一种管理方式。通过员工满意度调查,能够收集员工对改善企业经营管理的意见和要求,真实地了解员工在想什么、有什么意见与建议、有什么困难、对什么不满意,这种民主参与方式能够激发员工参与组织变革,提升员工对组织的认同感和忠诚度。

(4) 企业管理成效的扫描仪。员工满意度调查可以提供企业管理绩效方面的数据,监控企业管理成效,掌握企业发展动态。调查汇总结果可以为企业和部门业绩提供来自民意方面的量化数据。

二、员工满意度调查的目的

实施员工满意度调查要达到以下五个目的。

(一) 诊断潜在问题

员工满意度调查是员工对企业各种管理问题是否满意的晴雨表。进行员工满意度调查可以对企业管理进行全面审核,及时发现企业潜在的管理危机和问题,保证企业工作效率和最佳经济效益,减少和纠正低生产率、高损耗率、高人员流动率等问题。比如,通过调查发现员工对薪酬满意度有下降趋势,就应及时检查薪酬政策,找出不满日益增加的原因并采取措施予以纠正。

(二) 找出现存问题的症结

员工满意度调查有助于解释出现高缺勤率、高离职率等现象的原因,找出问题的症结。研究表明,满意度与缺勤率之间存在着一种稳定的消极关系,即员工满意度越低,缺勤率越高;满意度与流动率之间也存在负相关关系,且这种相关比满意度与缺勤率之间的相关程度更高,因而提高员工满意度在一定程度上可以降低缺勤率,更能够降低流动率。相对而言,员工不满意在先,缺勤、离职在后,如果能够及时发现员工的不满,并采取有效措施,可以预防一些人才流失情况的发生,维护稳定和谐的员工关系。

(三) 评估组织变化和企业政策对员工的影响

员工满意度调查能够有效地评价组织政策和规划中的各种变化,通过变化前后的对比,管理者可以了解管理决策和变化对员工满意度的影响。

(四) 促进与员工间的沟通和交流

员工满意度调查是一种有效的群体沟通方式,它创造了沟通氛围,是管理者与员工之间重要的信息沟通和反馈渠道。通过满意度调查,员工能够畅所欲言,反映平时管理者听不到的声音,管理者也可以收集到员工对企业经营管理改善的要求和意见,同时又能激发员工参与企业管理,使管理者能够针对员工的主要需求进行激励,增强激励的有效性。

(五) 培养员工对企业的认同感、归属感

管理者认真对待员工满意度调查,会使员工感受到企业的关怀和重视,有利于员工在民主管理的基础上树立以企业为中心的群体意识,不断增强员工对企业的向心力、凝聚力。

三、员工满意度调查的内容

影响员工满意度的因素构成了满意度调查的内容。早期行为科学家如赫兹伯格(F. Herzberg)在对人的满意度因素研究的基础上,提出了有名的双因素(激励因素、保健因素)理论。洛克(Locke)认为员工满意度构成因素包括工作本身、报酬、提升、认可、工作条件、福利、自我、管理者、同事和组织外成员等 10 个因素。阿莫德(Arnold)和菲德曼(Feldman)则认为影响员工满意度的因素包括工作本身、上司、经济报酬、升迁、工作环境和工作团体等 6 个因素。这些研究对员工满意度维度的科学划分有着十分重要的影响。一般来说,应根据调查目的选择调查内容,调查的内容大致可分为以下五方面:

(1) 工作本身满意度。指工作的胜任程度;工作的挑战性程度;工作的发展空间大小。

(2) 工作回报满意度。指薪酬的绝对公平和相对公平程度;医疗保险和假期等

福利的合理和齐全程度;激励制度;职务晋升制度;培训制度。

（3）工作环境满意度。指工作环境的湿度、亮度、噪声、气味等方面;工作必需设施的完备和可取得的程度;工作作息时间和加班制度等。

（4）工作群体满意度。指员工与其同事、上级、下级的人际关系状况。例如上级的信任、支持、指导,同事的相互了解和理解,以及下属领会意图、完成任务情况。

（5）企业满意度。指员工对企业文化、企业战略的认同程度;员工对企业经营管理的参与程度;信息渠道的畅通及信息开放程度。

四、员工满意度调查的流程和方法

实施员工满意度调查,大致要经过以下五个步骤。

（一）明确调查目的,确定调查内容,制订调查计划

进行有效的员工满意度调查,首先要明确调查目的。有些调查是为了了解企业现存问题,有些则是在已发现某种问题(如离职率高)的基础上,为了寻找原因和对策而展开的调查。有的是综合性的调查,有的则是为了某个专门目的进行的调查,如调查薪酬水平满意度、工作环境满意度等。调查目的不同,决定了调查的范围、调查计划、内容和方法也有所不同。调查范围可以是全企业范围的全体员工,也可以是某一或几个部门的特定员工,合理确定调查范围有利于提高调查效率。无论是每年一度的员工满意度调查,还是在特殊情况下的调查,一般都要针对当前比较突出的问题,结合企业实际情况展开。为了确定调查内容,需要了解企业现状,确定突出的问题。可以通过访谈的方法,从不同的部门、年龄、性别分层选取一些员工进行座谈,获取与满意度调查内容有关的企业信息。还可以进行文案调查,对企业内部资料进行收集与归纳,包括业务经营部门、计划统计部门和档案部门的记录等。通过分析这些资料,可以对企业的现有经营环境和人员状况有更加充分的了解,并在此基础上拟订调查计划。

（二）选择调查方法,实施调查方案

根据事先拟订的调查计划,为了完成规定的调查任务,管理者可以灵活地选择不同的调查方法,实施调查方案,并形成书面报告。目前,员工满意度调查方法主要有观察法、会议沟通法、单独面谈法、书面沟通法等。其中,书面沟通法中的问卷调查法实用性最强。常见的调查问卷有三种设计方法,即工作描述法、满意度等级法、开放式问答法。在实际中往往几种方法结合使用。

1. 工作描述法

它是对调查事项给出各种可能情况的描述,由被调查者根据自己的感受进行选

择。这是最常见的员工满意度调查方式。通过填表人的判断，可以统计出员工对工作环境、工作回报、工作群体等方面的满意程度，如 Brayfield & Rothe 设计的工作描述指数法。表 8-3 列举了工作描述法问卷的一些题目。

表 8-3 工作描述法问卷题目举例

当前工作	当前收入	晋升机会	直接上司	同事
1. 有创造性的 2. 令人满意的 3. 愉快的 4. 有用的 5. 沉闷的 6. 糟糕的 7. 有趣的 8. 枯燥的	1. 丰厚的 2. 少于我应得的 3. 不公正的 4. 足够的 5. 勉强维持的 6. 很低的	1. 很好的晋升机会 2. 根据能力晋升 3. 很少晋升 4. 没有职业成长空间	1. 刻板自大的 2. 老练的 3. 给出模糊指导的 4. 与时俱进的 5. 奖罚分明的 6. 需要时会在身边的	1. 很好相处的 2. 积极主动的 3. 懒惰的 4. 坦诚的 5. 令人不愉悦的 6. 沉闷的

2. 满意度等级法

它为每项调查内容设置了 5 个满意度等级供选择。著名的明尼苏达工作满意调查表（Minnesota Satisfaction Questionnaire，MSQ）就属此类。该表含有 20 大项，每大项下有 5 个小项，共计 100 个细项调查内容。20 个大项是：个人能力的发挥；成就感；能动性；公司培训和自我发展；权力；公司政策及实施；报酬；部门和同事的团队精神；创造力；独立性；道德标准；公司对员工的奖惩；本人责任；员工工作安全；员工所享受的社会服务；员工社会地位；员工关系管理和沟通交流；公司技术发展；公司的多样化发展；公司工作条件和环境。明尼苏达工作满意调查表也有简单形式，即以上 20 个大项可以直接填写每项的满意等级，总的满意度可以通过 20 项全部得分而获得。

明尼苏达工作满意度问卷

问您自己：我对自己工作的这些方面满意程度如何？

非常满意：指我对工作的这些方面非常满意。

满意：指我对工作的某一方面满意。

不确定：表示我不能确定自己满意还是不满意。

不满意：表示我对工作的某一方面不满意。

非常不满意：指我对工作的这些方面非常不满意。

对你现在的工作感觉如何？　　　　　　非常满意　　满意　　不确定　　不满意　　非常不满意

1. 能够使自己始终很忙
2. 独立工作的机会
3. 时常有做不同事情的机会
4. 成为团体中一员的机会

5. 上级对待职员的方式
6. 管理者的决策胜任力
7. 能够做不违背自己良心的事
8. 工作所提供的稳定的就业方式
9. 为别人做事的机会
10. 叫别人做事的机会
11. 发挥自己能力的工作的机会
12. 公司决策付诸实践的方式
13. 我的报酬与我所做的工作的量
14. 该工作的提升机会
15. 使用自己的判断的机会
16. 按自己的方式做工作的机会
17. 工作条件
18. 同事间相处的方式
19. 做好工作所得的赞扬
20. 从工作中所得的成就感

3. 开放式问答法

它能够给被调查者以足够的表达空间，便于挖掘问题的原因，其典型代表是彼得需求满意调查表。该表是开放性的适用于管理人员的调查方式。问题集中在具体的管理工作，每个问题都包括三句话，如："你在当前的管理位置上个人成长和发展的机会如何？理想的状况应如何？而现在的实际状况又如何？"

三种调查方法均有正确性、可靠性和全面性的特点，都能反映企业想要测量的内容，提供企业管理者感兴趣的有关因素的详细数据。企业可以根据员工满意度调查的目的及自身特点选择适当的方法。不管采用哪种调查方法，最终都要形成书面的调查报告。

(三) 分析调查结果，提出改进措施

通过对问卷和调查报告进行检验、归类、统计，形成用文字、图表表达的调查结果，并对现存问题进行总体评价分析，提出改革的具体措施，最终提交综合报告。在分析员工满意度不高的原因时，要把各方面的反馈信息结合起来思考，不能偏听偏信。比如，某个员工抱怨缺乏领导的支持，其原因可能是多方面的：领导不肯或不会指导下属工作；该员工没有表达出希望得到支持的信号；工作分配不当，超出个人承受范围；甚至可能是该员工错误地理解了"领导支持"的内涵。改进措施是调查报告的精华所在，因为企业不是单纯地为了调查而调查，而是为了改进而调查。改进措施要

综合考虑问题的严重程度、关键程度、企业的承受能力、措施实施的可行性大小。比如，员工对薪酬的满意度下降了10个百分点，其重要性肯定要比对后勤部门工作的满意度下降20个百分点更引起管理者的关注。在人、财、物力有限的情况下，企业要衡量各种解决方案需要的成本和未来的效益，从中选择最优方案去改善最关键的问题。

(四) 建立行动计划，实施改进措施

针对调查结论，实施改进措施是十分必要的，否则，员工会把满意度调查看成作秀，对企业领导丧失信任。而且矛盾不会随着时间的推移自动消失，积累的时间越长，爆发的力度越大。具体实施措施包括：(1) 建立严密的规章制度。针对员工满意度调查中暴露的问题，管理者应该改进和完善相应的制度。(2) 落实各项制度。有时企业有完善的制度，但没有很好地加以贯彻，也会招致员工不满。应加强基础管理工作，将制度落实到位。(3) 培育企业文化。引导企业价值理念和员工价值观保持一致，鼓励平等竞争。

(五) 跟踪反馈效果

实施改进措施并不是员工满意度调查工作的终结，还要对改进措施进行两方面的效果评估。一是评价措施的经济性，即是否能够以较少的投入获得较大的产出；二是评价措施的实用性，即改进措施对员工满意度指标的改善。对改进措施的经济性评价，可以采用成本—效益法。成本是进行员工满意度调查所花费的调查成本以及实施改进措施所花费的成本。效益是企业在劳动生产率、出勤率、顾客投诉率、销售收入、利润率等指标上的变动情况。对改进措施的实用性评价则需要下一轮的调查。因为整改措施的效果不可能一步到位，立竿见影。

通过调查，企业可以准确、全面地了解员工的满意度状况及现实、潜在的需求，制订和实施有针对性的激励措施，激发员工对工作、对企业的献身精神，提高员工和管理者的各项技能，同时也能够达到减少劳动争议的目的。

第五节 员工援助计划

一、员工援助计划的含义和背景

员工援助计划(Employee Assistance Programs, EAP)是组织为帮助员工及其家属解决职业心理健康问题，由组织出资为员工设置的系统服务项目。

员工援助计划通过专业人员对组织进行诊断和建议，并对员工及其家属提供专

业指导、培训和咨询,旨在帮助和解决员工及其家庭成员的各种心理问题,提高员工在组织中的工作绩效。EAP 是一项事先干预的工具,它通过把预防和处理相结合、解决普遍问题和个别问题相结合的方式,帮助组织消除或削弱诱发员工产生问题的来源;增长员工心理健康的知识,以及自我对抗不良心理问题的能力;并向有需要的员工提供高质量的咨询服务。

EAP 有助于提高个人生活质量,降低成本,提高生产率。对员工个人来说,家庭关系和工作关系得到了改善;懂得了融洽地处理人际关系的方法;改正了不良习惯;规划了个人职业生涯。对于管理人员来说,它能有效地处理员和工之间的关系,避免涉及私人问题,提供错误建议;更有效地领导整个团队。对于公司组织机构而言,EAP 能够改善管理效果、提高生产率;减少离职率;减少招聘成本及培训费用;提高公司士气,提升公众形象。数据显示,财富杂志评出的世界 500 强企业使用 EAP 的情况,从 1972 年的 25%,上升到 2000 年的 92.50%。

员工援助计划最初产生于 20 世纪二三十年代的西方国家。那时正值工业社会蓬勃发展,资方在管理过程中发现,员工过量饮酒、吸烟等行为严重地影响了生产效率。为了解决员工这些不良行为习惯对企业的影响,企业主或资本家们想到了通过行为纠正的方法来帮助员工克服这些成瘾行为,于是产生了最初的 EAP 服务模式。接受行为纠正的员工在很大程度上摆脱了自己的不良嗜好,工作效率也有明显改善。之后,他们又发现,影响员工工作效率的原因有很多,比如家庭负担、人际关系等,于是 EAP 的服务领域就慢慢地拓展开来。

据统计,在全球导致员工丧失劳动能力的十大主要原因中,有五个是心理问题,如工作压力过高、人际关系困难、家庭或婚姻生活失败、缺乏自信心等。工作压力不仅损害员工的健康,而且也破坏组织的健康,并最终导致经济损失。英国的一项研究表明,在 20 世纪 80 年代,英国公司工作场所压力是劳资纠纷所带来的损失的 10 倍。英国产业联合会(Confederation of British Industry)的数据显示,英国与酒和饮料相关的疾病每年带来的成本是 17 亿英镑以及损失 800 万个工作日,冠状动脉硬化疾病会导致 6 200 万个工作日的损失,而心理疾病每年所需的成本是 37 亿英镑以及损失 9 100 万个工作日。事实上,在 20 世纪 90 年代,英国因劳资争斗而损失的工作日已经下降,工作压力已经成为导致工作日损失最重要的因素。美国职业压力协会(American Institute of Stress)估计,压力及其导致的疾病每年耗费美国企业界 3 000 多亿美元,因而美、英等国企业普遍采用员工援助计划来解决职业压力问题,解决因员工心理困扰导致的缺勤率和离职率增加等问题。

EAP 为企业带来的价值无可估量。在美国,对 EAP 每投资 1 美元,将有 5~7 美元的回报;1994 年,Marsh & McLennon 公司对 50 家企业做过调查,在引进 EAP 之后,员工的缺勤率降低了 21%,工作的事故率降低了 17%,生产率提高了 14%;在美国一家拥有7万名员工的信托银行引进EAP之后,仅仅一年,在病假的花费上就节约了739 870美元的成本;2002年,摩托罗拉日本公司在引进EAP之后,平均降低了40%的病假率。据统计,目前在美国有四分之一以上的企业员工常年享受着EAP服务,大多数员工超过500人的企业目前已有EAP,70%以上员工人数在100—500的企业也有EAP,并且这个数字正在不断增加。

资料:今天你走了多少步?

"爸爸,我想你……"听到电话那头儿子稚嫩的声音,李亮(应当事人要求化名)忍不住流下幸福的眼泪:"我终于可以参与孩子的成长了!"

就在不久前,小李还陷入在深深的自责和挫败感中。儿子刚出生时他就离开妻儿,独自来到北京一家企业务工。如今,已6岁的儿子几乎视小李为"陌生人",连电话都不愿意接。这让思念儿子的小李很失落,工作也受到影响。

给企业"幸福加油站"热线打了一个电话后,事情发生了转机。与企业合作提供员工帮助服务的好人生集团派出心理咨询师为小李纾解心结,提出建议。在其指导下,小李改进了与儿子的沟通方式,终于让儿子接受了自己。

这是EAP(员工援助计划)帮助员工解决心理困扰的一个例子。如今,越来越多的企业开始引入EAP服务,注重对员工的人文关怀和心理疏导。在实践应用中,这一模式的内涵也日益丰富,方式更为多样化。

身心健康缺一不可

近些年,EAP项目进入我国并在数千家企业实施。实践中,这一项目也遇到了我国企业职工特有的问题。国内EAP领域的专业健康管理公司好人生集团总裁章智云说,"我们在接受员工心理咨询时,经常发现导致员工精神状态不佳的原因不仅仅是心理问题,还包括一些慢性病因素。心病与身病需要分别施以对策。"因此,她认为,员工援助比心理援助有更大的内涵和外延。

于是,好人生集团提出了一个全新的概念——H-EAP,即员工身心整合式健康计划。为企业雇主和员工提供整合式健康管理与服务,既包括心理疏导,也包括身体疾病预防与管理。同时,这套听起来较为复杂的身心管理系统,还可以通过基于手机移动平台运行的手机App——V健康平台实施管理。该平台既能帮助员工进行疾病自测及心理状态自我评估,又可随时线上呼叫健康风险管理专家提供建议,无论员工身处何地,只需在线登录即可参与健走或骑行,企业内部还可全员实时显示运动排行榜。目前,这一模式已在交通银行、中化集团、阿里巴巴、腾讯等企业推广,并获得企业较好的反馈。

今天你走了多少步?

"这个 EAP 项目在我身上的效果最明显了,你看我现在多精神!"面对《工人日报》记者,中国中化集团公司工会主席朱永亮爽朗地笑着说。EAP 项目在中化集团叫员工关爱计划。这家有着 5 万多名员工的央企,自 2012 年起就在公司持续推进这一计划。朱永亮介绍,中化集团作为市场化程度较高的企业,工作节奏快,员工工作压力加大。2011 年,集团工会了解到 EAP 项目后,感觉这是关爱员工、促进企业文化建设的一个很好的抓手,于是与好人生集团合作实施这一计划。工会建立了"健康小屋",员工可在此或通过电话随时向心理咨询师咨询包括身体健康、工作压力、职业规划、亲子教育、婚恋家庭等问题。同时,还定期或不定期地组织心理专家上门举行讲座或问诊。

不过,最为朱永亮所津津乐道的,还是员工健步走行动。相比其他运动,健步走简单易行,每名员工都能参加。为提高员工参加健步走的积极性,中化工会引入移动平台,对每名员工步行成果进行智能统计并排名。"现在,大家见面说的第一句话往往是:'今天你走了多少步?'"朱永亮说,健步走的健身效果非常明显,很多员工养成了日常锻炼的良好习惯,"一天不走就难受",员工体检很多人也反映各项指标都令人满意。"身体好了,精神状态佳了,工作效率也提高了。而且,通过竞赛,同事之间的关系更和谐了。这项活动得到了员工的普遍欢迎,真是'一举数得'。"

"如今,越来越多的企业视 EAP 项目为履行社会责任的有效方式之一。对员工来说,这更是一项实实在在的福利和关爱。"章智云表示。

资料来源:陈晓燕,"今天你走了多少步?"《工人日报》2015 年 07 月 23 日 02 版。

二、员工援助计划的内容

从 EAP 的历史可以看到,最初的 EAP 是从禁止在工作地酗酒和吸毒的工业计划变化而来的。随着工业技术的发展,企业规模的扩大,导致员工工作绩效降低,企业业绩不能达成的原因越来越多,员工援助计划的范围也就不断拓展。总的来说,员工援助计划主要涉及员工生活和工作两大方面:① 员工个人生活方面,如健康、人际关系、家庭关系、经济问题、情感困扰、法律问题、焦虑、酗酒、药物成瘾及其他相关问题;② 工作方面,如工作要求、工作中的公平感、工作中的人际关系、欺负与威吓、人际关系、家庭/工作平衡、工作压力及其他相关问题等。中国科学院心理研究所针对一项EAP计划的专项调查发现,在员工咨询中,情感家庭问题占40%,工作压力占19%,子女教育占12%,个人生涯发展占10%,职场人际占6%,自我认知与探索占4%,情绪管理占3%,该报告得出的结论是:职场、家庭与亲子关系是影响员工心理的重点难题。

完整的EAP包括压力评估、组织改变、宣传推广、教育培训、压力咨询等几项内容。具体地说,可以分成三个部分:第一是针对造成问题的外部压力源去处理,即减少或消除不适当的管理和环境因素;第二是处理压力所造成的反应,即情绪、行为及生理等方面症状的缓解和疏导;第三是改变个体自身的弱点,即改变不合理的信念、行为模式和生活方式等。如今,EAP已经发展成一种综合性的服务,其内容包括压力管理、职业心理健康、裁员心理危机、灾难性事件、职业生涯发展、健康生活方式、法律纠纷、理财问题、饮食习惯、减肥等各个方面,全面帮助员工解决个人问题。解决这些问题的核心目的在于使员工在纷繁复杂的个人问题中得到解脱,减轻员工的压力,维护其心理健康。

员工援助计划常见的服务项目有:① 常规员工心理辅导;② 危机事件干预;③ 工作场所的行为风险评估;④ 裁员心理支持;⑤ 第三方EAP离职面谈;⑥ 岗位胜任的心理学评估;⑦ 管理者咨询——管理者角色冲突、管理上的缺陷、管理冲突;⑧ 员工心理健康调查问卷。

三、员工援助计划的实施要点

借鉴国外优秀企业的做法,EAP的实施要点是:

(1)明确指出计划的目标和理念。确立创立EAP的政策以及实施什么内容的EAP,然后基于这个前提提供一些特殊的服务。其中包括希望企业和雇员通过这一计划达到的短期目标和长期目标。

(2)拟定一份政策明细清单。在这份文件中要界定员工援助计划的目的、员工参与的资格条件要求、组织中各类人员所需扮演的角色和需要承担的责任,以及使用该计划的基本程序。

(3)进行专业的员工职业心理健康问题评估。由专业人员采用专业的心理健康评估方法,评估员工心理生活质量现状及其导致问题产生的原因。

(4)搞好职业心理健康宣传。利用海报、自助卡、健康知识讲座等多种形式,树立员工对心理健康的正确认识,鼓励遇到心理困扰问题时积极寻求帮助。

(5)设计和改善工作环境。一方面,改善工作硬环境——物理环境;另一方面,通过组织结构变革、领导力培训、团队建设、工作轮换、员工生涯规划等手段改善工作的软环境,在企业内部建立支持性的工作环境,丰富员工的工作内容,指明员工的发展方向,消除问题的诱因。

(6) 注意法律问题,维护保密的档案制度。在制订员工援助计划时,应当到法律顾问那里去获得一些建议,仔细甄别准备雇佣的员工援助计划专业工作者的资格证书,以及实施员工援助计划应遵守的相关法律法规。在员工援助计划中涉及的每一个人都必须懂得保守秘密的重要性。此外还要将档案上锁,限制和监督接触档案的行为,将个人特征信息尽量保持在最少的水平上。

(7) 开展员工和管理者培训。一方面,通过压力管理、挫折应对、保持积极情绪、咨询式的管理等一系列培训,帮助员工掌握提高心理素质的基本方法,增强对心理问题的抵抗力,让员工理解并参与到 EAP 中,相互帮助。另一方面,管理者也应该清楚地知道如何实施 EAP,如何以 EAP 的方法与员工沟通,比如细致到一些卡片、信函等。各级主管人员应当理解员工援助计划所涉及的政策、程序、服务以及公司关于保密的政策规定,掌握员工心理管理的技术,能在员工出现心理困扰问题时,很快找到适当的解决方法。管理者还应该学会如何识别诸如酗酒这样一些问题的症状,鼓励员工利用员工援助计划所提供的各种服务。

(8) 组织多种形式的员工心理咨询。对于受心理问题困扰的员工,提供咨询热线、网上咨询、团体辅导、个人面询等丰富的形式,充分解决员工的心理困扰问题。

关键词: 心理契约　　雇工参与　　员工参加　　沟通　　员工满意度　　员工援助计划

复习与思考

1. 谈谈心理契约在员工关系管理中的地位。
2. 试述参与管理和参加管理的形式。
3. 有效沟通的行为法则是什么?企业加强内部沟通可以采取哪些方法?
4. 管理者在与员工沟通时应注意哪些问题?
5. 员工满意度调查的目的和内容是什么?
6. 试述员工援助计划的内容和发展背景。
7. 试述雇员参与和员工参加的区别。

第九章

纪律管理

引导案例：怎样的企业"家规"会赢得司法尊重

董某是一家公司的销售员，因多次违纪而被公司除名。董某不服，起诉至法院。一审法院判决公司解除劳动合同违法。公司不服，上诉至北京市第三中级人民法院。此案在法院内部引发了热烈讨论，并继而引起了该如何审查公司规章制度合理性问题的探讨。最终，二审法院改判公司系合法解除劳动合同。

根据《劳动合同法》第39条规定，劳动者严重违反用人单位的规章制度的，用人单位可以解除劳动合同。在司法实践中，用人单位依据该项规定与劳动者解除劳动合同，因此，企业"家规"是解决劳动争议的关键。对于这一关键证据，法院如何审查其合理合法性？用人单位如何避免"家规"不合规？劳动者又该如何正确地维护自身权益呢？

法院审查"家规"应审慎

董某是一家生物制品有限公司的技术销售代表，双方签订了无固定期限劳动合同。为便于从事销售工作，公司给董某配了一台车。因董某存在很多违纪行为，公司要求收回车辆。董某对公司指令未予理会，未归还车辆。其后，公司决定对董某进行处罚，并对其予以书面警告。董某未签收《处罚决定》。公司遂于同日发出《解除劳动合同的通知》。董某不服，起诉至法院。

一审法院认为，公司的《员工手册》过于笼统和严苛。判决该公司应支付董某违法解除劳动合同赔偿金。该公司不服，提起上诉。

二审法院根据查明的事实判定，该公司《员工手册》规定，劳动者拒绝签收公司送达的各类文书属于严重违纪行为，公司可以以此为由与劳动者解除劳动合同，同时也规定劳动者如对文件内容存在异议，可签署自己的意见。本案中，董某虽对《处罚决定》持有异议，但其完全可以在签收时提出自己的意见向公司申诉，现其拒收《处罚决定》的行为违反了《员工手册》的规定，构成严重违纪，公司据此与其解除劳动合同符合法律规定，属合法解除。一审法院认定事实错误，二审法院依法予以改判。

该案主审法官表示，人民法院在行使规章制度审查权时应持审慎态度，不宜过度干预用人单位的用工自主权。在用人单位规章制度不违反法律法规的强制性规定、不违背社会公序良俗、未严重侵犯劳动者基本权利的前提下，法院和劳动仲裁部门应充分尊重用人单位的自主权，不宜对规章制度的相关条款是否合理进行更为深入的审查并作出否定性的评价。然而,司法实践中,存在着大量的用人单位通过不合理的规章制度损害劳动者权益的情况,故在判断用人单位以劳动者严重违反用人单位规章制度为由解除与劳动者的劳动合同是否合法时,应综合考量。

"家规"应有人文关怀

那么,什么样的企业"家规"才应得到司法裁判的尊重呢?

李某与一家顾问公司签订劳动合同,担任导购员一职。2017年5月,李某因病就医。李某按照公司请假流程提交了请假材料。7月21日,公司向李某发出解除劳动合同通知书。理由是:根据《员工手册》中的休假制度,公司怀疑李某所开病假条涉嫌造假,故要求其更换指定的医院进行就医,李某不同意。公司认为李某2017年7月9日至7月20日期间一直处于旷工状态,故决定开除李某。李某不服,起诉至法院。

法院认为,作为用人单位若对员工的生病情况有所质疑,应当主动向有关医院核实病假条的真实性,而非要求员工在其指定的医院另行复查,从而额外加重病人的负担。公司这一规定对于作为病人的员工而言过于严苛,且缺乏人文关怀。对此,主审法官认为,在实践中,确实存在部分医疗机构开具休假证明不规范的情况,但是用人单位不能将相关的责任和义务全部强加于劳动者,不能在无合理理由的情况下要求劳动者在其指定的医院另行复查,从而额外增加劳动者的负担,更不能在未核查清楚的情况下就以劳动者旷工为由解除劳动合同。制定民主、公开、合理的规章制度,才能促进用人单位与劳动者"双赢",实现劳动关系的良性可持续发展。

企业的"家规"应奖惩分明

如何建立民主、公开、合理的规章制度,企业和劳动者需要注意哪些权利义务?企业的规章制度应该是根据企业自身的生产经营情况制定的,不同企业之间因为经营类型不同,所制定的规章制度也不可能完全一样。比如,有的企业对抽烟作禁止规定,却未区分一般员工与油库管理员。因为对于油库管理员来说,不仅要严禁抽烟,甚至应该禁止把烟带进工作岗位。对一般不涉及易燃易爆的工作岗位,上班抽烟就属于环境卫生管理问题。规章制度在制定过程中要充分尊重劳动者的知情权、协商权和监督权,有的企业设立"职工日""接待日"活动,在企业内部搭建一个倾听意见的平台就是一个很好的做法。企业规章制度切忌不切实际、"照抄照搬"。

主审法官提醒劳动者,应当对用人单位的规章制度予以重视。实践中,有的劳动者对规章制度的重视程度不够,在用人单位制定规章制度征求意见时,不提意见;在用人单位下发规章制度后,不认真看规章制度的内容;在双方发生争议后,才以规章制度的制定没有征求其意见或其不知晓规章制度的内容为由进行抗辩。但劳动者这时的抗辩一般不会得到法院的支持。当劳动者对用人单位的处理决定不服时,应当通过规章制度规定的程序或者其他合法途径反映问题,而不应实施更为严重的违反规章制度的行为。如果劳动者在反映问题后,双方对公司的处理决定仍有争议,劳动者可通过申请劳动仲裁或向劳动行政部门反映情况等方式维护自己的权利。

资料来源:周倩,企业"家规",如何合规?《工人日报》,2021年08月26日07版。

这一案例说明企业内部纪律管理的重要性。纪律管理是维持组织内部良好秩序的过程,也是利用奖励和惩罚措施来纠正、塑造以及强化员工行为的过程。通过本章学习,应了解纪律管理的分类和理论基础,掌握纪律管理的技巧、奖惩措施的实施以及员工申诉的处理。

第一节 纪律管理的概念

一、纪律管理的意义

常言道:"国有国法,家有家规。"任何一个组织都必须有自己的规章制度,才能规范其管理活动,约束员工行为,确保组织目标的达成。在企业生产经营活动中,每个员工都必须有组织、有领导、有纪律地进行活动,才能确保劳动过程的有序进行。如果没有严格的劳动纪律,每个员工一人一把号,各吹各的调,各行其是、自由行动,劳动过程必然发生混乱,甚至根本无法进行。因此,凡是共同劳动,只有在全体员工都遵守一定的工作秩序和劳动规则并听从指挥的条件下才能进行。在组织中如何构建、维持良好的纪律就成为管理者的重要任务。

广义上说,纪律就是秩序。纪律是企业员工的自我控制及有秩序的行为,它显示了组织内部真诚的合作。纪律并不意味着僵硬的规定和严格的信条遵守,而是指正常而有秩序的活动。在组织中,一个良好的纪律能确保全体成员的利益,同时也不会侵犯他人的权利。

所谓纪律管理,是指维持组织内部良好秩序的过程,也即凭借奖励和惩罚措施来纠正、塑造以及强化员工行为的过程;或者说是将组织成员的行为纳入法律的环境,对守法者给予保障,对违法者予以适当惩罚的过程。

现代纪律管理强调改变员工行为的过程。根据其功能和作用,可以把它分为预防性纪律管理和矫正性纪律管理两类。

(1) 预防性纪律管理。强调采用积极有效的激励方法,鼓励员工遵守劳动标准和规则,以预防违规行为的发生。其基本目的是鼓励员工自律,努力向上。

(2) 矫正性纪律管理。是指当出现违规行为时,为了阻止违规行为继续发生,使员工未来的行为符合标准规范而采取的管理措施。矫正性纪律管理较为偏重惩戒方面,典型的矫正性措施是采取某种形式的处罚,如警告、降职或暂停付薪等,其目的是改造违规者,防止类似行为的发生。

纪律是一种行为规则。纪律问题的产生,常常与员工的不当行为和工作态度、管理者的不当管理方法以及组织不合理的政策和期望联系在一起。管理者与员工每天在一起工作,处于观察员工行为的最佳地位,是违纪处理程序中的关键执行者。因此,管理者应尝试观察影响纪律的每一项因素,才能确保公平合理地对员工违纪行为进行处理。

二、纪律管理的理论基础

纪律管理的基本理念,源于管理者对人性的基本假设,其相关理论主要是 XY 理论,行为调适理论和内外控制理论。

(一) XY 理论

通过观察管理者处理员工关系的方式,道格拉斯·麦格雷戈(D. Mcgregor)发现,管理者关于人性的观点是建立在一些假设基础之上的,而管理者又根据这些假设来塑造他们对员工的行为方式。

根据消极的 X 理论,管理者把纪律管理视为增强行为的一种要求,认为员工之所以顺从劳动纪律,是因为他们惧怕强制措施或处罚办法,而不是因为他们能够自我约束。因此,将纪律管理定义为当员工违反组织的法规规则时,组织对员工所采取的行动。它强调禁止和处罚,其目的是切实保障员工对组织法规的遵守,促使员工提高工作绩效,实现组织目标。这一观点与矫正性纪律管理类似。

积极的 Y 理论的基本假设是,员工会遵行他们已经明白且接受的目标和标准,并能够进行自我约束和自我指导,因此,它将纪律管理定义为训练员工使其自我控制,并使工作变得更有成效的程序。它强调组织的纪律应当事前明示并与员工进行沟通,从而使员工能够自我约束,其目的在于改正而非惩罚。这一观点与预防性纪律管理类似。

(二) 行为调适理论

行为调适理论(Behavior Modification Theory)认为,人的行为会受到外在刺激的影响而改变。正面影响的刺激(如奖赏制度)将会使管理者所希望的行为不断地重复出现。相反,负面影响的刺激(如惩罚制度)会使管理者所不希望的行为出现的次数减少。因此,管理者可以通过奖惩制度的设计来影响企业员工的行为,使其产生管理者所预期的行为,以提高工作绩效。

行为调适理论与强化理论(Reinforcement Theory)类似,按照强化理论的观点,行为结果会对下一次行为的出现产生促进或抑制的效果。正强化是强化该行为的发生,负强化则会抑制或终止该行为的出现。

(三) 内外控制理论

一个人由内定的主宰机制来判断其认知的控制机制,即为内外控制理论。内控者认为自己是命运的主宰者,较倾向于自我约束,而不是外力的强制约束;外控者则受制于外力的操纵,其本身并无强烈的主动意愿。

由于员工个人性格特质不同,在纪律管理上也会有所差异。在内控方面,类似Y理论所强调的,着重于员工的自我约束及修正;外控理论则类似X理论,较为强调禁止和处罚。

三、纪律管理的程序

纪律管理的程序,主要包括确立纪律目标、拟订工作和行为规范、沟通目标与规范、行为评估、修正所期望的行为。管理者首先要确立纪律管理的目标,与员工进行沟通,并据此来评价、修正员工行为。纪律管理程序的目的,在于防范问题员工,协助员工成功,从积极方面促使员工自我约束。

(1) 确定纪律管理的目标。制订纪律法规的目标,在于引导和规范员工的工作行为,并使之井然有序,以提高企业生产力,达成组织目标。制订纪律管理目标的意义在于确保组织目标的实现,保障员工个人的合法权益。

(2) 拟订工作和行为规范。凡是直接或间接影响企业生产力或企业目标达成的事项,都应当拟成具体的纪律法规,以规范员工的工作行为。纪律法规应当公平合理,简单明确,避免模棱两可、含糊不清,造成执行中的困难,引发员工的反感和抗议。通常,纪律法规应当涵盖工作行为的各个层面。

(3) 沟通目标与规范。纪律法规要得到切实执行和遵守,必须获得员工对其目标和内容的了解,因而制订纪律规范最好能有员工参与,确保员工对规则的支持与实践意愿。

（4）评估员工行为。定期和不定期地记录员工平时工作表现，并运用于绩效评价，对企业纪律政策及员工行为予以检讨和评估，作为管理决策参考。

（5）修正员工行为。在绩效评估之后，应对员工的不当工作行为予以检讨，并实施适当的惩戒措施予以修正。

四、纪律管理的技巧

维持并贯彻工作场所的纪律规则，是管理者的主要责任。管理者应采取必要的纪律管理措施，确保纪律法规得到切实遵守，做到既不放纵违规者，又须采取合法、合理的处理方式。

为了强化管理者维持纪律的责任，首先要制订和遵行整个企业有关维持纪律管理的总目标，任何规则或纪律制度的制订都要依据这一目标，否则，势必步调不一，造成更大的不公平。为了实现这一目标，管理者在维持纪律制度时，应遵循道格拉斯·麦格雷戈所提出的"烫炉法则"（Hot Stove Rule），完善纪律维持系统，"烫炉法则"类似于触摸到热炉产生的效果，其主要内容是：

（1）即知即行。"烫炉法则"具有即时性特点，其含义是，热炉会立即灼烧触摸它的人，比喻对员工的错误应迅速作出处罚，才能使员工明白处罚的原因。处罚不及时，在一定程度上会削弱惩处效果。因而，它要求管理者一旦认定员工行为确实违纪，即应迅速采取行动，不要迟疑，否则，会引起员工怀疑管理者的能力与公正无私的态度，可能造成心存侥幸、投机、再度犯同样的错误。

（2）令而后行。"烫炉法则"具有预警性特点，即火炉发出的热量会警告人们，如果触摸就会被烧伤，以此警示人们避免被烫伤。它要求管理者应使员工事先知道什么是该做的，做错会有什么后果，就如同触及热炉会灼伤。

（3）公正无私。"烫炉法则"具有一致性特点，即不管是谁，火炉会烧伤任何一个触摸它的人，而且对以同样力度、同样时间触摸火炉的每一个人，受到的烧伤程度是同样的。意味着惩处应具有一致性、公平性，不管是谁，都应一视同仁，不带有个人的好恶、情感和私心。使员工相信，在基本情况相同的条件下，任何员工受到的惩罚将是同样的，管理方应确保不把个性作为一个考虑因素。保持处罚措施的一贯性，是确保公平的关键因素。但一致性并不是不考虑员工过去的违纪行为、服务年限、工作记录和其他减轻情节。

（4）勿失控制。管理者在处理违纪事件时，应当保持稳定的情绪，切勿鲁莽行事，对事不对人。纪律管理的用意不在于对员工实施人格上的批评，而是对其错误行为予以纠正，因而应尽可能地私下惩戒，以保持其自尊。

(5) 以身作则。管理者应以身作则,自己切勿违纪,否则员工会效法,甚至无法得到员工的支持和忠心,力戒"上梁不正,下梁歪"。

(6) 规则明确。无论采取何种惩戒措施,管理者都应查明违纪事实,阐明所触犯的规则以及所作的裁决,并将违纪事件的始末明确加以记载。

第二节 奖 惩

一、奖惩的意义

奖励和惩罚是纪律管理不可缺少的方法。奖励属于积极性的激励诱因,是对员工某项工作成果的肯定,旨在利用员工的向上心、荣誉感,促使其守法守纪,负责尽职,并发挥最高的潜能。奖励可以给员工带来高度的自尊、积极的情绪和满足感。惩罚则是消极的诱因,其目的是利用人的畏惧感,促使其循规蹈矩,不敢实施违法行为。惩罚会使人产生愤恨、恐惧或挫折,除非十分必要,否则,不要滥施惩罚。

奖惩是管理者对工作努力或严重违反劳动纪律的员工所采取的激励或惩罚措施。有效的奖惩措施,不应随便使用,而应符合预先设定的规则,并按照规定的程序进行;应明确奖惩的原因、奖惩依据、奖惩程度、奖惩的具体形式,对事不对人。奖惩不当,无论是对员工还是管理方,都十分有害,并会影响劳动生产率的提高和员工关系的改善。

二、奖惩的种类

奖惩是管理者根据员工行为发生的事实、情节,依奖惩制度所给予的处理,一般可以分为精神奖惩和物质奖惩。除了非正式的口头赞许与责备之外,正式的奖惩措施主要有以下几种。

(一) 奖励

(1) 嘉奖、记功、记大功。根据奖励事实和程序,给予嘉奖、记功、记大功。嘉奖3次相当于记功一次,记功3次相当于记大功一次。这些奖励措施通常可以作为绩效加分或增发奖金的依据或者晋升参考,比如获得嘉奖一次,在绩效考核中加1分;记功一次加3分,记大功一次加9分。记功的奖励也可以根据其程度,分为一等功、二等功、三等功。

(2) 奖金。以金钱激励受奖者,奖金数目可以根据月薪的百分比发放,也可以另定数目。

（3）奖状、奖牌、奖章。这类奖励方式可以使受奖者长期显示荣耀。另外，奖状、奖牌、奖章的设计样式、本身的价值以及赠奖人的身份地位，都可以影响奖励的价值。

（4）晋级加薪。调升受奖者的薪级，提高薪酬水平。

（5）调升职务。提升受奖者的职务，如将技术员调升为工程师，或由职责较轻的工作调任职责较重的工作等。

（6）培训深造。优先选送受奖者进修、深造，或送其出国考察。

（7）表扬。利用开会等公开场合给予表扬、赞美、慰勉、嘉许，或将事迹公布，或刊登在公司发行的刊物上等。

（二）惩罚

（1）申诫、记过、记大过。与嘉奖、记功、记大功的奖励措施相对应，惩罚措施也可以分为申诫、记过、记大过。申诫3次相当于记过一次，记过3次相当于记大过一次。在绩效考核减分上，申诫一次扣1分，记过一次扣3分，记大过一次扣9分。记过也可以分为一等过、二等过、三等过。同样，这种惩罚措施也可以作为减发奖金的依据。

（2）降级。降低受惩罚者的薪酬等级，减低薪酬水平。降级通常应有时间限制，如3个月、6个月，时间一到，即应恢复原来的薪酬等级。

（3）降调职务。降调受惩罚者的职务，如由主管降为非主管，或由环境较优的地区调往环境较差的地区。

（4）停职。在一段时间内停止受惩罚者的任职，停职期间停发薪酬和津贴。

（5）免职。对严重违反劳动纪律者，可以依法解除劳动关系。

（6）追究刑事责任。对触犯刑法者，如侵占公款等，可以移送司法机关，追究其刑事责任。

这些奖惩措施可以同时使用，如对记大功者，可以同时发给奖金、表扬并调升职务；对受惩罚者，也可以同时记大过、降级以及降调职务。

管理者适用奖惩措施，应当详细考察事实程度、功过轻重大小，妥善运用。惩罚员工，尤其应注意其错误的原因、动机、目的，做到不偏不倚，达到惩罚的效果。

三、奖惩事实

奖惩事实是指员工的哪种情形能够受到奖惩。通常可以从员工工作、品德、考勤等方面进行考量。

(一) 奖励事实

(1) 属于工作方面的奖励事实。主要有：工作上有重大变革，卓有成效；领导有方，拓展业务富有成效；节省金钱、材料、物料卓有成效；在恶劣环境下顺利地完成任务；对主管业务的策划推行确有重大贡献；交办的重大工作能够提前完成；冒着生命危险完成任务；研究改善生产设备有成效；有效地预防了灾害发生或减少损害；对设备进行抢修，提早完成并因此增加生产；忠于职守，绩效特佳；主动协助他人工作，卓有成效。

(2) 属于品德方面的奖励事实。主要有：品行端正，足以成为楷模；拒绝收受贿赂，不受利诱；拾金不昧；劝人改过自新并有成效。

(3) 属于考勤方面的奖励事实。主要有：全年无请假、迟到、早退及旷工记录；提早上班、迟晚下班，足以成为楷模。

(4) 其他方面的奖励事实。主要有：员工以厂为家，并足以成为楷模的；协助维护社会治安卓有成效的；热心公益，济助贫困并足以成为楷模；调解纠纷，处置得当；对员工舞弊能有效防患或察觉等。

(5) 提案奖励。主要有：为鼓励员工出谋划策，积极提出工作建议，以提高效率，确保品质，降低成本。企业可以对员工所提建议或研究报告进行认真研究，如一经采用，视其贡献大小，发给奖金，以鼓励员工多提议案。员工提案范围可以包括制造技术、设备的改进；品质的改进；节省成本费用的方法；管理方法的改进；增进劳资双方和谐关系的方法；物料的节省及废料的利用；机件、工具维修保养的改进；工厂安全卫生的改进；作业故障及人员灾害的减少方法；经营方法、企划、推销、市场开拓的改进；新产品的开发；激励员工士气的方法；节约能源的方法等事项。

员工可以随时就上述事项，将改进方法及预期效果以书面形式向企业提出，企业应设立评审委员会，对建议案的可行性、独创性、经济性以及实用性等予以评分，对评定入选者给予奖励，并可视其价值或可能产生的预期效果发给奖金，也可以在建议案被采用之后，视其成效大小决定发给奖金。

(二) 惩罚事实

(1) 属于工作方面的惩罚事实。主要有：擅离工作岗位；执行工作不力或懈怠疏忽；执行工作畏难而规避或推诿；不服从管理人员的指挥监督；故意浪费材料或毁损机器；在工作场所进行赌博；在工作时间酗酒；在工作场所殴人或互殴；在工作时间睡觉；在工作时间嬉戏而影响工作；在禁止吸烟的场所吸烟；在工作场所制造私人物件；泄露职务上的机密；在外兼营与公司同类业务；煽动他人懈怠工作；工作时不遵守安全规定；疏于保养机器；对工作资料作不实记载或报告。

（2）属于品德方面的惩罚事实。主要有：制造事端，影响团结；言行粗暴，扰乱工厂秩序；在外行为不检，影响本企业声誉；盗窃物品；辱骂、胁迫同事或管理人员；仿效主管签字或盗用印信；撕毁或涂改公司文件、记录；在工作场所出现有伤害风化的行为；收受贿赂；侵占公款等。

（3）属于考勤方面的惩罚事实。主要有：员工旷工、迟到、早退、工作缺勤；托人打卡或代人打卡；连续旷工或一个月内旷工多次；伪造出差事由；值勤时擅离岗位；伪造请假证明。

（4）属于其他方面的惩罚事实。主要有：对同事的不法行为隐瞒不报；违反国家法律、法规的行为。

此外，一些国家规定企业可以对员工实施惩处的情形还有：性骚扰；种族歧视；工作绩效不能令人满意；拒绝接受工作安排；参加法律禁止的罢工；罢工期间的不恰当行为；怠工；使用毒品或麻醉剂；凌辱顾客等。

四、如何实施奖惩

奖惩制度是规范企业经营管理、约束员工行为的重要规范，大多数企业都根据自身需要出台了或繁或简的规章制度。那么，这些奖惩制度是否都能理所当然地约束员工行为？管理者应当如何实施奖惩制度呢？制定包括奖惩措施在内的规章制度，是法律赋予企业的权利，也是企业用工自主权的重要内容，但法律在赋予企业此项权利的同时，为了防止此项权利的滥用导致员工合法利益受损也设定了相应的限制条件，这些限制条件包括：（1）规章制度的内容合法，即管理制度的内容不能与现行法律法规、社会公德等相背离；（2）规章制度要经过民主程序制定，即企业规章制度必须经过职工大会或职工代表大会，或至少是职工代表同意；（3）规章制度要向员工公示，即规章制度出台后要公开告知员工。我国法律规定，这三项限制条件缺一不可，如果企业制定的规章制度不符合上述任何一项条件，则不能作为人民法院审理案件的裁判依据。

对员工进行奖惩，应遵循一定的程序和步骤：（1）建立绩效考核等规章制度。绩效考核一般通过绩效评价过程来确定，规章制度是获得高绩效的保证，应当与成功的工作业绩相关，其内容应合法、公正、具体、明确，具有可操作性。（2）符合民主程序。制定规章制度和工作规则时，应直接或间接地征求员工意见和建议，应符合法定的民主程序，如职工代表大会通过、集体谈判确认等。（3）向员工公示。管理方负有将绩效考核标准和规章制度传达给员工的责任和义务，其方式有多种，如通过发放员工手册、介绍工作规则和组织政策；通过上岗引导，向新员工解释相关规则；通过让新员工在文件上签字，表明他们已经收到或读过工作手册；通过公告牌、公司简报和备忘录传达工作规则等。(4) 渐进性惩处。管理方对员工进行处罚,应采取逐步严厉的方式进行,即口头警告、书面警告、停职和解雇这种正常顺序,其目的是确保对所犯错误施以最轻惩处。实施渐进性惩处方式,要求对员工所犯错误,按照其严重程度进行分类。除了需要立即解雇的违纪行为,如盗窃、伪造时间卡、工作时间打架等之外,对员工的各种违纪行为要制订出不同的处罚标准,并规范处理程序,如对工人未经允许擅自离开岗位,初犯时会受到口头警告,第二次违犯时会受到书面警告,第三次违犯时将被解雇;对浪费财物、上班时间睡觉,初犯时会受到书面警告,第二次违犯时将被解雇。总之,处罚应与错误的严重程度相当,并不是越严厉越好。处罚员工,应仔细、公正、规范,避免草率。(5) 必要时,采取纠正性惩处行动。当员工的工作绩效低于预期或者违反了规章制度时,必须采取纠正措施。(6) 调查和取证。奖惩应建立在事实清楚、证据确凿的基础之上,以充分、恰当的记录为依据。建立详细的工作档案,对员工的工作表现、工作业绩、过去违反规则的行为,要有扎实的考核评价和书面记录,因为良好的工作绩效以及在企业工作时间的长短,都可能会影响惩处行为的严厉程度。管理方要避免对员工进行草率惩罚,更不能在惩罚员工之后,再去搜集、寻找相关证据。

纪律管理在员工关系中发挥着重要作用。整体上看,纪律管理还存在许多问题,由此引发的争议也很多。从我国目前劳动争议案件的处理结果看,企业败诉的比例仍然较高,约占五成。企业胜诉率低的重要原因之一,是对违纪员工的处罚没有具体细化、量化。我国现行劳动法律、法规对违纪行为的规定使用了大量的程度副词,如"严重违纪""重大损失"等,在这些情况下,企业可以解除劳动合同,但对什么是违纪行为、违纪行为达到何种程度才构成"严重违纪"等,却没有作出具体列举,这就需要企业在《员工守则》或者规章制度中根据不同岗位要求将其细化和量化。所谓细化,是指全面列举违纪行为的具体表现,最后使用兜底条款,如"公司认定的其他违纪行为"。所谓量化,是指在程度上尽量使用客观的数字说明、描述相应的行为。如不要使用"经常迟到早退",而应使用"迟到或早退累计达 3 次";不要使用"凡给公司造成严重经济损失的行为",而应使用"给公司造成经济损失达 2 000 元以上者"。在惩罚的程序和级别上分为口头警告、书面警告等。凡是违纪处罚,一定要有书面记录,即使是口头警告,也须有书面记录,并在员工档案中保存。

第三节 申 诉

一、申诉的意义

关于申诉的含义,学者有不同的界定。朱西斯(Micheal J. Jucius)认为,"申诉系来自员工对机构有关事项感到不公正或不公平时而表示出来的任何不满"。戴维斯（K. Davis）也说，"申诉可以说是员工对其雇佣关系所感到的任何真实的或想象的不公平"[1]。换言之，所谓申诉，是指组织成员以口头或书面等正式方式，表达对组织或企业有关事项的不满。

任何组织或企业的成员如果感到其本身没有得到公平待遇，或对雇用条件不满时，都会影响工作情绪、降低工作效率及增加意外事件，并会严重打击员工士气，所以，欧美许多大企业大都制定了申诉制度（Grievance System），以使员工能够遵循正常途径宣泄其不满情绪，化解内部紧张关系，进而消除劳资争议。建立申诉制度，为处理劳资之间的纠纷、分歧和不满提供了有序的办法。它用一种正式的、事先安排好的方式，为澄清纠纷提供了一种机制，有利于劳资双方在不同层次上进行协商，确保员工的问题能得到及时有效的处理。因此，企业组织内员工申诉制度的建立，具有如下意义：

（1）提供员工依照正式程序，维护其合法权益的救济渠道。申诉程序可以看作一种处理争议的机制。多层次的申诉程序安排，有助于双方利用一切机会达成共识、解决纷争，而不是被迫接受仲裁者的解决方案。在这方面，申诉的程序就好像是集体谈判的过程，诉诸仲裁则可以看作谈判失败而出现的与利益仲裁中相似的问题。

（2）疏解员工情绪，改善工作气氛。申诉机制为工人提供了一种表达不满的渠道。这种不满可以是一般意义上的不满，也可以是针对管理方提供的具体待遇条件的不满。这样，申诉就为个人或群体表达心声提供了一种机制，正如罢工是表达集体声音的机制一样，它不仅为工人提供了一个释放其不满的机会，而且也是劳资双方进行交流的重要方式，并为工作场所出现的管理问题提供了重要的信息来源，这对于较低层次的管理和监督者提高管理水平具有重要意义。

（3）审视人力资源管理制度与规章的合理性。申诉可以当作一种压力策略来使用，它可以使管理者对那些集体协议未涉及的问题作出修改。例如，管理者可能决定将一些本可由本企业完成的工作转包给其他企业，结果导致企业加班时间减少甚至出现解雇。如果集体协议中没有转包条款，工会则可以对协议中与此有关的其他问题提出申诉。不管是否有根据，这都会给管理方带来极大的不便，甚至引起分裂，从而促使管理方重新反思有关转包合同的决定。

（4）防止不同层次的管理权的不当使用。申诉程序建立了规范的工业裁决制度，在这一制度下，工人个人可以免受或者至少有条件使其免受管理方的专横或不公对待。这一程序不仅为雇员提供了那些工作场所之外的基本民主权利及自由，而且

---

[1] Keith Davis, *Human Relations in Business*, N.Y., McGraw-Hill Book Co. Inc., 1961. p.434.

有利于工人从其管理者那里获得公平待遇,因而也具有积极的道德意义。正因为如此,才使得避免工会化的愿望,经常与比较先进的企业通常采用的"内部公平系统"联系在一起。实际上,内部公平系统的本质就是申诉制度,只不过是名称的象征性改变而已("公平"比"申诉"听起来少了些对抗性)。但是,与申诉制度相比,内部公平制度受到了适用范围的限制,而且不能申请仲裁,也不受仲裁约束。

(5) 与集体协议结合,成为集体协议的适用与解释上的行政机制,并用以对抗不法的争议行为。申诉为集体协议的切实执行提供了唯一的法律保障,确保了协议的整体性,对劳动法律制度和集体协议的落实至关重要。申诉为双方进行补充协议的谈判奠定了基础。为了保持一定的灵活性或避免罢工,有时集体协议在某些条款的措辞和具体内容上有意留有余地,申诉程序为解释和运用这些模糊条款提供了一种机制,使得双方在必要时都能诉诸仲裁。

(6) 减轻高层管理者处理员工不满事件的负荷。申诉制度可以使员工的不满通过既定渠道得到及时处理,有助于减轻高层管理者处理此类事件的负荷。

(7) 提高企业内部自行解决问题的能力,避免外力介入或干预,使问题扩大或恶化。申诉可作为解决组织内部冲突及问题的政治手段。例如,工会官员提起申诉,一般是为了给其会员留下一个"好的印象",或者是为了安抚某个会员,或者是为了平息内部成员间的摩擦与不和,而不是因为他们相信申诉本身有什么价值。另外,他们提起申诉,也可能是因为已经得到基层管理者或明或暗的支持,以给高层管理者施压,促使其改变那些基层管理者及工会不满的政策和决定。

二、申诉的种类

申诉通常可以分为个人申诉和集体申诉。

个人申诉多是由于管理方对工人进行惩罚引起的纠纷,通常由个人或工会的代表提出。其内容范围从管理方的书面警告开始,到最终工人被解雇整个过程中可能引发的任何争议。争议的焦点是违反了集体协议中规定的个人和团体的权利,如有关资历的规定、工作规则的违反、不合理的工作分类或工资水平等。

集体申诉是为了集体利益而提起的政策性申诉,通常是工会针对管理方(在某些情况下,也可能是管理方针对工会)违反协议条款的行为提出的质疑,集体申诉虽不直接涉及个人权利,但却影响整个谈判单位的团体利益,通常由工会委员会的成员代表工会的利益提出。例如,管理方把协议中规定的本应在企业内部安排的工作任务外包给其他企业,这一做法可能并没有直接影响到某一单个的工人,但它却意味着在谈判单位内部雇佣的工人会更少,工作岗位也会更少,因而工会可以以团体利益为基础提出申诉。

三、申诉的范围

员工申诉制度的主要作用,在于处理员工工作过程中的不满,其范围一般限于与工作有关的问题。凡是与工作无关的问题,通常应排除在外,例如,员工的私人问题、家庭问题虽然可能间接影响其工作绩效,但并不是申诉制度所应该或所能够处理的问题。一般而言,员工在劳动关系中可能产生的不满,可以通过申诉制度处理的事项主要有:薪资福利、劳动条件、安全卫生、管理规章与措施、工作分配及调动、奖惩与考核、群体间的互动关系以及其他与工作相关的不满。

四、申诉的程序

处理申诉的程序,因企业规模大小、事情轻重以及有无工会组织而有所不同,有的只有一两个阶段,有的则多达五六个阶段,申诉程序很可能因企业不同而不同。但一般而言,申诉的起始阶段多由申诉人与其管理者直接协商,然后由工会代表和工厂主管洽商,如争端仍未获解决,最终则通过外人仲裁。原则上,问题如果能在第一阶段获得解决,申诉就不再进入第二阶段。

在无正式工会组织的企业,员工若有任何抱怨与不平,大多直接由申诉人与其主管直接协商,如果没有解决,则依序向上一级提出,直至其最高主管来解决。

在有工会组织的企业内部,员工申诉程序往往通过正式的流程来处理。实际提起申诉的程序是通过集体谈判确立,并被具体写入协议条款之中。通常在集体协议中都包括了处理争议的申诉程序,具体步骤的设计由当事人双方自行决定。在小企业,这一程序可能仅包括工会代表和雇主之间进行见面磋商这个简单的步骤。但在大企业,则通常包括三四个步骤:(1)由员工及其工会代表与直接监督管理人员讨论,尝试通过非正式方式解决事端。如果不成功,再向主管或其他管理官员提出书面申诉。(2)由工会领导或工会代表与更高一级的管理者(如部门经理或工厂负责人)会面磋商,如果仍得不到解决,申诉就进入第三阶段。(3)由资深的工会和公司官员(如当地工会主席和人力资源部负责人)进行讨论解决。如果仍然不能得到解决,则会结束申诉,进入仲裁。通常情况下,为了防止拖延,每一阶段都规定了时间限制。但如果双方同意,这些限制也可因个人申诉而被取消。因为在许多申诉中,尤其是那些涉及解雇问题的申诉中,集体协议规定了"及时仲裁"制度,即当事人可以不经过规定的申诉阶段而直接进入仲裁。从理论上说,及时仲裁制度有助于防止案件的拖延,有助于快速解决对一方或双方至关重要的问题。

综上,处理员工申诉,不管企业内部是否有工会组织,其主要程序可以归为四个阶段：

（1）受理员工申诉。由申诉者与监督者、管理者商谈，管理者在接受申诉的过程中，要心平气和地对待申诉人，用客气、关怀的态度接纳申诉人，并观察其态度，从其态度和谈话中探讨产生抱怨的关键所在。

（2）查明事实。管理者要查明争议事实，不得有偏袒，如果事情涉及双方，则对双方的事实都要进行调查、了解。其内容主要包括员工是否确实违反了有关规定？员工是否确实了解这一规定？员工是否已经得到适当的警告和提示？对员工的处理是否与过去的个案一致？是否合理、公平？查明事实的方法有：进行实地调查、广泛地与员工面谈；分析和检讨各项政策、规定和措施；检查员工资料；与有关人员研讨。

（3）解决问题。管理者在了解员工申诉的事实真相之后，应设法加以解决，并明白告知事实的本来面目，免除员工的误解。一般而言，解决员工申诉的方法主要有：提供与抱怨发生有关的原因信息；对各项事实真相迅速给予解释；在特殊情况下，对员工个人表示充分同情；对苦恼的员工保证并说明事实绝非他所想象的恶劣；承认个人的人格尊严和价值；必要时给予有效的训练；协助员工勇于面对现实；帮助员工解决私人所遭遇的各种困难；利用工作轮换，解决冲突；改变物质上的不利条件。

（4）申请仲裁。如果员工的不满不能在组织内部获得满意解决，双方都可以诉诸第三者或公权力来仲裁。仲裁者的角色有如法官，对员工的申诉进行裁决。在我国，劳动争议仲裁委员会对争议进行裁决之后，如果双方当事人不服，可以在规定的期限内向人民法院提起诉讼。

在多数西方国家，员工申诉一经仲裁裁决，双方必须完全服从；但如果裁决被证明不实、不当、有重大错误或显然违反法律，则可以请求法院予以撤销。申诉仲裁大多属于自愿仲裁，当事人可以自由确定仲裁员。

在有工会的企业，通常集体协议都包含有仲裁条款，即在协议有效期内，当双方不能自行解决争端时，向第三方寻求裁决的规定。一般要求约定双方都认可的仲裁者或中立的第三方——通常为有资格从事仲裁活动的律师或大学教授——在某些情况下，也可以是一个由仲裁者、工会代表和雇主代表组成的三方委员会。如果双方不能就仲裁员人选达成共识，任何一方都可以申请劳动部门任命一名仲裁员。仲裁员一旦选定，接下来就是安排案件的审理时间，选定双方都满意的审理地点。在安排和审理案件的过程中，仲裁员必须确保遵守法定的程序，为每一方提供充足的机会，以陈述案件的事实、理由和驳斥对方的陈述。案件的审理既要传唤、询问证人，又要参考以前的相似案件所作的裁判结果。因此，审理程序要严格地按照法律规定，通常双方都会聘请律师作为其委托代理人。

对于处罚或解雇案件的争议，主要由雇主承担举证责任。因为雇主不但必须拥有合理的理由才能处罚雇员，而且还必须证明他所作出的处罚是公平的，或与自然公平的原则相一致。通常,对于处罚员工引起的争议案件,仲裁员可能很难作出裁决,因为虽然多数集体协议中都有一些条款规定了管理方有权惩处工人,并要有适当理由,但却没有具体规定处罚的程序或措施。因此,仲裁员不仅要确认处罚是否有适当的理由,而且还必须确认所实施的惩处是否与自然公正原则相一致。仲裁员在作出裁决时,通常会考虑诸如雇员有无前科、为雇主服务的年限、所犯错误的严重性、有无减轻处罚的情形,以及雇员是否愿意承认并为其错误道歉等情况。

另外,仲裁人员须确认是否使用了"渐进性惩处"(Progressive Discipline),它要求雇主必须首先对违纪的员工进行警告,指出其行为或表现是不能接受的,而且对雇员的处罚也是逐渐加重的。例如,对一个经常迟到的雇员,首先要对他进行口头警告,如果不见效,可以给予书面警告,然后停薪停职一天、一个星期,最后是永久地解雇。对一些严重的犯罪行为,"渐进性惩处"也就变得不那么重要。但如果是初次犯错误就给予解雇的话,仲裁员可能会认为处罚过于严厉,应该再给当事人一次机会。

仲裁结果对双方具有约束力。当事人不服仲裁裁决,可以诉诸法院审判,但必须证明仲裁员有下列情形之一:超越其仲裁审理的权限,或者违反集体协议的规定;因个人利益或偏见导致仲裁裁决有失公平(如与申诉方有亲戚关系或持有公司股权);没有遵循法定的程序;对集体协议或法律的含义产生了实质性的误解。实际上,除非有充分、明显的根据才能质疑仲裁者的资格和清廉,否则,仲裁员的裁决就是最终裁决,双方当事人必须遵守。

五、内部申诉制度的建立准则

企业内部申诉制度的建立,是为了化解员工的不满情绪,解决组织内部不合理的制度安排。除了非正式的申诉处理制度(如当事人之间的私下沟通),组织应建立一个明确的申诉制度,给员工提供正常、合法的申诉渠道。一般而言,内部申诉制度的建立,应当遵循以下准则:

(1)申诉规则的制度化。申诉制度和程序必须要明确加以说明和明示,这对于保护员工及企业的合法权益具有重要作用。值得注意的是,企业在制订申诉制度过程中,应仔细聆听员工意见,不能单方自行制订,否则,将难以为员工所接受和遵行。

(2)申诉机构的正式化。企业内部申诉机构应力求正式化,建立正式的申诉机构,不仅能确保申诉渠道的畅通,而且也使管理者能够通过正式渠道了解员工的工作状况和心理反应。非正式化的申诉运作,除了会使企业处理申诉问题不方便之外,还容易产生直属主管刻意隐瞒事实的弊端。正式的申诉机构应由劳资双方代表共同组成,以确保申诉处理的客观、公正。

(3)申诉范围的明确化。明确界定申诉问题的范围,可以准确地判断申诉事件是否成立,以及是否值得进一步加以调查。界定员工可以提起申诉的事项范围,可以使组织和员工了解申诉的问题所在,从而使申诉制度的运作方向更为明确。同时,对申诉问题加以分类,可以使组织尽早发现问题,这样,不仅可以及时平息员工的不满,而且由此可以发掘组织管理制度存在的不合理之处。

(4) 申诉程序的合理化。虽然申诉制度的设计和运作受到组织规模大小的影响,但一个合理的申诉程序应具备以下特征:员工有机会表达其意见;企业有接受意见并处理的机构或执行者;申诉处理依正式的渠道和程序进行;问题处理必须能反馈给申诉者,明示申诉处理过程及结果;企业应定期整理并公布申诉处理的事件及问题特征,让员工了解申诉问题的重点及处理情形。

(5) 申诉处理的技巧化。处理员工申诉,应把握如下原则:确实做好保密工作,减少申诉者的疑虑;摒除本位主义,以超然、公正及客观的立场处理员工申诉;掌握处理时效,避免久拖不决;答复员工问题时,力求精确明示,切忌语意不明、模棱两可。遵循这些原则,可以确保申诉制度的正常运行,并使员工对该项制度具有信心,发挥其效用。

关键词: 纪律管理　奖惩　申诉　烫炉法则　预防性纪律管理　矫正性纪律管理　渐进性惩处

复习与思考

1. 简述纪律管理的程序。
2. 试述纪律管理的理论基础。
3. 为解决员工的不满,人力资源经理应如何制订申诉程序?
4. 如果你是人力资源部门负责有关奖惩业务的工作人员,你应该制订哪些奖惩办法?
5. 请说明纪律管理的技巧。
6. 试述申诉的程序和步骤。

第十章

通过集体谈判管理员工关系

引导案例：京东集团集体协商案例

2021年，人社部、全国总工会等联合下发《关于维护新就业形态劳动者劳动保障权益的指导意见》后，在北京市协调劳动关系三方指导下，京东集团率先在平台企业中建立了全国性、跨区域的集体协商及职工代表大会制度，实现了集体协商与职代会制度的同步推进，集体合同覆盖快递员、仓储分拣员、货运司机近26万人。

京东集团产业多元、地域广泛、规模庞大、层级较多、结构复杂，是平台企业的典型代表，在建立协商协调机制方面是一个全新的挑战。为有效开展协商，确保程序依法合规、成果惠及广大职工，各级地方工会和产业工会多次与企业工会会商研讨，共同破解难题，最后选定在京东集团层面和京东物流板块开展首次集体协商，既实现全面覆盖，又实现重点聚焦，突出对新就业形态劳动者的关注。集团工会在全国范围选派职工方协商代表，包含了快递员、仓储分拣员、货运司机等一线职工，保障了代表性与参与面。为顺利召开职工代表大会，京东集团开发网上投票系统，以各业务单位划定选区，解决了职代会代表产生的问题，全体职工采用无记名投票的方式差额选出300名职工代表，其中，一线职工代表251名。

集团工会在线广泛征求职工意见，协商议题瞄准职工"急难愁盼"，除普遍关心的工资待遇外，还将司龄奖励、救助基金、安居计划、健身房等多项"暖心"福利写入集体合同。同时，协商内容更加突出对新就业形态劳动者的关注，为配送快递员、货车司机等提供婚育礼金、亲属身故补充抚恤金等福利；除社会保险和住房公积金外，更是为这些职工提供补充意外伤害保险和劳动安全装备，解决他们的后顾之忧。此外，经协商，还将为符合条件的女职工提供额外产假，减轻"三期"女职工的工作强度；为职工提供职业技能培训等写入集体合同。

12月23日，双方召开正式协商会议，协商达成一致，形成《京东集团集体合同（草案）》《京东物流集体合同（草案）》。随后，线上职代会审议了《京东集团2021年行政工作报告》，审议通过了《京东集团集体合同（草案）》《京东物流集体合同（草案）》和四项企业规章制度。

《劳动合同法》第4条规定："用人单位在制定、修改或者决定有关劳动报酬、工作时间、休息休假、劳动安全卫生、保险福利、职工培训、劳动纪律以及劳动定额管理等直接涉及劳动者切身利益的规章制度或者重大事项时，应当经职工代表大会或者全体职工讨论，提出方案和意见，与工会或者职工代表平等协商确定；在规章制度和重大事项决定实施过程中，工会或者职工认为不适当的，有权向用人单位提出，通过协商予以修改完善。"京东集团集体协商，充分展现了平台企业建立协商协调机制面临的机遇和挑战，为推进平台企业集体协商、维护新就业形态劳动者权益提供了鲜活的实践样本。

资料来源：集体协商"稳就业促发展构和谐"行动计划十佳案例巡礼，《工人日报》(2022年07月07日07版)。http://www.workercn.cn/papers/grrb/2022/07/07/7/news-1.html。

集体谈判是现代国家普遍采用的调整劳动关系的重要制度，它能够克服个别劳动关系的失衡状态，具有市场或经济功能、政府作用以及决策功能。集体谈判可以在全国范围展开，也可以在行业、地区、企业级别进行；可以是多雇主的谈判，也可以是单一雇主的谈判。在越来越强调不同企业雇佣关系和人力资源管理独特性的背景下，集体谈判制度正呈现为日益分散化的趋势。通过本章学习，应理解集体谈判的含义和功能、集体谈判的过程以及集体合同的内容。

第一节 集体谈判的含义和功能

一、集体谈判的含义

劳动条件可以通过多种方式予以确定，比如员工与雇主之间通过签订个人劳动合同确定，工会与雇主或雇主协会通过集体谈判方式达成，还可以通过国家劳动立法或司法判例形成。在许多国家，这三种方式都不同程度地影响着员工关系的形成和发展。

在大多数国家的文化中，除非员工个人拥有企业急需但劳动力市场又十分短缺的特殊技能，否则他们更倾向于与其他劳动者联合起来共同确立就业条件和待遇，以防止雇主提供不利于自己的劳动条件。于是，一些工人团体或工会便开始与雇主或雇主群体就工会会员的就业条件和待遇进行谈判和协商，这种行动被称为集体谈判。

"集体谈判"这一术语由英国学者西德尼·韦布(Sidney Webb)和比阿特丽斯·韦布(Beatrice Webb)首先提出并使用，他们是第一次尝试对工会进行分析和科学研究的代表人物。韦布夫妇研究工会和集体谈判的代表作是《工会运动的历史》（1896）和《产业民主》（1902）。韦布夫妇在《产业民主》一书中指出："在无工会组织的行业，雇员个人无论在寻找工作，还是接受或拒绝雇主提供的就业待遇时，除了考虑自身所处的紧急状况之外，并没有与其同伴进行交流。为了出卖劳动力，雇员个人不得不与雇主进行艰难的个人交涉，但如果工人团结起来，推选代表以整个团体名义与雇主谈判，其弱势地位将会即刻得到改变。雇主也无须再分别与每个雇员签订一系列的个别劳动合同，而只要签订一个能够满足集体意愿、规定集体劳动条件的协议即可。根据这一集体协议所确立的准则，从签订之日起，所有特定群体、特定阶层、特定等级的人员都要遵守该协议。"①这一论述阐明了集体谈判制度的起源。集体谈判与工业革命所出现的经济、社会、人口的变化是分不开的，技术革新带来的机械化使一些雇员失去了传统的技能，劳动力市场竞争加剧，形成了劳动力的买方市场，单个雇员难以通过个别谈判、签订个人劳动合同与雇主抗衡，维护自身利益，因而出现了雇员自发组成的群体性的组织——工会的前身，并开始了集体谈判。

国际劳工公约对集体谈判的定义为：集体谈判是适用于一名雇主、一些雇主或一个或数个雇主组织为一方，同一个或数个工人组织为另一方，就以下目的所进行的所有谈判：（1）确定工作条件和就业条件；（2）调整雇主与工人之间的关系；（3）调整雇主组织与工人组织之间的关系②。这一定义描述了集体谈判的主体和内容。英国学者吉尔·帕尔墨（Gill Palmer）认为，集体谈判是"专门的雇主工会谈判委员会共同决定有关雇佣问题的制度化的协商谈判体系"③。这一定义强调了集体谈判的内容只限于与雇佣有关的问题，且雇主和工会必须相互承认对方作为谈判主体的资格。

在我国现行的法规文件中，通常将集体谈判表述为"集体协商、平等协商"。集体协商是企业工会或职工代表与相应的企业代表，为签订集体合同进行商谈的行为。集体谈判区别于雇员个人为自己利益与雇主进行的个别谈判，它是工会与用人单位之间针对工作报酬、工作时间及其他雇佣条件，在适当时间以坦诚态度所进行的协商和交涉。

二、集体谈判的目的和原则

集体谈判的目的主要包括三个方面：（1）培育民主。工会的组建、集体谈判和团体行动被看成是任何民主社会中工人的基本权利，它与自由结社的原则密切相连，被视为民主的基础。（2）在劳动关系中建立劳资双方力量对比的平衡、制约机制，允许

---

① Terry McIlwee, "Collective Bargaining", in *European Labor Relations*, Vol. 1, Gower, England, 2001, p. 14.
② 国际劳工组织第154号公约《促进集体谈判公约》（1981年6月19日通过）第2条。
③ Terry McIlwee, "Collective Bargaining", in *European Labor Relations*, Vol. 1, Gower, England, 2001, p. 15.

工人通过组织工会增强力量,进行协商交涉,同时也对其行动特别是罢工权利进行限制。(3)建立和提供有效解决冲突和争议的机制,确保经济的稳定和有效运行。

与这三个目的相联系,作为规范集体劳动关系法律基础的三项原则是:(1)多数原则。工会的组建、罢工的举行要征得大多数工人的同意。(2)排他原则。单一的工会应当独立代表特定工作场所中的所有工人,享有排他的"代理权"。(3)自愿原则。鼓励工会和雇主在政府保持最低程度的干预下,通过自由的集体谈判,自愿解决双方的分歧和冲突,达到双方都满意的结果。

三、集体谈判的功能

韦布夫妇认为集体谈判主要体现为一种经济功能,因为工会通过限制某些人进入某些职位就业,形成同业联盟,从而能够代表技术工人进行谈判,协调雇员的薪酬。

其他学者包括英国的艾伦·弗兰德斯(Allan Flanders)认为,集体谈判不仅具有经济功能,而且更具有政府的作用。因为集体谈判本身也是规则形成的过程,涉及不同组织之间的权力对比。他认为,"集体谈判的双方除了对实体性条款进行谈判之外,还要对程序性规则进行协商,从而将自身关系的调整与委托人之间的雇佣关系清楚地区别开。这些程序性规则,规范着解决争议的行为,包括第三方的调解、仲裁程序"[1]。

正如张伯伦(Chamberlain)和库恩(Kuhn)概括的那样,集体谈判的过程实际上就是完成三个功能的过程:市场或经济功能;政府作用以及决策功能[2]。通过谈判确立劳动力市场工资水平,体现了集体谈判的经济功能;通过谈判形成的一系列规范雇佣关系的程序性规则,体现了政府行业管理的作用;通过谈判确认雇员有权通过工会参与工作场所规章制度的制订,体现了集体谈判的决策功能。

市场或经济功能以韦布夫妇的理论为基础,把集体谈判看作在劳动力市场上以合同方式购买劳动力的手段,它建立了一种交易关系,通过这种交易,雇员个人可以出卖其拥有的技能、知识或经验,签订适用于全体雇员的就业协议。集体谈判是劳资双方根据市场供求变化调整和确定双方均衡效用,并使效用最大化的一种有效交易方式。通过不断谈判,明确双方的权利和义务,达成协议。同时,集体谈判也是一种分配机制,是企业内部调节劳资分配和就业的交易行为,是雇佣双方相互确定交易对象、内容以及交易价格的一种市场机制。交易主体是雇主和工会,交易内容是工资、就业、利润率、保障福利水平等。

---

[1] Terry McIlwee, "Collective Bargaining", in *European Labor Relations*, Vol. 1, Gower, England, 2001, p. 20.
[2] Chamberlain, N. and Kuhn, J. W., *Collective Bargaining*, McGraw-Hill, New York, 1965.

政府作用是把集体谈判看作行业管理的一种方式,其主要目的是建立管理方行使权力的规则,因而在集体协议中制定了一系列规范工会与管理方关系的程序性规则,如惩戒、不满申诉和争议处理程序等。这样,虽然管理职能仍由管理方行使,但工会作为雇员代表,与管理方共享了企业的最高管理权。

决策功能承认雇员有权通过工会代表参与工作场所规章制度的制订,工会或雇员的其他代表组织可以与雇主一起,就共同关心的问题进行磋商和谈判。这一功能强调了工会和企业间的相互依赖关系,认为雇佣双方应通过集体谈判联合起来,使冲突制度化,用共同的利益协调存在的分歧。并且承认,那些努力为企业工作的员工,应该有权对企业的经营管理发表意见,尤其当这些决策对他们会产生某种影响时,更应当赋予工会代表他们参与企业管理的权利。

集体谈判的这三个功能并不是互相排斥的,大多数谈判都包含这三种功能。但集体谈判在多大程度上能够体现其第二种或第三种功能,则取决于雇员及其工会参与决策的愿望;取决于他们拥有的能够迫使雇主接受那些影响其管理权力协定的力量大小,以及管理方在多大程度上愿意接受这些要求。由于谈判的级别不同,对集体谈判三种功能的讨论也会在不同层次、不同侧面展开。市场功能主要体现在行业甚至国家层级的谈判上,在企业级别的谈判中则几乎没有灵活性;政府作用在组织之外也很难发挥作用,主要通过地方工作委员会将其明确化、具体化;决策功能则对企业制订决策具有重要意义。

四、我国集体谈判的结构

我国从1995年开始推行集体协商制度,到2006年全国已经有31个省(自治区、直辖市)不同程度地开展了集体协商工作。2004年施行的《集体合同规定》着重对企业一级的集体合同作了规定,对行业集体协议虽没有明确规定,但隐含了行业集体协议的内容。2008年实施的《劳动合同法》对行业性、区域性集体合同作了明确规定,为行业性、区域性集体协商的规范发展提供了依据和指导。目前,我国实行企业一级集体谈判为主,同时辅以产业的或地方的集体谈判。其原因主要有两个:一是涉及工资等劳动条件时,有一个产业或行业的标准问题,这不是一个企业可以自行决定的,如铁路和民航。二是工会的组织和力量不足以在企业开展集体谈判时,借助行业或地方的集体谈判,可以有效地解决在企业层面难以谈判的问题,切实维护劳动者的利益。

建立产业或行业级别的集体协商制度,可以弥补企业级别谈判制度之不足,有利于全面准确地搜集和掌握谈判信息资料,集中谈判专家的优势和力量,提出协商方针和方案,提高劳动者一方的整体力量,避免在单个企业中因实际力量的不平衡造成的不平等。同时,也有利于形成产业、行业的劳动标准,避免企业之间的无序竞争。

第二节 集体谈判的进程

一、如何理解谈判

集体谈判是相当复杂的,一方面,需要谈判的问题如工资本身就非常复杂;另一方面,谈判过程中的各种压力和不确定性更加复杂。谈判双方在整个谈判进程中,都会感到始终面临着各种压力和不确定性,尤其对工会谈判者而言,他们必须要缓和工会内部的各种矛盾和冲突,准确地把握工人的期望与谈判"实际"之间的差距。因而,对他们来讲,谈判的过程并不在于是否能够得到一个最好的结果,而在于使其会员及工会内部各派别都能接受这个结果。对谈判者而言,也许最困难的是如何提出一个最好的报价问题,因为谈判的进程是谈判双方在努力掩饰自己"最底线"的过程,这就会引起双方对谈判报价的不确定性,尤其对工会谈判者,由于他们不完全掌握企业的经营状况和财务机密,因而难于确定企业能够作出的实际让步[①]。这种不确定更增加了工会谈判者对会员最终能否接受谈判结果的不确定性,通常只有等到会员投票批准了协议,才能最终作出决定。

雇主的谈判代表会发现他们也处于相同的境地。首先,在管理方内部对需要作出的让步事项和让步程度可能会存在相当大的分歧,虽然这种分歧在谈判之前或至少在谈判代表承诺之前,可以由高级管理人员出面协调解决。但谈判代表会发现他们只能在接到指示后才能作出决定,而这在工会看来是不现实也是难以相信的。其结果是,管理方谈判代表会发现他们也处于进退两难的境地,既要在谈判桌上与工会官员谈判,又要尽力说服幕后的决策者改变决定。其次,在管理方内部,决策者还要承受来自外部的各种压力,以及不同股东的影响,公共部门尤为如此,因为无论是从与政府财政支出的联系,还是公众对工会的支持角度来看,公共部门的决策都会产生重要的政治影响[②]。在私营部门也同样如此,当在发生罢工或者由于较高的工资引起产品价格上涨时,消费者会威胁转向其他供应商,或者如果管理方在谈判中采取了明显不合理的手段,消费者也可能会抵制其产品。除了这些压力和不确定性因素之外,还有诸如未来经济形势(尤其是有关竞争环境)以及集体协议有效期内发生通货膨胀或者政府采取预算限制等所带来的更大范围的不确定性。这些不确定因素加剧了谈

[①] Reder, M., and G. Neumann, 1980. "Conflict and Contract: The Case of Strike", *Journal of Political Economy*, 60: pp. 371–382.

[②] Kochan, T., 1973. "Correlates of State Public Employee Bargaining Laws", *Industrial Relations*, 12: pp. 322–337.

判双方内部的分歧,促使双方利用这些不确定因素为自己在谈判中谋求更大的利益。

谈判双方所承受的压力和面对的不确定因素是不同的,了解谈判过程,最主要的就是要把握这些因素。谈判者所面临的问题,与其说是要通过谈判达成协议,不如说是要与其所代表的成员之间进行沟通并促使其改变初始预期的过程,这就是所谓的"组织内部谈判"①。在一些谈判中,劳资双方谈判代表可能在签订协议之前很长时间,就已经有了解决问题的好办法,但为了使其所代表的成员满意,和/或说服他们改变初衷,谈判双方不得不经历一个冗长的、仪式化的程序②。因而,较之于在罢工的最后期限到来之前达成协议,谈判者可能会等到最后一分钟甚至超过最后期限才签订协议,这样做在很大程度上是出于对外的考虑。

二、谈判的内容

对谈判的内容加以分类并不是一件简单的事情,但区分哪些是实体性内容,哪些是程序性内容,哪些是有关双方关系的问题③,仍是十分必要的。对这些问题的考虑,要和分配谈判(Distributive)与整合谈判(Integrative)的方式联系起来。所谓分配谈判,是指劳资双方由于资源有限需要分配而进行的谈判,把谈判当作一种不赢即输的情景,自己得到的同时意味着对方失去;一方资源的增加,就意味着另一方资源的减少,是单方获益的谈判。所谓整合谈判,是指双方都能从解决方案中获取潜在利益的谈判,把谈判当作一种双赢的情景,追求双方均有所得,反映了劳资双方对所要解决的问题达成共识,通过合作能够同时增加可分配的资源。总的来说,谈判是为了实现某些目标,在这个问题上劳资双方并不存在根本的冲突。分配谈判和整合谈判都是劳资双方联合解决问题的过程。

(1)实体性内容(Substantive Issues)。所谓实体性内容,是那些对劳资双方利益直接产生冲突的问题。实体性内容几乎总是与工会的经济功能相联系,主要包括工资、福利计划、工作量、就业保护以及对技术改进的限制等。这些问题在总体上是需要进行分配的,但也不完全尽然。比如,如果雇主很难吸引、留住员工,无论工会是否提出要求,雇主都会从自己的利益出发,给予工人较高的工资。即使不存在这些问题,如果企业工资优厚、工作条件好,也会使求职者增多,从而使雇主有更多的选择余地,并最终录用到更高素质的雇员。而且,由于这些条件和待遇的确定,是出于雇主

---

① Walton, R. E., and R. B. McKersie, 1991 [1965]. *A Behavioral Theory of Labor Negotiations*. Ithaca, NY: ILR Press.
② Sass, R., 1989. "The Art of Collective Bargaining", in A. Sethi (Ed), *Collective Bargaining in Canada*, Toronto: Nelson.
③ John Godard, *Industrial Relations, the Economy, and Society*, 2nd edition, Captus Press Inc., York University Campus, 2000, pp. 329–331.

的积极政策,而不是罢工或以罢工相威胁的结果,从而能极大地鼓舞员工士气。因而,雇主从提供更好的工作条件中获得的好处远大于不这样做。尽管这些好处并不一定等于成本,但有可能帮助抵消成本。

(2)程序性内容(Procedural Issues)。程序性内容,是有关谈判双方如何达成协议的规则,其中最值得关注的是申诉程序,这些程序一经谈判商定,双方就要通过它来解决冲突。其他程序性规则还包括解雇提前通知、安排加班的程序以及擢升、调动程序等。此外,与平等就业、骚扰、健康和安全相关的程序性规则也包括在内。雇主对于程序性问题作出让步,通常并不需要直接的成本。事实上,对这些问题达成共识通常也符合双方的利益,因为程序性规则为协议期内解决或者避免纠纷提供了规范化的步骤,因而,人们一般认为劳资双方在这类问题上更趋于一致性、整体性,而不是相互对立。但是,对这类问题的谈判也会产生矛盾,存在分歧,特别是要赋予雇员享有过去不曾有的权利时,这种分歧就更为明显。因为这些权利的规定,反过来会削弱雇主的权力或者在实际管理中的灵活性。这种权力和灵活性,对雇主来说,即便作出让步的经济成本很低,他们也不愿放弃。

(3)劳动关系问题(Relational Issues)。劳动关系问题与工会的职责、功能紧密相连,通常包括那些影响工会力量和安全的因素,尤其是雇员是否有义务要加入工会或者至少要交纳一定的费用,同时也包括那些与工会参与决策过程、共同管理委员会的建立有关的问题,以及诸如工会在工作场所中的角色等问题。尽管从管理学的角度讲,企业需要工人的合作与参与,但实际上,这些共同参与条款能够得到切实执行的却相对比较少。之所以如此,同样是因为这些规定被认为限制了雇主拥有的权力。事实上,这些问题在谈判中要比程序性内容更具有整体性、一体化特点,因为它本身就是建立在加强双方合作的基础之上。

三、双方的谈判底线

劳资双方在来到谈判桌之前,预先都有一个最低能接受的谈判底线。如果双方的底线有交叉或部分重叠,双方之间就存在着一个积极的解决问题的区域,否则,就是一个消极或否定的区域[①]。比如,工会希望能增加5%的工资,但其底线是增加2%,同时雇主希望只提高1%的工资,就能与工会达成协议,但其最大的让步底线是4%。这样双方的最低让步底线就有重合的部分,在2%~4%,这就是双方可以接受的积极的解决问题的区域。然而,如果工会能接受的底线是4%,而雇主最大的让步底

---

① John Godard, *Industrial Relations*, *the Economy*, *and Society*, 2nd edition, Captus Press Inc., York University Campus, 2000, p. 331.

线为2%,则在双方之间就不存在一个都能接受的解决问题的区域。能否达成协议不仅取决于双方之间是否存在一个积极的协议区域,同时还取决于这个区域的大小。区域越大,双方的让步余地就越大,也就越容易达成协议;如果解决问题的区域很小,虽然有可能不举行罢工而达成协议,但谈判将是非常艰难的,在很大程度上取决于双方能否准确无误地理解对方的意思。如果一开始就不存在一个积极的协议区域,事情将更为复杂,因为要达成协议,至少一方必须降低其预期并重新设置谈判底线。如果双方都犹豫不决,就意味着谈判将难上加难,很可能要举行罢工,迫使谈判者及其成员改变其预期。在这个意义上,我们说否定的区域越大,罢工发生的可能性就越大,持续的时间可能越长。

尽管这些特征对谈判有帮助,但可能过于简单,因为谈判中要面对的问题很多、很复杂。对双方来说,在一些非重要问题上很容易达成共识,不会冒险罢工。但在一些重要问题上,即使分歧很小,也会严重影响达成协议的可能性。通常谈判双方会在某些问题上做些交易,一方对某一问题的让步是以对方在另一个问题上的让步为基础的。对一系列问题,双方都暗含着一个让步底线,如果难以互惠,谈判就会陷入僵局,直到罢工开始后,双方才会严肃讨论那些重要的问题。无论是重要问题还是次要问题,积极区域的存在总要依赖于一系列的因素,如双方的谈判底线、谈判者的专业水平、其成员的态度和预期等。正确认识协议区域,对谈判的进行以及协议的达成具有重要意义。

四、谈判的准备

对劳资双方来说,谈判的准备通常是很广泛且不断发展的。谈判一般从工会向雇主发出谈判新协议的通知不久后开始,可能会持续一年甚至更长的时间。各国法律规定不一,在加拿大,谈判通知必须在协议期满前30天至4个月送达雇主,雇主接到通知后,应立即或在20天内安排谈判。一般而言,谈判从现有集体协议期满前3周到4个月甚至更长的一段时间开始。

双方都要为谈判做大量的准备工作。对工会一方来说,当地工会官员会举行会议,采取正式或非正式的方式,了解工人的想法和所关心的事务。之后,再碰头讨论、研究其成员的需求和期望,列出一个初步的谈判事项。上级工会提供与谈判相关的其他谈判组织的信息和建议,诸如行业的竞争发展、公司的利润及支付能力等。同时成立工会谈判委员会,通常由上级工会推荐的有经验的谈判者以及来自谈判单位内部的各方代表组成。尽管他们并不一定实际参加谈判过程,但要负责给主要谈判人提供建议,帮助制订方案和应对措施。对管理方而言也一样。高层管理人员要从职能部门详细了解工作场所存在的问题,搜集有关行业趋势、解决问题的办法、工会发展等有关信息。通常,高级劳资关系或人力资源经理会担任资方的主要谈判代表,此外还包括一些资深的部门经理和员工总监。当然,雇主也会雇佣一些外部谈判专家[1]。

在谈判之前,双方对自己在谈判中希望达成的协议以及谈判的底线已经有了清晰的认识。但正确地理解自己的谈判底线与对方最后能接受的底线之间的关系,是很重要的。例如,如果双方准备接受的工资增长幅度在4%~6%,这就意味着在双方之间存在着一个积极的协议区域。与此相反,工会可能会要求增加10%的工资,公司则可能宣称只能承受2%的增长幅度。在整个谈判过程中,每一方都会逐步向对方靠拢,但同时又会隐藏自己的底线,以获得对自己更为有利的解决方案。所以,即便管理方准备给予6%的增长幅度,但也会想方设法使工会确信这是不可能的,以迫使工会同意5%的增长幅度。

五、谈判阶段

谈判的实际过程至少包括四个阶段:接触,磋商,敲定,扫尾[2]。谈判的主要目的是要解决双方利益和预期冲突,因而每一个阶段对于整个谈判进程都十分重要。如果一方试图省略或者匆忙越过任何一个阶段,另一方会认为他没有严肃认真地对待谈判,从而也不会在充分阐明问题和要求之前将谈判向前推进。谈判是一个相互交流、协商的过程,双方都会把它看成是一个表达思想、阐明观点并使对方了解、认可的重要方式。对谈判者而言,如果不清楚对方的来意,是不可能在谈判进程中有效解决潜在分歧的。

接触通常包含最初的几个谈判会议,双方交换初始的需求、表明立场。由于这个阶段是整个谈判进程的开始,通常没有多少压力,气氛相对融洽、和谐,双方多采用一些幽默、诙谐或略带些挖苦、讽刺的语言。在这一阶段,双方都清楚,各自的观点和态度仅仅开始表明,随着整个谈判的深入会作些修改和让步。通常这一阶段也会产生一些小的争议和纠纷,一方提出来,另一方会同意将这类问题撤出谈判范围。这样,谈判者也逐渐意识到争议的主要问题所在,以及对方可能持有的态度。

磋商是谈判中时间最长、也是最令人头疼的过程。谈判双方虽然都坐到了谈判桌前,试图开始严肃的谈判,并且也都想以一定的让步获取对方相应的回应。但问题是双方都过低估计了对方要求自己所作的让步,同时过高估计了对方所能作出的让

---

[1] John Godard, *Industrial Relations, the Economy, and Society*, 2nd edition, Captus Press Inc., York University Campus, 2000, p.334.

[2] Fisher, E. G., and Brian Willimas, "Negotiating the Union-Management Agreement", in John Anderson, Morley Gunderson, and Alan Ponack (Eds.), *Union Management Relations in Canada*, 2nd Ed. Toronto: Addison Wesley. 1989.

步,一方采取的策略在另一方看来有时完全是不能理解的。虽然为了推进谈判进程和获得对方回应,双方可能都作出了一些让步,也都认为自己已经尽到真诚谈判的义务。但在一些关键性问题,尤其是一方或双方认为是原则性的问题上,却难以作出实质性让步。例如,"资历"条款在工会的谈判中,始终居于重要地位,尤其在涉及企业裁员时,如果雇主要想取消这些条款,罢工就很难避免。在这一阶段,双方为了获得比较有利的谈判协议,都会进行大量的说服工作,促使对方重新调整预期,并最终愿意作出让步。正如我们经常看到的那样,劳资双方为了使对方相信他们确实已经不能或者不愿意作出哪怕最小的让步,常常会采取各种手段(如虚张声势、强烈反对和欺骗等)来达到目的。同时,如果双方都想达成协议,最终他们确实又会在一些比较重要的问题上作出让步,通常,劳资双方会从一些争议较少的问题入手,从已经达成一致的某些条款开始,努力达成全部协议。当逐步认识到无法获得最初所期望的条件时,他们也会不断修改一些问题的底线。在这一过程当中,任何一方都不太可能再回到最初的起点,而是劝说其委托人改变预期,或至少帮助他们探讨进一步让步的可能性。

由于最有争议的问题往往留在最后,因此,敲定往往发生在罢工的最后期限即将来临之时。较理想的情况是,双方的主要谈判者都已经对对方能够并愿意作出的让步,以及自己和其委托人能够接受的条件,有了比较清楚正确的认识。如果方案明显可以接受,这一阶段会非常简单,双方只需就协议的措辞进行修改,使其更加有利于自己即可。如果方案明显不能被接受,则双方在这一阶段仍需进一步尝试改变其委托人的预期,或促使对方改变预期。这时会有大量的"哗众取宠"式的表演,一方或双方会停止正式的谈判,转而攻击对方"没有诚意"。但同时双方又会一直保持着非正式接触,讨论他们可能在面对委托人时面临的问题,甚至寻求对方的耐心与合作。如果存在一个积极的协议区域,而且双方都真正"读"懂了对方的意图,双方会在罢工最后期限到来之前达成协议,签署一份协议备忘录,包含已经达成一致的所有内容。但这个备忘录通常比较粗糙,仅仅是每一方同意的内容的框架。

扫尾通常在双方签订了协议备忘录之后展开。工会官员把协议备忘录反馈给其成员进行投票表决,如果批准,新协议将产生预期的法律效力。但通常是双方在达成协议时,还没有最终形成具体的合同语言,解决合同语言问题也就成为扫尾阶段一项非常重要的工作。因为双方有时会发现他们虽然达成了协议,但对协议的理解可能大相径庭。而且,在谈判过程中没有考虑到的一些细节问题可能也会提出来,如果一方不保持警惕,可能会发现合同语言变得难以接受。

如果谈判双方始终不能达成一致,就会出现僵局,雇主可能会关闭工厂,但更常见的是工会领导人可能决定号召工人罢工。一些国家的法律规定,罢工要在会员对雇主的最后方案进行表决之后才能举行。有时,工会领导人也可能误解其会员的意思,谈判者同意的协议随后遭到了会员的投票反对,这时为避免罢工,雇主可能要作进一步让步。否则,罢工很可能会在几天之内爆发,并一直持续到一方或双方作出进一步让步。是否对雇主的最后方案举行投票表决,通常由工会官员决定。但一些国家也规定,政府劳动部门也可以根据雇主申请,决定是否对罢工举行投票表决,以确认罢工是否代表了大多数会员的意志,但问题是工会谈判者可能采取一些有效策略避免进行公开投票。另外,如果工会领导人确实违背了其会员的意志,不仅会员可能冲破罢工纠察线,而且还可能罢免或重新选举工会领导人,所以,劳动部门直接插手工会内部事务并要求工会投票表决的事情,一般很少发生。

最后,谈判双方还可以通过斡旋、调解和仲裁来裁判纠纷,避免或缩短罢工。斡旋是通过劝说化解双方的分歧,调解是更为主动地介入谈判过程,帮助双方达成协议,仲裁则是对纠纷所作的强制性的最终裁决。

六、我国集体协商的进程

(一) 协商准备

在谈判准备阶段,双方签约人为举行谈判进行各项准备工作,主要是确定谈判代表,拟订谈判方案,组成谈判委员会,预约谈判内容、日期和地点。关于谈判代表,我国法律规定协商双方的代表人数应当对等;关于集体协商的提出,任何一方均可就签订集体合同或专项集体合同以及相关事宜,以书面形式向对方提出进行集体协商的要求。一方提出进行集体协商要求的,另一方应当在收到集体协商要求之日起 20 日内以书面形式给予回应,无正当理由不得拒绝进行集体协商。协商代表在协商前应进行下列准备工作:(1) 熟悉与集体协商内容有关的法律、法规、规章和制度;(2) 了解与集体协商内容有关的情况和资料,收集用人单位和职工对协商意向所持的意见;(3) 拟定集体协商议题,集体协商议题可由提出协商一方起草,也可由双方指派代表共同起草;(4) 确定集体协商的时间、地点等事项;(5) 共同确定一名非协商代表担任集体协商记录员。记录员应保持中立、公正,并为集体协商双方保密。

(二) 确定协商代表

企业与职工双方要按照一定的程序确定本方的集体协商代表,并各自确定一名首席代表。双方代表人数应当相等。协商代表一经产生,如果没有特殊情况,必须履行其义务。如遇有不可抗力因素造成代表空缺,应当重新指派或推荐。关于谈判代表,我国法律规定协商双方的代表人数应当对等,每方至少 3 人,并各确定 1 名首席代表。职工一方的协商代表由本单位工会选派。未建立工会的,由本单位职工民主推荐,并经本单位半数以上的职工同意。职工一方的首席代表由本单位工会主席担任。工会主席可以书面委托其他协商代表代理首席代表。工会主席空缺的,首席代表由工会主要负责人担任。未建立工会的,职工一方的首席代表从协商代表中民主推举产生。用人单位一方的协商代表,由用人单位的法定代表人指派,首席代表由单位法定代表人担任或由其书面委托的其他管理人员担任。集体协商双方首席代表可以书面委托本单位以外的专业人员作为本方协商代表。委托人数不得超过本方代表的三分之一。首席代表不得由非本单位人员担任。

(三) 具体协商

关于集体协商的程序,《集体合同规定》第 34 条规定,集体协商会议由双方首席代表轮流主持,并按下列程序进行:(1) 宣布议程和会议纪律。(2) 一方首席代表提出协商的具体内容和要求,另一方首席代表就对方的要求作出回应。(3) 协商双方就商谈事项发表各自意见,开展充分讨论。(4) 双方首席代表归纳意见。达成一致的,应当形成集体合同草案或专项集体合同草案,由双方首席代表签字。集体合同草案在经职工大会或职工代表大会审议通过后,由企业法定代表人代表企业,企业工会主席代表职工在协议上签字。

除此之外,我国现行立法对如何举行谈判作了如下规定,在谈判中,任何一方不得有过激行为;在不违反保密法规和不涉及企业商业秘密的前提下,双方有义务向对方提供与谈判有关的情况或资料;谈判未达成一致或出现事先未预料的问题时,经双方同意可以暂时中止谈判,具体中止期限及下次谈判的具体时间、地点、内容由双方共同商定。

第三节 集 体 合 同

引导案例:一场蹲点推动集体合同签订

进一步推动企业开展二次协商,引导企业多方面维护职工权益;开展"和谐同行"企业培育行动,逐步培养更多企业成为和谐劳动关系模范企业;推动企业将女职工"两癌"筛查纳入集体合同之中;落实集体合同中关于安全生产和职工职业健康条款……这是辽宁省抚顺高新技术产业开发区签订区域性集体合同后开展的一系列工作。日前，抚顺高新区一届一次企业职工代表大会表决通过了《抚顺高新技术产业开发区企业区域性集体合同（草案）》，这是高新区第一次签订区域性集体合同。

这个"第一次"，缘于抚顺市总工会干部的蹲点。

高新区现有企业91家，稳定生产的有78家，职工4000多人。2021年年初，该区申报辽宁省模范劳动关系和谐工业园区，但有关部门来审查时发现，工资协商签订集体合同工作只在规模较大的企业开展，没有普及到全部企业。而在全区域开展工资协商签订集体合同，是参评的必要条件之一。7月，以抚顺市总工会权益保障部部长于静为组长的蹲点工作组来到高新区蹲点。高新区工会提出，希望工作组帮助补上集体合同签订率较低这一短板。于是，工作组开始帮助高新区筹备该项工作，并邀请张安山、宗承谦等市级工资协商指导员进行指导。

然而，高新区没有建立区域职代会，这就不能讨论表决通过工资协商签订集体合同草案。工作组帮助筹建了职代会，选举了9名职工方协商代表，工商联推举了9名企业方协商代表。同时，工作组督促6家企业建立了工会。高新区里全是民营企业，企业负责人是否支持是能否成功开展集体协商的关键。工作组和协商指导员深入骨干企业，宣传意义、介绍议题、征求意见建议等；组织负责人和职工代表召开研讨会，提高认识，了解流程、议题；观摩了一次市总工会权益保障部组织开展的工资协商签订集体合同现场会。

一切准备就绪。2022年1月17日9时，在高新区管委会会议室，企业方、职工方各9名代表分坐会议桌两侧，市级专职集体协商指导员宫喜伟主持协商。5个协商议题依次是最低工资标准、加班报酬、劳动安全卫生、女职工权益保护专项集体合同和集体合同的期限、履行及争议处理。在职工最关心的最低工资标准上，双方一度各执己见。职工方提出在抚顺市最低工资标准每月1710元的基础上增加30%，理由是高新区企业普遍经济效益较好，职工贡献比较大，最低工资应该定得高一些。企业方则表示，因为疫情影响，生产成本增高、效益降低等，增加30%企业难以承受。经过几轮协商终于达成一致，确定最低工资为1800元。对于加班报酬，企业方答复按照下班后加班、双休日加班、节假日加班，依法分别付给职工加班费150%、200%、300%。职工方对此满意。

"挺激动的！"金久奇（抚顺）药业有限公司工会主席、职工方首席协商代表刘小东说，工资、加班报酬这些职工最关心的利益，过去都是企业负责人定，职工基本没有话语权。"今天能代表职工和企业负责人面对面协商，表达职工的意愿和诉求，而且将协商结果写进合同中，给职工吃了一颗'定心丸'。"抚顺东联安信化学有限公司董事长、企业方首席协商代表里光告诉记者，高新区企业的发展不平衡,经济效益有好有差,职工收入有高有低,而这些不平衡会引起企业不良竞争,引起职工频繁"跳槽",影响高新区的和谐发展。开展工资协商签订集体合同,利益问题有了标准,有了制度约束,能够促进企业和谐发展,稳定职工队伍。

高新区补上了没有普遍开展工资协商这一短板,并得到了辽宁省模范劳动关系和谐工业园区评审部门的认可。引导案例体现了集体合同在切实表达和维护员工合法权益中的作用。通过集体谈判规范员工关系,是市场经济国家劳动关系制度的核心。如果缺乏强有力的集体协议,集体谈判也就没有实际意义。

资料来源:刘旭,一场蹲点推动的集体合同签订,《工人日报》2022年03月13日04版。

一、集体合同的种类和条款

"集体协议"一词的英文为 Collective Agreement,我国称为"集体合同",是个人劳动合同的对称,是指工会代表劳动者与雇主或雇主团体之间签订的,有关劳动条件、劳动标准及劳动关系问题的书面协议。2004年5月1日施行的《集体合同规定》第3条明确规定:"集体合同是指用人单位与本单位职工根据法律、法规、规章的规定,就劳动报酬、工作时间、休息休假、劳动安全卫生、职业培训、保险福利等事项,通过集体协商签订的书面协议。"集体协议是有关集体劳动条件、就业条件和劳动关系的规定,对缔约当事人以及缔结协议双方所代表的人员都具有约束力,包括集体协议订立时或订立后加入该团体的雇主及工人。受集体协议约束的员工个人与雇主之间签订的劳动合同中如有违反集体协议之规定的,则此项规定应属无效条款,除非它对劳动者更为有利。

(一)种类

集体合同的具体内容一般由企业代表与工会代表(或职工代表)商讨决定,可以像劳动合同一样包含劳动关系的各个方面,也可以只涉及劳动关系的某个方面或某几个方面。对于有关劳动者切身利益的事项,比如劳动安全卫生、女职工权益保护、工资调整等内容,企业职工一方可以与企业签订专项集体合同。

专项集体合同是就劳动关系的某个方面的事项签订的专项协议。对于涉及劳动者切身利益的方面,劳动者可以与用人单位签订专门针对这些内容的专项集体合同。专项集体合同的订立,有利于以书面协议的方式对关乎劳动者切身利益的关键方面进行更加具体的约定,保护劳动者的合法权益。《集体合同规定》规定,集体协商双方可以就下列某项内容进行集体协商,签订专项集体合同:劳动报酬;工作时间;休息休假;劳动安全与卫生;补充保险和福利;女职工和未成年工特殊保护;职业技能培训等内容。《劳动合同法》第52条规定:"企业职工一方与用人单位可以订立劳动安全卫生、女职工权益保护、工资调整机制等专项集体合同。"

(二) 条款

我国规定的集体合同的条款主要包括:劳动报酬、工作时间、休息休假、劳动安全与卫生、保险福利、合同期限、双方履行集体合同的权利和义务、履行集体合同发生争议时协商处理的约定、违反集体合同的责任以及集体合同变更、解除、终止的协商程序等内容。这些内容主要分为法定条款和约定条款两类。

1. 法定条款

法定条款即法律规定应当进行谈判签订的条款,属于强制性的规定,如劳动报酬、工作时间、休息休假、保险福利、劳动安全卫生、合同期限以及双方需要约定的其他条款。具体来看,劳动报酬包含企业最低工资水平、工资形式、工资支付时间、加班工资及津贴、补贴、奖金及工资增长办法等;工作时间包括工作班制、每天最长工作时间、加班限制和特殊工种的工作时间等;休息休假包括年休假标准、其他休假和补假制度;保险福利包括依法参加保险种类、企业补充保险标准及福利设施的基本保障;劳动安全卫生包括劳动安全卫生责任制、劳保用品发放标准、定期健康检查和女职工的特殊保护;合同期限一般为1—3年,合同期满或双方约定的终止条件出现,集体合同即行终止。集体合同期满前2个月内,任何一方均可向对方提出重新签订或续签的要求。其他内容还包括变更、解除、终止集体合同的协商程序、双方履行集体合同的其他权利和义务。

2. 约定条款

约定条款即谈判双方自主协商订立的条款,这类条款不是法律要求必须具备的条款,但只要条款本身不违法,又符合双方当事人的意愿,就可以作为集体合同的条款。在国外通常包括补偿合同、管理方关于工会事务的权利、退休雇员的退休金福利、谈判单位的范围、工会标签的使用、处理擅自改变劳动内容的问题、自助餐食堂价格、过去合同的延续、谈判小组的成员、工头的雇用等。约定条款一经写入合同,具有与法定条款同等的法律效力。

二、集体合同的订立原则

集体协议的订立要遵循相应的原则,这些原则体现了集体协议的本质,贯穿于集体谈判的整个过程。订立集体协议,应遵循合法、平等、合作的原则。《集体合同规定》第5条规定,进行集体协商,签订集体合同或专项集体合同,应当遵循下列原则:(1)遵守法律、法规、规章及国家有关规定;(2)相互尊重,平等协商;(3)诚实守信,公平合作;(4)兼顾双方合法权益;(5)不得采取过激行为。合法原则是进行谈判、签订协议的基本准则,其内容包括双方主体资格合法、内容合法、程序合法和形式合法。平等原则要求劳资双方以平等的地位进行谈判和对话。合作原则要求劳资双方在谈判过程中相互配合、相互合作。谈判双方是两个组织之间的磋商与交涉,双方利益既有差异性又有一致性,合作贯穿于签订集体协议的全过程,体现了集体协议的基本精神。兼顾双方合法权益原则要求协议条款所确定的权利和义务要对等,做到互利互惠。不得采取过激行为原则,要求双方在进行谈判、签订协议的过程中,不得采取怠工、罢工、关闭工厂等争议行为,实际上是要求谈判双方负有和平的义务。

三、集体合同的生效要件

集体协商双方就集体合同草案经过协商取得一致意见并经本单位职工大会或职工代表大会讨论通过后,由双方首席代表在集体合同文本上签字,集体合同即告成立。集体合同成立后必须经过报送审查程序才能生效。报送审查即集体合同签订后,应当在7日内由用人单位一方将集体合同一式三份及说明报送当地劳动行政部门审查。确保其条款符合国家相关法律、行政法规的规定。当地劳动保障部门在收到集体合同文本后15日内将《集体合同审查意见书》送达集体合同双方代表。劳动行政部门若对合同内容没有异议,则集体合同自第16日起自行生效。若劳动行政部门对集体合同有异议,则应当在《集体合同审查意见书》中明确无效或部分无效的条款,并要求双方代表协商修改,再次报送劳动行政部门重新审核后确认生效时间。

集体合同生效后,双方应及时以适当的形式向各自代表的全体成员公布。集体合同审查生效后向职工公布,一般可以采取以下三种方法:一是在企业内部的报纸、刊物上报道和登载,在企业的有线电视台、闭路电视系统和有线广播报道中报道或宣讲。一些大的企业一般都有内部刊物,在集体合同审查生效后,应及时进行报道,向职工宣传,使职工清楚集体合同的具体内容。二是直接将集体合同印制成布告的形式,在宣传栏中或在车间班组的显著位置广为张贴。如果有能力,也可以发给每位职工一份。三是将集体合同文本发给分厂、车间及有关部门,便于日常查找、掌握和使用。

四、集体合同的期限

集体合同的期限是指合同的有效存续期间。各国一般采用定期集体合同,并在立法中限制其最短期限(通常为1年)和最长期限(通常为3—5年),规定合同的最短期限,是为了保证合同的相对稳定性;规定合同的最长期限,则是为了使合同内容与社会经济发展相适应。我国现行立法只就定期集体合同作了规定:期限为1—3年。在合同约定的期限内,双方代表可对协议履行情况进行检查,每年可对合同进行修改。

五、集体协议的变更、终止和解除

集体合同的变更,是指因订立集体合同所依据的客观情况发生变化,当事人依法对尚未履行或尚未完全履行的集体合同进行修改和补充。依法订立的集体合同具有法律约束力。一般说来,除非经过双方同意,否则,任何一方在合同到期前都不得修改合同内容。执行合同中遇到的最主要问题是对合同条款的理解与应用。执行合同是日复一日的行动,其目的是使各方都能从中获益。根据我国法律规定,在集体合同期限内,由于集体合同订立时所依据的客观环境和条件发生变化,致使集体合同难以履行时,集体合同任何一方均可提出变更合同的要求。签约一方就集体合同变更提出商谈时,另一方应当给予答复,并在7日内进行协商;双方协商一致对原集体合同进行修改后,应在7日内报送劳动行政部门审查。

集体合同或专项集体合同期满或双方约定的终止条件出现,集体协议即行终止。集体合同或专项集体合同期满前3个月内,任何一方均可向对方提出重新签订或续订的要求。《集体合同规定》规定,有下列情形之一的,可以变更或解除集体合同或专项集体合同:(1)用人单位因被兼并、解散、破产等原因,致使集体合同或专项集体合同无法履行的;(2)因不可抗力等原因致使集体合同或专项集体合同无法履行或部分无法履行的;(3)集体合同或专项集体合同约定的变更或解除条件出现的;(4)法律、法规、规章规定的其他情形。集体协议终止必须经过一定的法定程序。享有单方解除集体协议权的一方当事人可直接行使其权利,但应分别不同情况履行下列手续:企业破产,应提供人民法院宣告企业破产的裁定书副本;当事人因不可抗力事件发生而需要解除集体协议时,应提供有关证明;因对方违约致使合同履行成为不必要时,无过错一方要求变更或解除合同的,应及时通知对方,并向劳动行政部门提出申请。单方变更或解除集体协议的当事人,在行使权利的过程中与对方发生争议时,可提请劳动争议仲裁委员会仲裁或人民法院判决。

六、行业性、区域性集体合同

行业性集体合同指的是在一定区域的特定行业内,由行业工会组织与企业方面代表订立的适用于整个行业的集体合同。区域性集体合同是区域性的工会联合会和区域内的企业管理委员会签订的适用于全区域劳动者的集体合同。《劳动合同法》第53规定:"在县级以下区域内,建筑业、采矿业、餐饮服务业等行业可以由工会与企业方面代表订立行业性集体合同,或者订立区域性集体合同。"不同于企业集体合同,行业性或区域性集体合同是该行业或区域内所有劳动者和企业组织订立的集体合同。《劳动合同法》第54条规定,行业性、区域性集体合同对当地本行业、本区域的用人单位和劳动者具有约束力。这表明,行业性、区域性集体合同一经合法签订,即对全行业、全区域内的用人单位和劳动者具有法律约束力。

订立行业性、区域性集体合同,有利于调整行业内或区域内的劳动关系,切实维护行业内或区域内所有劳动者的合法权益。随着近年来我国非公有制经济的迅猛发展,非公有制企业的数量迅速增加。这些企业大部分集中在乡镇、街道、社区、各类经济开发区和工业园区内,具有规模较小、管理不规范的特点。再加上非公有制企业中工会干部兼职的较多,他们依附于企业,没有经济上的独立权,因此在与企业的商讨中没有什么主动权,甚至有的企业还没有建立工会组织。这些原因导致很多企业无法真正履行集体合同。加之这些行业内劳动者缺乏核心竞争力,很难与用人单位平等协商相关事项。行业性集体合同则弥补了这一问题。行业性集体合同约定了全行业劳动条件和劳动标准的最低限,行业内所有劳动者的劳动标准都应不低于这一规定。这对于调整行业或区域内的劳动关系矛盾将起到重要的作用。

关键词: 集体谈判　集体协议　集体协议的订立　集体协议的变更　行业性(区域性)集体合同

复习与思考

1. 试述集体谈判的含义和作用。
2. 试述集体协议的含义和订立原则。
3. 简述我国集体谈判的立法现状。
4. 我国集体协议的内容包括哪些方面?
5. 阐述行业性(区域性)集体合同的含义。

第十一章

离职与人员退出

引导案例：华为 7 000 人辞职案

2007年9月，华为公司内部通过鼓励员工辞职的方案，至10月华为公司先后分批次与老员工私下沟通取得共识，10月开始至11月底实施，共计有超过7 000名在华为公司工作年限超过8年的老员工，需要逐步完成"先辞职再竞岗"工作。按照华为公司的要求，工作满8年的员工，由个人向公司提交一份辞职申请，在达成自愿辞职共识之后，再竞争上岗，与公司签订新的劳动合同，工作岗位基本不变，薪酬略有上升。据华为员工透露，华为总裁任正非、副总裁孙亚芳在内的一批华为创业元老，也进行了"先辞职再竞岗"。此次"先辞职再竞岗"时，所有自愿离职的员工都获得了华为公司相应的补偿，补偿方案为"N+1"模式。N为在华为工作的年限，打个比方，如果某个华为员工的月工资是5 000元；一年的奖金是60 000元，平摊给每个月就是5 000元的奖金，假如他在华为工作了8年，他得到的最终赔偿数额就是10 000元（工资+年奖金平摊）乘以"8+1"，计90 000元。此次"自愿辞职"的老员工大致分为两类：自愿归隐的"功臣"和长期在普通岗位的老员工，工作年限均在8年以上。其中的一些老员工已成为"公司的贵族"，坐拥丰厚的期权收益和收入，因而缺少进取心。由于这些老员工的收入相对较高，华为公司为他们辞工支付的赔偿费，外界预测总计将超过10亿元。由此引发了近万名员工集体辞职的所谓"华为辞职门"事件，该事件随即成为2007年最受媒体关注的事件之一。

华为公司的此次操作，被外界普遍认为是为了规避《劳动合同法》第14条关于无固定期限劳动合同的新规定，也是非常特殊的"辞职案例"。"华为员工辞职门"甚至被媒体称为可能成为中国人力资源管理史上的标志性事件。华为的操作方法，从《劳动合同法》的角度看来，确有规避10年工龄的员工无固定期限劳动合同之嫌。从职业经理人或专业顾问公司的角度来看，华为精神可嘉，值得尊敬。企业管理者为了企业的特定目的，在符合法律的范围去做种种合法的设计与操作，而且在操作的过程中，注重与员工的沟通，并取得了大多数员工的认同，无可厚非。但从法律的角度讲，这个操作是否能实现规避无固定期限劳动合同的目的（假设是这个目的），还有待商榷。如何有效利用《劳动合同法》实施的新契机，进一步提升和改进企业人力资源管理水平，建立更加科学、合理、有效的人事管理体系，是对人力资源管理的巨大挑战。

资料来源：https://baijiahao.baidu.com/s?id=16853191310023 50025&wfr=spider&for=pc。

离职是员工自愿从企业中流出或自愿离开企业的行为。裁员则是企业从自身利益出发所实施的解雇行为。离职和裁员管理是企业员工关系管理的重要内容。通过本章学习,应了解离职的含义和形态、离职的原因、离职的计量管理、离职管理对策、理解企业裁员管理的意义,掌握裁员方案的设计以及组织变革中员工关系的处理。

第一节 离职问题的形成

一、离职的意义

所有的员工关系都将最终归于终结,出现离职和人员退出问题。在管理组织内部的人力资源时,维持人力的自然流动是非常重要的。传统的人事管理的重点是强调组织中对人的静态管理,但新的观念是人力的自然流动可以带给组织新的活力。在这一观念之下,组织除了确保留住优秀人才之外,还要对离职员工倾注关心,只有这样,才能维持组织的功能与成长。

从广义上讲,离职即劳动移动(Labor Turover)。所谓劳动移动是指劳动者从一个地方移动至另一个地方(地域间移动),或从某一职业转移至另一个职业(职业间移动),或从某一产业移转至另一种产业(产业间移动)。同时,也指某一特定组织如工厂、公司等员工的流入和流出。

人力资源管理者所特别关心的是员工在企业间的移动,它又可分为组织内部的移动、从组织内部往外部以及从组织外部往内部的移动。组织内部的移动,主要是人力的配置转换或工作轮换,从组织外部往内部的移动称为入职(Accession),自组织内部往外部的移动则称为离职(Separation)。狭义的劳动移动一般仅指离职,即从组织内部往外部的劳动移动,也就是员工从企业中流出或自愿离开企业,它既包括企业解雇员工,也包括员工主动跳槽。本章探讨的是狭义的离职问题。

二、离职的原因

员工离职的原因是多方面的。由于市场经济体制的建立和完善,宏观择业环境或政策的改变,员工流动观念的更新,社会就业模式的转变,以及新兴职业的出现,使人们有了更多的择业范围和择业自由。由于各种主、客观环境的改变,员工在进入企业之后,可能因各种问题而离开组织,离职问题也就会自然发生。事实上,导致高绩效员工离职的原因很多,分析起来也比较复杂,全球著名的人力资源咨询公司 HEWITT 调查发现,导致雇员离职的关键要素集中体现在 7 个方面:(1)领导层。员工与领导层之间的相互信用程度;(2)工作/任务。员工工作/任务的影响(获得认可),工作的挑战及工作的兴趣;(3)人际关系。与上司/同僚/客户/部属等多维度人际关系的处理;(4)文化与目的。员工是否具有目的感以及强烈的组织价值;(5)生活质量。实际工作环境,工作与家庭生活之间的平衡;(6)成长机会。获得晋升、成长、训练和学习的机会;(7)全面薪酬。工资与经济性报酬、福利[①]。

对人力资源部门来说,关键要区分核心员工的离职率和低效员工的离职率,降低核心员工的离职率,同时使低效员工的离职率达到企业追求的指标。对下述两种情况下产生的离职问题,应予特别注意。

(一) 劳动力市场变化的因素

(1) 人力的高龄化倾向。人力高龄化之所以成为问题,是因为高龄员工的体力及对新知识、新技能的接受远落后于年轻员工,而高龄员工在组织中一般担任较高职责,其结果可能导致年轻员工士气低落,甚至离职,同时也会妨碍组织的活力。但高龄员工处事稳健,有丰富的办事经验,也是企业不能忽视的。因此,如何处理这些高龄人力资源便成为很重要的课题。

(2) 人力的高学历化趋势。随着越来越多受过高等教育的就业人口踏入社会,这些高学历员工在就业初期,由于个人的追求、价值观、个性特点、能力与专长、心态和观念等与现实存在较大的差异,因而离职的倾向也较高,这不但增加了企业的招聘、甄选成本,也会影响到组织氛围。

(3) 技术人才的"挖墙脚"问题。一些企业在初创和业务扩张阶段,往往从同行业或相关行业的企业中高薪挖掘人才,特别是学有专长而市场又短缺的技术人员。目前,我国还没有一套有效的信用机制,对不守信用的跳槽行为予以规范。没有章法的跳槽行为影响了企业的技术开发,破坏了劳动市场秩序,同时也严重影响到企业的离职管理。

(4) 中年员工的压力问题。企业在成长阶段,业务不断拓展和扩大,员工升迁相对较为容易,组织也更加有活力,但企业一旦进入安定期,升迁管道便会变得狭窄不畅,中年员工在抱负难以施展的状况下,加上家庭经济负担日益加重,不得不离开企业寻求更高的报酬与福利,因此,中年员工的离职问题也应加以重视。

(5) 经济的兴衰。经济景气时,企业发展迅速而有活力,对人力的需求也会随之增加,一旦经济衰退,人事调整及改善雇佣常常成为降低成本、增加绩效的手段。此

---

① 李炯明.离职员工的关系管理.人力资源开发与管理,2003(3).

时,员工的自动及非自动离职也就随之产生。

(二) 个人与组织的关系

影响离职的最基本因素是员工个人因素,其次是组织因素,包括组织的领导风格、待遇水平、管理制度和人才机制以及所在行业等,都是影响员工离职的主要因素。社会环境与组织因素作用于个人因素,对离职行为起主导作用。中国古代学者曾说:"合则留,不合则去",足以说明了离职者的心态。从员工个人因素分析,离职原因主要可归为:待遇水平不合理或不能满足个人、家庭生活需求;个人工作量或工作时间超负荷;工作环境不良,如噪声、危险等;管理制度和人事机制不佳,升迁机会渺茫;休假与福利措施不完善;员工对企业前途、安定性缺乏信心;组织内部不融洽,包括人际关系不好,员工人格不被上级尊重等;婚姻、家庭环境因素,如家庭距离公司太远、家人反对、出国等;个人身体原因如伤残、疾病等不可抗拒因素;员工表现无法符合公司要求;企业为了节省成本而解雇员工等。

三、离职的形态

离职以员工是否自动移动为标准,可区分为自动离职(Voluntary Separation)与非自动离职(Involuntary Separation)。自动离职是员工依据个人意愿而离职,通常称为辞职(Quit; Resignation),主要是员工为了追求新鲜感,或追求高收入、高福利,或谋求更大发展、增加阅历,或为了改善人际关系,或由于婚姻、家庭、出国、升学等,大多可归结为对现有工作的不满或不得已而为之。非自动离职是指非员工意愿,而是雇主或组织从自身利益出发强制执行的离职,通常称为免职(Forced Resignation),在一些国家又具体分为解雇(Discharge)和暂时解雇(Lay Off)。其原因主要是员工工作能力减退、残废疾病、工作表现不符合公司规定,或无法满足组织要求时,企业依据正当理由予以解雇。当公司业务紧缩,歇业或经济不景气时,为了节省成本,公司也可能暂时解雇员工。另外,退休与自动离职和非自动离职都有关联,员工虽然愿意继续工作,但已达退休年龄而退休者,属于非自动离职;员工在达到退休年龄之前的自愿退休则属于自动离职。

离职以组织是否可以避免为标准,区分为可避免的离职(Avoidable Separation)与不可避免的离职(Unavoidable Separation)。可避免的离职是指通过组织或经营者努力有可能改变员工心意的离职,通常大部分自动离职属于可避免的离职范围。不可避免的离职是指员工因疾病、死亡、怀孕等不可回避的原因而导致的离职。

依组织的功能性,离职可区分为功能性(Functional)离职(低绩效)与非功能性(Dysfuntional)离职(高绩效)。非功能性离职是指员工个人想离职,但组织希望能挽留他。功能性离职是指员工个人想离职,而组织并不在乎,因为组织对他的评估是不好的。

离职依据劳动合同终结的法律原因,可以分为劳动合同解除与劳动合同终止两种类型。劳动合同终止是指劳动合同期限届满或主体资格消失而依法终结。劳动合同解除是指劳动合同生效以后,尚未全部履行以前,一方或双方依法提前终结劳动合同的行为。解除行为分为双方行为和单方行为。单方解除劳动合同,可以分为企业单方面解除或者员工单方面解除,单方解除无须对方同意。双方解除则是无论员工首先提出解除还是企业首先提出解除,只有双方同意,达成一致,方可解除劳动合同。不同类型的员工离职类型,导致了企业不同的法律风险。

四、离职的效果

离职是重要的人力资源问题,通过离职可以了解许多人事问题的症结。离职也可以反映组织的常态,一个离职率过高的组织,无法成为良好的组织。例如,当一个部门离职率很高时,我们可以推测出多种原因,如管理者不信任、同事不合作、不断减薪、突然降职、公司有裁员倾向、工作缺乏成就感或工作单调、工作环境不良等,因而对离职予以有效管理具有重要意义,人力资源部必须关注员工缺席与离职资料,并予以详细分析。

企业因员工离职会受到许多影响,对员工跳槽要有正确心态,跳槽是市场经济条件下人才流动的必然,也是正常现象,跳槽率太高固然不好,跳槽率过低也不正常。一般而言,企业对离职效果大体有两种不同评价:一是强调离职的肯定效果,二是强调离职否定效果。

强调离职的肯定效果者认为,离职可以更新组织气氛,刺激新的管理方法与技术的引进;有机会裁减不胜任工作的人,有助于建立企业形象;当组织的冗员离职时,高离职率反而能促进组织活力;离职在某些人看来,是一种自由移动,可由此获得较好的待遇和工作条件。

强调离职的否定效果者认为,如果企业真正需要的、有价值的员工离职,将使组织的关键员工、优秀人力的确保遭受威胁;企业支付的招募、选拔和训练费用,会因员工离职而遭受损失;新替代的员工相对经验少,易出差错,使得替代费用难以估计;员工离职还可能会影响其他员工的士气,可能间接影响组织目标的完成。

事实上过高的离职率和几乎没有离职对组织来说都不是一件好事。离职率过高,会降低员工对组织的归属感,影响全体员工的士气,从而妨碍组织目标的达成和维持;如果员工完全没有流动,组织也会失去活力,并倾向老化,从而妨碍组织发展。因此,只要属于常态性离职,企业就不必过分紧张,但如果是想留的人留不住,想走的人不愿走,离职的人总是最优秀的,这就应该检讨。企业既要肯定离职的积极意义,又要对员工离职实施有效的管理。

第二节 离职的计量管理

一、离职费用的测定

无论是自动离职还是非自动离职,都会给组织带来费用,目前对如何计算离职所产生费用的讨论还比较少,大多只限于对离职有关的原因及变数的说明和研究,这样就无法以较具体的量化观念来说明离职的严重性,同时也难以明确使经营者了解如何进行离职管理。目前在我国,能够根据对离职员工面谈记录进行数据加工,并建立员工流失关键要素分析、流失成本分析的企业还很少。

离职费用的测定在做法上的确有其困难之处,主要是无法确定某些费用是否应计入离职费用之中,如雇用及训练费用、生产力的低落、超时工作、新进人员的适应等产生的费用。

虽然离职费用的测定不易,但企业可根据实际情况将相关的所有离职费用项目整理为一个标准化的形式,作为评估之用。一般地,计算离职费用可按照以下5个步骤进行[①]。

(一)定义离职率

企业首先要获取正确而可靠的统计信息,只有明确地定义离职率,才能顺利地将统计资料转换成有意义的形态。离职率的定义方式一经选定,应继续维持采用,以作长期的趋势分析和同业比较。但在计算时应排除季节性及其他暂时性变动的影响,才可以实际运用。通常,界定离职率的方式有如下四种:

① 离职人数÷平均员工数×100%
② 任用人数÷平均员工数×100%
③ (离职人数+任用人数)÷2÷平均员工数×100%
④ (离职人数-临时员工离职人数)÷平均员工数×100%

另外,为了反映可避免的离职,可以单独计算可避免的离职员工人数率,其公式如下所示。

---

① Thomas F. Cawsey and William C. Wedley, "Labor Turnover Costs: Measurement and Control", *Personnel Journal* (Feb. 1979), pp. 92—94.

$$离职率 = \frac{该月离职人数 - 不可避免的离职人数}{月中员工总数} \times 100\%$$

根据这一公式计算的离职,是衡量一个组织中人力资源管理计划是否有效的重要数据,因为它能够指出哪些离职是可以避免的离职,也表明了管理者可以通过更好的甄选、训练、管理领导、改善工作环境、提高薪酬以及升迁机会等方法,来控制或减少部分员工的离职。

(二)确认费用项目

离职费用应包括哪些项目,则因分析要素和资料汇集的困难程度而有很大差异,但大致可归为6类:个人离开企业时所发生的费用;职位空缺进行招募的广告费用;新进员工的适应及训练费用;因员工离职导致的设备闲置费用;因更换职务导致的不良生产性费用;因训练不足导致的低生产性费用。其中,前三类费用可明确确认,后三类费用则因企业业务性质及组织结构等因素很难断定。

(三)决定可测与不可测费用

员工离职对组织造成的影响利弊兼有,而且决定离职费用也相当困难且复杂。某些费用可以很清楚地测定,如广告费、心理及身体检查费等;某些费用却很难测定,如经营者按照惯例接见求职者所花费的时间就很难换算为离职费用。因而,企业管理者应着眼于解决不可测定的离职费用,发展出一套适合实际且可调整的对策。

(四)决定可控与不可控的费用

离职的可控与否,决定着管理者的努力方向,一般如退休、疾病及死亡等属于不可控因素引起的离职,但某些离职则较易控制,如因工作性质、工作条件、监督及报酬等引发的离职。人力资源管理应从组织的整体目标出发,尽可能地在权责范围内配合企业目标,采取调控措施,留住核心人才。

(五)实际计算全体费用

离职一经确定,每次的离职费用便可具体转换为可测定的形态,然后在确定的离职费用项目及标准费用下,计算全体的离职费用。

此外,一些学者还曾提出,离职费用的计算包括行政上所发生的费用(如行政上所花的时间成本及面谈成本等)、增补人才费用(招聘广告、检验及体检费用)、训练费用(训练教材、师资上课的报酬及规划等费用)、设备闲置费用及更换职务而产生的不良性生产费用等。如果公司还支付了员工离职时的津贴和失业税,则也应一并列入离职费用①。

二、离职费用的管理

企业在测定了标准离职费用之后,应将对费用的管理应用于离职管理中,协助订立各职位及各部门的正常离职费用,同时,每月应扼要说明控制离职的情形,并将其资料予以归档,以备以后之需。离职费用管理的功能主要是明确责任归属、细化预算和监督管理。

(一) 明确责任归属

离职资料的控制,可使有关管理者了解与离职有关的费用项目,并促使其认识降低此项费用的必要性。在离职费用的管理上,最重要的问题是责任划分,尤其是设定分权组织,将整体预算划分为几个次级部门预算,各部门均须建立本身的预算以控制部门费用,即将组织责任进行分摊,将组织的费用控制于总预算之下,这样,与特定部门有直接关联的费用将产生直接压力,促使其谋求善策。

(二) 细化预算

企业在最初设定离职预算时,往往无法达到既合理又切合实际的境界,加之外部环境与组织的不断变化,预算的订立必须依赖于相应的反馈机制以及相关资料的补充。

(三) 监督管理

企业每月应记录离职的人数和理由,并计算相关实际费用,比较预算与实际花费,采取持续的降低措施,直到离职费用控制在适当水平。

离职费用管理的目标,在于充分接纳真正具有技术、才能和创造力的新员工,将离职费用维持在适当水平,使所获效益等于投入控制所需要的成本。

三、自动离职的管理对策

从组织的维持和发展来看,一般而言,应尽可能地抑制自动离职,即尽可能地抑制因对企业的报酬、福利、工作时间及其他工作条件等不满而产生的可避免的离职,以确保组织核心的人力资源。

---

① Cascio, W. F, *Costing Human Resource*. PWS — Kent publishing Co., 1987, p.167.

员工为什么会自动离开组织呢？一般而言，工作满意与离职率成反比，即工作满意度高的员工离职的可能性较低。当然，这一关系的强度也可能由于组织和时间的不同而改变，即使是对某一工作极为不满的人，但由于工作性质所限，或经济不景气、失业率增高、年龄偏大等因素都可能会影响离职率。一般的情况是，满意工作的人留在组织中，不满的人离开了组织，工作越能满足员工需求，员工的满意度越高，也越愿意留下；员工的不满意度，流出动机也就越强。因而，如果组织不能调和工作与员工对工作的期待，离职率就会自然升高，这就涉及对工作、薪酬、激励机制和工作环境方面的设计，以及对员工期望的管理。

企业之所以非常重视自动离职，是因为它不仅影响到企业形象，而且可以反映企业的状态。针对引发自动离职的因素，应采取如下3条管理对策。

（一）建立和完善制度性管理策略

建立企业内部申诉制度及人事咨询制度，改善各种人际关系以解决员工的不满与苦闷。重视辞职离职事件，处理好人才的内部提拔和外部引进问题，处理好人才的跳槽和制约问题。建立有效的绩效考核制度，采取多种激励措施稳定人才，如以升迁、薪酬和福利等来满足员工的个人需求，当然，这些管理策略都应与组织目标相一致。

（二）建立有效的程序化沟通

留住高忠诚度的雇员群体，需要人力资源经理和直线经理在提升个人管理、领导力的同时，将更多的时间和精力投资在员工身上，与员工保持良好的沟通习惯，建立彼此充分信任的关系，引导员工学习并不断地突破绩效极限，将员工的能力开发像产品开发一样对待。要用赞扬和精神奖励留住员工的心，强调企业的凝聚力，处理好员工的向心力、凝聚力的培养问题，尊重员工的意见，以情感交流温暖员工的心。

当员工离职时，开诚布公地与离职员工进行沟通和访谈是十分必要的。离职面谈是企业员工关系管理的一项重要工作，通过面谈环节，不仅为企业人力资源流动状况分析提供了基础工作记录，更为重要的是建立了企业沟通的有效渠道。比如，有些主动辞职的员工，辞职理由是为了个人发展、学习及家庭原因等理由，表面上看合情合理，但经过谈话却会发现员工对部门经理的工作风格、团队氛围、绩效的评价状况、当前职位工作内容不满。所以，有效的面谈可以找到员工真正的离职原因，并从侧面了解到业务部门的内部管理情况。如果确实是公司方面的问题，也可以通过离职面谈能够留下这些员工。人力资源部门在与员工进行沟通之前，要了解以下信息：部门经理的态度和要求、工作进展情况、员工的劳动合同状况和附属协议情况（如培训协议、保密协议、服务协议等)、财务借款情况、设备领用情况、工作中涉及的应收应付情况等,涉及违约的,还要熟悉相应的法律条款。

离职面谈的目的,主要是了解员工作出离职决定的原因和想法,对个人发展的考虑和设想,避免因沟通不足造成的误解。事实上,真正对公司内部管理程序、价值文化以及公司内部其他一些管理边角问题能够作出客观、公正、大胆评价的人,恰恰正是那些办理离职的人。深入了解员工离职原因,有时可能会遭到离职者搪塞敷衍,因此,离职面谈需要态度坦诚,目的明了。一般需要了解的信息包括:离职的真实原因,导致离职的主要事件;离职人员对公司当前管理文化的评价;对公司的工作环境以及内部人际关系的看法;对所在部门或公司层面需要改进的合理化建议;离职后本岗位后续工作展开的建议以及离职后个人职业生涯规划等,进一步确认员工离职的真实原因和可保留的余地。在面谈过程中,可以根据部门对员工辞职的态度(准予或不准予),代表企业向员工表示对于辞职的关注,并善意地与员工交流应注意到的违约责任和一些附属协议中的保密责任、知识产权等条款,提醒和防范员工损害企业的合法权益。

(三) 工作再设计

员工的需求不同,对工作所尽的责任也会不同。如果员工对其成长需求很高,或想获得升迁、较高待遇,则他会更愿意接受高技术性、挑战性及自主性的工作,以提高工作动机、工作满足以及工作绩效,进而达到成长的条件。一些学者指出,应当对员工习惯性、例行性工作进行工作再设计,注入一些挑战性、自主性及成就感,以避免员工对工作产生厌倦感,在工作过程中要赋予员工参与决策的权利,并使员工获得工作绩效的反馈。这就涉及工作再设计以及对员工期望的管理。企业要管理好员工期望,使期望与实际所得相匹配,了解员工期望的变化,使其处于一个组织能长久满足的水平。

四、非自动离职的管理对策

非自动离职的典型形态是解雇,解雇是离职方式中最强硬也是最痛苦的形式。从员工方面看,虽然某些员工可以很容易转换工作,但从企业立场看,即使解雇不满意的员工也是很困难的。因此,企业在甄选员工时应更加慎重,才可避免或减少双方的损失与伤害。

一般来说,解雇主要根据员工的绩效考核记录、矫正员工过失的指示记录、书面警告、法律法规规定以及企业的规章制度。企业为纠正员工不良行为所做的警告,虽然通常被认为是非效率的措施,但却是维护企业整体纪律的制度化的必要手段。非自动离职需要的技巧性更强,通常员工关注的内容是企业辞退的理由是什么,具体到他(她)个人为此需要承担什么责任、个人的损失和补偿是什么。遇到员工有怨情的时候,要让员工有辩解和倾诉的机会,引导员工化解心中的不悦。

当解雇被认为是解决问题的必要方法时,管理者应依法快速作出决定,以避免员工的不安及疑虑或处理上的困难。但一般而言,管理者应尽量避免使用解雇手段,而采用其他替代方案,如常用的方法是调换部门、减薪及降级。由于减薪、降级容易造成员工心理上的挫折感,对企业产生不同程度、不同层面的影响,因此,使用时应预先加以充分斟酌。

五、经济性裁员管理的策略

(一) 经济性裁员的意义

经济性裁员是非自动离职的典型形态。在经济不景气时期,裁员常成为企业降低人工成本、提高劳动生产率和企业竞争力的重要手段。今天,裁员已不是"绩差"、"破产"企业的专用名词,许多业绩好的企业也从组织长远发展的角度进行裁员。在企业管理中裁员已成为一种现代组织的标准做法,一种组织管理的规范和组织惯例,甚至成为组织文化的一个部分。一般而言,裁员并不是简单地将员工从工资发放清单上清除而已,裁员是有成本的。裁员的成本包括对员工的补偿成本、重新招聘的成本、企业的短期调节成本以及对留任员工的心理影响等,这些成本都会影响企业的行为目标和企业效率。因此,企业在面临裁员时需要仔细考虑的问题是:裁员是唯一的解决办法吗?如何对裁员对象进行筛选、确认?如何最大限度地减轻对留任员工和被裁员工的伤害?最佳的沟通途径是什么?

通常,正式裁员的费用要高于预算额,为确保企业利润最大化,避免裁员成本和负面影响过大,企业在面临裁员时可以对一些裁员替代方案进行比较,例如:冻结人员的进入;停止增加工资、停发奖金;不鼓励甚至限制加班;变更劳动合同;减薪;工作分享;减少工作日;停止带薪休假等额外福利等。裁员一方面可以降低成本,提高企业的竞争力,另一方面可能带来负面影响。为降低这些负面影响,企业在制订裁员方案时应注意以下问题:向员工传递正面、积极、公平的信息;裁员方案应有利于减轻在制定、实施雇佣决策时一线经理的压力;注意维持一种企业内外的融洽关系[①]。在市场经济条件下,保持员工的合理流动,既有利于企业不断引进新的人才,淘汰不合格员工,又可以强化现有员工的职业危机感,促使他们努力工作,提高工作效率。

[①] 唐镰.企业裁员管理.人力资源开发与管理,2003(5).

(二) 裁员管理方案的设计

企业裁员的典型程序如下所述①。

1. 计划阶段

在裁员计划方面,需要经过5个步骤。① 明确企业战略及目标,具体包括:明确企业业务战略与远景目标,充分考虑企业的现实和未来;确定新组织的高层构架;对裁员的商业价值进行评估;列出具体岗位裁员的数目和依据。② 计划制订过程,具体包括:确定筛选被裁员工的依据;确定遣散费、补偿费的数量及法律依据;制订保留或重新雇佣战略。③ 为确保平稳裁员,制订沟通策略。沟通内容包括公司战略、裁员原因介绍、裁员标准和裁员过程说明等。沟通方式包括员工会议、通知、信函和内部刊物等。沟通时间要注意艺术和恰当,比如沟通时间不宜过长,不宜在发放年终奖以前等。④ 建立裁员管理小组。⑤ 制订裁员时间表。

2. 裁员筛选阶段

在裁员筛选阶段,主要有以下3个步骤。① 制订筛选标准,确定裁员对象。② 确定管理层中可能被裁的名单,评估候选人。③ 确定最优裁员名单和最应保留员工名单,并对名单进行评估。

3. 实施阶段

在人员的遣散过程中有两个步骤。① 确定遣散费用的整套方案,包括遣散费用的计算依据、计算方式以及审定福利授予方案。② 确定新职介绍方案,目的是为解雇员工提供建议和咨询服务,提高他们对市场的了解,在面试时提供尽可能的帮助,从而实现员工价值。

在保留或重新雇佣过程中,包括以下两个步骤:① 确立重新雇佣战略,包括阐明工作、薪酬和福利的安全性问题,保证员工及时了解企业动态。② 建立保留战略,包括为所有员工建立保留体制,申明解释员工可能存在的担忧等。

4. 沟通阶段

裁员管理方案的制订与实施应由企业的主要领导人亲自过问,由至少一名高层领导参加组成的工作小组来负责,裁员管理工作不是简单的企业人力资源管理工作。裁员管理方案的制订要根据企业的战略和目标,方案的实施会影响到企业的各个层面。

总之,无论是基于劳动力成本战略实施的裁员,还是基于系统战略包括组织更新、组织再造实施的裁员,企业都要依法进行裁员管理,减少裁员过程中的劳动纠纷,避免不必要的成本支付,同时注意裁员的艺术与技巧,实行人性化的裁员,如在裁员

---

① 唐镰.企业裁员管理.人力资源开发与管理,2003(5).

过程中应注意保护员工个人隐私；寻求反馈信息，与员工充分沟通；措辞谨慎、语气诚恳、态度坚决；努力创造友好、轻松的气氛，对员工的未来发展计划给予关心和鼓励，甚至企业可以为员工的重新就业进行积极正面的推荐。裁员管理既是一项艰难的工作，又是一项极具挑战性的工作。

案例：分众无线裁掉2/3员工

被裁员传闻所围绕的分众无线上周末终于揭晓答案，有员工开始向媒体诉苦，"我们确实在2008年6月30日开始了大裁员，"这位员工说，"现在估计只剩下行政和法务在善后。"上周末，分众传媒集团也不再对此事保持沉默，"不再做短信业务了，人员减少也是必然"。至此，以央视"3.15"晚会曝光为导火线的"垃圾短信"消费纠纷，最终以分众短信业务的完全剥离以及大范围的人员裁减作为结束。员工们都清楚这场裁员的大背景——央视的"3.15"晚会。在那场晚会上，分众传媒被曝光从事"垃圾短信"业务，涉嫌侵犯用户隐私，一场品牌危机随之爆发，分众也很快宣布停止短信业务。随着业务剥离的开始，裁员也变得顺理成章，"只是没想到裁那么多人，"一位被裁员工评论说，"我并不是做短信销售的。"

"垃圾短信"风波持续4个月。裁员被最终公布的时候，员工们只是默默走进办公室等待通知，"集团的法务人员已经等在那里，补偿方案也写得很明确，"小陈说，"于理，我自然无话可说；于情，我觉得集团狠了点。"事实证明这是一次大规模的人事调整，分众无线原本有近300名员工，被裁掉的达到近200人，剩下的法务和行政部门的人员正在处理善后，分众传媒集团新闻发言人稽海荣对记者回应说："无线方面最重要的短信业务都不做了，确实不再需要这么多人"，"我们从来就没否认过会裁员"。另一位分众内部资深人士也对记者评论说："我给你打个比方，原先如果公司能赚1亿元，现在只能赚1 000万元，规模当然会不同。"

通知普通员工的是他们的直接领导，通知直接领导的则是副总们。这场裁员也导致分众无线高管层的集体出走，他们也许很早就得知裁员结局，竟然很快就在原办公室楼上，用原班人马筹建了新公司，这让很多员工在一天之内体会了离职和就业的冰火两重天。

资料来源：张黎明，"分众无线裁掉2/3员工 被裁员工称做得狠了点"，《北京晨报》，2008年7月7日。

六、离职后的综合管理

在完善离职管理对策之后,还必须注意离职人员的辅导问题。虽然人员离职后将不再对公司有明显的直接贡献,但如果能继续和他们保持联系,则对公司的宣传以及员工向心力的培育具有很大帮助,所以,人力资源部需要有人负责处理相关事务,并建立离职人员的档案资料,适时更新。其具体措施如下所述。

(一) 组织

对离职后员工的管理,可以推行以下活动:

(1) 座谈会。企业可以定期或不定期地举行形式多样的座谈会,由离职人员与公司在职人员进行沟通,一方面传授经验,避免重蹈覆辙,另一方面可以交换新的知识、技术等。

(2) 恳谈会。让离职员工可以重回公司分享公司成长的喜悦,并与现职员工相互叙旧。这一措施不仅对现职员工具有激励作用,而且可以让离职员工对公司有认同感,视公司如自己的家庭。

(3) 演讲会。企业可以举办演讲会,邀请离职员工一起参加,以增进其新的观念与知识;或者聘请有特殊经验、才能的离职员工通过演讲等方式让现职员工在观念上有所启发。

(二) 反馈

离职人员不论是退休、非自动离职或自动离职等,都可以在适当时机让其返回工作岗位,利用座谈会、恳谈会或私下提一些具体建议等方式,为公司决策提供参考,并激励员工士气。

与离职或退休人员保持联系,定期或不定期地访问、通信,以了解其近况,并作适当的辅导与协助,维持良好关系,以提高其向心力或归属感,进而能对公司做义务宣传,促进业务发展。

对某些员工而言,离职或许只是暂时离开工作岗位,或因不可抗拒的理由必须离职,因此,公司在政策上必须对工作优异却离职的员工保持适当联系,必要时可予以重新聘请,返回工作岗位。

对退休人员在生活上要多予关心、照顾,如果精神和体力状况良好,可让其返回工作岗位,依其专长与企业本身需求予以有效运用。

关键词： 离职 裁员 自动离职 非自动离职 可避免的离职

复习与思考

1. 员工离职对企业有何影响？
2. 试分析劳动力市场变化对员工离职的影响。
3. 如果你是人力资源经理，对离职费用的计算可采取哪些步骤？
4. 对离职员工可采取哪些管理对策？

第十二章

劳动合同解除和终止

引导案例：裁员潮滚滚而来　互联网大厂无一幸免

2022年4月初，美团多项业务裁员，美团优选是首要被调整的业务，核心业务"裁旧招新"。4月6日，美团内部发布裁员通知；4月8日，HR约谈被裁员工，谈后当场解除劳动合同。美团这次裁员堪称"隐秘而雷厉风行"，被裁的人至多头天晚上收到通知，甚至有的人周五下午3点被通知面谈，10~20分钟内谈完，晚上9点就没了内部沟通软件的权限。

2022年3月，腾讯爆出裁员消息，裁员涉及腾讯的平台与内容事业群（简称"PCG"）和云与智慧产业事业群（简称"CSIG"），相关部门裁员比例高达30%，中高管采用一年一签的聘用制。PCG（主要包括腾讯新闻、QQ类）的小鹅拼拼项目组被解散，应用宝项目组也被裁掉部分人员，此次裁员35岁以上员工首当其冲地成为裁员对象。

2022年3月，阿里巴巴宣布裁员，主要涉及MMC（社区电商）、飞猪等业务，本次裁员数量约20%，裁员近4万人。生活服务板块变动最大，包括饿了么（裁15%~20%）和口碑等本地生活业务以及飞猪事业部，盒马（裁20%）、淘菜菜（裁20%上下）也有一定比例的人员优化。

2022年1月中旬，字节跳动内部员工称公司连夜裁撤了百人规模的战投部门。字节跳动投资部门裁撤之后，原字节跳动财投部门tech组负责人目前已转岗进入飞书商业化团队负责相关业务。此外，字节跳动财投部门已确认解散，少数人内部转岗，其余人相继离职。

2022年1月，京东爆出分部门裁员消息，优化范围覆盖零售、物流、健康等多个主流板块，包括京东健康、京喜拼拼等，其中，裁员最多的是京喜拼拼，裁员比例为10%~15%。值得一提的是，早年创业的时候，刘强东曾表示，京东的员工都是自己的"兄弟"，京东不会开除任何一个"兄弟"。而这次京东不仅裁员，还对被裁员的员工表示恭喜，直接被广大网友"骂"上了热搜，调侃称刘强东终于对"兄弟"下手了。

2022年1月，百度的AIG（ACG、TPG、INF）、移动生态事业群（MEG）等多条业务线发生了不同程度的裁员，尤其是MEG事业群是裁员的重灾区。减员比例在10%~15%，基层员工、中层、高层都有涉及。百度MEG的业务包括手机百度App、百家号、小程序、短视频、游戏、直播和教育等业务，是为百度贡献核心收入的重要部门，据称其中的游戏部门300多人或将全部被裁掉，讽刺的是，游戏业务是百度去年重压的方向。

2022年1月,快手发起新一轮裁员,覆盖电商、商业化、国际化、游戏四大事业部,个别团队裁员比例为30%,海外事业部多位技术通知被裁。快手从去年年底就开启了较大范围的裁员,覆盖电商、算法、国际化、商业化、游戏、A站等多个业务部门,快手方面此前曾回应裁员传闻称此为系列"业务优化"。

2022年2月,滴滴对两轮车、网约车、货运、中台、总部+区域等进行了大裁员,总体裁员比例约为20%,涉及几乎全线业务,只有少数独立部门不受影响。滴滴这次总计裁员人数将高达2 000人,同时滴滴这次采取的还是"速战速决"的方案,在1月底之前就完成了所有通知。

2022年2月,小米已经将裁员指标分部门下发,平均为10%,而裁员对象主要定在新员工或者应届毕业生中,以北京为主,手机部硬件、应用商店、智能制造等部门均有员工收到约谈。小米一直都有末尾淘汰制,而且被淘汰的员工也拿到了其相应的赔偿,而这种淘汰制度会一直延续到今年3月份。

2022年,有赞教育板块的产研人员全部被裁掉,微商城和零售的产研裁掉30%,中台技术裁掉79%,销售部门未涉其中。2022年1月,有赞就被爆出事业部化调整,前台业务被拆分成社交电商、新零售、美业、教育、Allvalue五大事业部。3月底,中国有赞再次被曝出裁员20%左右。

2022年,爱奇艺市场、投放、渠道合作等部门的裁员比例都在30%以上,最多的能到50%。没有过试用期的员工,几乎都在裁员之列。爱奇艺研究院、爱奇艺游戏中心等部门几乎全员被裁,短视频产品随刻会和其他产品合并,只有40%的人可以留下。

2022年2月,"微博大面积裁员"的消息登上热搜,新浪微博此次被"优化"的员工在2021年末的绩效基本是D。新浪微博相关负责人则表示,不存在裁员一说,公司年初对业务进行盘点,为加强优势领域和业务聚焦,对部分组织进行调整,以促进高效协同和组织活力。

2022年1月,拉勾招聘招聘线以缩紧规模为主,产品运营研发有所涉及,教育线则是全方位裁员,CTO、讲师、各种领导均裁员,班主任团队全军覆没,甚至财务岗位都有裁员。拉勾曾经的估值达到2亿美元,并在2019年就计划赴美上市,在互联网行业中名气响亮,而现如今BOSS直聘一路高歌猛进,市值已达148亿美元,相当于70多个拉勾网。

综合以上裁员信息可以看出,互联网大厂基本都开展了组织优化,不断缩减战线,将火力集中在更核心的业务上面。13家互联网巨头企业中,美团、腾讯、阿里巴巴、字节跳动、京东、百度、快手、滴滴、有赞、爱奇艺、拉勾招聘11家企业几乎都开展了大规模的业务优化调整,裁员人数最低也在10%,其中,爱奇艺、拉勾招聘、有赞3家企业的业务调整幅度最大,裁员人数甚至达到50%,但大部分是对非核心业务部门进行大刀阔斧的调整。少数企业实行末位淘汰,整体业务线虽未调整,但裁员情况依然惨烈。13家企业中只有小米、新浪微博两家企业只是针对绩效不好的员工进行了末位淘汰,对业务线并未开展实质性的调整,不同的是,小米主要把对象定位在新员工或者应届毕业生中,而新浪微博对上一年度绩效为D的员工实行了全部清除。

资料来源:http:// www.infzm.com/contents/3870?source=202&source_1=3869.

我国人力资源的退出分为解除和终止两种法定情形。劳动合同解除,是指劳动合同订立后,尚未全部履行之前,由于某种原因导致劳动合同一方或双方提前消灭劳动关系的法律行为,分为法定解除和约定解除。劳动合同终止,是劳动合同期限届满或主体依法消灭时,劳动合同依法终结的情形。为了平衡企业与员工的力量,建立和发展和谐稳定的劳动关系,我国法律对劳动合同的解除和终止作了严格的规定和限制。

第一节 劳动合同解除

一、双方协商一致解除合同

《劳动合同法》第36条规定:"用人单位与劳动者协商一致,可以解除劳动合同。"劳动合同被称为合意上的法律,它既可以通过合意来订立、变更,也可以通过合意而提前终止。如果双方当事人不愿意继续保持这种劳动关系,共同提出解除劳动关系,或一方不愿意保持这种关系,另一方同意,双方协商一致,则可以解除劳动关系。协商解除是劳动合同自由原则的体现,是双方当事人理性选择的结果,因此,双方对其产生的后果是可以预见的。在协商解除劳动合同的过程中,一定要遵循自愿原则,一方不得有利诱、胁迫另一方的违法行为。只有在平等自愿、协商一致的基础上,劳动合同才可以顺利解除,否则,就会引发劳动争议。究竟由哪一方首先提出解除劳动合同的动议,其法律后果是不一样的。如果是劳动者首先提出解除合同的动议,并与用人单位协商一致解除劳动合同的,法律没有规定用人单位有支付经济补偿的义务。但如果是由用人单位首先提出解除合同的动议,并与劳动者协商一致解除劳动合同,用人单位应当向劳动者支付经济补偿。因此,通过协商解除劳动合同时,双方当事人都要做好证据的收集工作,一旦发生纠纷,就要拿出证据来证明究竟是哪一方首先提出解除劳动合同的动议,以此来证明用人单位是否承担向劳动者支付经济补偿金的义务。《最高人民法院关于审理劳动争议案件适用法律问题的解释(一)》第35条规定:"劳动者与用人单位就解除或者终止劳动合同办理相关手续、支付工资报酬、加班费、经济补偿或者赔偿金等达成的协议,不违反法律、行政法规的强制性规定,且不存在欺诈、胁迫或者乘人之危情形的,应当认定有效。前款协议存在重大误解或者显失公平情形,当事人请求撤销的,人民法院应予支持。"

协商解除劳动合同是法律赋予企业与员工可以行使的权利,其特点是劳动关系在终结时比较和谐、平稳。协商解除劳动合同适用范围广、法律强制性要求小、风险小、成本低,在人力资源管理实践中,企业如果能正确运用协商解除劳动合同的策略,灵活使用协商解除劳动合同的各种技巧,则往往会在化解紧张、冲突方面起到意想不到的效果。实践中,企业可以对一些直接处理可能会导致不利后果的情形,采用灵活、变通方式协商解除劳动合同,如对过失性解除合同证据不足的,对非过失性解除合同操作成本太高的,或者一些特别重要、影响力大的员工解除合同的。采用柔性化协商解除合同,应特别注意:(1)做好协商解除合同的预案。为避免造成紧张感,企业应选择合适的时间通知员工;直接告知员工企业的处理决定,并简单描述处理理由;注重事实,重点强调决定作出的慎重和不可更改。不与被处理员工辩论,积极倾听员工陈述,并以点头或用短暂沉默等方式加以配合。(2)面谈。区分不同情况进行有效率的面谈,如对过失性解除但证据不足的,应留取并固化已经取得的员工违纪证据,告诫或敦促员工与企业协商解除;对非过失性解除但操作成本太高的,须把握员工心态,互相陈述相互利益关系,晓之以理。(3)掌握员工协商解除的技巧。解除劳动合同,须以事实为基础,严格遵循程序,讲究适当的技巧和要领。如应与员工仔细讲述经济补偿金额与具体算法,注意不要在已经商定好的条款上当场承诺增加任何内容,同时也不要承诺会"调查一下事后给予答复",这样会把解除程序复杂化,弄到难以收拾的地步。

二、员工单方解除合同

为了保障劳动者择业自主权,促进人才合理流动,《劳动合同法》明确规定了劳动者享有解除劳动合同的权利。劳动者单方解除劳动合同有以下四种情形。

(一)一般情形下提前30天通知解除合同

《劳动合同法》第37条规定:"劳动者提前30天以书面形式通知用人单位,可以解除劳动合同。"这一规定赋予劳动者以辞职权,劳动者有权根据自己的能力、特长、志趣和爱好,选择适合的职业。提前30天通知既是劳动者单方解除劳动合同的条件,也是解除合同的程序。通过这种途径解除劳动合同,劳动者无须提供任何理由,只需要提前30天以书面形式通知即可。但是,用人单位也不承担支付劳动者经济补偿的义务,同时,如果劳动合同中依法约定了劳动者提前解除劳动合同的法律责任,劳动者需要承担相应的责任。

这一规定赋予员工任意解除权,是对员工自主择业权的确认和具体化。辞职权是择业权派生出来的权利,它是一种形成权,即员工不需任何理由,只要作出辞职的意思表示即可成立。法律赋予员工这种辞职权,使得员工在现代市场经济时代中得以自由流动。为防止员工行使辞职权给企业生产经营造成不利影响,法律要求员工提前30天通知,以便企业在30天内重新物色人选。

按照《劳动合同法》的新规定,企业处理员工辞职,应当明确注意以下三点:(1)确认书面辞职手续。提前通知须有正式的相关书面手续。企业应细化离职管理流程,尤其注意书面证据的确认和保留,员工提交辞职报告,企业应做好离职备案和交接手续安排,明确告知员工相关权利和义务。如果员工只是口头通知辞职后又反悔的,辞职并不生效。(2)强化离职管理。提前30天通知期不能用休假期抵扣。有的员工在提出辞职后,以休假等理由就不再到企业上班了。按照法律规定,员工既有解除合同前的通知义务,也有享受休假的权利,但两者之间不存在直接对等的联系。员工在履行了提前通知的义务后,并不表示其在最后的30天内能够随意安排自身的工作计划,员工有义务依法受到企业的行政管理和工作调度。(3)掌握法律后果。员工擅自离职,给企业造成损失的,企业可以要求索赔损失。

(二)试用期内提前3天通知解除合同

《劳动合同法》规定,劳动者在试用期内,可以提前3天通知用人单位解除劳动合同。试用期是劳动关系很不稳定的一段时期,在试用期内,劳动者可以选择离开,只需要将离开的意愿提前3天告诉用人单位即可,无须征得用人单位的同意。当然,在这种情况下解除劳动合同,用人单位无须支付劳动者的经济补偿。

(三)用人单位违法,劳动者可以通知解除合同

《劳动合同法》第38条规定,用人单位有下列情形之一的,劳动者可以通知用人单位解除劳动合同:(1)未按照劳动合同约定提供劳动保护或者劳动条件的;(2)未及时足额支付劳动报酬的;(3)未依法为劳动者缴纳社会保险费的;(4)用人单位的规章制度违反法律、法规的规定,损害劳动者权益的;(5)用人单位以欺诈、胁迫的手段或者乘人之危,使对方在违背真实意思的情况下订立或者变更劳动合同的;用人单位免除自己的法定责任、排除劳动者权利的;违反法律、行政法规强制性规

定等致使劳动合同无效的;(6)法律、行政法规规定劳动者可以解除劳动合同的其他情形。在这些情形下解除劳动合同,劳动者只需要通知用人单位即可,无须征得用人单位同意。同时,如果劳动者是根据这些理由解除劳动合同,用人单位还要依法向劳动者支付经济补偿。

按照《劳动合同法》的新规定,企业应及时检视可能存在的不当行为,预防和化解法律风险。(1)检视安全生产事项。注意安全生产方面有无违反合同约定或法律规定的情况,如未按照约定提供劳动保护或者劳动条件的,如安全服装、防暑降温安排、女职工"三期"保护等。要将安全生产责任落实到人,作为绩效考核的依据,避免安全生产事项进一步转化为劳动关系处理上的被动,导致间接损失。(2)检视工资社会保险事项。工资支付应当及时、足额。企业应特别重视社会保险费的缴纳,应当告知并强制员工依法缴纳社会保险费。依法缴纳包括依照相关规定,在规定时间、按照规定的基数进行缴纳。(3)检视规章制度规定。如果企业的规章制度违反法律、法规规定,损害员工利益,员工可以依法解除劳动合同。(4)检视管理行为的规范性。规范管理行为和管理方式,避免采用扣减津贴、奖金等方式强迫员工劳动。

(四)非常情况下,劳动者可以立即解除劳动合同

根据《劳动合同法》第38条,用人单位以暴力、威胁或者非法限制人身自由的手段强迫劳动者劳动的,或者用人单位违章指挥、强令冒险作业危及劳动者人身安全的,劳动者可以立即解除劳动合同,无须事先告知用人单位。同时,如果劳动者因为此项理由解除劳动合同,用人单位还要依法向劳动者支付经济补偿。

三、用人单位单方解除合同

与劳动者可以单方解除劳动合同的权利一样,用人单位也可以单方解除劳动合同,这体现了劳动合同权利义务一致的原则。法律规定用人单位可以单方解除劳动合同的法定情形包括以下三种。

(一)劳动者有重大过失,用人单位可以解除劳动合同

根据《劳动合同法》第39条的规定,劳动者有下列情形之一的,用人单位可以解除劳动合同:(1)在试用期间被证明不符合录用条件的;(2)严重违反用人单位的规章制度的;(3)严重失职,营私舞弊,给用人单位造成重大损害的;(4)劳动者同时与其他用人单位建立劳动关系,对完成本单位的工作任务造成严重影响,或者经用人单位提出,拒不改正的;(5)采用欺诈、胁迫的手段或者乘人之危,使用人单位在违背真实意思的情况下订立或者变更劳动合同,致使劳动合同无效的;(6)被依法追

究刑事责任的。上述情形的共同特点是,劳动者主观上均有严重过失,因而用人单位有权随时解除合同。用人单位在这种情形下解除劳动合同,无须提前 30 天通知,且不受用人单位不得解除劳动合同的法律限制,无须支付经济补偿。

用人单位在这些情形下解除劳动合同,应特别注意:(1)确实掌握相关证据。对于过失性解除,法律设定了严格的条件,企业行使该权利前应当根据所掌握的证据进行评估。只有有证据证明员工有过失性行为,符合法定解除条件的,才可以解除合同。(2)严格履行法律程序。企业行使过失性解除合同权利,应依法征求工会意见,将解除劳动合同通知书文本交由员工签收。解除通知是企业用于解除或终止与员工的劳动合同的法律文本,可以用于判断双方劳动关系的解除时间。

(二)劳动者无过失,用人单位可以解除劳动合同

根据《劳动合同法》第 40 条的规定,有下列情形之一的,用人单位提前 30 日以书面形式通知劳动者本人或者额外支付劳动者 1 个月工资后,可以解除劳动合同:(1)劳动者患病或者非因工负伤,在规定的医疗期满后不能从事原工作,也不能从事由用人单位另行安排的工作的;(2)劳动者不能胜任工作,经过培训或者调整工作岗位,仍不能胜任工作的;(3)劳动合同订立时所依据的客观情况发生重大变化,致使劳动合同无法履行,经用人单位与劳动者协商,未能就变更劳动合同内容达成协议的。在上述情形下,用人单位可以单方行使解除劳动合同的权利,但是必须履行提前 30 天以书面形式通知劳动者的义务。如果用人单位无法提前 30 天以书面形式通知劳动者,则应另外支付劳动者 1 个月的工资,来代替提前 30 天通知的义务。用人单位根据这些情形解除劳动合同,要依法支付劳动者的经济补偿。

非过失性解除是员工本身并无主观过失,而是基于某些外部环境或者劳动者自身的客观原因,企业可以单方面解除劳动合同的法定理由。实践中,企业要正确理解法律的相关规定,在相关证据和法定程序方面都应严格依法操作,如果员工不胜任工作,企业解除劳动合同的步骤是:绩效考核后明确认定不能胜任工作;企业对其进行培训或者调整工作岗位;再次绩效考核后发现该员工仍然不能胜任工作或调整以后的工作;将理由通知工会并征求意见;企业向该员工发出解除劳动合同书;向该员工支付经济补偿金。再如,客观情况发生重大变化,包括:企业经上级主管部门批准或根据市场变化决定转产;调整生产任务;企业一方发生变化,如随着技术水平、生产设备更新和生产效率的提高,原来的技术规范、工时定额已不适应新的需要,必须对原劳动合同的产量、质量指标、劳动报酬等条款作相应的修改、补充或废止。

(三)经济性裁员

经济性裁员是指用人单位在遭遇到经济上的困难时,通过裁减人员以达到摆脱

困境的目的。经济性裁员是用人单位用人自主权的体现,但是大规模地裁减人员,不但损害劳动者的合法权益,对社会稳定也会带来不利的影响。因此,《劳动合同法》对裁员的适用情形、人数限制和裁员程序等方面进行了规范。

1. 规定了经济性裁员的条件

并非所有的用人单位都有经济性裁员的权利,只有在经济上遭遇到特殊困难的用人单位才可以实施经济性裁员。根据《劳动合同法》第41条的规定,经济性裁员的法定情形是:① 依照企业破产法规定进行重整的;② 生产经营发生严重困难的;③ 企业转产、重大技术革新或者经营方式调整,经变更劳动合同后,仍需裁减人员的;④ 其他因劳动合同订立时所依据的客观经济情况发生重大变化,致使劳动合同无法履行的。与《劳动法》相比,《劳动合同法》规定的裁员情形和理由均进行了相应的扩大,增加了"企业转产、重大技术革新或者经营方式调整,以及其他因劳动合同订立时所依据的客观经济情况发生重大变化的情形",企业可以经济性裁员。

2. 规定了经济性裁员的程序

根据《劳动合同法》规定,用人单位由于遭遇到经济上的特殊困难,一次性裁减的人员在20人以上,或者被裁减的人数虽然不足20人,但占用人单位职工总数10%以上的,应当按照下列程序进行:

(1) 提前30日向工会或者全体职工说明情况;

(2) 提出裁减方案,内容包括:被裁减人员的名单、裁减时间及实施步骤,符合法律、法规规定和集体合同约定的被裁减人员经济补偿办法;

(3) 将裁减人员方案征求工会或者全体职工的意见,并对方案进行修改和完善;

(4) 向当地劳动行政部门报告裁减人员方案;

(5) 由用人单位正式公布裁减人员方案,与被裁减人员办理解除劳动合同手续,按照有关规定向被裁减人员支付经济补偿金,出具裁减人员证明书。

3. 规定了优先留用的人员范围

为了保护弱势群体的权益,《劳动合同法》还特别规定了优先保护和录用的范围。规定裁减人员时,应当优先留用下列人员:

(1) 与本单位订立较长期限的固定期限劳动合同的;

(2) 与本单位订立无固定期限劳动合同的;

(3) 家庭无其他就业人员,有需要扶养的老人或者未成年人的。

用人单位裁减人员后,在6个月内重新招用人员的,应当通知被裁减的人员,并在同等条件下优先招用被裁减的人员。

案例：被曝大裁员，字节跳动回应！

据21世纪经济报道，有知乎用户2021年10月19日下午发文称，他是字节跳动ohayoo的2021届应届生员工，在技术研发部门工作，刚刚被裁。该用户提到，其部门二三十个应届生都被裁了，补偿N+1。ohayoo是字节跳动的休闲游戏平台，今年8月曾大调整，负责人徐培翔离职。徐培翔离职后该业务重新划分，原商务、市场、发行运营、产品合并到发行部门。另一名知乎用户说，就职于字节游戏部门，国庆后突然被约谈，说试用期成绩不达标，之后接到正式通知，被裁已成定局，他刚入职3个月。微博上，有字节跳动大众消费业务员工也提到被裁员，也是字节新人，入职4个月。

今年8月，字节跳动教育业务曾有过一轮裁员。在"双减"政策的影响下，字节跳动旗下大力教育裁员。当时，大力教育管理团队发布公告，"今天的离别是为了更好的未来"，教育裁员实行N+2赔付。

据经济观察报，有消息称，字节跳动于国庆节前后将河南洛阳直营中心先行裁撤，本地直营中心是字节跳动过去几年在部分省市设置的商业化机构，主要负责当地抖音、头条等热门字节系App的广告销售业务。10月12日，字节跳动将温州本地直营中心火线撤城，知情人士透露："除了十来人的本地生活业务团队被保留负责善后外，其余100多人被限令2天内办理完离职手续"。

一位代理互联网大厂商业化业务的代理商表示，今年游戏和教育两大块广告业务骤降，行业受影响太大，可能是导致字节跳动商业化裁员的原因之一。另外他还提到，商业化部门也有一些新项目，一旦发现不赚钱，部门就会很危险，"很多互联网公司都是这样，一个项目推着推着就消失了"。除了商业化部门，字节跳动其他部门也在今天传出裁员消息。由此引发的"字节裁员"一度登上微博热搜。19日下午，字节跳动相关负责人向红星资本局回应此事，表示裁员信息属实，系公司正常业务调整。据了解，字节跳动商业化部门是字节跳动旗下综合的数字化营销服务平台，主要负责流量拓展和变现等业务，涵盖多个城市。

资料来源：杜宇，被曝大裁员，字节跳动回应！每日经济新闻，2021-10-20。

（四）用人单位不得解除合同的情形

为了保护劳动者的合法权益，防止不公正解雇，《劳动合同法》除规定用人单位可以解除劳动合同的情形外,还规定了用人单位不得解除劳动合同的情形。根据《劳动合同法》第42条的规定,劳动者有下列情形之一的,用人单位不得依照上述"劳动者无过失解除合同"或"经济性裁员"的规定解除劳动合同:

（1）从事接触职业病危害作业的劳动者未进行离岗前职业健康检查,或者疑似职业病病人在诊断或者医学观察期间的;

（2）在本单位患职业病或者因工负伤并被确认丧失或者部分丧失劳动能力的;

（3）患病或者非因工负伤,在规定的医疗期内的;

（4）女职工在孕期、产期、哺乳期的;

（5）在本单位连续工作满15年,且距法定退休年龄不足5年的;

（6）法律、行政法规规定的其他情形。

用人单位不得解除劳动合同的规定,是对特殊劳动者在特殊时期的一种特别保护,如疑似职业病还在医学观察期的劳动者、患病尚处于医疗期内的劳动者以及处于"三期"的女职工等,他们都处于一个弱势时期,因此,法律规定劳动者在这些情形下,用人单位不得因为"无过失解除合同"或者"经济性裁员"而解除劳动合同。但是,如果这些劳动者有过失,同时具备用人单位可以"过失性解除合同"情形的,用人单位仍然可以依法解除劳动合同。

（五）解除合同的程序

劳动合同解除程序,指双方当事人在解除劳动合同时,应当依法办理的手续或者遵循的步骤。当事人依据法律、法规规定解除劳动合同的,用人单位应当向劳动者出具解除劳动合同的书面证明,并办理有关手续。解除合同的程序主要有:

1. 提前书面通知

规定解除合同的预告期,是各国劳动立法的惯例。除了劳动者有过失,用人单位可以随时解除劳动合同之外,我国劳动法律要求用人单位与劳动者解除劳动合同,需要提前30日以书面形式通知对方。

2. 征求工会意见

我国劳动法律规定,用人单位单方解除劳动合同,应当事先将理由通知工会。用人单位违反法律、行政法规规定或者劳动合同约定的,工会有权要求用人单位纠正。用人单位应当研究工会的意见,并将处理结果书面通知工会。

3. 经济补偿

经济补偿是用人单位解除和终止劳动合同而给劳动者的一次性经济补偿金。经济补偿金的标准,主要取决于劳动者在本单位的工作年限和劳动者解除劳动合同前12个月的平均工资水平。《劳动合同法》扩大了支付经济补偿的范围,规定有下列情形之一的,用人单位应当向劳动者支付经济补偿。

（1）用人单位违法，如没有及时足额支付工资等，以及强迫劳动等非常情况下，劳动者解除劳动合同的；

（2）用人单位提出解除合同动议并与劳动者协商一致解除劳动合同的；

（3）用人单位因劳动者身体健康状况、不胜任工作以及客观情况变化而解除劳动合同的；

（4）用人单位依照破产法规定重整而解除劳动合同的；

（5）除用人单位维持或者提高劳动合同约定条件续订劳动合同，劳动者不同意续订的情形外，因劳动合同期满终止固定期限劳动合同的；

（6）用人单位被依法宣告破产或被吊销营业执照、责令关闭、撤销或提前解散的；

（7）法律、行政法规规定的其他情形。

经济补偿按劳动者在本单位工作的年限，每满1年支付1个月工资的标准向劳动者支付。6个月以上不满1年的，按1年计算；不满6个月的，向劳动者支付半个月工资的经济补偿。劳动者月工资高于用人单位所在直辖市、设区的市级人民政府公布的本地区上年度职工月平均工资3倍的，向其支付经济补偿的标准按职工月平均工资3倍的数额支付，向其支付经济补偿的年限最高不超过12年。其中，月工资是指劳动者在劳动合同解除或终止前12个月的平均工资。劳动合同解除或终止，劳动者应当按照双方约定，办理工作交接。用人单位依照有关规定应当向劳动者支付经济补偿，在办结工作交接时支付。

4. 依法为劳动者办理档案转移手续

用人单位与劳动者解除合同后，劳动者档案转移的劳动争议。《劳动合同法》第50条规定："用人单位应当在解除或者终止劳动合同时出具解除或者终止劳动合同的证明，并在15日内为劳动者办理档案和社会保险转移手续。"规定用人单位为劳动者出具解除或者终止劳动合同的证明，是为了方便劳动者寻找新的就业机会，尽快重新就业。为劳动者办理档案和社会保险转移手续，是为了保证劳动者社会保险缴纳的连贯性，保证劳动者能够及时交纳社会保险。用人单位解除或终止劳动合同，应当办理的相关手续包括出具证明、转移社会保险、办理工作交接、支付经济补偿以及保存档案备查。用人单位对已经终止的劳动合同的文本，至少保存2年备查。

第二节　劳动合同终止

一、合同终止的条件

劳动合同终止，是指劳动合同期限届满或双方当事人主体资格消失，合同规定的权利义务即行消灭的制度。劳动合同终止,并非双方的积极行为所致,一般是由于合同本身的因素、法律规定或不可抗力所致。劳动合同签订后,双方当事人不得随意终止合同,而应依法终止。

根据《劳动合同法》第44条的规定,有下列法定情形之一的,劳动合同终止:

(1) 劳动合同期满。这是劳动合同终止最常见的情况。劳动合同期限届满,劳动合同的权利义务已经履行完毕。

(2) 劳动者开始依法享受基本养老保险待遇的。劳动者如果达到法定退休年龄,就要退出劳动岗位,享受养老保险待遇,而不需再提供劳动。只要劳动者退休,无论劳动合同的期限是否届满,都会产生劳动合同终止的法律后果。

(3) 劳动者死亡,或者被人民法院宣告死亡或者宣告失踪的。当劳动者出现此类情况时,劳动关系的一方当事人已经不存在,劳动合同的履行已经不可能,因此产生终止劳动合同的法律后果。

(4) 用人单位被依法宣告破产的。用人单位出现上述情况的时候,劳动关系的一方当事人已经没有履行劳动合同的能力,劳动合同的履行已经成为不可能,因此也产生劳动合同终止的法律后果。

(5) 用人单位被吊销营业执照、责令关闭、撤销或者用人单位决定提前解散的。

(6) 法律、行政法规规定的其他情形。

二、劳动合同的续订

根据《劳动合同法》的规定,劳动合同期满,双方可以续订劳动合同。续订劳动合同除了双方协商一致续订之外,《劳动合同法》规定,有下列情形之一的,劳动合同的期限应当延续至相应的情形消失:

(1) 从事接触职业病危害作业的劳动者未进行离岗前职业健康检查,或者疑似职业病病人在诊断或者医学观察期间的;

(2) 在本单位患职业病或者因工负伤并被确认丧失或者部分丧失劳动能力的,应按照国家有关工伤保险的规定执行。根据《工伤保险条例》的规定,职工因工致残被鉴定为一级至四级伤残的,保留劳动关系,退出工作岗位;职工因工致残被鉴定为五级、六级伤残的,除工伤职工本人提出可以与用人单位终止劳动关系以外,应保留与用人单位的劳动关系,由用人单位安排适当工作;

(3) 劳动者患病或者非因工负伤,在规定的医疗期内的;

(4) 女职工在孕期、产期、哺乳期的;

(5) 劳动者在本单位连续工作满15年,且距法定退休年龄不足5年的;

(6) 法律、行政法规规定的其他情形。

上述情形是法定不得终止劳动合同的规定，用人单位不得终止劳动合同，直至这些情形消失为止。

关键词： 劳动合同解除　劳动合同终止

复习与思考

1. 试述劳动合同解除和终止的区别。
2. 劳动者在哪些情形下可以辞职？
3. 用人单位解除劳动合同的法定条件是什么？
4. 试述经济性裁员的条件和程序。
5. 劳动合同终止的情形包括哪些？

第十三章

劳动争议的预防和处理

引导案例：处理加班费争议，如何分配举证责任

林某于2020年1月入职某教育咨询公司，月工资为6 000元。2020年7月，林某因个人原因提出解除劳动合同，并向劳动人事争议仲裁委员会（简称"仲裁委员会"）申请仲裁。林某主张其工作期间每周工作6天，并提交了某打卡App打卡记录（显示林某及某教育咨询公司均实名认证，林某每周一至周六打卡；每天打卡两次，第一次打卡时间为早9时左右，第二次打卡时间为下午6时左右；打卡地点均为某教育咨询公司所在位置，存在个别日期未打卡的情形）、工资支付记录打印件（显示曾因事假扣发工资，扣发日期及天数与打卡记录一致，未显示加班费支付情况）。某教育咨询公司不认可上述证据的真实性，主张林某每周工作5天，但未提交考勤记录、工资支付记录。

林某请求裁决某教育咨询公司支付加班费10 000元。仲裁委员会裁决某教育咨询公司支付林某加班费10 000元（裁决为终局裁决）。

本案的争议焦点是如何分配林某与某教育咨询公司的举证责任。《中华人民共和国劳动争议调解仲裁法》第6条规定："发生劳动争议，当事人对自己提出的主张，有责任提供证据。与争议事项有关的证据属于用人单位掌握管理的，用人单位应当提供；用人单位不提供的，应当承担不利后果。"《最高人民法院关于审理劳动争议案件适用法律问题的解释（一）》（法释〔2020〕26号）第42条规定："劳动者主张加班费的，应当就加班事实的存在承担举证责任。但劳动者有证据证明用人单位掌握加班事实存在的证据，用人单位不提供的，由用人单位承担不利后果。"从上述条款可知，主张加班费的劳动者有责任按照"谁主张谁举证"的原则，就加班事实的存在提供证据，或者就相关证据属于用人单位掌握管理提供证据。用人单位应当提供而不提供有关证据的，可以推定劳动者加班事实存在。本案中，虽然林某提交的工资支付记录为打印件，但与实名认证的App打卡记录互相印证，能够证明某教育咨询公司掌握加班事实存在的证据。某教育咨询公司虽然不认可上述证据的真实性，但未提交反证或者作出合理解释，应承担不利后果。故仲裁委员会依法裁决某教育咨询公司支付林某加班费。

我国劳动法律将保护劳动者的合法权益作为立法宗旨之一，在实体和程序方面都作出了相应规定。在加班费争议处理中，要充分考虑劳动者举证能力不

> 足的实际情况,根据"谁主张谁举证"原则、证明妨碍规则,结合具体案情合理分配用人单位与劳动者的举证责任。
>
> 资料来源:人力资源社会保障部、最高人民法院联合发布超时加班劳动人事争议典型案例,2021-9-10,https://www.sohu.com/a/489059126_121124358.

劳动争议是用人单位与员工之间因为对薪酬、工作时间、福利、解雇及其他待遇等工作条件的主张不一致而产生的纠纷。预防和处理劳动争议,化解危机和风险是员工关系管理的重要内容。通过本章学习,应了解劳动争议的含义、分类和特点,掌握劳动争议处理的原则和方法、劳动争议调解、仲裁、诉讼制度以及集体争议处理制度。

第一节 劳动争议处理概述

一、劳动争议的分类和立法意义

(一)劳动争议的分类

劳动争议也称劳资争议,是指劳资关系当事人之间因为对薪酬、工作时间、福利、解雇及其他待遇等工作条件的主张不一致而产生的纠纷。在我国,具体指劳动者与用人单位之间在劳动法调整范围内,因适用国家法律、法规和订立、履行、变更、终止和解除劳动合同以及其他与劳动关系直接相联系的问题而引起的纠纷。劳动纠纷是员工关系不协调的反映,只有妥善、合法、公正、及时地处理劳动争议,才能维护劳动关系双方当事人的合法权益。

一般而言,根据争议的主体不同,可将劳动争议分为个别争议和集体争议两种。

(1)个别争议。该争议是指雇主与员工个人之间所发生的争议,其争议对象是私法上的权利,也是劳动合同上的内容,因而也可称为权利争议。

(2)集体争议。该争议是指雇主与员工的团体(工会)之间所发生的争议,其争议的对象是团体的利益,也就是有关集体协议的内容。集体争议是以劳动者团体(工会)为主体的、在集体谈判过程中发生的争议。

根据劳动争议的性质不同,劳动争议可区分为权利事项争议和调整事项争议两种。

(1)权利事项争议。国际劳工组织认为,权利争议(或称"法律争议")是指那些产生于对一项现行法律或集体协约的使用或解释(在某些国家也包括现行劳动合同)

引起的争议①,即劳资双方当事人基于法律、集体协议和劳动合同规定的权利义务所产生的争议,也就是双方因为实现劳动法、集体协议和劳动合同所规定的既存权利义务所发生的争议。

(2) 调整事项争议。是指劳资双方当事人对于劳动条件主张继续维持或变更的争议。

将劳动争议进行这样分类的法律意义在于:在多数国家,因为争议的种类不同,而设置了不同的解决争议的机构,采用了不同的法律程序。权利争议的处理多采用仲裁、诉讼的方法解决,因为既定权利的确认相对容易,利益争议则由于其复杂性和专业性特点,通常由政府或专业人士出面进行仲裁,而很少采用诉讼途径。

在中国,目前通常把劳动争议分为一般劳动争议和因签订、履行集体合同发生的争议。一般劳动争议是发生在特定的员工与雇主之间,因为适用国家法律、法规和订立、履行、变更、终止和解除合同等劳动权利义务而产生的争议。根据劳动者一方人数的多少和争议理由是否相同,相关法律进一步规定,发生劳动争议的职工一方在10人以上并有共同理由的,应当推举代表参加调解或者仲裁活动。因签订集体合同而发生的争议,由劳动保障行政部门会同同级工会代表、企业代表共同进行协调;因履行集体合同而发生的劳动争议,可以向劳动争议仲裁委员会提起申诉,对仲裁裁决不服,可以向法院起诉。

(二) 劳动争议立法的意义

劳动争议的产生源于工业革命。工业革命以后,劳资之间的关系逐渐变得异常复杂,劳资双方由于利害关系而处于对立地位。在多种学说的影响之下,劳资之间爆发了相当规模的各种纠纷,随着工业的发达,这些纠纷越来越多,第一次世界大战之后,劳资争议成为各国重要的社会问题。由于劳资争议往往会引发巨大的社会风险,给劳资双方甚至整个社会带来很大危害,因此,迅速、适当处理劳动争议,减少、缓和争议,维持社会公共秩序和生产秩序的安宁,就成为各国政府所共同谋求解决的问题,各国均在立法上对劳资争议处理作了规定,但由于国情不同,各国处理劳资争议的法律内容也不尽相同。我国一向重视劳动争议的处理工作,制定了一系列有关劳动争议的法律、法规。有关劳动争议处理的法律主要是《劳动法》(1995)和《劳动争议调解仲裁法》(2008),对劳动争议处理的基本程序和问题作出了规定。2008年5月1日实施的《劳动争议调解仲裁法》是一部专门处理劳动争议的程序法,它针对劳动争议处理实践中存在的突出问题,在许多制度上进行了修改和完善,对劳动争议的及时妥善处理具有直接意义。《劳动争议调解仲裁法》扩大了适用范围、优化了处理

---

① 国际劳工组织:《劳动争议调解与仲裁程序比较研究》,北京:中国工人出版社,1998年,第7页。

程序,强化了调解程序,完善了仲裁程序,加强了司法救济,延长了仲裁申请的时效,缩短了处理时限。

虽然各国都制定了相关劳资争议处理的法律,但有一点必须注意,即无论这些立法如何完善和周密,仍不能绝对避免劳资争议的一再发生,同时,也不能以现有的劳动立法完全解决所有的劳资争议问题,即使劳动立法最进步的国家,仍不能避免劳资争议问题。因此,这就需要对劳动争议要有正确的认识。在现代社会,从事经济活动的劳动者与雇主之间存在纠纷是正常现象,如果毫无纠纷发生,则说明劳动者处于绝对低下和被奴役的境地,这种情况必然会导致社会的停滞不前。正如美国学者皮德生(Prof. Florence Paterson)在其《劳动经济学概论》中指出的,劳资争议并非一定要造成工作的停顿,既要维持罢工与开除工人的权利,同时也要采取有效措施避免争议的一再发生。对劳资纠纷采取和平的方式加以处理,不仅是政府的目标,其实也是劳动者和雇主共同企求的目标,通过劳、资、政三方努力,以达到共同目标。

二、劳动争议的范围

《劳动争议调解仲裁法》明确了劳动争议的范围。这部法律扩大了我国劳动争议处理的范围,除了通过劳动保障监察或者行政渠道能够解决的争议之外,都要尽可能地纳入《劳动争议调解仲裁法》来解决并化解矛盾。同时,将人事争议全部包括进来了,把传统上事业单位与聘用人员之间的人事关系纳入了法律的调整范围。

(一)因确认劳动关系发生的争议

这包括是否存在劳动关系、什么时候存在劳动关系、与谁存在劳动关系等的纠纷。根据《劳动合同法》的规定,劳动关系自用工之日起建立,而不是从订立劳动合同时成立。这样就有可能出现在订立劳动合同前劳动关系就已经形成的情况,这就有可能因确认劳动关系产生劳动争议。劳动关系的确认是处理很多劳动争议的先决条件,只有在存在劳动关系的前提下,劳动者才拥有法律赋予的一系列权利,如获得劳动报酬的权利、休息休假的权利、获得劳动安全卫生保护的权利、享受社会保险和福利待遇的权利等,如果无法确认劳动关系,或劳动关系的确认发生错误,劳动者的权利主张就无法获得法律的支持。《劳动争议调解仲裁法》将确认劳动关系的争议纳入调整范围,主要是因为随着劳动力市场的进一步发展和完善,多种用工方式并存的局面开始显现,很多用工方式没有相应的法律进行规范,在劳动关系的确认上很容易产生争议。一些用人单位与劳动者建立劳动关系时,没有按照法律的规定签订书面劳动合同,一旦发生纠纷,劳动者往往因为拿不出劳动合同而难以确认劳动关系。随着这类劳动争议数量的增多,在法律适用范围里增加"确认劳动关系发生的争议"成为一种必然要求。

(二) 因订立、履行、变更、解除和终止劳动合同发生的争议

企业劳动合同管理涉及订立、履行、变更、解除和终止各个环节。订立合同是指双方签订合同,建立劳动关系的过程,是劳动合同管理的第一个环节。履行是指劳动合同在依法订立生效之后,按照合同约定的条款,全面实际履行合同,实现劳动合同规定的权利义务的活动。变更是指双方当事人就已订立的劳动合同的部分条款达成修改、补充协定的法律行为。解除和终止是劳动合同的终结状态。解除是指一方或双方当事人在合同期满前提前要求终结劳动合同的行为。终止则是在劳动合同期满或当事人主体有一方不存在时,劳动合同自然终结的状态。解除和终止是合同管理的最后一个环节。劳动关系从建立、履行到终结,都不可避免地会出现争议,这些争议均属于劳动争议的受案范围,当事人可以依照《劳动争议调解仲裁法》,通过法律程序进行处理。

(三) 因除名、辞退和辞职、离职发生的争议

除名、辞退是用人单位单方面要求解除合同的行为。辞职、离职则是劳动者要求解除劳动关系的行为。无论哪一方要求终结劳动关系,都会对对方产生很大的影响。对劳动者来说,劳动关系的解除意味着劳动者丧失劳动收入的主要途径。对用人单位来说,劳动者辞职、离职意味着人力资源的流失。在这一过程中,双方争议不可避免,因而属于劳动争议的受案范围。目前,企业已采用解除劳动合同的方式,而不再使用开除、除名的方式处理员工。这一规定主要针对事业单位而言的,事业单位还在使用像除名、辞职、辞退这样的一些人事处理方式。事业单位发生劳动争议时,也适用《劳动争议调解仲裁法》。

(四) 因工作时间、休息休假、社会保险、福利、培训以及劳动保护发生的争议

工作时间是指劳动者依法履行劳动合同的时间。依照相关规定,我国实行劳动者每日工作时间不超过 8 小时、平均每周工作时间不超过 40 小时的标准工时制度。休息休假是劳动者的权利,法律保障劳动者在工作时间之外享有充分的休息、休闲和娱乐。社会保险是国家通过立法强制征集专门资金,用于保障劳动者在丧失劳动能力或劳动机会时基本生活需求的一种物质帮助制度。我国的社会保险包括养老保险、医疗保险、工伤保险、失业保险和生育保险。社会保险争议可以分为劳动者与用人单位因为缴费而产生的争议,以及劳动者与社会保险经办机构产生的争议。《劳动争议调解仲裁法》中所规定的涉及社会保险的争议一般应当是指劳动者与用人单位之间因社会保险有关问题发生的各种争议,诸如对是否要参保有争议的,对未参保赔

偿发生争议的,对工伤保险单位应承担的待遇发生争议的。福利、培训是劳动者与用人单位签订劳动合同时,双方自愿约定的事项,通常包括劳动者可享受到的福利、用人单位提供培训、培训服务期、违反服务期约定违约金等。劳动保护是法律赋予劳动者的权利,用人单位应为劳动者提供符合国家规定的劳动安全卫生条件和必要的劳动防护用具,并将可能造成的职业伤害如实告知劳动者。工作时间、休息休假、社会保险、福利、培训及劳动保护都属于劳动标准的范畴,劳动标准与劳动者的切身利益和身心健康直接相关,也是劳动争议的多发环节。这方面的劳动争议,同样属于《劳动争议调解仲裁法》的调整范围。

(五) 因劳动报酬、工伤医疗费、经济补偿或者赔偿金等发生的争议

劳动报酬是指劳动合同约定的用人单位以货币形式支付给劳动者的报酬。取得劳动报酬是劳动者的权利,法律应予以维护。工伤医疗费是劳动者遭受工伤或患职业病时,用人单位为劳动者的治疗和康复支付的相关费用。经济补偿是用人单位解除或终止劳动合同时,应予以劳动者的经济补偿。经济赔偿金则是依据损失赔偿原则,用人单位向劳动者支付的赔偿金和劳动者向用人单位支付的赔偿金。赔偿金的数额按照法律规定的标准和实际损失的数额确定。劳动报酬、工伤医疗费、经济补偿和赔偿金,都属于劳动者与用人单位之间的金钱给付。这类劳动争议关系到劳动者和用人单位的经济利益。尤其对于劳动者来说,这类争议的解决是否公正合法,直接关系他们的生活甚至生命。此类劳动争议,也属于《劳动争议调解仲裁法》的调整范围。

(六) 法律、法规规定的其他劳动争议

除以上5种劳动争议事项外,法律、法规规定的其他劳动争议也应纳入《劳动争议调解仲裁法》的调整范围。

三、劳动争议处理的目的和原则

(一) 劳动争议处理的目的

设定劳动争议处理制度的目的,是为了公正及时地处理劳动争议,建立和谐稳定的劳动关系,保护劳动者的合法权益。(1)公正及时地处理劳动争议。公正及时地处理劳动争议,保障用人单位与劳动者的合法权益,有利于平衡劳动合同双方当事人的利益,有利于建立和谐稳定的劳动关系。(2)建立和谐稳定的劳动关系。劳动争议特别是集体劳动争议,如果不能及时预防和有效解决,就会引起停工、罢工,影响经济

发展和社会安定。因此,事先预防和事后公正处理劳动纠纷具有重要的意义。这就需要建立解决纠纷的相应机构,通过法定程序解决纠纷,使劳动关系在协调、稳定、有序的轨道上发展,促进劳动关系双方的合作与共同发展。(3) 保护劳动者的合法权益。只有将劳动纠纷纳入法治的轨道,才能妥善处理,切实保障双方的合法权益,发展良好的劳动关系。

(二) 劳动争议处理的原则

劳动关系原则上是一种不受国家权力直接干预的私人自治关系,但如果不能及时预防和有效解决劳资间发生的各种纠纷,可能对国家经济发展带来不利的后果。因此,事先预防和事后公正处理劳资纠纷具有重要的意义。这就需要建立解决纠纷的相应机构,通过合适的方法解决。

(1) 着重调解、及时处理原则。调解是处理劳动争议的基本手段,贯穿于劳动争议处理的全过程。企业劳动争议调解委员会处理劳动争议的工作程序全部是进行调解。仲裁委员会和人民法院处理劳动争议,也应当先行调解,在裁决和判决前还要为当事人提供一次调解解决争议的机会。调解应在当事人自愿的基础上进行,不得有丝毫的勉强或强制。调解应当依法进行,包括依照实体法和程序法,调解不是无原则的"和稀泥"。对劳动争议的处理要及时。企业劳动争议调解委员会对案件调解不成,应在规定的期限内及时结案,避免当事人丧失申请仲裁的权利;劳动争议仲裁委员会对案件先行调解不成,应及时裁决;人民法院在调解不成时,应及时判决。

(2) 在查清事实的基础上依法处理原则。正确处理调查取证与举证责任的关系。调查取证是劳动争议处理机构的权力和责任,举证是当事人应尽的义务和责任,只有将两者有机地结合,才能达到查清事实的目的。处理劳动争议既要依实体法,又要依程序法,而且要掌握好依法的顺序,按照"大法优于小法,后法优于先法"的顺序处理。处理劳动争议既要有原则性,又要有灵活性,坚持原则性与灵活性相结合。

(3) 当事人在适用法律上一律平等原则。劳动争议当事人的法律地位平等,双方具有平等的权利和义务,任何一方当事人不得有超越法律规定的特权。当事人双方在适用法律上一律平等、一视同仁,对任何一方都不偏袒、不歧视,对被侵权或受害的任何一方都同样予以保护。

四、劳动争议处理方法

劳动争议处理方法分为一般调整方法和紧急调整方法。一般调整方法又可以具体分为协商、斡旋和调解、仲裁和审判。

(一) 一般调整方法

(1) 协商。协商是争议双方采取自治的方法解决纠纷,根据双方的合意或团体协议,相互磋商,和平解决纷争。协商解决劳动纠纷,不是基于法律的强制,而是基于当事人自主选择。以协商方式解决争议的优越性在于:容易解决纠纷,由于双方当事人最熟悉纠纷的起因和争议的焦点,便于"对症下药";解决问题的成本低,双方可以选择彼此都方便的时间、地点和方式进行协商,既不会过多地影响工作,更不必支付过多的费用;后遗症较小,劳动争议与其他的纠纷不同,双方很可能今后仍要维持劳动关系,仍得"共事"与合作,以协商方式处理纠纷,既容易解决问题,又不至于闹翻脸,不仅不会影响今后的合作,反而会促进双方的理解;有利于争议真正解决,由双方自主协商,没有任何外在压力,可以充分表达当事人的内心意愿,便于协议的执行;影响面小,以协商方式解决纠纷,避免将争议闹得沸沸扬扬、人人皆知。通过协商解决纠纷,要注意选择适当的时间、场所和方式,为协商顺利进行创造较好的外部条件。双方要充分表明自己的主张、要求及理由,认真听取对方的主张、观点及其依据,在"知己"的同时,做到"知彼"。同时,要清楚两方主张之间的异同点,把握争议的焦点,熟悉大环境,包括国家的政策和法规、国家和地区的经济状况、单位生产经营状况,乃至自己在单位中所处的地位。反省自己的主张和要求,进行换位思考,必要时可以暂时中止协商过程,冷静思考一段时间。审时度势,作出必要的让步和妥协,达成协议,如不能及时达成协议,应终结协商程序,选择其他方式。

(2) 斡旋和调解。斡旋是在争议双方自我协商失败的情况下,由第三者或中间人介入,互递信息,传达意思,促成其和解。斡旋分为自愿斡旋和强制斡旋,自愿斡旋是一方或双方自愿接受斡旋和解建议;强制斡旋出现在仲裁或审判程序中,是政府使用强制手段介入劳动纠纷,以预防罢工和关闭工厂。调解是第三者或者中间人介入争议处理过程,并提出建议,促使双方达成协议。与斡旋相比,调解人的角色更加独立,可以提出解决争议的具体方案或建议,供双方参考。调解分为自愿调解和强制调解。自愿调解是当事人一方或双方自愿申请的调解,强制调解是依法律规定由调解者出面进行,不以当事人的自愿与否为条件。

(3) 仲裁。仲裁是仲裁机构对争议事项作出的裁决决定。仲裁裁决具有约束力,并具有强制执行的效力。仲裁分为自动仲裁、自愿仲裁和强制仲裁。自动仲裁是双方在争议发生前已在集体协议之中规定,一旦发生争议,双方以仲裁方式解决。自愿仲裁是双方在争议发生后或争议未达成和解协议时,自愿将争议提交仲裁机构处理,并服从仲裁裁决。强制仲裁是根据法律规定,双方必须将争议提交仲裁机构处理,或由仲裁机构主动介入争议处理。

(4) 审判。审判是法院依照司法程序对劳动争议进行审理并作出判决的诉讼活动,是处理劳动争议的最终程序。

(二) 紧急调整方法

各国劳动争议立法普遍对公益事业或紧急情况下的劳动争议采取紧急调整的方法。所谓紧急情况下的劳动争议,即对公众的日常生活不可缺少或对国民经济产生重大影响的劳动纠纷事件,如铁路、邮电、医疗、银行、广播等行业的集体纠纷,许多国家都规定了特殊的处理程序,具体方法是:(1)坚持优先和迅速处理的原则;(2)政府在必要时可采取强制仲裁,即停止或者限制影响公共利益和国民生活的争议行为,采取紧急的方法提出解决问题的方案;(3)争议行为的实施期限短。

五、如何预防劳动争议

(一) 规章制度是国家法律法规在本企业的延伸

《最高人民法院关于审理劳动争议案件适用法律问题的解释(一)》第50条规定:"用人单位根据劳动合同法第4条规定,通过民主程序制定的规章制度,不违反国家法律、行政法规及政策规定,并已向劳动者公示的,可以作为确定双方权利义务的依据。用人单位制定的内部规章制度与集体合同或者劳动合同约定的内容不一致,劳动者请求优先适用合同约定的,人民法院应予支持。"这一司法解释明确规定,只要规章制度内容合法、经过民主程序,并向劳动者公示的,即具有法律约束力,赋予企业规章制度以法律效力,可以作为确定双方权利义务的依据,实际上将企业的合法的规章制度视为国家法律在本企业的一种延伸,因此,规章制度也就是企业的"内部法"。

规章制度是企业人力资源管理的重要手段和工具,企业通过制订规章制度,告诉员工应该做什么、不应该做什么以及应该怎样做,对员工的行为进行规范。规章制度是企业规定劳动者工作行为、工资福利待遇的形式,通过制订规章制度,实现人力资源的录用、培训、考核以及退出目标。规章制度是国家法律在本企业的具体化,合法的规章制度为处理劳动关系问题提供了标准和准则。劳动法律、法规只能对劳动关系双方的权利义务作出原则性、纲领性的规范,不可能对每个具体企业的行为规范作出详细规定,规章制度作为双方"合意"的法律,可以对法律未尽的事宜作出详细、具体的约定,明确彼此的权利和义务,规范双方在工作过程中的行为。在发生劳动争议时,规章制度也是解决纠纷的重要依据和证据,为解决纠纷提供了便利,降低了争议解决的成本,因而规章制度也是维护劳动者和用人方合法权益的法律保障。当然,如果单位的规章制度与集体合同或劳动合同的约定内容不一致时,劳动者也可以要求优先适用合同约定。

(二) 企业规章制度应符合法律规定

《劳动合同法》第4条规定："用人单位应当依法建立和完善劳动规章制度，保障劳动者享有劳动权利、履行劳动义务。用人单位在制订、修改或者决定有关劳动报酬、工作时间、休息休假、劳动安全卫生、保险福利、职工培训、劳动纪律以及劳动定额管理等直接涉及劳动者切身利益的规章制度或者重大事项时，应当经职工代表大会或者全体职工讨论，提出方案和意见，与工会或者职工代表平等协商确定。在规章制度和重大事项决定实施过程中，工会或者职工认为不适当的，有权向用人单位提出，通过协商予以修改完善。用人单位应当将直接涉及劳动者切身利益的规章制度和重大事项决定公示，或者直接告知劳动者"。

与《劳动法》相比，《劳动合同法》对企业规章制度的规定的变化在于：更加强调企业制订和修改规章制度的民主程序，规定了民主程序的具体形式和要求，明确了规章制度的内涵和外延，要求企业根据自身情况制订本单位规章制度制定和修改的民主程序。按照《劳动合同法》和司法解释规定，用人单位在制订规章制度时应当注意以下问题：

（1）明确本单位民主程序的形式和要求。《劳动合同法》对于直接涉及劳动者切身利益的规章制度或者重大事项的制定程序作出了具体规定。首先，规章制度应当经职工代表大会或者全体职工的讨论，如企业有职工代表大会，应当将规章制度的草案提交职工代表大会讨论，充分听取职工意见；没有职工代表大会的，应将规章制度草案通过公告形式告知全体职工，由全体职工提出意见和建议。其次，企业应当充分考虑职工代表大会或者全体职工的意见和建议，对草案进行修改，有工会的与工会进行平等协商确定；没有工会的，企业应当民主选举出职工代表，并与职工代表平等协商确定。民主程序是规章制度制订和修改的必经程序，若没有经过民主程序而由企业单方面制订，则不具有法律效力。因此，企业应明确本单位制订和修改规章制度的民主程序和流程，将企业现有规章制度提交职代会或全体职工讨论，并将结果公示，使企业规章制度在制订程序上合法化、规范化。

（2）向全体员工公示。按照民主程序制定的规章制度，企业应当通过适当的形式向全体职工公示。通常，公示可以采取以下方式：① 在企业的公告栏或内部办公系统发布；② 由各部门传阅，并由每个职工签字确认已经认真阅读并知晓；③ 将规章制度作为劳动合同的附件，由职工在劳动合同书上签字认可；④ 汇编印成《员工手册》向每一名员工发放；⑤ 组织员工进行规章制度的学习和考试考核。规章制度对劳动者具有约束力，其前提是员工必须知晓其内容和要求，因此，公示和告知是企业规章制度产生法律效力的必要条件。若企业没有履行上述公示或告知程序，规章制度就没有法律效力。企业对规章制度进行公示时,要注意保留已经公示的证据,以避免法律风险,如在员工阅读规章制度后,要求其签字确认"已经阅读"并且承诺"遵守"等。

(3) 内容不违反国家法律、法规及相关政策。企业规章制度的内容不得违反国家法律、法规及相关政策中的禁止性和限制性规定。规章制度只有在内容合法的前提下,在企业内部才有约束力。如果规章制度内容违法,侵犯了劳动者的合法权益,劳动者不仅可以不遵守,而且有权随时解除劳动合同,并要求企业支付经济补偿金。目前,企业规章制度不合法的情况较为普遍,一些企业采用过去的习惯性做法,这些做法不合法,但企业不知道不合法;一些企业为了解决某些实际问题,制定了一些政策,这些政策看似合理,但不合法,例如,有的企业在薪酬制度中规定:员工中途离开的,没有派发的奖金一律不再发;加班费包含在奖金中等。一些企业则是公开违法,如工时、加班、休假制度违反法定标准,规定员工在合同期内不得结婚生育,随意扣押劳动者的证件等。不合法的制度规定,不仅不能约束员工行为,还会引发员工的不信任,而且一旦因此发生争议也不会得到支持。《劳动合同法》第80条规定,用人单位直接涉及劳动者切身利益的规章制度违反法律、法规规定的,由劳动行政部门责令改正,给予警告;给劳动者造成损害的,应当承担赔偿责任。因此,企业应及时对现存的规章制度进行合法性审查,对不合法律规定的条款进行修订或删除。

(4) 制订主体符合法律规定。规章制度在本单位范围内应当具有统一性和权威性,单位规章制度应当以用人单位的名义颁布实施,任何部门、机构具有规章制度的制定资格,不得自行制定相关制度。通常,企业规章制度由专门负责人力资源管理的专门机构牵头制订,相关管理部门参与,最终须以用人单位的名义发布。企业业务部门制订并以部门名义发布的规章制度,因不符合主体资格而存在法律效力风险。设立子公司的用人单位,总公司的规章制度并不当然地对子公司具有法律效力,规章制度有效的前提是各子公司将总公司的规章制度按照法律规定的程序,经本公司职工代表大会或全体职工讨论,与本公司工会或者职工代表平等协商确定,并向职工公示。设立分公司的用人单位,如果分公司的员工是与总公司签订劳动合同的,总公司在制订规章制度的过程中,若分公司及其员工也参与征求意见并有代表参与平等协商,则规章制度对分公司有效。否则,须按照子公司的方式和程序对规章制度进行确认。

(三) 完善企业规章制度的技巧

制订专业、合法、有效的规章制度,可以有效地降低管理成本,防范劳动争议和企业败诉风险。《劳动合同法》对企业现有的人力资源管理模式带来了全方位的深远影响,也给企业规范、完善规章制度带来了巨大挑战。抓住机遇,梳理完善制度,提升管理水平,是企业在新的法律环境下有效运用《劳动合同法》的必然选择。

（1）梳理、更新、完善现行规章制度。规章制度滞后于现行法律法规的要求，是目前很多企业存在的突出问题。《劳动合同法》对许多问题作出了新规定，改变了过去的"游戏规则"，企业应根据新法对规章制度进行合法性、规范性、可操作性、协调性进行审查，对不符合法律规定的制度进行修订和更新，避免因规章制度不合法而带来争议，并通过建立有效的规章制度，发挥其在维护企业日常管理、防范管理风险方面的积极作用。例如，过去在劳动合同中可以约定违约金条款，《劳动合同法》则对违约金作了严格限制和规范，除了培训协议和商业秘密竞业限制外，不得再约定违约金事项。另外，《劳动合同法》对劳务派遣、非全日制用工作了具体规定，企业要将用工模式纳入法律调整模式，避免不规范用工带来的法律风险。对劳动报酬、工作时间、休息休假、劳动安全卫生、保险福利、职工培训、劳动纪律以及劳动定额管理等直接涉及劳动者切身利益的规章制度进行梳理，更新和完善，健全相关管理制度。

（2）根据法律规定细化企业相关制度。目前，许多企业在签订和履行劳动合同中，简单地照抄、照搬法律规定，而没有与企业的具体实际相结合，导致劳动合同制度难以切实执行。企业规章制度要依据法律，但又不是照抄法条，而要联系具体实际，将法律规定具体化、细化，使其具有可操作性。例如，法律规定，当劳动者严重违反用人单位的规章制度时，企业可以解除劳动合同。但在实际操作过程中，许多企业不能具体、明确地说明劳动者违反了哪项规章制度，以及是否"严重"。因为企业的规章制度过于笼统、抽象，也没有具体规定"严重"的标准，从而导致企业认为很"严重"，但劳动者认为不"严重"或者仲裁员认为不"严重"。企业据此与员工解除劳动合同时，常因证据不足而导致败诉。为解决此类问题，企业一定要明确什么是"严重违纪"，如规定：有下列情形之一的，属于严重违反规章制度的行为：不服从管理，辱骂、殴打管理人员，或对管理人员进行打击报复的；连续旷工10天以上或一年内累计旷工达到30天以上的；试用期满后，发现应聘过程中提供的应聘资料有虚假、有隐瞒的。通过这些规定，明确界定何种行为属于严重违反规章制度，既提供了明确的标准，又使得员工非常清楚企业的要求以及违反的后果。此外，还要在规章制度中明确录用条件、岗位职责、绩效考核标准等，并作出清晰规定，使这些制度符合《劳动合同法》的要求。很多企业都规定，劳动者在试用期间被证明不符合录用条件的，用人单位可以解除劳动合同。但是何谓"不符合录用条件"，企业却没有明确说明，一旦劳动者对此不服，企业难以提供证据来证明劳动者不符合录用条件。

（3）用语要规范和准确。企业规章制度的书写缺乏规范，普遍存在用词生硬、语句歧义等问题，导致企业规章制度变得晦涩难懂、难以理解，也就难以发挥在劳动争议处理中的重要依据作用。企业制定规章制度，切忌使用过多生疏词汇，语言应力求通俗易懂和言简意赅。在撰写具体条款时，应尽量使用简明语言直截了当地加以说明,避免使用容易产生歧义的语句。标点符号的运用要准确,比如有的企业规定"有贪污,打架,盗窃的属于严重违纪的行为"。这一规定显然将标点符号用错了,三种行为之间要用顿号,表示有其中任何一种行为都属于严重违纪行为。规章制度应像法条那样简练、清晰和明确,严谨阐明用人单位和劳动者的权利义务。

(4) 实事求是、切实执行。建立规章制度,其本质就是要形成规矩,建章立制。规章制度是用人单位劳动管理的宪章,是劳动管理的自治规范和行为守则,一经制定、生效,对用人单位全体成员都具有约束力,在内容与实施上相当于法律、法规的延展和具体化。所以,用人单位制订的规章制度只要不违反法律、法规的禁止性规定,劳动者就应当遵守。制订规章制度,一定要实事求是、量力而行,不能盲目求大、求全,能做到什么程度,就写到什么程度,做到"写你想做的,做你所写的"。企业要让每个岗位、每个员工怎么去做,就怎么去写规章制度。规章制度一旦建立,就要严格执行,必须按所写的去做到位。企业规章制度的核心内容就是解决"做什么,怎样做"这个企业管理最基本和永恒的课题。规章制度首先必须符合法律的规定,做到合法、合理、全面、具体。

第二节 劳动争议的时效与期限

一、劳动争议的时效

(一) 时效的一般规定

时效是指在规定的期限内,劳动争议当事人不行使申诉权,申诉权因期满而归于消灭的制度。劳动争议仲裁时效,是指劳动争议发生后,争议当事人如果不在法定的期限内向仲裁机构申请仲裁,则丧失通过仲裁程序保护自己的合法权益的制度。通常也把仲裁时效称作申诉时效。时效期限届满,当事人即丧失请求保护其权利的申诉权,仲裁委员会对其仲裁申请不予受理。

法律为行使申诉权规定了时间界限。根据《劳动争议调解仲裁法》第 27 条的规定,劳动争议申请仲裁的时效期间为 1 年。仲裁时效期间从当事人知道或者应当知道其权利被侵害之日起计算,即当事人应当从知道其权利被侵害之日起 1 年内,以书面形式向仲裁委员会申请仲裁。如期限届满,即丧失请求保护其权利的申诉权,仲裁委员会对其仲裁申请不予受理。这种时效的规定,是针对正常情况下作出的。仲裁时效问题无论是对争议当事人还是劳动争议仲裁委员会都是非常重要的,因为法律不保护权利上的"睡眠者"。劳动法律之所以对时效作出规定,目的之一是为了稳定劳动关系。因为劳动争议发生在劳动者和用人单位之间，如果争议得不到及时解决，双方对立的情绪就得不到缓解，势必影响正常的生产经营秩序。另外，规定仲裁时效，也便于及时查清事实真相，避免由于时间太长而难以收集到证据，造成人力、物力的浪费，甚至劳而无获。

对于如何理解争议发生之日，也是一个十分重要的问题，因为它关系到时效起算日的确定。争议发生之日是指知道或者应当知道权利被侵害之日，也就是说，争议发生之日并不是非得以双方当事人产生正面冲突为标志，而是从当事人知道自己的权利被侵犯之时，在法律上就被认为是产生争议之日，此时也就是仲裁时效的起算之日。申诉时效的起算点不是凭空设定的，而是有证据表明当事人知道自己的权利被侵害的日期，或者根据常理可以推断当事人应当知道自己的权利被侵害的日期。

(二) 时效中断

劳动争议仲裁时效中断，是指在仲裁时效进行期间，因发生一定的法定事由，使已经经过的仲裁时效期间统归无效，待时效期间中断的事由消失后，仲裁时效期间重新计算的一种时效制度。根据《劳动争议调解仲裁法》第 27 条的规定，仲裁时效中断有三种情形：当事人一方向对方当事人主张权利；向有关部门请求权利救济；对方当事人同意履行义务。符合任何一种情况，仲裁时效即发生中断。从中断时起，仲裁时效期间重新计算。

(三) 时效中止

劳动争议仲裁时效中止，是劳动争议仲裁的一方当事人在法定的仲裁申请期限内，因不可抗力或其他正当理由阻碍权利人行使请求权，仲裁程序依法暂时停止，待法定事由消灭之日起，再继续计算仲裁时效期间的一种时效制度。根据《劳动争议调解仲裁法》第 27 条的规定，时效中止主要有两种情形：一是不可抗力即不能预见、不能避免和不能克服的客观情况，例如，因地震、海啸、水灾，或者因战争、交通中断，当事人无法完成在仲裁时效内应当完成的行为。二是其他正当理由，即除了不可抗力之外，使权利人无法行使请求权的客观情况。从中止时效的原因消除之日起，仲裁时效期间继续计算。仲裁时效中止的时间不计入仲裁时效，而将仲裁时效中止前后的时效时间合并计算为仲裁时效期间。

(四) 特殊规定

《劳动争议调解仲裁法》第 27 条规定了特殊情况下的仲裁时效，即劳动关系存续期间因拖欠劳动报酬发生争议的，劳动者申请仲裁不受 1 年仲裁时效期间的限制；但是,劳动关系终止的,应当自劳动关系终止之日起 1 年内提出。对劳动关系存续期间劳动者追索劳动报酬争议的仲裁时效作出规定,是为了更好地维护劳动者的合法权益。若劳动者与用人单位已解除或终止劳动合同,因追索劳动报酬发生争议的,劳动者应当在劳动关系终止之日起 1 年内提出申请仲裁;超过 1 年的时间,仲裁委员会也将不予受理。

二、劳动争议处理的期限

(一) 仲裁的程序

仲裁主要包括三个步骤:立案、裁决和结案。

当事人向仲裁委员会申请仲裁,应当提交申诉书,并按照被诉人数提交副本。《劳动争议调解仲裁法》第 28 条规定:"申请人申请仲裁应当提交书面仲裁申请,并按照被申请人人数提交副本。仲裁申请书应当载明下列事项:(1)劳动者的姓名、性别、年龄、职业、工作单位和住所,用人单位的名称、住所和法定代表人或者主要负责人的姓名、职务;(2)仲裁请求和所根据的事实、理由;(3)证据和证据来源、证人姓名和住所。书写仲裁申请确有困难的,可以口头申请,由劳动争议仲裁委员会记入笔录,并告知对方当事人。"

仲裁委员会在规定的期限内作出受理或者不予受理的决定。根据《劳动争议调解仲裁法》的规定,劳动争议仲裁委员会收到仲裁申请之日起 5 日内,认为符合受理条件的,应当受理,并通知申请人;认为不符合受理条件的,应当书面通知申请人不予受理,并说明理由。劳动争议仲裁委员会受理仲裁申请后,应当在 5 日内将仲裁申请书副本送达被申请人。被申请人收到仲裁申请书副本后,应当在 10 日内向劳动争议仲裁委员会提交答辩书。劳动争议仲裁委员会收到答辩书后,应当在 5 日内将答辩书副本送达申请人。被申请人未提交答辩书的,不影响仲裁程序的进行。仲裁庭应当在开庭 5 日前,将开庭日期、地点书面通知双方当事人。当事人有正当理由的,可以在开庭 3 日前请求延期开庭。是否延期,由劳动争议仲裁委员会决定。申请人收到书面通知,无正当理由拒不到庭或者未经仲裁庭同意中途退庭的,可以视为撤回仲裁申请。被申请人收到书面通知,无正当理由拒不到庭或者未经仲裁庭同意中途退庭的,可以缺席裁决。当事人申请劳动争议仲裁后,可以自行和解。达成和解协议的,可以撤回仲裁申请。

仲裁庭在作出裁决前,应当先行调解。调解达成协议的,仲裁庭应当制作调解书。调解书应当写明仲裁请求和当事人协议的结果。调解书由仲裁员签名,加盖劳动争议仲裁委员会印章,送达双方当事人。调解书经双方当事人签收后,发生法律效力。调解不成或者调解书送达前,一方当事人反悔的,仲裁庭应当及时作出裁决。仲裁庭作出裁决后,应当制作裁决书,送达双方当事人。

(二) 期限

根据《劳动争议调解仲裁法》的规定,仲裁庭裁决劳动争议案件,应当自劳动争议仲裁委员会受理仲裁申请之日起 45 日内结束。案情复杂需要延期的,经劳动争议仲裁委员会主任批准,可以延期并书面通知当事人,但是延长期限不得超过 15 日。逾期未作出仲裁裁决的,当事人可以就该劳动争议事项向人民法院提起诉讼。《劳动争议调解仲裁法》大大缩短了仲裁审理的时限。自当事人向仲裁委员会提交仲裁申请之日起 5 日内,劳动争议仲裁委员会应决定是否受理;决定受理后,应当自受理仲裁申请之日起 45 日内结束;案情复杂需要延期的,经劳动争议仲裁委员会主任批准,可以延期并书面通知当事人,但是延长期限不得超过 15 日。此外,《劳动争议调解仲裁法》规定,对仲裁委员会逾期未作出仲裁裁决的,当事人可以就该劳动争议事项向人民法院提起诉讼。缩短仲裁审理期限,明确仲裁委员会消极不作为时的司法救济,对于保护劳动者和用人单位的合法权益,及时、快捷地解决劳动争议,防止推诿和久拖不决,具有重要意义。

第三节　劳动争议证据的保护和运用

一、"谁主张、谁举证"与用人单位举证责任

举证责任,是指当事人在仲裁、诉讼中对自己的主张加以证明,并在自己的主张最终不能得到证明时承担不利法律后果的责任。《劳动争议调解仲裁法》合理地确定了劳动关系双方的举证责任,将"谁主张,谁举证"与"用人单位举证责任"结合起来,并明确了用人单位拒绝提供相关证据的法律后果。这一规定不仅继承了"谁主张,谁举证"的民法原则,而且规定了用人单位的举证责任。"谁主张,谁举证"这一罗马法中的证明责任分配规则,是符合自然正义理念的古老经验,也是大多数国家采用的一般意义上的举证责任规定。《劳动争议调解仲裁法》第 6 条规定:"发生劳动争议,当事人对自己提出的主张,有责任提供证据。"但考虑到在劳动争议案件中,大量的证据由用人单位掌握管理,劳动者在发生争议的时候难以提供,因此,为了保护劳动者的合法权益,《劳动争议调解仲裁法》第 6 条同时规定:"与争议事项有关的证据属于用人单位掌握管理的,用人单位应当提供;用人单位不提供的,应当承担不利后果。"事实上,劳动者和用人单位双方的地位在劳动争议处理程序中是不平等的,双方的维权

能力不对称。突出表现在：劳动者在劳动争议处理程序中处于弱势地位；有些与争议事项有关的证据是用人单位掌握管理的，如人事档案、工资发放清单、考勤记录、绩效考核材料、奖金分配制度、社会保险费缴纳等，劳动者一般无法取得和提供。在这些情况下仍然坚持"谁主张，谁举证"，对劳动者来说有失公平。所以，《劳动争议调解仲裁法》规定了用人单位的部分举证责任。

劳动争议举证责任的规定，按照公平、公正的原则以及现实可行性的原则将举证责任在劳动关系双方之间进行了合理的分配。对劳动者而言，要更加注意保存证据。因为法律规定用人单位仅负责提供一种证据，那就是"与争议事项有关的证据属于用人单位掌握管理的"，而其他属于劳动者自己管理的证据，依然要由劳动者提供。对用人单位而言，对用人单位的规范管理提出了更高的要求。用人单位要高度重视和完善档案管理制度，同时要加强对档案资料的保管，尤其对用人单位有利的档案资料。而且，离职员工的所有档案保留至少不少于2年，以防范员工在离职后对用人单位提起劳动争议仲裁。否则，将大大增加用工成本。

二、质证和辩论

《劳动争议调解仲裁法》第38条规定："当事人在仲裁过程中有权进行质证和辩论。质证和辩论终结时，首席仲裁员或者独任仲裁员应当征询当事人的最后意见。"这一规定明确了仲裁活动中的质证和辩论问题。

当事人在仲裁过程中有权进行质证。质证是双方当事人之间对彼此提供的证据的真实性、合法性、关联性以及有无证明力、证明力大小进行说明和质辩。真实性是证明所反映的内容应当是真实的，客观存在的；关联性是证据与案件事实之间存在客观联系；合法性是证明案件真实情况的证据必须符合法律规定的要求。质证是当事人的一项重要权利，也是仲裁庭审理过程中的一项重要内容，是查明事实、分清责任、公正仲裁的重要环节，仲裁庭可以通过当事人之间互相质证审查判断证据是否真实、可靠，从而查清案件事实，准确及时地解决纠纷。质证的顺序一般是：申请人出示证据，被申请人进行质证；被申请人出示证据，申请人进行质证；第三人出示证据，申请人、被申请人对第三人出示的证据进行质证；第三人对申请人或被申请人出示的证据进行质证。如果案件有两个以上独立请求的，可以要求当事人逐项陈述事实和理由，逐个出示证据并分别进行调查和质证。对当事人无争议的事实，无须举证、质证。经仲裁庭准许，当事人及其代理人可以就证据问题相互发问，也可以向证人、鉴定人或者勘验人发问。当事人及其代理人相互发问，或者向证人、鉴定人、勘验人发问时，发问的内容应当与案件事实有关联，不得采用引诱、威胁、侮辱等语言或者方式。对书证、物证、视听资料进行质证时，当事人有权要求出示证据的原件或者原物。但有下列情况之一的除外：出示原件或者原物确有困难并经人民法院准许出示复制件或者复制品的；原件或者原物已不存在，但有证据证明复制件、复制品与原件或原物一致的。视听资料应当当庭播放或者显示，并由当事人进行质证。涉及国家秘密、商业秘密和个人隐私或者法律规定的其他应当保密的证据，不得在开庭时公开质证。质证的方法，根据证据的不同而采用不同的方法。证人应当出庭作证，接受当事人的质询。证人出庭作证时，应当出示证明其身份的证件。仲裁庭应当告知其诚实作证的法律义务和作伪证的法律责任。出庭作证的证人不得旁听案件的审理。仲裁庭询问证人时，其他证人不得在场，但组织证人对质的除外。若证人确有困难不能出庭的，如年迈体弱或者行动不便无法出庭的；路途特别遥远，交通不便难以出庭的；因自然灾害等不可抗力的原因无法出庭的等，经仲裁庭许可，证人可以提交书面证言或者视听资料或者通过双向视听传输技术手段作证。

当事人在仲裁过程中有权进行辩论。仲裁庭辩论，是在庭审调查事实的基础上，双方当事人对案件事实的认定、各自的责任和适用法律等提出自己的主张。辩论是开庭审理的必经程序，也是当事人行使辩论权的重要阶段。辩论开始前，由首席仲裁员提示双方当事人不要重复事实，辩论的重点应着重在责任的分析和运用法律上。辩论应围绕案件事实是否清楚、责任是否分明以及如何适用法律等进行。如在辩论中当事人又提出新的事实或仲裁认为庭审调查时尚未查清的，应终止辩论程序，恢复庭审调查程序。待查清案件事实后，再恢复辩论程序。如果案件事实在庭审中暂时不能查清，应宣布休庭，待当事人举证或仲裁庭获取证据后，再继续开庭。待事实查清后，再恢复辩论阶段。

为充分保证当事人发表意见的权利，质证和辩论终结时，首席仲裁员或者独任仲裁员应当征询当事人的最后意见。

三、证据的保护和运用

（一）加强举证意识，规范管理流程

在劳动争议的证据规则中，用人单位承担较大的举证责任，并对举证不能的后果进行了明确规定，没有证据或者证据不足以证明当事人的事实主张的，由负有举证责任的当事人承担不利的法律后果。因此，用人单位应当增强证据意识，规范管理流程，在订立、履行、变更、解除和终止劳动合同时，保留好劳动者同意的书面证据以及与企业用工有关的职工名册、工资发放、社会保险缴纳等证据材料，有些资料（如加班审批单等）应一式两份，由劳动者与用人单位各自保存一份。为避免劳动者对用人单位提供的证据的真实性提出异议，用人单位在行使管理权过程中形

成的资料应尽量由劳动者本人签字确认,规章制度的建立和修改应按照法律规定的程序进行。

(二) 注意举证时限制度

针对过去长期实行的当事人在诉讼中的各个阶段均可以随时提出新的证据主张,导致诉讼程序的安定性得不到应有的保障,2001 年,最高人民法院公布了《关于民事诉讼证据的若干规定》(以下简称"《证据规定》"),明确规定了举证时限制度。人民法院应当根据案情确定举证期限,举证期限不得少于 30 日,自当事人收到案件受理通知书和应诉通知书的次日起算,举证期限也可由当事人协商并经法院认可。人民法院应当向当事人说明举证的要求及法律后果,促使当事人在合理期限内积极、全面、正确、诚实地完成举证。对逾期举证,法院将不组织质证,也就是不能作为定案的依据,并且逾期举证提供的证据不能作为推翻原判决的新证据。举证期内提交证据材料有困难的,须由当事人提出申请并经法院决定。

(三) 证据交换制度

双方当事人在开庭审理前互相交换证据,证据交换可以由当事人申请,也可以由法院依职权决定。证据交换的主持人是审判人员。

(四) 界定了非法取证的范围

《证据规则》明确规定:"以侵犯他人合法权益或者违反法律禁止性规定的方法取得的证据,不能作为认定案件事实的依据",即对"非法"的范围进行了限定。电视暗访、私自录音、录像,不一定就是非法证据,只有侵犯了他人隐私权、侵犯了国家秘密、企业商业秘密等非法方法取得的证据才成为非法取证。

(五) 电子证据日益普遍

在证据信息化的大趋势下,以计算机及网络为依托的电子数据在查明案件事实的过程中起着越来越重要的作用。在劳动争议案件中,当事人提交电子证据的形式主要包括:手机短信、微信聊天记录、QQ 聊天记录、电子邮件、OA 系统记录、考勤系统记录等。当事人提交电子证据欲证明的事项一般包括:确认存在劳动关系、工资发放情况、请假情况、加班情况、劳动者工作内容、文件送达情况、劳动关系解除原因等。总体而言,法院、仲裁采信当事人提交电子证据的比例较高,主要理由包括:对方认可真实性;对方虽不认可内容但认可手机号、账号的真实性;电子证据经过公证;结合头像、语音等聊天内容在对方不能提供反证的情况下确认其真实性。

第四节　劳动争议处理程序

《劳动争议调解仲裁法》规定："发生劳动争议,当事人不愿协商、协商不成或者达成和解协议后不履行的,可以向调解组织申请调解;不愿调解、调解不成或者达成调解协议后不履行的,可以向劳动争议仲裁委员会申请仲裁;对仲裁裁决不服的,除本法另有规定的外,可以向人民法院提起诉讼。"我国劳动争议处理制度的基本体制是自愿选择协商和调解,仲裁是劳动争议诉讼的前置程序,诉讼是处理劳动争议的最终程序。

一、协商制度

协商是劳动关系双方自主解决争议的一种方式。协商可以是双方自主协商,也可以由第三方介入进行协商。第三方可以是本单位人员,也可以是双方都信任的其他人,如律师等。协商的特点是:(1)自愿性。通过协商解决争议是双方当事人的自愿行为,经协商达成的和解协议体现双方意志,和解协议由当事人自觉、自愿地履行。(2)灵活性。协商具有简便、灵活、快捷的特点,当事人双方可以随时就争议具体事项进行商谈,协商方式由当事人灵活选择。与调解、仲裁和诉讼相比,协商解决劳动争议具有更大的灵活性。(3)选择性。协商不是处理劳动争议的法定必经程序,劳动争议发生后,当事人可以选择协商,也可以选择向调解组织申请调解或直接向劳动争议仲裁委员会申请仲裁。(4)平等性。在协商过程中双方当事人的地位平等。为保证协商过程的公正平等,法律允许劳动者邀请工会或第三方参与协商,共同解决劳动争议。

协商是解决劳动争议的第一个环节,其好处是解决争议的气氛比较平和,双方不伤和气,不丢面子;解决争议的方式最为便捷,具有简易、灵活、快捷的特点,有利于在短时间内化解矛盾;通过协商方式解决争议,还可以减轻调解机构、仲裁机构和人民法院的压力,最大限度地降低解决争议的成本,减少人力、物力和时间的支出。

二、劳动争议调解制度

(一) 劳动争议调解的概念

劳动争议调解,是指调解组织对企业与劳动者之间发生的劳动争议,在查明事实、分清是非、明确责任的基础上,依照国家劳动法律、法规,以及依法制定的企业规章和劳动合同,通过民主协商的方式,推动双方互谅互让、达成协议、消除纷争的一种活动。劳动争议调解是一种力求达成一致的过程,立足于把矛盾、纠纷化解在基层,促进劳动关系的和谐稳定。调解人不偏袒任何一方,不把自己的决定强加于当事人,而是帮助双方找到一个都可以接受的解决办法。调解劳动争议的依据是有关劳动法律、法规和依法制定的规章制度和劳动合同。

调解是一种以柔性方式化解矛盾的机制,是解决争议的一种古老方法,在我国具有悠久的历史。调解解决纠纷,具有成本低、及时、灵活的优点,可以促使当事人双方尽快取得谅解,减少双方的对立情绪,防止矛盾激化,因此,调解也被称为解决纠纷的"第三条道路"和"绿色"纠纷处理机制。在解决劳动争议中引入调解机制,有利于把争议及时解决在基层,最大限度地降低当事人双方的对抗性,阻止双方矛盾激化,对解决劳动争议起着很大的作用,尤其是对于希望仍在原单位工作的员工,通过调解解决劳动争议当属首选步骤。《劳动争议调解仲裁法》在确立企业调解制度的基础之上,整合并强化了劳动争议调解制度,重申了着重调解的原则,规定了调解组织的类型、调解员的任职资格、调解的方式、调解协议的效力等。

(二) 劳动争议调解的种类和机构

《劳动争议调解仲裁法》第 10 条第一款规定:"发生劳动争议,当事人可以到下列调解组织申请调解:(一)企业劳动争议调解委员会;(二)依法设立的基层人民调解组织;(三)在乡镇、街道设立的具有劳动争议调解职能的组织。"根据这一规定,我国的劳动争议调解组织主要包括三类,劳动者与用人单位发生劳动纠纷后,可以根据自愿的原则,向这三种调解组织中的任何一个申请调解。

企业劳动争议调解委员会是建立在企业内部从事劳动争议调解工作的专门组织,对发生在本单位的劳动争议案件,经当事人自愿提出调解后,在查清事实、分清是非、明确责任的基础上,运用宣传法律法规和说服教育、规劝疏导的方法,使劳动争议及时得到解决的一种活动。企业劳动争议调解委员会由职工代表和企业代表组成。职工代表由工会成员担任或由全体职工推举产生,企业代表由企业负责人指定。企业劳动争议调解委员会主任由工会成员或者双方推举的人员担任。

人民调解委员会是村民委员会和居民委员会下设的调解民间纠纷的群众性组织,在基层人民政府和基层人民法院指导下进行工作。人民调解委员会的任务为解决民间纠纷,并通过调解工作宣传法律、法规、规章和政策,教育公民遵纪守法,尊重社会公德。通过基层人民调解组织解决劳动争议,在企业外部提供了解决争议的途径,成本低、效率高,有利于提高劳动争议处理的总体效率,也有望节约司法资源和成本。《劳动争议调解仲裁法》规定,发生劳动争议,当事人可以向基层人民调解组织申请调解。

在乡镇、街道设立劳动争议调解组织,是一些经济发达地区为了解决劳动争议的实际需要而设立的区域性、行业性调解组织。与企业调解委员会相比较,区域性、行业性调解组织地位超脱,调解员与企业没有利害关系,调解更具有权威性。行业性劳动争议调解组织具有熟悉行业情况、与成员单位联系紧密的优势,为及时解决劳动争议提供了便利条件。

(三) 劳动争议调解的原则

劳动争议调解员应当由公道正派、联系群众、热心调解工作,并具有一定法律知识、政策水平和文化水平的成年公民担任。调解员要具有一定的道德力量和社会影响力,在群众中享有较高的威信。调解劳动纠纷,在一定程度上需要靠调解员的影响力和说服力。调解员为人正派、信誉高,具有较好的沟通能力和亲和力,有利于妥善地解决劳动争议。调解员调解劳动争议,应当充分听取双方当事人对事实和理由的陈述,耐心疏导,帮助其达成协议。

充分听取双方当事人对事实和理由的陈述。充分听取双方当事人对事实和理由的陈述,就是要求调解员以事实为依据,在弄清事实、分清是非的基础上开展调解工作,帮助双方解决分歧,就争议事项达成共识。只有事实清楚,矛盾焦点明确,调解工作才能"有的放矢",纠纷才能顺利解决。因此,在开展调解工作前,调解员既要听取劳动者一方对事实和理由的陈述,也要听取用人单位一方对事实和理由的陈述,不能只听一家之言,偏听偏信。此外,调解员在听取双方当事人的陈述时,可以要求其提供相应的证据,以帮助调解员弄清事实。若证据不足或没有证据,也不妨碍调解工作的进行,调解员也可以主动调查了解,弄清事实。

耐心疏导。耐心疏导就是要求调解员根据法律、法规和政策,耐心地对争议双方当事人进行说服和教育,做到以理服人,而不能以势压人。调解工作是一项耗费时间和精力的工作,这就要求调解员有耐心、虚心和诚心,不厌烦地对双方当事人进行开导和说服,从而引导争议双方以和解的方式解决纠纷。在进行劝导时,调解员也可以提出自己的意见,但不能强迫双方当事人接受自己的主张。这是因为调解协议是双方当事人真实意思的表达,是双方自愿的结果。调解内容涉及双方当事人权利和义务的,调解员应当尊重当事人自己的意愿进行处理。如果强迫当事人达成调解协议,不是当事人心甘情愿,即使达成协议,也可能得不到履行。

(四) 调解的期限和效力

《劳动争议调解仲裁法》第14条规定:"经调解达成协议的,应当制作调解协议书。调解协议书由双方当事人签名或盖章,经调解员签名并加盖调解组织印章后生效,对双方当事人具有约束力,当事人应当履行。自劳动争议调解组织收到调解申请之日起15

日内未达成调解协议的,当事人可依法申请仲裁。"明确了调解协议效力和调解期限。

双方当事人经调解达成一致意见后,调解组织应当制作调解协议书。调解协议主要应当载明双方当事人的基本情况、纠纷简要事实、争议事项及双方责任、双方当事人的权利和义务、履行协议的期限等。调解协议书由双方当事人签名或盖章,经调解员签名并加盖调解组织印章后生效,对双方当事人具有约束力,当事人应当履行。调解协议是在双方自愿的基础上达成的,是双方意思表示一致的结果,相当于合同,具有合同的效力。经过劳动争议调解组织调解所达成的调解协议具有合同的约束力,双方当事人应当按照协议的内容来履行相应的义务,享受相应的权利。这些规定强化了双方当事人的履约意识,维护调解协议的严肃性。《劳动争议调解仲裁法》第15条规定,达成调解协议后,一方当事人在约定期限内不履行调解协议的,另一方当事人可以依法申请仲裁。达成调解协议后,如果一方当事人不履行调解协议,劳动争议并没有得到解决,这就需要其他的争议解决机制发挥作用。根据《劳动争议调解仲裁法》的规定,仲裁是解决劳动争议的必经程序,如果一方当事人不履行调解协议,另一方当事人就可以依法申请仲裁,以便使劳动争议得到尽快解决。《劳动争议调解仲裁法》第16条规定,因支付拖欠劳动报酬、工伤医疗费、经济补偿或者赔偿金事项达成调解协议,用人单位在协议约定期限内不履行的,劳动者可持调解协议书依法向人民法院申请支付令。人民法院应当依法发出支付令。支付令是人民法院根据债权人的申请,督促债权人履行债务的程序,是民事诉讼法规定的一种法律制度。在解决劳动争议中引入支付令制度,可以尽快解决劳动争议,强化调解协议的效力。

调解组织调解劳动争议,一般包括调解准备、调解开始、实施调解、调解终止等几个阶段。当事人申请调解,可以口头或书面形式向调解委员会提出申请。口头申请的,调解组织应当当场记录申请人的基本情况、申请调解的争议事项、理由和时间。调解劳动争议应当讲究效率,及时、尽快地解决劳动争议。为防止劳动争议"久调不解",《劳动争议调解仲裁法》规定,自劳动争议调解组织收到调解申请之日起15日内未达成调解协议的,当事人可以依法申请仲裁。也就是说,调解的期限是15天,在15天内未达成调解协议的视为调解不成,当事人任何一方都可以向劳动争议仲裁委员会申请仲裁。

三、劳动争议仲裁制度

(一) 劳动争议仲裁的概念

仲裁也称公断,其基本含义是由一个公正的第三者对当事人之间的争议作出评断。劳动争议仲裁指劳动争议仲裁委员会对用人单位与劳动者之间发生的劳动争议,在查明事实、明确是非、分清责任的基础上,依法作出裁决的活动。劳动争议仲裁是处理劳动争议的一种重要方式,在及时处理劳动争议、维护当事人合法权益、化解社会矛盾方面发挥着重要的作用。劳动争议仲裁制度是处理劳动争议的核心制度,是劳动争议处理的中间环节,也是《劳动争议调解仲裁法》规定的重要制度。劳动争议仲裁具有较强的专业性,其程序与司法程序相比较为简便、及时。《劳动争议调解仲裁法》对仲裁体制和制度做了重大改变,如规定了劳动争议仲裁委员会不按行政区划层层设立,提高了劳动争议仲裁员任职条件门槛,明确了仲裁委员会的性质和职能,规范了仲裁管辖范围,确立了仲裁不收费制度等。这些规定和变化是对我国劳动争议仲裁制度的创新、突破和完善,方便了当事人申请仲裁,进一步提高了劳动争议仲裁的效率和公正性。

(二) 仲裁机构的设立和组成

《劳动争议调解仲裁法》第17条规定:"劳动争议仲裁委员会按照统筹规划、合理布局和适应实际需要的原则设立。省、自治区人民政府可以决定在市、县设立;直辖市人民政府可以决定在区、县设立。直辖市、设区的市也可以设立一个或者若干个劳动争议仲裁委员会。劳动争议仲裁委员会不按行政区划层层设立。"这一规定明确了劳动争议仲裁委员会的设立原则、设置权限和设立方式。仲裁委员会设立应遵循统筹规划、合理布局和适应实际需要的原则,应根据城乡发展、区域发展、经济与社会发展等实际情况,统一筹划仲裁委员会设立的数量与层次。仲裁委员会的设立既不能太集中,也不能太分散,要以劳动争议仲裁处理的现实需要为标准,劳动争议案件较多的地区可设多个仲裁委员会,劳动争议案件较少的地区可少设仲裁委员会。这一设立原则体现了精简、高效、灵活的特点。仲裁委员会不按照行政区划在省、市、县三级层层都设立,而是仅仅在市、县、区设立。各仲裁委员会之间没有上下级隶属关系,不存在级别管辖,而是相互独立的争议处理机构。

劳动争议仲裁委员会的组成,采用"三方性"的组织原则。劳动争议仲裁委员会由劳动行政部门代表、工会代表和企业方面代表组成。劳动争议仲裁委员会组成人员应当是单数。劳动争议仲裁委员会由三方代表组成,其好处在于可以给争议当事人以公平感和可靠性,从而赢得其信任,有利于仲裁活动的开展。由于三方分别代表不同的身份,有各自的劳动关系方面的专门知识,可以从不同的角度看待问题,能够代表和反映不同方面的认识和利益要求,从而在广泛、客观的基础上作出公正的裁决,防止发生偏颇,也使裁决易于为当事人接受并执行。仲裁委员会的组成人员必须是单数,这样才不会出现持不同意见的仲裁员相持不下,不能取得一致的局面,仲裁委员会也才能实行少数服从多数的原则。

劳动争议仲裁委员会依法履行下列职责:(1)聘任、解聘专职或者兼职仲裁员;

(2)受理劳动争议案件;(3)讨论重大或者疑难的劳动争议案件;(4)对仲裁活动进行监督。劳动争议仲裁委员会下设办事机构,负责办理劳动争议仲裁委员会的日常工作。

(三) 仲裁管辖

劳动争议仲裁管辖就是仲裁委员会受理劳动争议仲裁案件的具体分工和权限,明确了劳动争议案件应由哪一个仲裁委员会受理,或是申请仲裁的当事人应到哪一个仲裁委员会提出申请。劳动争议仲裁管辖的确定对于当事人申请仲裁至关重要,因为当事人需向有管辖权的仲裁委员会提起申诉。《劳动争议调解仲裁法》第21条规定:"劳动争议仲裁委员会负责管辖本区域内发生的劳动争议。劳动争议由劳动合同履行地或者用人单位所在地的劳动争议仲裁委员会管辖。双方当事人分别向劳动合同履行地和用人单位所在地的劳动争议仲裁委员会申请仲裁的,由劳动合同履行地的劳动争议仲裁委员会管辖。"这一规定明确了仲裁委员会的管辖范围。我国的劳动争议仲裁实行特殊地域管辖,明确只能由劳动者合同履行地或用人单位所在地的劳动争议仲裁委员会管辖。当管辖权发生争议时,由劳动合同履行地的仲裁委员会管辖。劳动合同履行地,通常指履行劳动合同义务的实际固定工作地点。用人单位所在地,一般是指用人单位的注册地,注册地与经常营业地不一致的,以用人单位经常营业地为用人单位所在地。正确确定仲裁案件的管辖权,便于正确行使申诉权,保证劳动争议得到及时处理。

(四) 共同当事人和第三人

劳动争议仲裁当事人,是因劳动权利义务关系发生争议,以自己的名义向劳动争议仲裁委员会提起仲裁程序,参加仲裁活动,并受劳动争议仲裁委员会裁决约束的利害关系人。劳动争议仲裁当事人包括申诉人和被申诉人。申诉人是以自己名义,为保护自己的合法权益,向劳动争议仲裁委员会申请,提起仲裁程序的人,既可以是劳动者,也可以是用人单位。被诉人是被提起仲裁程序,经劳动争议仲裁委员会通知其应诉的人。仲裁当事人在参加仲裁活动中,既享有充分的权利,也承担着相应的义务。当事人在劳动争议仲裁中的权利主要有:有权提出仲裁申请、撤销仲裁申请及变更仲裁申请;有权委托代理人;有权参加开庭;有权申请回避;有权要求或拒绝调解及达成调解协议;有权提供证据、要求调查、勘验和鉴定;有权要求延期审理;有权向人民法院提起诉讼;有权对已生效的调解书和裁决书申请人民法院强制执行,等等。劳动争议仲裁当事人的义务主要有:尊重对方当事人及其他劳动争议仲裁参加人的权利;遵守劳动争议仲裁活动程序和仲裁纪律;对案情实事求是;认真履行发生法律效力的仲裁文书等。

《劳动争议调解仲裁法》第22条规定:"发生劳动争议的劳动者和用人单位为劳动争议仲裁案件的双方当事人。劳务派遣单位或者用工单位与劳动者发生劳动争议的,劳务派遣单位和用工单位为共同当事人。"对共同当事人和第三人作了明确的规定。

劳务派遣单位或者用工单位与劳动者发生劳动争议的,劳务派遣单位和用工单位为共同当事人。《劳动合同法》第92条规定,"劳务派遣单位违反本法规,给被派遣劳动者造成损害的,劳务派遣单位与用工单位承担连带赔偿责任",与此相衔接,《劳动争议调解仲裁法》明确规定,在劳务派遣中劳务派遣单位和用工单位为共同当事人,有效地防止了劳务派遣单位与用工单位相互推诿、侵害劳动者合法权益的情况出现,保证了劳动争议能够得到及时处理。

《劳动争议调解仲裁法》第23条规定:"与劳动争议案件的处理结果有利害关系的第三人,可以申请参加仲裁活动或者由劳动争议仲裁委员会通知其参加仲裁活动。"劳动争议仲裁第三人,是指与劳动争议案件处理结果有直接利害关系而参加到当事人之间已经开始的劳动争议仲裁活动中的人。所谓利害关系,是指仲裁委员会对劳动争议的处理结果,会影响到第三人的权利得失或义务增减,第三人参加仲裁活动是为了保护自己的合法权益,第三人在仲裁中以自己的名义参加仲裁,其请求可能与申诉人或被诉人相似,也可能都相反。它具有独立法律地位,最终目的是维护自己的合法权益。例如,用人单位招用尚未解除或者终止劳动合同的劳动者,原用人单位与劳动者发生劳动争议的,可以列新的用人单位为第三人。

(五)仲裁人员的回避

在通常情况下,仲裁庭一旦组成,即负责所受理的劳动争议案件的处理直至结案,但如果遇到仲裁庭组成人员有应当回避的情况,就要另行组成仲裁庭。仲裁员回避,是指劳动争议仲裁员不参加与自己有利害关系或其他关系的劳动争议案件仲裁活动的法律行为。仲裁员回避主要包括两种方式:自行回避与申请回避。自行回避是仲裁员知道自己具有应当回避的情形,向仲裁委员会提出回避申请,并说明情况,主动不参加对案件审理或任务执行。申请回避是仲裁员并未主动提出回避申请,但当事人认为仲裁员存在回避情形,可能影响公正处理,向仲裁委员会提出申请要求该仲裁员退出仲裁活动并及时更换人员。提出回避是当事人的一项重要权利,当事人认为有必要提出回避申请的,可以口头或书面两种方式提出。《劳动争议调解仲裁法》第33条规定:"仲裁员有下列情形之一,应当回避,当事人也有权以口头或者书面方式提出回避申请:(一)是本案当事人或者当事人、代理人的近亲属的;(二)与本案有利害关系的;(三)与本案当事人、代理人有其他关系,可能影响公正裁决的;(四)私自会见当事人、代理人,或者接受当事人、代理人的请客送礼的。劳动争议仲裁委员会对回避申请应当及时作出决定,并以口头或者书面方式通知当事人。"这一条款是关于仲裁员回避制度的规定。

仲裁员回避是劳动争议仲裁的一项法律制度,也是劳动争议当事人监督仲裁员的一项权利。实行回避制度,可以防止仲裁员利用职权偏袒一方、营私舞弊,有利于增强仲裁的公信力,增强当事人对仲裁的信心,保护当事人的合法权益,保障案件得到公正、合理的裁决。

(六)部分争议实行一裁终局制度

《劳动争议调解仲裁法》第47条规定:"追索劳动报酬、工伤医疗费、经济补偿或者赔偿金,不超过当地月最低工资标准12个月金额的争议,除本法另有规定的外,仲裁裁决为终局裁决,裁决书自作出之日起发生法律效力。"这一规定确立了部分劳动争议案件实行一裁终局制度。《最高人民法院关于审理劳动争议案件适用法律问题的解释(一)》进一步明确,如果仲裁裁决书未载明该裁决为终局裁决或者非终局裁决,劳动者依据调解仲裁法第47条第一项规定,追索劳动报酬、工伤医疗费、经济补偿或者赔偿金,如果仲裁裁决涉及数项,每项确定的数额均不超过当地月最低工资标准12个月金额的,应当按照终局裁决处理。

一裁终局制度,是劳动争议仲裁庭对申请仲裁的纠纷进行仲裁后,裁决立即发生法律效力,当事人不得就同一纠纷再向劳动争议仲裁委员会申请仲裁或向人民法院起诉的制度。《劳动争议调解仲裁法》规定,两类劳动争议案件实行一裁终局:一是小额劳动争议,即劳动报酬、工伤医疗费、经济补偿或者赔偿金不超过当地月最低工资标准12个月金额的案件;二是因执行国家工作时间、休息休假、社会保险等国家标准而发生的争议。实行一裁终局处理的案件,主要是一些涉及劳动者生存权益、案情较为简单、争议标的较小的案件,从保护劳动者的角度确立了快速解决的制度。这类案件专业性较强,有明确的法律标准,便于仲裁员及时、公正地作出裁决。一裁终局处理争议的制度,缩短了劳动争议案件的处理周期,可以让大量的劳动争议案件在仲裁阶段就得到彻底解决,无须拖延到诉讼阶段,同时,也防止了当事人恶意诉讼、案件久拖不决的情形。一裁终局制度有利于提升劳动争议处理工作的效率,减轻当事人负担,提高劳动争议仲裁的权威性和法律效力。

对一裁终局裁决不服,劳动者可向法院提起诉讼。《劳动争议调解仲裁法》第48条规定,劳动者对一裁终局案件的裁决不服的,可以自收到仲裁裁决书之日起15日内向人民法院提起诉讼。劳动者对一裁终局裁决不服的,可以在15日内向人民法院提起诉讼,也可以选择不诉讼,选择权完全掌握在劳动者手中,劳动者期满不起诉的,视为放弃诉权,裁决书对劳动者发生法律效力。用人单位对一裁终局案件的裁决享有申请撤销权。根据《劳动争议调解仲裁法》第49条的规定:"用人单位有证据证明一裁终局案件的仲裁裁决有下列情形之一,可以自收到仲裁裁决书之日起30日内向劳动争议仲裁委员会所在地的中级人民法院申请撤销裁决：(一)适用法律、法规确有错误的；(二)劳动争议仲裁委员会无管辖权的；(三)违反法定程序的；(四)裁决所根据的证据是伪造的；(五)对方当事人隐瞒了足以影响公正裁决的证据的；(六)仲裁员在仲裁该案时有索贿受贿、徇私舞弊、枉法裁决行为的。人民法院经组成合议庭审查核实裁决有前款规定情形之一的，应当裁定撤销。仲裁裁决被人民法院裁定撤销的，当事人可以自收到裁定书之日起15日内就该劳动争议事项向人民法院提起诉讼。"

对一裁终局以外的仲裁裁决不服，可向人民法院提起诉讼。《劳动争议调解仲裁法》第50条规定："当事人对一裁终局规定以外的其他劳动争议案件的仲裁裁决不服的，可以自收到仲裁裁决书之日起15日内向人民法院提起诉讼；期满不起诉的，裁决书发生法律效力。当事人提起诉讼应当注意不能超过诉讼时效。仲裁裁决发生法律效力即具有强制执行力，若一方当事人逾期不履行，另一方当事人可以向人民法院申请执行，维护自身的合法权益。"

《劳动争议调解仲裁法》仍保持了"一调一裁两审，仲裁前置"的模式。对于一裁终局以外的其他劳动争议案件，当事人不愿协商或协商不成的，可以先向调解组织申请调解；不愿调解或调解不成的，可向仲裁委员会申请仲裁；若对仲裁裁决不服，在诉讼时效内，可向人民法院提起诉讼，寻求司法救济。

(七) 仲裁调解和仲裁裁决

仲裁委员会处理劳动争议应当先行调解。仲裁庭在处理劳动争议案件时，只有在调解不成的情况下，才应该及时地作出仲裁裁决。《劳动争议调解仲裁法》第42条规定："仲裁庭在作出裁决前，应当先行调解。调解达成协议的，仲裁庭应当制作调解书。调解书应当写明仲裁请求和当事人协议的结果。调解书由仲裁员签名，加盖劳动争议仲裁委员会印章，送达双方当事人。调解书经双方当事人签收后，发生法律效力。调解不成或者调解书送达前，一方当事人反悔的，仲裁庭应当及时作出裁决。"这一规定确认仲裁调解和仲裁裁决制度。

先行调解是劳动争议仲裁的必经程序，也是劳动争议仲裁的基本原则之一。仲裁调解是在仲裁员的主持下，双方当事人通过自愿协商、互谅互让达成协议，从而解决争议的方式。仲裁调解应当遵循事实清楚、自愿、合法原则。事实清楚是调解的基础和前提，只有查明事实、分清是非，才能明确当事人的责任，抓住争议关键，促使当事人互谅互让，达成调解协议，口服心服地解决争议。能否进行调解，能否达成协议，完全取决于双方当事人的自愿，不能有任何勉强。在仲裁中贯彻先行调解原则，体现了简便、灵活、易行、迅速的特点，有利于缓和、改善双方矛盾，使争议双方以平和的方式迅速解决争议。

仲裁裁决是仲裁庭作出的、对当事人具有拘束力的、具体解决争议的决定。仲裁庭对调解不能达成协议或者调解书送达前当事人反悔的，应当及时裁决。对一裁终局范围的劳动争议，劳动者对仲裁裁决不服的，自收到裁决书之日起 15 日内可以向人民法院起诉；用人单位有证据证明仲裁裁决违法或存在错误的，可以自收到仲裁裁决书之日起 30 日内向劳动争议仲裁委员会所在地的中级人民法院申请撤销裁决。对一裁终局范围以外的劳动争议，当事人对仲裁裁决不服的，可以自收到仲裁裁决书之日起 15 日内向人民法院提起诉讼。期满不起诉的，裁决书发生法律效力。裁决书一旦发生法律效力，当事人不得就同一劳动争议事项再向人民法院提起诉讼，也不得再向仲裁机构申请仲裁。当事人对发生法律效力的裁决书，应当依照规定的期限履行。一方当事人逾期不履行，另一方当事人可以申请人民法院强制执行。《劳动争议调解仲裁法》第 51 条规定："当事人对发生法律效力的调解书、裁决书，应当依照规定的期限履行。一方当事人逾期不履行的，另一方当事人可以依照民事诉讼法的有关规定向人民法院申请执行。受理申请的人民法院应当依法执行。"明确了发生法律效力的调解书、裁决书的履行和申请执行的规定。

（八）先行裁决和先予执行制度

《劳动争议调解仲裁法》第 43 条规定："仲裁庭裁决劳动争议案件时，其中一部分事实已经清楚，可以就该部分先行裁决。"先行裁决是指劳动争议仲裁庭在仲裁过程中，可以对部分事实已经清楚的案件先行作出仲裁裁决，其他未裁决部分待相关事实进一步查明后，通过后续裁决来解决。一般情况下，仲裁庭在查明事实后对全部仲裁请求作出裁决。但在仲裁过程中，由于种种客观原因，仲裁庭可能一时难以查清全部争议事实。规定先行裁决程序，对涉及劳动者基本生活、部分事实清楚的仲裁请求先行作出裁决，可以缓解劳动者的燃眉之急，有利于及时保护劳动者的合法权益。先行裁决后，整个案件并没有结束，仲裁庭接下来再对其他请求事项进行裁决。先行裁决的效力是终局的，与终局裁决一样具有法律约束力。仲裁庭在以后的终局裁决中，不得对先行裁决的结果进行变更，也不得对部分先行裁决的事项再进行裁决。先行裁决与最终裁决的内容要保持一致，不能相互矛盾。

对部分劳动争议案件可以裁决先予执行。《劳动争议调解仲裁法》第 44 条规定："仲裁庭对追索劳动报酬、工伤医疗费、经济补偿或者赔偿金的案件，根据当事人的申请，可以裁决先予执行，移送人民法院执行。仲裁庭裁决先予执行的，应当符合下列条件：（1）当事人之间权利义务关系明确；（2）不先予执行将严重影响申请人的生活。劳动者申请先予执行的，可以不提供担保。"这一规定明确了先予执行制度。先予执行是指对追索劳动报酬、工伤医疗费、经济补偿或者赔偿金的给付之诉，在作出裁决之前，裁定一方当事人履行一定义务，并立即执行的制度。仲裁和诉讼都是一种事后救济途径,如果所有的劳动争议案件都只有在仲裁结束、诉讼结束后才能执行,在劳动者急需帮助的情况下,可能会出现"正义来得过迟"的问题。规定部分劳动争议案件可以裁决先予执行,目的是考虑生活困难的当事人尤其是劳动者在期待权利保障过程中的救急性措施,以解决劳动者生产和生活之需,及时保障劳动者合法权益。先予执行只限于特定劳动争议案件,即对追索劳动报酬、工伤医疗费、经济补偿或者赔偿金的案件,其他类型劳动争议案件不适用先予执行。先予执行需要当事人提出申请,仲裁庭才能作出先予执行的裁决。先予执行带有强制性,仲裁庭裁决先予执行的,最终要移送人民法院执行。

(九) 仲裁不收费制度

《劳动争议调解仲裁法》第53条规定:"劳动争议仲裁不收费。劳动争议仲裁委员会的经费由财政予以保障。"明确规定劳动争议仲裁不收费。过去,劳动争议当事人申请仲裁,应当向劳动争议仲裁委员会交纳仲裁费,仲裁费包括案件受理费和处理费两部分,处理费主要内容包括鉴定费、勘验费、差旅费以及证人误工补助等。案件受理费各地收费标准不一。劳动者提起仲裁,交纳的仲裁费少则几百元,多则上千元。2008年5月1日《劳动争议调解仲裁法》实施后,劳动争议仲裁委员会的经费由财政予以保障,无论是劳动者还是用人单位,申请仲裁将不需负担任何费用。

四、劳动争议诉讼制度

(一) 劳动争议诉讼的概念

劳动争议诉讼,指当事人不服劳动争议仲裁委员会的裁决,在规定的期限内向人民法院起诉,人民法院依照民事诉讼程序,依法对劳动争议案件进行审理的活动。此外,劳动争议的诉讼还包括当事人一方不履行仲裁委员会已发生法律效力的裁决书或调解书,另一方当事人申请人民法院强制执行的活动。我国《劳动法》第83条规定:"劳动争议当事人对仲裁裁决不服的,可以自收到仲裁裁决书之日起15日内向人民法院提起诉讼。一方当事人在法定期限内不起诉又不履行仲裁裁决的,另一方当事人可以申请人民法院强制执行。"

劳动争议诉讼是处理劳动争议的最终程序,它通过司法程序保证了劳动争议的最终彻底解决。由人民法院参与处理劳动争议,从根本上将劳动争议处理工作纳入了法治轨道,有利于保障当事人的诉讼权,有助于监督仲裁委员会的裁决,有利于生效的调解协议、仲裁裁决和法院判决的执行。

根据《劳动争议调解仲裁法》的规定,劳动争议诉讼具体包括以下三类。

(1) 对被撤销的仲裁委员会裁决的起诉。根据《劳动争议调解仲裁法》规定，当事人对一裁终局裁决以外的裁决不服的，可以自收到仲裁裁决书之日起 15 日内向人民法院提起诉讼；期满不起诉的，裁决书发生法律效力。当事人对发生法律效力的裁决书，应当依照规定的期限履行。用人单位对一裁终局裁决不服，须先申请撤销，其仲裁裁决被人民法院裁定撤销的，当事人可以自收到裁定书之日起 15 日内就该劳动争议事项向人民法院提起诉讼。

(2) 仲裁委员会不予受理的劳动争议，当事人可以向人民法院提起诉讼。根据《劳动争议调解仲裁法》规定，劳动争议仲裁委员会收到仲裁申请之日起 5 日内，认为符合受理条件的，应当受理，并通知申请人；认为不符合受理条件的，应当书面通知申请人不予受理，并说明理由。对劳动争议仲裁委员会不予受理的劳动争议或者逾期未作出决定的，申请人可以就该劳动争议事项向人民法院提起诉讼。

(3) 仲裁委员会逾期未作出仲裁裁决的劳动争议，当事人可以向人民法院提起诉讼。根据《劳动争议调解仲裁法》第 43 条的规定，仲裁委员会裁决劳动争议案件，应当自受理仲裁申请之日起 45 日内结束。案情复杂需要延期的，经劳动争议仲裁委员会主任批准，可以延期并书面通知当事人，但是延长期限不得超过 15 日。逾期未作出仲裁裁决的，当事人可以就该劳动争议事项向人民法院提起诉讼。

(二) 人民法院受理的劳动争议案件范围

关于劳动争议案件的受理范围，根据 2020 年《最高人民法院关于审理劳动争议案件适用法律问题的解释》(一)的规定，劳动者与用人单位之间发生的劳动纠纷，当事人不服劳动争议仲裁委员会作出的裁决，依法向人民法院起诉的，人民法院应当受理，具体包括：

(1) 劳动者与用人单位在履行劳动合同过程中发生的纠纷；

(2) 劳动者与用人单位之间没有订立书面劳动合同，但已形成劳动关系后发生的纠纷；

(3) 劳动者与用人单位因劳动关系是否已经解除或者终止，以及应否支付解除或者终止劳动关系经济补偿金发生的纠纷；

(4) 劳动者与用人单位解除或者终止劳动关系后，请求用人单位返还其收取的劳动合同定金、保证金、抵押金、抵押物发生的纠纷，或者办理劳动者的人事档案、社会保险关系等移转手续发生的纠纷；

(5) 劳动者以用人单位未为其办理社会保险手续，且社会保险经办机构不能补办导致其无法享受社会保险待遇为由，要求用人单位赔偿损失发生的纠纷；

(6) 劳动者退休后，与尚未参加社会保险统筹的原用人单位因追索养老金、医疗费、工伤保险待遇和其他社会保险待遇而发生的纠纷；

（7）劳动者因为工伤、职业病，请求用人单位依法给予工伤保险待遇发生的纠纷；

（8）劳动者依据《劳动合同法》第85条的规定，要求用人单位支付加付赔偿金发生的纠纷；

（9）因企业自主进行改制发生的纠纷。

同时，《最高人民法院关于审理劳动争议案件适用法律问题的解释（一）》明确规定，下列纠纷不属于劳动争议：(1)劳动者请求社会保险经办机构发放社会保险金的纠纷；(2)劳动者与用人单位因住房制度改革产生的公有住房转让纠纷；(3)劳动者对劳动能力鉴定委员会的伤残等级鉴定结论或者对职业病诊断鉴定委员会的职业病诊断鉴定结论的异议纠纷；(4)家庭或者个人与家政服务人员之间的纠纷；(5)个体工匠与帮工、学徒之间的纠纷；(6)农村承包经营户与受雇人之间的纠纷。

（三）劳动诉讼案件的管辖

劳动争议案件的诉讼管辖，是指各级法院之间以及同级法院之间受理第一审劳动争议案件的分工和权限。

劳动争议案件由用人单位所在地或者劳动合同履行地的基层人民法院管辖。劳动合同履行地不明确的，由用人单位所在地的基层人民法院管辖。通常，劳动争议当事人不服仲裁裁决，可向仲裁委员会所在地的人民法院提起诉讼。但如果有涉外因素或根据案件性质、繁简程度、影响的范围，对于难度大、影响范围广的案件也可由中级人民法院或高级人民法院作为第一审法院进行审理，而不是由作出仲裁裁决的仲裁委员会同级的基层人民法院管辖。

当事人双方就同一仲裁裁决分别向有管辖权的人民法院起诉的，后受理的人民法院应当将案件移送给先受理的人民法院。

（四）劳动诉讼案件的当事人

当事人双方不服劳动争议仲裁委员会作出的同一仲裁裁决，均向同一人民法院起诉的，先起诉的一方当事人为原告，但对双方的诉讼请求，人民法院应当一并作出裁决。

用人单位与其他单位合并的，合并前发生的劳动争议，由合并后的单位为当事人；用人单位分立为若干单位的，其分立前发生的劳动争议，由分立后的实际用人单位为当事人。用人单位分立为若干单位后，对承担劳动权利义务的单位不明确的，分立后的单位均为当事人。

用人单位招用尚未解除劳动合同的劳动者，原用人单位与劳动者发生的劳动争议，可以列新的用人单位为第三人。原用人单位以新的用人单位侵权为由向人民法院起诉的，可以列劳动者为第三人。原用人单位以新的用人单位和劳动者共同侵权为由向人民法院起诉的，新的用人单位和劳动者列为共同被告。

劳动者在用人单位与其他平等主体之间的承包经营期间,与发包方和承包方双方或者一方发生劳动争议,依法向人民法院起诉的,应当将承包方和发包方作为当事人。

劳动者与未办理营业执照、营业执照被吊销或者营业期限届满仍继续经营的用人单位发生争议的,应当将用人单位或者其出资人列为当事人。未办理营业执照、营业执照被吊销或者营业期限届满仍继续经营的用人单位,以挂靠等方式借用他人营业执照经营的,应当将用人单位和营业执照出借方列为当事人。

(五)劳动争议的诉讼时效

根据《劳动法》和《劳动争议调解仲裁法》的规定,劳动争议当事人对仲裁裁决不服的,自收到裁决书之日起15日内,可以向人民法院起诉。当事人在法定期限内既不起诉、又不履行仲裁裁决的,另一方当事人可以申请人民法院强制执行。

人民法院审理劳动争议案件,对下列情形,视为劳动争议发生之日:

(1)在劳动关系存续期间产生的支付工资争议,用人单位能够证明已经书面通知劳动者拒付工资的,书面通知送达之日为劳动争议发生之日。用人单位不能证明的,劳动者主张权利之日为劳动争议发生之日。

(2)因解除或者终止劳动关系产生的争议,用人单位不能证明劳动者收到解除或者终止劳动关系书面通知时间的,劳动者主张权利之日为劳动争议发生之日。

(3)劳动关系解除或者终止后产生的支付工资、经济补偿金、福利待遇等争议,劳动者能够证明用人单位承诺支付的时间为解除或者终止劳动关系后的具体日期的,用人单位承诺支付之日为劳动争议发生之日。劳动者不能证明的,解除或者终止劳动关系之日为劳动争议发生之日。

拖欠工资争议,劳动者申请仲裁时劳动关系仍然存续,用人单位以劳动者申请仲裁超过时效为由主张不再支付的,人民法院不予支持。但用人单位能够证明劳动者已经收到拒付工资的书面通知的除外。

第五节 集体争议处理制度

案例:美国西海岸码头工人罢工事件

2002年9月27日至10月9日,美国西海岸一万多码头工人同时罢工,引发了30年来历时最长的封港事件,使华盛顿、俄勒冈和加利福尼亚三个州的29个主要港口处于瘫痪状态。这次大罢工给美国乃至亚洲、欧洲和拉美的多个国家造成重大经济损失。劳资纠纷是此次罢工的导火索,这次大罢工是太平洋海洋运输协会与国际港口与仓库工人联盟劳资双方发生的纠纷引起的。海运协会是美国西部太平洋沿岸全部87家海洋运输公司和码头装卸公司资方的代表;工人联盟则是劳方10 500名工人的代表,该联盟控制了美国西海岸所有港口的码头作业。双方的集体协议2002年7月1日到期,劳资双方从5月份就开始谈判,但在是否允许港口货运站采用新技术、工人的福利待遇、工作条件等关键问题上发生了分歧。工人联盟拒绝资方随意要求工人加班加点超时工作,拒绝接受资方随意支配工人从事新工作,拒绝资方提出的工人福利待遇和准备引进诸如货物扫描仪等加快码头货物处理速度的新技术。海运协会则认为,码头引进新技术可以减少码头货物流的瓶颈,提高码头货物运转的效率,从而增加经营者的效益。对此,工人联盟担心,一旦码头大量采用新技术,就有可能导致许多工人失业,因此,工人联盟表示,如果资方能保证码头最少要用工人的人数和新技术岗位优先由联盟会员上岗,就愿意与资方谈判,资方对此断然拒绝。结果,工人联盟旗下的码头工人开始消极怠工。资方一怒之下,下令10 500名工人全部"临时下岗"36小时,自此工人开始了大罢工。据美国运输部提供的统计数字,罢工每天造成20亿美元损失。港口瘫痪使得从海外进口的货物发生了短缺,一些工厂被迫关闭生产线。农场和牧场的损失也非常严重,向美国市场输出货物的国家也同样受到影响,罢工已对美国国家安全造成危害。鉴于形势极其严重,特别是劳资双方10月6日谈判再次破裂之后,布什总统开始采取行动,指示劳工部组织专门委员会调查事件情况和给美国经济造成的损失,随后于10月8日根据《劳资管理关系法》即《塔夫特·哈特莱法案》(1947),要求联邦法院下令停止罢工,重新开放港口。劳资双方在接到命令之后,于10日晨全面复工。根据美国法律规定,法院的强制性复工命令为劳资纠纷的解决提供了80天的"冷却期"。劳资双方在此期间必须在联邦政府调停人的协调下继续谈判,谋求就争议问题达成协议,但政府不得强制任何一方作出让步。如果届时仍达不成协议,劳方有权重新发起另一轮罢工。码头工人复工后,劳资谈判继续进行,到11月23日,经过谈判和调停人斡旋,双方终于达成协议,同意延续劳动合同6年,从而宣告这场令人瞩目的劳资纠纷的结束。谈判协议将交付码头工会投票批准后正式生效,协议顾及了双方的利益:一方面,大幅度提高了工人的工资和劳动保险待遇;另一方面,允许资方使用先进的码头货物处理技术,加快装卸作业进度和劳动生产率。

从劳资关系的角度看,美国码头工人大规模罢工,是一起典型的市场经济体制下劳资纠纷引发的事件,集中反映了美国劳资双方及政府在突发事件出现及处理过程中的行为模式,其突出特点是:(1)劳资双方既显示了力量,又表现出灵活性。劳资双方都采取了劳资纠纷的最激烈行动,资方动用了"关厂权"向工人警示,工会则通过行使罢工权对资方形成了决定性的压力。当然,双方的做法都是符合法律规定的,除此之外没有发生人身冲突或其他暴力事件等。尤其是一旦得知政府的决定和得到法院通知后立即无条件地执行,工会方面更是率先表示接受,体现出劳资双方的成熟以及法治意识和对法律的尊重。(2)政府及时斡旋、从中调解起到重要作用。由于有充分的法律依据,政府在事件发生及发展过程中一直处在较为主动的地位,发挥了关键作用。在长达两个多月的谈判过程中,积极参与斡旋;罢工发生后,对双方行使权利不加干涉,直到谈判再次陷入僵局、社会反应强烈的情况下才启动特别程序;及时促使劳资双方重新谈判,并在较短的时间内成功达成协议,避免了80天"冷却期"后再生事端。纵观整个过程,政府扮演了调停人的角色,主要体现在始终保持中立立场,维护双方利益,而且政府的决策于法有据,既能为劳资双方所接受,也未引起社会各界的反对,避免了将矛盾引向政府。(3)劳资关系法律是解决争议事件的基础。一般情况下,美国劳资争议和纠纷主要通过劳资协商和谈判解决,政府的作用是通过调解和仲裁化解矛盾,促使双方达成一致。这是美国调整劳动关系、维护劳资双方利益的基本机制。对通过正常程序无法解决的严重问题,法律也有相应的规定,主要是1947年的《劳资管理关系法》,该法授权总统在必要时可以要求法院决定停止罢工。这一规定对政府应对突发性质的劳资纠纷提供了法律依据,从而可以做到依法行事,迅速平息事态。

一、集体争议的含义

集体争议的本质,是劳动者依据团结权进行团体交涉,进而行使争议权,以达到改善劳动条件的目的。为达到这一目的,劳动者的争议权最终将落实在与雇主签订的集体协议中,因此,争议权行使的目的在于缔结集体协议,凡不以缔结或修订集体协议为目的的行为,均不得称之为集体争议。集体争议是法律上具有特定含义和意义的专有名词,并不是一切冲突、械斗、纠纷都可以称为争议行为。各国对劳资集体争议介入的程度不同,因而也就形成了制度上的差异。市场经济国家大多采当事人自主解决原则,国家处于援助地位。解决争议遵循的原则是诚实原则、自主性原则和政府积极合作原则。

世界各国劳资争议处理的方法各异。总的说来,无非是尽量避免激烈的对立和对抗,尽量延长和谐义务之期限。在具体做法上,多以各种机制尽可能地防止或限制公开的冲突,比如对争议权的主体进行限制,规定军队、警察及公营事业不能行使争议权,限制对国民日常生活重要的公用事业单位的争议权的行使。除此之外,还有一些其他限制,如德国法律规定只有工会才有罢工权,不承认工会会员的罢工权;有些国家规定权利事项不得罢工,只能遵循司法途径解决,只有利益争议(调整事项)才允许罢工;规定合同期内的和平义务;规定冷却期间进行强制调解、斡旋及实情调查等。

二、我国集体争议处理

集体争议的产生与集体谈判、集体协议的发展密切相关,是工会与雇主、雇主组织因参与集体谈判、签订和履行集体协议而发生的争议。如果一个国家调整劳动关系不是通过集体谈判或者主要不是通过集体谈判,则集体谈判和集体协议制度就不会发展起来,处理集体争议的法律制度也就不会完善起来。2004年施行的《集体合同规定》将集体争议具体分为因集体协商发生的争议和因履行集体合同发生的争议两类。前者通过行政调解程序解决,后者则主要依据个别劳动争议的处理程序,即协商、仲裁和诉讼。

(一) 因集体协商发生的争议处理

《集体合同规定》明确规定,集体协商过程中发生争议,双方当事人不能协商解决的,当事人一方或双方可以书面向劳动保障行政部门提出协调处理申请;未提出申请的,劳动保障行政部门认为必要时也可以进行协调处理。劳动保障行政部门应当组织同级工会和企业组织等三方面的人员,共同协调处理集体协商争议。集体协商争议处理实行属地管辖,具体管辖范围由省级劳动保障行政部门规定。中央管辖的企业以及跨省、自治区、直辖市用人单位因集体协商发生的争议,由劳动保障部指定的省级劳动保障行政部门组织同级工会和企业组织等三方面的人员协调处理,必要时,劳动保障部也可以组织有关方面协调处理。协调处理集体协商争议,应当自受理协调处理申请之日起30日内结束协调处理工作。期满未结束的,可以适当延长协调期限,但延长期限不得超过15日。

协调处理集体协商争议应当按照以下程序进行:受理协调处理申请;调查了解争议的情况;研究制订协调处理争议的方案;对争议进行协调处理;制作《协调处理协议书》。《协调处理协议书》应当载明协调处理申请、争议的事实和协调结果,双方当事人就某些协商事项不能达成一致的,应将继续协商的有关事项予以载明。《协调处理协议书》由集体协商争议协调处理人员和争议双方首席代表签字盖章后生效。争议双方均应遵守生效后的《协调处理协议书》。我国现行规定中的因集体协商发生的争议处理,实际上就是国际上通常所说的利益争议,是在签订或变更集体协议过程中当事人双方就如何确定合同条款所发生的争议,其标的是在合同中如何设定尚未确定的利益。它往往表现为集体谈判出现僵局或破裂,罢工、闭厂是其最激烈的形式,将这类争议的处理程序规定为行政调解,基本符合利益争议的通行处理方法,但有两个重要问题没有解决:(1)在《协调处理协议书》无法达成的情况下,争议如何处理没有相关法律规定。(2)《协调处理协议书》达成后,如果一方拒绝执行,法律尚未作出规定。在现有法律框架下,《协调处理协议书》尚不具备可执行性。这两个问题不解决,谈判协商过程中的争议也就无法解决,集体协议制度发展就会受到很大限制。政府会同其他机构协调因集体协商发生的争议,应当秉承劳资双方利益共享的理念和原则,将劳动者利益与资方利益结合起来,使劳动者能够分享企业发展成果。

将集体协商谈判中的争议处理纳入法治轨道,通过法律明确在何种情况下谈判双方可以提起集体争议调解、由谁负责处理、通过调停或斡旋达成的协议是否具有可执行性,以及在无法达成一致时能否强制调解或仲裁,采取产业行动的申请和报告,对超过合法范围的产业行动的法律制裁等,这些对于建立和完善集体协商谈判争议处理制度极为重要。

(二) 因履行集体合同发生的争议处理

因履行集体合同发生的争议,是指在履行集体合同过程中当事人双方就如何将协议条款付诸实现所发生的争议,其标的是实现协议中已经设定并表现为权利义务的利益。它通常是由于解释协议条款有分歧或违约所致。

我国法律、法规规定,因履行集体合同发生的争议,当事人协商解决不成的,可以依法向劳动争议仲裁委员会申请仲裁,对仲裁裁决不服的,可以在法定期限内向人民法院提起诉讼。因履行集体合同发生的争议,是以工会作为主体的、以既存权利义务为标的的争议,在处理程序上适用法律规定的个别劳动争议处理程序,但有其自身特点:(1)不适用基层调解。因履行集体合同产生的争议,不适用企业基层调解程序,当事人双方不能自行协商解决的,就可以向仲裁机构申请仲裁。(2)适用我国劳动争议处理程序中关于集体争议仲裁的特别规定。具体包括:在管辖方面,县级仲裁委员会认为有必要可以将争议报请上一级仲裁委员会处理;在受理方面,仲裁委员会应当自收到申诉书之日起3日内作出受理或不予受理的决定。受理通知书送达或受理布告公布后,当事人不得有激化矛盾的行为;在仲裁组织方面,仲裁委员会应当在作出受理决定的同时,组成特别仲裁庭;在仲裁方式方面,仲裁庭应按照就地、就近的原则进行处理,开庭场所可设在发生争议的企业或其他便于及时办案的地方。仲裁庭应先行调解,或者促成双方召开协商会议,在查明事实的基础上促使当事人自愿达成协议。调解或协商未能达成协议的,应及时裁决,并制作裁决书送达当事人或用布告形式公布;在仲裁期限方面,仲裁庭处理争议应当自组成仲裁庭之日起 15 日内结束;案情复杂需要延期的,经报仲裁委员会批准可适当延期,但延长的期限不得超过 15 日;在其他方面,仲裁委员会对受理的争议及其处理结果,应及时向当地政府汇报。

关键词: 劳动争议　个别争议　集体争议　协商　斡旋　调解　仲裁　诉讼　时效　举证责任

复习与思考

1. 简述劳动争议的概念、种类和特征。
2. 处理劳动争议的目的是什么?
3. 处理劳动争议的方法有哪些?
4. 处理劳动争议应坚持哪些基本原则?
5. 试述劳动争议调解制度。
6. 试述劳动争议仲裁制度的主要内容。
7. 劳动争议诉讼制度有哪些新的规定?
8. 如果你是人力资源经理,你应该如何预防劳动争议的发生?
9. 结合人力资源管理实践,谈谈处理劳动争议的经验和技巧。

参考文献

一、中文文献

1. 常凯.劳动关系·劳动者·劳权——当代中国的劳动问题[M].北京：中国劳动出版社,1995.
2. 常凯,乔健.WTO：劳工权益保障[M].北京：中国工人出版社,2001.
3. 程延园.当代西方劳动关系研究学派及其观点评述[J].教学与研究,2003(03).
4. 程延园.集体谈判制度研究[M].北京：中国人民大学出版社,2004.
5. 程延园等.劳动关系(第五版)[M].北京：中国人民大学出版社,2021.
6. 程延园等.我国劳动争议的发展变化与劳动关系调整[J].经济理论与经济管理,2003(01).
7. 程延园.员工关系管理的基本内涵[J].中国劳动,2004(04).
8. [美]丹尼尔·奎因·米尔斯.劳工关系(第5版)[M].李丽林,李俊霞译.北京：机械工业出版社,2000.
9. 董保华.劳动关系调整的法律机制[M].上海：上海交通大学出版社,2000.
10. 董保华.劳动法论[M].上海：上海世界图书出版公司,1999.
11. 国际劳工组织.集体谈判[M].北京：中国工人出版社,1994.

12. 郭庆松.企业劳动关系管理[M].天津：南开大学出版社,2001.
13. 何圣.关于劳动关系评价研究综述[J].经济纵横,2007(08).
14. 何铮,谭劲松,陆园园.组织环境与组织战略关系的文献综述及最新研究动态[J].管理世界,2006(11).
15. [美]劳埃德·拜厄斯,[美]莱斯利·鲁.人力资源管理（第6版）[M].李业昆等译.北京：华夏出版社,2002.
16. 乔健.略论我国劳动关系的转型及当前特征[J].中国劳动关系学院学报,2007(02).
17. 劳动部劳动关系与监察司.劳动争议处理工作手册[M].北京：中国劳动出版社,1988.
18. 劳动和社会保障部劳动科学研究所.外国劳动和社会保障法选[M].北京：中国劳动出版社,1999.
19. [美]劳伦斯·S.克雷曼.人力资源管理：获取竞争优势的工具[M].孙非等译.北京：机械工业出版社,1999.
20. [美]雷蒙德·A.诺伊,约翰·霍伦拜克,拜雷·格哈特,帕特雷克·莱特.人力资源管理：赢得竞争优势（第3版）[M].刘昕译.北京：中国人民大学出版社,2001.
21. 李原,孙健敏.雇用关系中的心理契约：从组织与员工双重视角下考察契约中"组织责任"的认知差异[J].管理世界,2006(11).
22. 李原.企业员工的心理契约——概念、理论及实证研究[M].上海：复旦大学出版社,2006.
23. 林海权.双重劳动关系法律问题研究[J].中国劳动关系学院学报,2007(01).
24. 林燕玲.国际劳工标准[M].北京：中国工人出版社,2002.
25. 刘军,刘小禹,白新文.雇佣关系变迁及其影响因素的实证检验[J].经济科学,2007(02).
26. 刘灵.员工关系管理理论研究综述[J].现代商业,2007(27).
27. 龙立荣,毛忞歆.自我职业生涯管理与职业生涯成功的关系研究[J].管理学报,2007(03).
28. [德]马克斯·韦伯.经济与社会[M].北京：商务印书馆,1997.
29. （英）迈克尔·阿姆斯特朗.战略化人力资源方法[M].北京：华夏出版社,2004.
30. 彭剑锋,饶征.基于能力的人力资源管理[M].北京：中国人民大学出版社,2003.
31. 史保金.西方企业员工关系管理理论的逻辑发展[J].企业活力,2006(06).
32. [美]斯蒂芬·P.罗宾斯.组织行为学[M].李原,孙健敏译.北京：中国人民大学出版社,2001.

33. 王益英.外国劳动法和社会保障法[M].北京:中国人民大学出版社,2001.
34. [加]西蒙·多伦,[加]兰多·舒尔乐.人力资源管理:加拿大发展的动力源[M].董克用译.北京:中国劳动社会保障出版社,2000.
35. 许建宇.劳动合同的定性及其对立法的影响[J].中国劳动关系学院学报,2005(06).
36. 杨体仁,李丽林.市场经济国家劳动关系——理论、制度、政策[M].北京:中国劳动社会保障出版社,2000.
37. 杨燕绥.劳动与社会保障立法国际比较研究[M].北京:中国劳动社会保障出版社,2001.
38. [荷]约里斯·范·鲁塞弗尔达特,耶勒·菲瑟.欧洲劳资关系[M].佘云霞,赵炜,傅麟,徐小洪译.北京:世界知识出版社,2000.
39. 余琛.国内心理契约的研究现状与展望[J].经济论坛,2004(19).
40. 张庆普,韩晓玲.基于行为经济学分析的企业内员工知识共享决策研究[J].经济理论与经济管理,2006(06).
41. 张一弛.从扩展的激励—贡献模型看我国企业所有制对雇佣关系的影响[J].管理世界,2004(12).
42. 张彦宁.雇主组织在中国[M].北京:企业管理出版社,2002.
43. 张立坤.当前我国劳动关系存在的几个突出问题及对策[J].中国劳动关系学院学报,2007(02).
44. 赵健杰.公平与正义:劳动关系调整中的伦理维度[J].中国劳动关系学院学报,2007(01).
45. 郑昌泓.企业改制如何规范劳动关系[J].中国劳动,2007(03).
46. 班小辉.超越劳动关系:平台经济下集体劳动权的扩张及路径[J].法学,2020(08).
47. 常凯等.国际比较雇佣关系——国家规制与全球变革(第六版).朱飞等译.北京:中国劳动社会保障出版社,2016.
48. 陈晓燕.签了集体合同,谁也不能任性违约[N].工人日报,2018-03-14.
49. 吴清军.集体协商与"国家主导"下的劳动关系治理——指标管理的策略与实践[J].社会学研究,2012,000(003).
50. 孟泉.劳动关系经典理论研究[M].北京:中国工人出版社,2021.
51. 燕晓飞.中国职工状况研究报告[M].北京:社会科学文献出版社,2020.
52. 刘平青.员工关系管理:中国职场的人际技能与自我成长[M].北京:机械工业出版社,2012.

二、英文文献

1. Akerlof, G., and J. Yellon, Efficiency Wage Models of the Labor Market[M]. Cambridge: Cambridge University Press, 1986.

2. Andrew J. Taylor, Trade Unions and Politics: A Comparative Introduction[M]. Basingstoke: Macmillan, 1989.

3. Arthurs, Harry, D. D. Carter, J. Fudgge, H. J. Glasbeek, and G. Trudeau, Labor Law and Industrial Relations in Canada, 4th Ed[M]. Markham, ON: Butterworths. 1993.

4. Arthur A. Sloane and Fred Witney, Labor Relations, 9th edition[M]. New Jersey: Prentice Hall, 1997.

5. Bart van den Hooff, Femke de Leeuw van Weenen. Committed to Share: Commitment and CMC Use as Antecedents of Knowledge Sharing[J]. Knowledge and Process Management, 2004, 11(01): 13-24.

6. Chaykowski, Richard, The Structure and Process of Collective Bargaining, in Morley Gunderson and Allen Ponak (Eds.), Union—Management Relations in Canada[M]. Don Mills, ON: Addison Wesley. 1995.

7. Colin Crouch, The State: Economic Management and Income Policy, in Paul Edwards (ed.), Industrial Relations: Theory and Practice in Britain[M]. Oxford: Blackwell, 1995.

8. Cully, Mark, Stephen Woodland, Andrew O'reilly, and Gill Dix, Britain at Work: As Depicted by the 1998 Workplace and Employee Relations Survey[M]. London: Routledge, 1999.

9. David Winchester and Stephen Bach, The State: The Public Sector, in Paul Edwards (ed.), Industrial Relations: Theory and Practice in Britain[M]. Oxford: Blackwell, 1995.

10. Drache, Daniel, and Harry Glasbeek, The Changing Workplace[M]. Toronto: Lorimer and Company. 1992.

11. Farkas, G., and P. England (Eds.), Industries, Firms and Jobs[M]. New York: Plenum Press. 1988.

12. Freeman, R., and J. Medoff. What Do Unions Do? [M]. New York: Basic Books. 1984.

13. Groshen, Erica, and David Levine, The Rise and Decline of U. S. Internal Labor

Markets, Federal Reserve Bank of New York, Research Paper, 1998.

14. Gerard Kester and Henri Pinaud (eds.). Trade Unions and Democratic Participation in Europe: A Scenario for the 21st Century[M]. Aldershot: Avebury, 1996.

15. Giles, A., and H. Jain. The Collective Agreement, in M. Gunderson et al (Eds.), Union Management Relations in Canada[M]. Toronto: Addison Wesley. 1989.

16. Godard, John, Structural Inequality and the Management of Labor[J]. Work and Occupations, 1993a.

17. Godard, John, Strikes as Collective Voice: A Behavioral Analysis of Strike Activity [J]. Industrial and Labor Relations Review, 1992b.

18. Gramm, Cynthia L. and John F. Schnell. The Use of Flexible Staffing Arrangements in Core Production Jobs. Industrial and Labor Relations Review[J]. 2001(01): 245-59.

19. Graham Hollinshead, Peter Nicholls and Stephanie Tailby (eds.), Employee Relations[M]. London: Financial Times Pitman Publishing, 1999.

20. Gunderson and Allen Ponak (Eds.), Union—Management Relations in Canada[M]. Don Mills, ON: Addison Wesley. 1995.

21. Gunther Schmid, Bernd Reissert and Gert Bruche, Unemployment Insurance and Active Labor Market Policy: An International Comparison of Financing Systems[M]. Detroit, MI: Wayne State University Press, 1992.

22. Haiven, Larry. Hegemony and the Workplace: The Role of Arbitration, in L. Haiven et al. (Eds). Regulating Labor[M]. Toronto: Garamond Press. 1991.

23. Harold S. Roberts, Roberts' dictionary of industrial relations, 4th edition [M]. Washington, D. C.: The Bureau of National Affairs, 1994.

24. Hislop, D. Linking Human Resource Management and Knowledge Management via Commitment: A Review and Research Agenda[J]. Employee Relations, 2003, 25(2): 182-202.

25. Jeremy Waddington and Colin Whitston, Trade Unions: Growth, Structure and Policy, in Paul Edwards (ed.), Industrial Relations: Theory and Practice in Britain[M]. Oxford: Blackwell, 1995.

26. John Godard, Industrial Relations: The Economy and Society, 2nd edition [M]. Capus Press Inc, North York, 2000.

27. Keith Thurley and Stephen Wood (eds.), Industrial Relations and Management Strategy[M]. Cambridge: Cambridge University Press, 1983.

28. Keith Sisson and Paul Marginson, Management: Systems, Structures and Strategy, in

Paul Edwards (ed.), Industrial Relations: Theory and Practice in Britain[M]. Oxford: Blackwell, 1995.

29. Katz, H., The Decentralization of Collective Bargaining: A Literature Review and Comparative Analysis[J]. Industrial and Labor Review, 1993.

30. Katz, H., An Introduction to Collective Bargaining and Industrial Relations[M]. New York: McGraw Hill. 1992.

31. Kenneth Prandy, Alexander Stewart and Robert Martin Blackburn, White-Collar Unionism[M]. London: Macmillan, 1983.

32. Kochan, T., and H. Katz, Collective Bargaining and Industrial Relations, 2nd Ed [M]. Homewood, IL: Irwin. 1988.

33. Kumar, Pradeep, Gregor Murray, and Sylvain Schetagne, Adapting to Change: Union Priorities in the 1990s, Directory of Labor Organizations in Canada[M]. Ottawa: Human Resource Development Canada. 1999.

34. Linda Dickens and Mark Hall, The State: Labor Law and Industrial Relations, in Paul Edwards (ed.), Industrial Relations: Theory and Practice in Britain[M]. Oxford: Blackwell, 1995.

35. Lacroix, R., Strike Activity in Canada, in C. Riddell (Ed.), Canadian Labor Relations[M]. Toronto: University of Toronto Press. 1986.

36. Michael J. Duane, The Grievance Process in Labor-Management Cooperation[M]. Westport, Connecticut: Quorum Books, 1993.

37. Michael Salamen, Industrial Relations: Theory and Practice, 3rd edition[M]. London: Prentice Hall, 1998.

38. Michael Terry, Trade Unions: Shop Stewards and the Workplace, in Paul Edwards (ed.), Industrial Relations: Theory and Practice in Britain[M]. Oxford: Blackwell, 1995.

39. Michael H. Schuster, Union-Management Cooperation: Structure, Process, and Impact [M]. Kalamazoo, MI: W. E. Upjohn Institute for Employment Research, 1984.

40. Mishel, L., The Structural Determinants of Union Bargaining Power[J]. Industrial and Labor Relations Review, 1986: 40(01).

41. Nikkeiren Report: The Current Labor Economy in Japan[R]. Japan Federation of Employers' Associations. 2001.

42. Ponak, A., and L. Falkenberg, Resolution of Interest Disputes, in A. S. Sethi (Ed), Collective Bargaining in Canada[M]. Toronto: Nelson. 1989.

43. Purcell, J. and Sisson, K., Strategies and Practice in the Management of Industrial

Relations, in J. S. Bain (ed), Industrial Relations in Britain[M]. Basil Blackwell, Oxford. 1983.

44. Richard C. Kearney and David G. Carnevale, Labor Relations in the Public Sector, 3rd edition[M]. New York: Marcel Dekker, 2001.

45. Robert L. Sauer and Keith E. Voelker, Labor Relations: Structure and Process, 2nd edition[M]. New York: Macmillan, 1993.

46. Sass, R., The Art of Collective Bargaining, in A. Sethi (Ed), Collective Bargaining in Canada[M]. Toronto: Nelson. 1989.

47. Stephen Wood, John Godard, The Statutory Union Recognition Procedure in the Employment Relations Bill: A Comparative Analysis[J]. British Journal of Industrial Relations, 1999: 37(02).

48. Terry L. Leap, Collective Bargaining & Labor Relations, 2nd edition[M]. New Jersey: Prentice Hall, 1995.

49. Taras, Daphne, Collective Bargaining in Canada and the United States, in B. Kaufman (Ed.), Government Relation of the Employment Relation. Madison[M]. WI: IRRA. 1997a.

50. Verma, Anil. What Do Unions Do to the Workplace? Union Effects on Management and HRM Policies[J]. Journal of Labor Research, Summer2005, 26(03): 415-449.

51. Cao XueBing, Meng Quan. "Dockworkers" resistance and union reform within China's globalized seaport industry[J]. Globalizations, 2017, 14(2): 272-284.

52. Liu MingWei, Li ChunYun. Environment pressures, managerial industrial relations ideologies and unionization in Chinese enterprises[J]. British Journal of Industrial Relations, 2014: 52(1): 82-111.

53. Friedman Eli D, Economic Development and Sectoral Unions in China[J]. ILR Review, 2014.67(2): 481-503.

54. Sun ZhongWei, Liu MingWei, Jia HaiLong., The Internal Labor Market and the Transformation of Labor Relations in China: Based on Survey Data and Fieldwork on Migrant Workers in the Pearl River Delta[J]. Social Sciences in China, 2020, 41(3): 131-151.

55. Friedman Eli D, Kuruvilla Sarosh. Experimentation and Decentralization in China's Labor Relations[J]. Human Relations, 2015, 68(2): 181-195.

后记

　　员工关系就是组织中由雇佣行为而产生的关系,是人力资源管理的一个特定领域。员工关系强调以员工为主体和出发点的企业内部关系,注重个体层次上的关系和交流,是从人力资源管理角度提出的一个取代劳资关系的概念,注重和谐与合作是这一概念所蕴涵的精神。

　　近年来,中国人力资源管理教育已经获得了突飞猛进的发展,人力资源管理方面的教材也非常多,但有关员工关系管理的教材还很少。从理论上说,员工关系管理是人力资源管理领域的重要问题之一,在整个人力资源管理体系中扮演着重要角色。如果缺少一种公平合理和谐的员工关系,所有其他人力资源管理方法和技术都很难发挥作用。如果一个人力资源管理从业人员缺少员工关系管理的知识和技能,也很难做好人力资源管理工作。2008年实施的《中华人民共和国劳动合同法》,对中国人力资源管理实践提出了更高的要求,也带来了更大的挑战。如何依法规范员工关系、加大员工关系的协调力度、构建和谐员工关系,成为人力资源管理者的迫切需要研究的课题。

　　本书第一版于2004年底出版,第二版于2008年出版,在员工关系管理领域产生了广泛的学术影响,受到本领域研究者、学生以及相关部门的广泛关注和好评。作者在第二版的基础上对该书进行了重新修订,从理论和实践方面对《中华人民共和国劳动合同法》实施15年来的企业员工关系协调机制进行了有益的探索和研究,补充了近年来新出台的相关法律和政策规定,并根据新的环境和变化增加了新的员工关系管理案例。

本书的主要创新和学术价值可以归结为以下三个方面:

(1) 理论性和系统性。本书比较全面系统地反映了当前市场经济国家员工关系的理论、制度、模式、价值判断以及实践模式,在一定程度上填补了我国在这一领域的空白,实现了国内研究与国际的接轨。从理论到实践、从国外到国内,提供了一种尽可能全面的、新颖的透视和观察的角度。

(2) 体系结构完整、规范。本书按照"理论、雇佣关系的实践"脉络,系统地介绍分析了员工关系制度理论和实践问题,整体结构完整、规范。

(3) 理论与实践均衡结合。本书借鉴了国际通行的雇佣关系理论分析框架,分析了企业员工关系管理的现实问题。通过对一些鲜活的典型案例分析,研究了我国企业员工关系管理中的实践问题,并从技术和方法上提出了解决建议,在一定程度上较好地满足了当前员工关系管理的实际需要。

在本书的修订过程中,程延园对新的法律和政策规定进行了补充,王甫希对部分案例进行了删减和增补。希望使用本书的师生和读者多提出宝贵意见和建议,以使本书日臻完善,从而推动我国员工关系的研究再前进一步。

程延园　王甫希

2023年8月于北京

图书在版编目(CIP)数据

员工关系管理/程延园,王甫希编著. —3 版. —上海:复旦大学出版社,2023.8(2024.11 重印)
(复旦博学. 21 世纪人力资源管理丛书)
ISBN 978-7-309-16878-5

Ⅰ.①员… Ⅱ.①程… ②王… Ⅲ.①企业管理-人事管理-高等学校-教材 Ⅳ.①F272.92

中国国家版本馆 CIP 数据核字(2023)第 104548 号

员工关系管理(第三版)
YUANGONG GUANXI GUANLI
程延园　王甫希　编著
责任编辑/于　佳

复旦大学出版社有限公司出版发行
上海市国权路 579 号　邮编:200433
网址:fupnet@fudanpress.com　http://www.fudanpress.com
门市零售:86-21-65102580　团体订购:86-21-65104505
出版部电话:86-21-65642845
杭州日报报业集团盛元印务有限公司

开本 787 毫米×1092 毫米　1/16　印张 18.75　字数 367 千字
2024 年 11 月第 3 版第 2 次印刷

ISBN 978-7-309-16878-5/F·2980
定价:66.00 元

如有印装质量问题,请向复旦大学出版社有限公司出版部调换。
版权所有　侵权必究